D1697979

Grundpositionen philosophischer Ethik

Hanns-Gregor Nissing/Jörn Müller (Hrsg.)

Grundpositionen philosophischer Ethik

Von Aristoteles bis Jürgen Habermas

Einbandgestaltung: Peter Lohse, Büttelborn

Die Deutsche Nationalbibliothek verzeichnet diese Publikation
in der Deutschen Nationalbibliografie;
detaillierte bibliografische Daten sind im Internet über
http://dnb.d-nb.de abrufbar.

© 2009 by WBG (Wissenschaftliche Buchgesellschaft), Darmstadt
Die Herausgabe des Werkes wurde durch
die Vereinsmitglieder der WBG ermöglicht.
Gedruckt auf säurefreiem und alterungsbeständigem Papier
Printed in Germany

Besuchen Sie uns im Internet: www.wbg-wissenverbindet.de

ISBN 978-3-534-20818-0

Inhalt

HANNS-GREGOR NISSING/JÖRN MÜLLER

Theorien der Praxis
Grundpositionen philosophischer Ethik

Um das Gute und die Tugenden kreisen jene Gespräche, in die Sokrates seine Mitbürger auf den Straßen und Plätzen Athens verwickelte, um sie in ihren Gewohnheiten und Handlungsweisen zu prüfen und zur Erkenntnis ihrer selbst zu führen. Seither haben Erörterungen zur Ethik ihren festen Platz auf dem Forum des philosophischen Meinungsaustausches.

Der Begriff ‚*Ethik*' selbst geht auf Aristoteles zurück, der als erster von einer „ethischen Theorie" und „ethischen Büchern" sprach.[1] Er bezeichnete damit das vernünftige Nachdenken über die Gebräuche und Sitten (griech. *êthos*), das mit dem Fraglichwerden der überkommenen Gewohnheiten im Griechenland des fünften vorchristlichen Jahrhunderts einsetzte und mit dem Ziel geschah, einen Maßstab zu finden, an dem man verschiedene Lebensweisen und Normensysteme messen konnte.[2] Auf dasselbe Phänomen, die *mores* oder Sitten, bezieht sich der lateinische Ausdruck ‚*Moral*'. Diese sind Gegenstand der ‚*Moralphilosophie*', von der als erster Cicero sprach.[3] In späteren Zeiten wurde dieser Begriff auf eine bestimmte Art von Ethik, nämlich auf die Untersuchung des moralisch Richtigen oder Gerechten (im Unterschied zum Guten) eingeschränkt (vgl. dazu unten Abschnitt 3.3). – Entgegen möglichen sprachlichen Mißverständlichkeiten ist Ethik mit Moral also nicht ohne Weiteres identisch, sondern sie hat diese zum Gegenstand und Thema. Sie ist selbst nicht Praxis, sondern *Theorie der Praxis*.

1. Philosophische Ethik als Theorie der Praxis und praktische Theorie

Normative und deskriptive Ethik. – Dabei war Aristoteles wie seinen Nachfolgern stets bewusst und selbstverständlich, dass die Beschäftigung mit ethischen Fragen mit dem Ziel geschieht, den Nachdenkenden gut bzw. sein Handeln richtig zu machen und insofern von

---

[1] Vgl. *Analytica posteriora* I 33, 89b9; *Magna moralia* I 1, 1181b28. Aristoteles verweist seinerseits auf Sokrates als jemanden, „der sich mit den ethischen Gegenständen beschäftigte" (*Metaphysik* I 6, 987b1).

[2] Im Griechischen ist dabei der Begriff *êthos*, der die ‚Sitten' bzw. den ‚Charakter' (ursprünglich den ‚Lebensraum', die ‚Lebensbedingungen' oder ‚Lebensweise') bezeichnet, vom Ausdruck *ethos* (‚Gewohnheit' bzw. ‚Übung') zu unterscheiden. Freilich hängen beide Begriffe nach der Vorstellung der antiken Ethik miteinander zusammen, insofern der tugendhafte Charakter durch Gewohnheit und Übung entsteht: vgl. Platon, *Nomoi* VII, 792e2: „Der ganze Charakter entsteht durch Gewöhnung (*to pan êthos dia ethos*)." Vgl. auch Aristoteles, *Nikomachische Ethik* II 1, 1103a14-18.

[3] Vgl. Cicero, *De fato* 1: *Quia pertinet ad mores, quos ‚êthê' Graeci vocant, nos eam partem philosophiae ‚de moribus' appellare solemus, sed decet augentem linguam latinam nominare ‚moralem'.* – „Weil er sich auf die Sitten bezieht, die die Griechen *êthê* nennen, bezeichnen wir diesen Teil der Philosophie gewöhnlich ‚Von den Sitten'. Für denjenigen aber, der die lateinische Sprache erweitern will, ist es angemessen, sie ‚Moral[philosophie]' zu nennen."

normativer Qualität ist: „Ziel des Studiums der Ethik ist nicht Wissen, sondern Handeln."[4] Erst die Philosophie des 20. Jahrhunderts war es, die eine Beschäftigung mit Ethik unter rein *deskriptiven* Gesichtspunkten hervorbrachte.[5] Eine solche ist lediglich auf die empirische Erfassung und Beschreibung moralischer Phänomene reduziert und steht daher in enger Verwandtschaft zur Moralpsychologie, Moralsoziologie oder zur Kulturanthropologie.[6] Oder sie beschränkt sich in der Gestalt einer *Metaethik* und angelehnt an die Methoden der modernen sprachanalytischen Philosophie auf eine allgemeine Beschreibung und Analyse des ethischen Sprechens und Argumentierens: Ihr geht es ausschließlich um die Voraussetzungen und die Logik der *language of morals* (Hare 1952), um das „was die Menschen tun, wenn sie darüber sprechen, was sie tun sollen" (Hudson 1970, 1).[7] – So erhellend diese Gesichtspunkte auch sein können und so sehr sie geeignet sein mögen, ergänzende Erkenntnisse für unser Selbstverständnis als Handelnde beizubringen, einem eigentlich ethischen Standpunkt bleiben sie letzten Endes äußerlich und sekundär. Auf die Fragen „Was soll ich tun?" oder „Wie soll ich leben?" geben sie keine Antwort.

Ethik als praktische Theorie. – Von ihren Ursprüngen her ist die Ethik dagegen keine mit bloß spekulativen Erkenntnisinteressen betriebene Theorie der Praxis, sondern eine genuin *praktische Theorie.* Philosophische Ethik zielt darauf ab, Rechenschaft vom eigenen Handeln abzulegen und nach dem Maßstab seiner Beurteilung zu fragen: Normen und Prinzipien, die das menschliche Leben und Handeln anleiten, sollen nicht bloß als faktische Bestände einer immer schon vorauszusetzenden Alltagsmoral eruiert und analysiert werden; philosophische Ethik bezieht vielmehr selbst normativ Stellung, indem sie vorhandene Prinzipien prüft und sie gegebenenfalls verwirft oder eigene Normen entwickelt. In solch ursprünglichem Sinne fragt die philosophische Ethik auch danach, wie wir unsere moralischen Überzeugungen und Handlungen rational begründen können.

Philosophische Ethik und andere normative Disziplinen. – In ihrer argumentativen – begründenden wie kritischen – Gestalt ist die philosophische Ethik damit einerseits zu differenzieren von *religiöser bzw. theologischer Ethik*, die eine normative Anleitung durch die Autorität einer Offenbarung bzw. eines erleuchteten Lehrers ist. Sie unterscheidet sich andererseits von der Regelung menschlichen Handelns durch *Recht und Gesetz*, in denen eine bestimmte Ordnung von Normen qua Beschluss positiv gesetzt bzw. ausgelegt und angewendet wird.

---

[4] Aristoteles, *Nikomachische Ethik* I 1, 1095a5-6; vgl. II 1, 1103b27-28. Vgl. auch I. Kant, *Grundlegung zur Metaphysik der Sitten*, AA IV, 405.
[5] Zur Dreiteilung ethischer Theorien in (1) deskriptiv-empirische, (2) normative und (3) „analytische", „kritische" oder „metaethische" vgl. Frankena 1972, 20f.
[6] Während die *Kulturanthropologie* die Moralsysteme gegenwärtiger oder vergangener Kulturen zu erfassen versucht, fragt die *Moralsoziologie* nach den gesellschaftlichen Funktionen moralischer Konventionen (vgl. etwa N. Luhmann). Die *Moralpsychologie* schließlich untersucht das menschliche Vermögen, moralische Urteile zu bilden und ihnen gemäß zu handeln (vgl. etwa J. Piaget, L. Kohlberg).
[7] Zur Metaethik und ihrer Entwicklung vgl. die Beiträge in Grewendorf/Meggle 1974; zur analytischen Moralphilosophie vgl. Wolf/Schaber 1998.

Eine Differenz besteht schließlich auch zu der derzeit in verschiedenen Sektoren äußerst intensiv betriebenen *angewandten Ethik*, die sich auf eine Erörterung bestimmter Spezialbereiche (z.B. Biowissenschaften, Medizin, Medien oder Wirtschaft) des menschlichen Handelns fokussiert (vgl. Knoepffler u.a. 2006). Diese Anwendung setzt das Projekt einer normativ verstandenen Ethik bereits voraus: Sittliche Erfahrungen und Urteile in umfassender Weise in einen widerspruchsfreien Zusammenhang zu bringen und aus einem einheitlichen und allgemein einsichtigen Grund heraus Antwort auf die Fragen zu geben, wodurch das Tun des Menschen richtig und sein Leben gut ist bzw. wird.[8]

Im Laufe der Geschichte der Philosophie sind diese Fragen freilich in sehr unterschiedlicher und zum Teil kontroverser Weise beantwortet worden. Der vorliegende Band möchte den Leser mit verschiedenen Antworten, die im Laufe der Philosophiegeschichte formuliert worden sind, in ein Gespräch und eine Auseinandersetzung bringen.

2. Grundpositionen philosophischer Ethik

Gespräche vollziehen sich stets zwischen konkreten Personen. Es sollen daher im Folgenden philosophische Denker zu Wort kommen, die ihren ethischen Grundmaßstab in einer paradigmatischen Form zur Geltung gebracht und in konsequenter Weise argumentativ begründet haben. Insofern können sie als Vertreter typischer Argumentations- und Begründungsfiguren gelten, die *Grundpositionen* philosophischer Ethik markieren. Vor allem die Tatsache, dass die Namen der vorgestellten Denker als Berufungsinstanzen im ethischen Gespräch der Gegenwart beständig präsent sind, mag als Beleg für die zeitübergreifende Bedeutung ihrer Konzeptionen gelten.

Im Zugang zur Grundposition eines Denkers sollen dabei eine *historische* und eine *systematisch-kriteriologische* Perspektive miteinander verbunden werden.

2.1. Die historische Perspektive

Dass ein echtes Gespräch über ethische Fragen nicht aus einer rein betrachtenden Außenperspektive geführt werden kann, in der verschiedene moralische Vorstellungen und Argumentationsformen lediglich gleichgültig nebeneinander gestellt werden, versteht sich von selbst. Ethische Diskussionen werden stets mit der Beteiligung dessen geführt, dem es „um die Sache selbst" geht, der bereit ist, argumentierend Stellung zu beziehen, – und der überdies nicht völlig voraussetzungslos tut, sondern bereits mit seiner eigenen sittlichen Erfahrung ins Gespräch eintritt.

---

[8] Diese Einheit lässt sich dreifach beschreiben: neben (1) dem Bemühen, die *eigenen* sittlichen Urteile, Erfahrungen und Gefühle in einen widerspruchsfreien Zusammenhang zu bringen, geht es (2) um eine solche Einheit zwischen *verschiedenen* Menschen, Kulturen und Epochen sowie (3) um ein Verständnis der sittlichen Phänomene selbst als aus einem *einheitlichen und gemeinsamen Grund* hervorgehend: vgl. Spaemann 2006, 12.

Gerade dieser letzte Aspekt verlangt es allerdings auch, jene Prägungen durch Herkunft, Biographie und Zeitumstände zu berücksichtigen, die in eine ethische Position
eingehen. Um ein angemessenes Verständnis der Position des Gesprächspartners zu
entwickeln, gilt es, die unterschiedlichen Fragestellungen und Interessenrichtungen
wahrzunehmen, unter denen die einzelnen ethischen Theorien entstanden sind und aufgrund deren sie mitunter nicht unmittelbar aufeinander beziehbar sind: Weil sich etwa
für Aristoteles die Grundfrage der Ethik anders stellte als für Kant, sind die Antworten,
die beide gegeben haben, nicht ohne Weiteres Punkt für Punkt abgleichbar. Der hier
gewählte Zugang eröffnet somit die Möglichkeit, die grundlegenden Positionen der
philosophischen Ethik in ihrer geschichtlichen und biographischen Genese und aus
dieser heraus zu begreifen. Alle Dinge aus ihren Ursprüngen zu verstehen, galt der klassischen Philosophie als wichtiges methodisches Postulat (vgl. Aristoteles, *Politik* I 2,
1252a24f.). Auch zu Beginn des zeitübergreifenden ethischen Gesprächs ist daher stets
die Frage zu stellen, wie und unter welchen Bedingungen es überhaupt zur Ausprägung
einer Grundposition philosophischer Ethik kam.

2.2. Die systematisch-kriteriologische Perspektive

Dabei ist die Darstellung der hier vorgestellten Entwürfe keineswegs von einem rein
historiographischen Interesse geleitet. Unter dem Vorzeichen des Rückgebundenseins
an ihre historische Gestalt wie ihre persönliche Prägung sollen sie vielmehr *gerade in
ihrer konkret-persönlichen Färbung* die Grundlage für eine ethische Typologie abgeben
und in ihrer Verschiedenheit ein Feld umreißen, auf dem sich weitere ethische Entwürfe
wie auf einer Landkarte situieren lassen. Bewusst wird daher hier und im Folgenden
von ‚*Grundpositionen*' und nicht von ‚*Grundtypen*' philosophischer Ethik gesprochen.

Typologien ethischer Theorien. – Ethische Diskussionen anhand typologischer Unterscheidungen zu führen, ist in der gegenwärtigen Literatur zur Ethik ein gängiges Motiv.
Ein beliebtes typologisches Schema bildet dabei die Unterscheidung zwischen ‚*deontologischen*' (griech. *deon* = „Pflicht") und ‚*teleologischen*' Ethikmodellen (griech. *telos*
= „Ziel", „Zweck"). Diese Unterscheidung geht auf C.D. Broad (1930, 206-208; vgl.
Muirhead 1932) zurück und hat ihre Popularität vor allem durch William K. Frankena
(1972, 32-37) und John Rawls gewonnen. Frankena bestimmte dabei die ‚deontologische' Ethik in Negation zur ‚teleologischen'. Als ‚teleologische' Ethik galt ihm jede Ethik,
die die moralische Richtigkeit einer Handlung durch ihren Beitrag zur Erhaltung oder
Realisierung eines vormoralisch Guten – das heißt in funktionaler Abhängigkeit von diesem – bestimmt, als ‚deontologische' Ethik entsprechend eine solche, bei der dies nicht
der Fall ist.[9] – ‚Teleologische' Theorien identifizieren demnach ein höchstes Gut und
bestimmen das moralisch Richtige als das, was bestmöglich zu seiner Realisierung bei-

---

[9] Vgl. auch Broads (1930, 206) Definition deontologischer Theorien: *Such and such a kind of action
would always be right (or wrong) in such circumstances, no matter what its consequences might be.* –
„Eine solche Art von Handlung ist unter solchen Umständen immer richtig (oder falsch), unabhängig
davon, welche Folgen sie hat."

trägt, während ‚deontologische' Theorien das in sich Richtige oder Gerechte zum Ausgangspunkt ihrer Überlegung machen. Als Beispiele für erstere gelten antike Glückstheorien oder der neuzeitliche Utilitarismus, letztere haben – der *opinio communis* gemäß – in der Morallehre Immanuel Kants oder auch in vertragstheoretischen (kontraktualistischen) Entwürfen wie demjenigen von John Rawls ihre typischen Ausprägungen.

In der Folge sind verschiedene weitere Bestimmungsversuche im Hinblick auf die Unterscheidung ‚deontologisch'-‚teleologisch' unternommen worden.[10] So hat man unter anderem als ‚deontologisch' jene ethischen Theorien gekennzeichnet, welche die Gutheit oder Schlechtheit einer Handlung von ihrem *inneren Wert* abhängig machen und die Folgen unberücksichtigt lassen, als ‚teleologisch' dagegen jene Theorien, für die gerade diese *äußeren Folgen* das entscheidende Kriterium darstellen[11] – und die Unterscheidung damit in die Nähe jener Typologie gerückt, die in einem anderen Kontext von Max Weber mit der Differenz von ‚*Gesinnungsethik*' und ‚*Verantwortungsethik*' benannt worden ist.[12]

Grenzen ethischer Typologie. – Eine komplette Kartographierung der verschiedenen ethischen Konzeptionen anhand dieser oder ähnlicher Kriterien erscheint uns jedoch aus mehreren Gründen als problematisch.

(1) *Einseitig moderner Gesichtspunkt und begrenzte Anwendbarkeit der Kriteriologie.* – Ein wesentliches Problem der beschriebenen Disjunktion besteht darin, dass sie einem spezifisch neuzeitlichen Diskussionszusammenhang entstammt: Sie wurde ursprünglich zur Unterscheidung der kantischen Ethik vom modernen Utilitarismus eingeführt.[13] Damit geht sie von Voraussetzungen aus, die ihre Anwendbarkeit auf ethische Theorien der Antike und des Mittelalters eng begrenzt. Denn sie ist primär auf der Ebene der Bewertung einzelner *Handlungen* und ihrer Maximen und nicht des Lebensganzen angesiedelt und setzt eine klare Unterscheidung zwischen dem Richtigen und dem Guten, dem ‚eigentlich' Moralischen und dem ‚Vor'-Moralischen, voraus, die in der klassischen Ethik so nicht gegeben ist. Das Gut, um das es dem antiken und mittelalterlichen Eudaimonismus (von griech. *eudaimonia* = „Glück", „gutes Geschick") geht, ist kein äußeres ‚Vor'-Ethisches, dem die moralischen Handlungen instrumentell zugeord-

---

[10] Vgl. den Überblick und die Kritik der verschiedenen Bestimmungsversuche bei Werner 2002, 123ff.

[11] Eine begriffliche Präzisierung ist in diesem Zusammenhang von Anscombe 1974 eingeführt worden, die statt von ‚teleologischen' von ‚konsequenzialistischen' Ethiken sprach, da der Handlungsbewertung die *Folgen (Konsequenzen)* und nicht die *Ziele (tele)* des Handelns zugrunde liegen.

[12] Vgl. Weber ²1926, 57f.: „[E]s ist ein abgrundtiefer Gegensatz, ob man unter der gesinnungsethischen Maxime handelt – religiös geredet: ‚Der Christ tut recht und stellt den Erfolg Gott anheim' –, *oder* unter der verantwortungsethischen: dass man für die (voraussehbaren) *Folgen* seines Handelns aufzukommen hat. […] Wenn die Folgen einer aus reiner Gesinnung fließenden Handlung üble sind, so gilt […] [dem Gesinnungsethiker] nicht der Handelnde, sondern die Welt dafür verantwortlich, die Dummheit der anderen Menschen oder – der Wille des Gottes, der sie so schuf. Der Verantwortungsethiker dagegen rechnet mit eben jenen durchschnittlichen Defekten der Menschen, – er hat, wie Fichte richtig gesagt hat, gar kein Recht, ihre Güte und Vollkommenheit vorauszusetzen, er fühlt sich nicht in der Lage, die Folgen eigenen Tuns, soweit er sie voraussehen konnte, auf andere abzuwälzen. Er wird sagen: diese Folgen werden meinem Tun zugerechnet."

[13] Bemerkenswerterweise taucht der Begriff ‚deontologisch' allerdings zuerst beim Utilitaristen J. Bentham auf – und zwar zur Kennzeichnung der *eigenen* Theorie!

net wären, sondern das gute Leben als Verwirklichung der Wesensnatur des Menschen selbst. Als eine sich als Vollendung wissende und vollziehende Praxis trägt dieses Leben seinen Zweck *in sich*. Die Separierung des im genuinen Sinne Moralischen vom Außermoralischen ist eine Signatur moderner Ethik, die den vormodernen Entwürfen äußerlich bleibt (vgl. Williams 1978, 84ff.).

(2) *Vereinfachung der historischen Komplexität der Entwürfe.* – Überdies neigen typologische Disjunktionen der Form ‚deontologische versus teleologische Ethik' dazu, unter Angabe stichwortartiger Kriterien ihre historische Komplexität zu stark zu vereinfachen. Die Tatsache, dass auch moderne Ethiken an vormoderne Entwürfe anknüpfen (vgl. dazu etwa den Beitrag von M. Forschner in diesem Band), stellt indessen ein Faktum dar, das auch eine schematisierende Unterscheidung zwischen neuzeitlichen und vorneuzeitlichen Ethiktypen unterläuft – dem eine angemessene Kriteriologie indessen aufmerksam Rechnung zu tragen hätte. In solchem Sinne haben auch die im Folgenden aufgezeigten Differenzen und Kriterien lediglich den Charakter des Vorläufigen und Heuristischen, um Anhaltspunkte im ethischen Gespräch zu liefern, und wollen den Leser vor allem zu genauem und kritischem Hinsehen anregen.

(3) *Abstraktheit der Kriterien gegenüber der Konkretheit des Entwurfs.* – Schließlich besitzt eine primär typologische Zugehensweise, die ihre Unterscheidungen zunächst abstrakt entwirft, um sie in einem zweiten Schritt auf die einzelnen Denker anzuwenden und in ihrer Angemessenheit zu begründen, die Tendenz, sich vorab mit langwierigen kriteriologischen Diskussionen um Unterscheidungen und Zuordnungen zu belasten, statt den Philosophierenden in die Unmittelbarkeit der ethischen Auseinandersetzung mit den konkreten Entwürfen zu stellen.[14] Im schlechtesten Falle führt das zu einem schematischen ‚Schubladendenken', bei dem historische Positionen nur noch auf ihre Übereinstimmung mit bestimmten Kriterien ‚abgeklopft' werden, um dann als ‚deontologisch' oder ‚teleologisch', ‚subjektivistisch' oder ‚objektivistisch' o.ä. klassifiziert zu werden. Sinnvoller erscheint es daher, sich gerade umgekehrt dem Paradigmatischen eines ethischen Entwurfs vom einzelnen Denker aus zu nähern.

Somit ist die Reihenfolge der beiden genannten Perspektiven von entscheidender Bedeutung: Auf der Basis ihrer *historisch* wie biographisch bedingten Konkretheit sollen die vorgestellten Entwürfe Grundpositionen markieren, die in *kriteriologisch-systematischer* Hinsicht das Feld ethischer Diskussion sozusagen ‚abstecken'. In dieser Weise können die verschiedenen Leitbegriffe und Maßstäbe in den Blick kommen, die einem ethischen Entwurf jeweils als entscheidendes Kriterium gelten, an denen sich menschliches Leben und Handeln zu orientieren hat: Die Tugend, ein diesseitiges oder jenseitiges Glück, die Gerechtigkeit, das Gesetz und die Pflicht, der Nutzen, die Werte oder der Diskurs erscheinen so als ‚Grundbegriffe', die eine ‚Grundposition' inhaltlich kennzeichnen.

---

[14] Vgl. dazu etwa die Vielzahl der Unterscheidungen in der Einleitung des *Handbuchs Ethik* von Düwell/Hübenthal/Werner 2006, die zwar nützlich sind, aber in ihrer Menge doch dazu neigen, den Blick zu verstellen, und in gewissem Sinne einer Transformation der Ethik in Meta-Ethik zuarbeiten.

3. Ethische Grundpositionen in ihrer historischen Entwicklung

Die getroffene Auswahl ethischer Gesprächspartner umfasst dabei Repräsentanten sämtlicher Epochen der abendländischen Geistesgeschichte von der Antike bis zur Gegenwart, wobei die vorgestellten Denker zugleich jeweils als exemplarische Vertreter der Ethik ihrer Zeit gelten können.

3.1. Aristoteles und die eudaimonistische Ethik der Antike

Im Zentrum der Ethik der Antike steht – wie bereits angedeutet – die Frage „wie man leben soll" bzw. „was das gute Leben ist". Bereits in den Auseinandersetzungen des Sokrates mit den Sophisten geht es um eine Form der Lebensführung, die gewährleistet, dass das unhintergehbare menschliche Streben nach dem Guten sein Ziel nicht verfehlt, sondern im Sinne eines guten bzw. gelingenden Lebens seine Erfüllung findet (vgl. Platon, *Gorgias* 467c-468d; 492d; 499e-500c). Kristallisationspunkt und Inbegriff aller Zwecke und Ziele menschlichen Strebens ist dabei das *Glück* (*eudaimonia*; vgl. hierzu v.a. Platon, *Euthydemos* 278e-282d).

Während die Sophisten ein auf maximale Lusterfüllung hin ausgerichtetes Leben propagieren, das es v.a. mit Gewalt und Geschicklichkeit zu erlangen und zu sichern gilt, setzt Sokrates auf die *Tugenden* als Weg zum Glück. Diese hält er freilich im Kern für Formen der Weisheit bzw. des Wissens: Wer schlecht handelt, tut dies aus Unwissenheit – so das Credo des sog. ‚sokratischen Intellektualismus' (vgl. Platon, *Menon* 77d-e; *Apologie* 25d-26a; *Gorgias* 488a u.ö.). – Auf den Spuren seines Lehrers verknüpft Platon das individuelle Glücksstreben mit der Einrichtung des gesellschaftlichen und staatlichen Lebens: Dieselben Prinzipien der Tugend befördern das Leben des Einzelnen wie das gesellschaftliche Gelingen (vgl. *Politeia*). Zugleich wird die Einsicht in diese Zusammenhänge geknüpft an eine bestimmte Art des Wissens: die Erkenntnis der ewigen und unwandelbaren Urbilder der sinnlichen Wirklichkeit, der Ideen. Mit der Idee des Guten ist dabei eine metaphysische und nicht-subjektivistische Norm ausfindig gemacht, an dem sich – gegen den Relativismus der Sophisten – das gute Leben grundsätzlich messen lässt. Und es ist das Wissen um diese Idee des Guten, welche die Philosophen zu den Experten macht, die den Staat am besten regieren können, weil sie über die wahren Maßstäbe für das gute und gelingende Leben im Kleinen wie im Großen, im Individuum wie im Staat, verfügen (vgl. hierzu van Ackeren 2003).

An die Stelle der Idee des Guten tritt bei *Aristoteles (384-322 v. Chr.)* schließlich die *Natur (physis)* als Maßstab für den Begriff des guten Lebens. Eudaimonistisches Streben und tugendhafte Verwirklichung des Menschen finden für Aristoteles an einem normativ gewendeten Naturbegriff ihr entscheidendes Kriterium (vgl. Müller 2006). Das „Leben gemäß der Natur" wird zur Leitvorstellung, insofern nur ein solcher Existenzvollzug als gut bzw. gelingend zu betrachten ist, der „natürlich" ist (vgl. Wieland 1990; Forschner 1998). Überdies bezieht Aristoteles den Gedanken der Natur als einer zu verwirklichenden Vollendungsgestalt auch auf die Polis, die sich aus mehreren natürlichen Entwicklungsstufen herausbildet. Der Staat ist demnach ein Naturding, und seine

Funktion besteht wesentlich in der Vollendung der menschlichen Natur in Form des Glücks seiner Bürger. Indem Aristoteles schließlich – anders als Platon – das praktische Wissen als ein von theoretischen Einsichten prinzipiell unterscheidbares Wissen aufzeigt, das einer eigenen methodischen Maßgabe folgt, gelangt er zur Konzeption der philosophischen Ethik als eigenständiger Disziplin und kann deshalb als deren ,Begründer' gelten.[15]

Über Aristoteles hinaus gehören das Glück und die Tugenden zum festen Repertoire der antiken Ethik und bleiben auch in der hellenistischen, kaiserzeitlichen und spätantiken Ethik maßgeblich. Ein sich v.a. in der hellenistischen Ethik verstärkendes Motiv ist dabei die Idee der Philosophie als einer Lebensform (vgl. Hadot 2002) bzw. einer Lebenskunst, die das individuelle Gelingen des Lebens sichert. Die Philosophie wird damit nicht nur als Reflexion über das Glück, sondern auch als eine Praxis begriffen, die selbst zum Glück beiträgt: Letztlich kann nur der Weise wirklich tugendhaft und glücklich sein. – Modifikationen erfährt unterdessen der von Aristoteles in den Mittelpunkt gerückte Maßstab der Natur: Während der normative *physis*-Begriff bei Aristoteles auf die Artnatur bzw. die menschliche Natur abhebt, steht bei den Stoikern die vernünftige Struktur des Kosmos *in toto*, also der alles durchdringende *logos* im Zentrum. Gemeinsam ist beiden Modellen immerhin die Idee, dass Natur nicht bloß etwas Vorgegebenes, sondern v.a. etwas sich aktiv Anzueignendes bzw. zu Realisierendes, mithin etwas Aufgegebenes ist. Im Gegensatz hierzu bestimmen die Epikureer das Natürliche eher als immer schon Vorgegebenes und betrachten daher die Lust als das natürliche Gut, nach dem alle Menschen streben.

3.2. Thomas von Aquin und der christliche Eudaimonismus des Mittelalters

Auch das christliche Mittelalter bewegt sich auf den von der Ethik der Antike vorgezeichneten Bahnen. In bewusster Anknüpfung an die eudaimonistische Tradition und unter Verweis auf das Streben aller Menschen nach Glück entwirft Augustinus in seiner Schrift *De beata vita* eine Konzeption des glückseligen Lebens, das auf der Realisierung der Tugend der Weisheit (*sapientia*) beruht. Die Frage nach dem letzten Ziel des menschlichen Lebens wird dabei auf eine religiöse Dimension hin erweitert, insofern das menschliche Streben seine Erfüllung letztlich in Gott findet: „Wer also Gott hat, ist glücklich" (*Deum igitur, [...] qui habet, beatus est; De beata vita* 2, 11). Philosophische Ethik wird damit eingerückt in einen theologischen Rahmen, ohne jedoch ihre argumentativ-rationale Eigenqualität zu verlieren.

Das Glück und die Tugend sind auch die Leitbegriffe für jene systematischen Ausformulierungen christlicher Ethik, die sich im 12. und 13. Jahrhundert unter dem Einfluss der Wiederentdeckung und Neuaneignung der Philosophie des Aristoteles vollziehen. Seine herausragende Bedeutung als maßgebliches und normatives Kriterium der Ethik findet der Naturbegriff im Entwurf des *Thomas von Aquin (1224/5-1274)* unter

---

[15] Vgl. den Beitrag von *Jörn Müller*, „Glück als Vollendung menschlicher Natur. Die eudaimonistische Tugendethik des Aristoteles": S. 23-52.

der Vorstellung eines *natürlichen Verlangens* (*desiderium naturale*), mit dem der Mensch sein ‚übernatürliches' Ziel erstrebt. Die Natur wird dabei als *geschaffene* verstanden, und der Mensch als Geschöpf, das – von Gott in eine Eigenwirklichkeit und -wirksamkeit gesetzt – sein zielgerichtetes Handeln als Heimkehr zu seinem göttlichen Ursprung vollzieht.[16]

Für die weitere Entwicklung der Ethik sind zwei weitere Motive zu nennen, die die ‚Scharnierfunktion' der mittelalterlichen Entwürfe in Richtung der Neuzeit verdeutlichen:

(1) Die Betonung des *freien Willens*, die auf die augustinische Erklärung der Sünde zurückgeht (vgl. insbesondere *De libero arbitrio*), führt – zwar nicht bei Thomas, doch in der Folgezeit – zur Verschiebung von einer Strebens- zu einer Willensethik, in welcher der Wille nicht mehr im Zusammenhang mit der Natur, sondern in Abgrenzung von ihr verstanden wird und als das eigentliche Kriterium für die Zurechenbarkeit von Handlungen in den Mittelpunkt des ethischen Interesses rückt. Hieraus ergibt sich eine sukzessive Isolierung der handlungstheoretischen Betrachtungsweise gegenüber ihrem tugend- und strebensethischen Rahmen.

(2) Die Hervorhebung der Bedeutung des *göttlichen Gesetzes*, das – der thomanischen Konzeption zufolge – dem menschlichen Streben nach Vollendung als wesentliches Element zu Hilfe kommt, enthält darüber hinaus eine normative Vorstellung, in der nicht zu unrecht die verborgene Wurzel jenes kategorischen Anspruchs vermutet worden ist, mit dem später die Ethik Kants in Form eines entsprechenden Imperativs als absoluter Sollensforderung auftreten wird (vgl. Anscombe 1958). Neben dem Aufweis verschiedener Weisen göttlicher Unterstützung des menschlichen Glücksstrebens beinhaltet die Ausdifferenzierung der verschiedenen Arten des göttlichen Gesetzes jedenfalls eine Konzeption, die insbesondere mit der Lehre vom sog. ‚natürlichen Gesetz' (*lex naturalis*), das vor allem im menschlichen Gewissen zugänglich wird, den späteren neuzeitlichen Debatten um das Naturrecht eine maßgebliche Vorlage liefert (vgl. hierzu Rhonheimer 1987, Teil I).

3.3. Die großen Alternativen der Ethik der Neuzeit: Die Pflichtethik Immanuel Kants und der Utilitarismus John Stuart Mills

Steht im Mittelpunkt der Ethik der Antike und des Mittelalters die Frage nach dem guten Leben, so ist das Interesse der neuzeitlichen Ethik auf Handlungen und die Bestimmung ihrer Gebotenheit oder Verbotenheit konzentriert: „Was soll ich tun?" oder besser: „Was soll man tun?" (denn es gilt, einen unparteilichen bzw. universellen Standpunkt einzunehmen) lautet die Leitfrage. – Gegenüber der ‚klassischen' Ethik lassen sich die Veränderungen an drei Gesichtspunkten festmachen:

(1) *Aktzentrierung statt Akteurzentrierung*: Nicht mehr der Handelnde in seiner persönlichen Qualität steht im Mittelpunkt der Moral, sondern das Handeln selbst und seine Prinzipien, die auf ihre Verallgemeinerbarkeit bzw. rationale Begründbarkeit hin geprüft

---

[16] Vgl. den Beitrag von *Hanns-Gregor Nissing*, „Der Mensch auf dem Heimweg zu Gott. Christlicher Eudaimonismus bei Thomas von Aquin": S. 53-82.

werden. Das normative Kriterium kann dabei variieren. Eine solche Form der Aktzentrierung lässt das Konzept individueller Lebensführung wie den für Antike und Mittelalter zentralen Begriff der Tugend in den Hintergrund treten. Letzterer wird tendenziell in den Rahmen einer umfassenden Regel- oder Prinzipienethik eingerückt und in instrumentell-kausaler Sicht konzeptualisiert: als Disposition zur Hervorbringung von Handlungen, die bestimmten Kriterien oder Prinzipien genügen. (Zur Unterscheidung von *act-centred* und *agent-centred* vgl. Annas 1993.)

(2) *Moralität statt Glückseligkeit:* Überdies ist der moderne *moral point of view* auf die Kriterien von Unparteilichkeit und Universalität hin formuliert – in bewusster Absetzung von der (eventuell präjudizierten) Interessenlage einzelner Akteure: Man soll nicht moralisch handeln, um selbst glücklich zu sein, und Moralität ist auch keine hinreichende Bedingung für eigenes Glück. Damit entsteht für die Moderne jedoch die pressierende *Why to be moral?*-Frage: Warum soll das allgemein moralisch Richtige auch für mich als einzelnen Handelnden das Beste sein? Den dadurch bedingten strukturellen Hiatus zwischen objektiver Forderung und individueller Motivation versucht die moderne Ethik bis in die jüngste Diskussion hinein zu schließen (vgl. Kühler 2006).

(3) *Moral versus Natur:* Die Natur wird folglich in der Moderne weitgehend nicht mehr als Berufungs- oder Begründungsinstanz für das gute Leben oder das richtige Handeln betrachtet. Natur und Moral werden entkoppelt, insofern letztere erst dort ansetzt, wo erstere endet, und eine Deduktion von sittlicher Normativität aus natürlichen Vorgaben dem sog. ‚naturalistischen Fehlschluss'[17] anheimfällt. Doch damit entsteht eine funktionale Leerstelle, die das Problem der *Grundlegung* einer philosophischen Moral in besonderem Maße virulent macht.

Bedingt ist diese Depotenzierung des Naturbegriffs *einerseits* durch eine veränderte Sicht der Natur, die aufgrund der *modernen Naturwissenschaften* und eines mechanistisch-szientistischen Weltbildes primär nach der Maßgabe streng kausaleffizient zu rekonstruierender Prozesse – und nicht mehr unter dem Gesichtspunkt innerer Zielgerichtetheit bzw. natürlichen Strebens – verstanden wird: Natur erscheint in erster Linie in der Gestalt empirischer Naturkausalität und unter dem Gesichtspunkt des Naturgesetzes. Sie ist nicht mehr selbst normgebende Größe, sondern wird als bloßes Objekt einer Beherrschung und schöpferischen Gestaltung für den Menschen, den „maître et possesseur de la nature" (R. Descartes), verfügbar. – *Andererseits* werden menschliche Natur und Herkunft – nicht zuletzt bedingt durch die Erfahrungen der Religionskriege des 16./17. Jahrhunderts – *in politischer Hinsicht* vor allem als Quellen von Konflikten verstanden: Der Naturzustand ist ein normativ unbestimmter „Krieg aller gegen alle" (*bellum omnium contra omnes*, Th.

---

[17] Eine Ableitung normativer Befunde aus einer in sich ‚wertfreien' Natur, also ein Schluss vom Sein auf das Sollen, ist unter solchen Voraussetzungen nicht mehr denkbar. Dieser für die moderne Ethik stilbildende Befund ist im Anschluss an Ausführungen bei David Hume später von G.E. Moore mit dem *terminus technicus* „naturalistischer Fehlschluss" (*naturalistic fallacy*) gekennzeichnet worden. – Vgl. D. Hume, *Ein Traktat über die menschliche Natur*, Buch III, Teil 1, Abschnitt 1: „In jedem Moralsystem, das mir bisher vorkam, habe ich immer bemerkt, dass der Verfasser eine Zeitlang in der gewöhnlichen Betrachtungsweise vorgeht, das Dasein Gottes feststellt oder Beobachtungen über menschliche Dinge vorbringt. Plötzlich werde ich damit überrascht, dass mir anstatt der üblichen Verbindungen von Worten mit ‚ist' und ‚ist nicht' kein Satz mehr begegnet, in dem nicht ein ‚sollte' oder ‚sollte nicht' sich fände. Dieser Wechsel vollzieht sich unmerklich; aber er ist von größter Wichtigkeit."

Hobbes, *Leviathan*). An die Stelle einer Vorstellung des Staates als natürlicher Entität, die sich wie bei Aristoteles organisch aus vorherigen Gesellschaftsformen als deren Zielpunkt entwickelt, tritt daher ein *vertragstheoretisches* Modell, das die Beseitigung einer ständigen Gefährdung des eigenen Lebens im Naturzustand durch Vertragsabschluss intendiert.

Vor diesem Hintergrund repräsentieren die Grundpositionen *Immanuel Kants (1724-1804)* und *John Stuart Mills (1806-1873)*, der den utilitaristischen Entwurf Jeremy Benthams (1748-1832) fortführte und ‚verfeinerte‘, die beiden großen Alternativen neuzeitlicher Moralbegründung: Während Kant in seinem Programm einer reinen, von allen empirischen Zusammenhängen gesäuberten Ethik den guten Willen als *inneres* Bestimmungsprinzip des Handelns zum einzigen Maßstab von Moralität erhebt (vgl. den berühmten ersten Satz der *Grundlegung zur Metaphysik der Sitten*, AA IV, 393: „Es ist überall nichts in der Welt, ja überhaupt auch außer derselben zu denken möglich, was ohne Einschränkung für gut könnte gehalten werden, als allein ein guter Wille"), setzen Mill und der Utilitarismus die *äußeren* Folgen bzw. die Nützlichkeit als zentrales Kriterium für die Bewertung einer Handlung an.

Die Notwendigkeit einer Grundlegung, d.h. einer prinzipiellen Begründung der Moral führt Kant zur Formulierung seines berühmten ‚kategorischen Imperativs‘ als fundamentales Moralprinzip: „Handle nur nach derjenigen Maxime, durch die du zugleich wollen kannst, dass sie ein allgemeines Gesetz werde" (*Grundlegung zur Metaphysik der Sitten*, AA IV, 421). Wesentliches Kennzeichen ist hier die Forderung nach Universalität bzw. Universalisierbarkeit des moralischen Handelns und seiner Grundsätze, die eben auf Handlungen (bzw. deren Maximen) und nicht auf das Gelingen des Lebens im Ganzen hin formuliert sind. Der kategorische Imperativ ist dabei nichts anderes als Ausdruck der Selbstbestimmung des Willens in Freiheit, mithin der sittlichen Autonomie.[18] Das in Antike und Mittelalter als Leitmotiv der Ethik propagierte Glück hält Kant hingegen für radikal ungenügend: „[W]enn *Eudämonie* (das Glückseligkeitsprincip) statt der *Eleutheronomie* (des Freiheitsprincips der inneren Gesetzgebung) zum Grundsatze aufgestellt wird, so ist die Folge davon *Euthanasie* (der sanfte Tod) aller Moral" (*Metaphysik der Sitten*, AA VI, 378).

Im Unterschied dazu bleibt bei Mill und im Utilitarismus unter der Maßgabe des Prinzips der Nützlichkeit (*principle of utility*) der Begriff des Glücks zwar erhalten: Die moralische Richtigkeit und Falschheit von Handlungen wird an der Beförderung von Glück oder Unglück bemessen. „Unter ‚Glück‘ ist dabei Lust und das Freisein von Unlust, unter ‚Unglück‘ Unlust und das Fehlen von Lust verstanden" (*Utilitarismus* c. 2). Gegenüber dem klassischen Eudaimonismus fußt der utilitaristische Glücksbegriffs indessen auf einer strikten Unterscheidung zwischen Mitteln und Zwecken, zwischen dem eigentlich moralischen und dem vormoralisch Guten. Ersteres wird durch seine Funktion zur Förderung von letzterem bestimmt und nach Art eines technischen Optimierungsmodells durch Nutzenkalkül und Folgenabschätzung ermittelt. In dieser Struktur steht es in unmittelbarer Nähe zu den Rationalitätskriterien moderner Industriegesellschaften und neuzeitlicher Ökonomie. Sein Ideal einer Beförderung des „größten

---

[18] Vgl. den Beitrag von *Jörg Splett,* „Gesetz der Freiheit. Die Pflichtethik Immanuel Kants": S. 83-104.

Glücks der größten Zahl" impliziert schließlich eine Unparteilichkeit, die – entgegen einem hedonistisch-egoistischen Missverständnis – vom natürlichen Eigeninteresse des Handelnden gerade abzusehen verlangt. Keine Moral erscheint daher in ihrer Formulierung altruistischer als die utilitaristische.[19]

3.4. Grundpositionen philosophischer Ethik im 20. Jahrhundert

In Anknüpfung an oder im Widerspruch zu den durch Kant und den Utilitarismus markierten Grundoptionen formulieren sich im 20. Jahrhundert verschiedene weitere normative ethische Theorien.

(1) Für die so genannte *,materiale Wertethik'* gibt bereits der Titel des Hauptwerks von *Max Scheler (1874-1928)* den programmatischen Gesichtspunkt an: *Der Formalismus in der Ethik und die materiale Wertethik* werden antithetisch einander gegenübergestellt, womit eine kritisch-produktive Auseinandersetzung mit Kants ‚Formalismus' angezeigt wird. Überdies ist die emphatische Adaption des Wertbegriffs als Gegengewicht zur Dominanz eines rein positivistischen Wissenschaftsverständnisses und verschiedener Spielarten des Materialismus zu begreifen. Wenngleich mit der Vielzahl von materialen Werten, die Scheler anführt, die Ethik inhaltlich angereichert wird, so erfährt der Wertbegriff seine entscheidende Verbindung nicht durch den Rückgang auf die Natur oder die Fundierung in einer Ontologie, sondern durch die Analyse menschlicher Intentionalität und ihrer Akte: Werte sind für Scheler materiale Qualitäten, die uns im Fühlen der Höher- oder Minderwertigkeit unserer Strebensziele erkennbar werden. Sie besitzen ihr Sein darin, in intentionalen Akten mögliche Gegenstände zu sein. Grundlegend für Schelers Wertethik bleibt somit das neuzeitliche Paradigma, das ethisch mit Humes Dissoziierung von Sein und Sollen und erkenntnistheoretisch mit Kants Vernunftkritik bezeichnet ist.[20]

(2) Von einer Kritik am Utilitarismus geht die *Theorie der Gerechtigkeit* von *John Rawls (1921-2002)* aus, die sich um die Eruierung von universalen Gerechtigkeitsprinzipien bemüht, mit denen sich jeder rationale Akteur in einer Gesellschaft einverstanden erklären könnte. Dabei unterfüttert Rawls das Modell der neuzeitlichen Vertragstheorie (Kontraktualismus) mit spieltheoretischen Elementen, indem er für die Wahl der fundamentalen Gerechtigkeitsprinzipien einen fiktiven Urzustand postuliert, der Unparteilichkeit garantiert, in dem jeder Beteiligte unter dem sogenannten „Schleier der Unwissenheit" (*veil of ignorance*) diese Prinzipien wählt, d.h. ohne zu wissen, welche Position er innerhalb des gesellschaftlichen Gefüges einnehmen wird. Rawls will dabei keine Grundlegung der Moral als ganzer leisten, sondern lediglich eine Rechtfertigung bzw. Begründung von Grundprinzipien, die der in den westlichen Verfassungsstaaten ge-

---

[19] Vgl. den Beitrag von *Maximilian Forschner*, „Das Prinzip des größten Glücks. Der noble Utilitarismus John Stuart Mills": S. 105-122.
[20] Vgl. den Beitrag von *Berthold Wald*, „Güter und Werte. Die materiale Wertethik Max Schelers": S. 123-144.

wachsenen politischen Kultur des Liberalismus entstammen und den Pluralitätserfahrungen religiöser und säkularer Welt- und Lebensauffassungen in Neuzeit und Moderne entsprechen. Eine innere Flexibilität und ständige Revidierbarkeit ist dem Rawlsschen Entwurf daher von seiner Anlage her inhärent.[21]

(3) Ebenso ist nicht die Erzeugung von Normen und moralischen Urteilen, sondern ihre Prüfung und formale Regelung das Ziel der von *Jürgen Habermas (*1929)* entwickelten *Diskursethik*. Habermas knüpft an die kantische Morallehre an, insofern er seine Ethik als eine deontologische, kognitivistische, formalistische und universalistische Theorie kennzeichnet, bei der jedoch an die Stelle des kategorischen Imperativs das Verfahren moralischer Argumentation tritt – ebenso wie die transzendentalphilosophische Vernunft Kants durch eine „kommunikative Vernunft" ersetzt wird. In die Diskursethik fließen darüber hinaus verschiedene Strömungen der Philosophie des 20. Jahrhunderts ein: historischer Materialismus, Pragmatismus, Sprachphilosophie und kritische Gesellschaftstheorie (‚Frankfurter Schule') – dazu Erkenntnisse der Entwicklungspsychologie, der Psychoanalyse und der Sozialwissenschaften. Unter dem optimistischen Postulat der Rettung der positiven Errungenschaften der Moderne entwirft Habermas die Vorstellung eines idealen Diskurses als prozedurales Prüfungsverfahren, das – unter Voraussetzung idealer Unparteilichkeit der Teilnehmenden – die Geltungsfähigkeit von Normen unter den Bedingungen herrschaftsfreier Kommunikation beurteilen soll – was unter den realen Bedingungen der Gegenwart allerdings letztlich kontrafaktischen Charakter hat.[22]

4. Zum Aufbau der einzelnen Darstellungen

Dem Anliegen des vorliegenden Bandes, den Philosophierenden in ein Gespräch über ethische Grundpositionen zu bringen, entspricht der einleitende Charakter der folgenden Darstellungen. Sie gliedern sich jeweils parallel in vier Abschnitte, die die einzelnen Positionen in der Verschiedenheit ihrer Ausprägungen unter einer einheitlichen Perspektive zugänglich machen wollen.

(1) Da sich Gespräche – wie schon gesagt – stets zwischen Personen vollziehen, steht am Anfang zunächst der Blick auf die Biographie des jeweiligen Denkers, seinen geistesgeschichtlichen Kontext, den Anknüpfungspunkt seines ethischen Entwurfs sowie die Schriften, die für diesen von Relevanz sind: Aus welchem persönlichen und geschichtlichen Grundimpuls ist der jeweilige Entwurf entstanden und welchen Niederschlag hat dieser gefunden *(Abschnitt 1: Leben und Schriften)*?

(2) Die inhaltliche Darstellung der jeweiligen ethischen Theorie selbst will sodann in die *Grundbegriffe* des Entwurfs einführen und seine *Argumentationsstruktur* transparent machen: Welches sind die tragenden Grundpfeiler einer Theorie, wie sind sie miteinander verbunden und in welchem Verhältnis stehen sie zueinander? Auf eine Klärung des

---

[21] Vgl. den Beitrag von *Markus Stepanians*, „Gerechtigkeit als Fairness. Die Theorie der Gerechtigkeit von John Rawls": S. 145-166.
[22] Vgl. den Beitrag von *Petra Kolmer*, „Kommunikatives Handeln. Die Diskursethik von Jürgen Habermas": S. 167-190.

Begriffs durch die Definition als Ursprung und Prinzip aller Argumentation ist das Ansinnen der Philosophie ja von ihren Anfängen an gerichtet.[23] Und nur auf der Grundlage einer solchen differenzierten Rekonstruktion kann eine Auseinandersetzung und Kritik der jeweiligen Position sinnvoll erfolgen *(Abschnitt 2: Grundbegriffe und Argumente)*.

(3) Die Relevanz einer Grundposition für ethisches Nachdenken soll darüber hinaus ein Ausblick auf ihre Wirkungsgeschichte skizzieren: Welche Rezeption hat ein Entwurf gefunden? Wie wurde er weiterentwickelt? Und welche Bedeutung kommt ihm im Rahmen gegenwärtiger Diskussionen um Ethik und Moral zu *(Abschnitt 3: Ausblick)*?

(4) Schließlich möchte ein Literaturverzeichnis mit Hinweisen auf die Ausgaben der Quellentexte sowie auf die wichtigste Sekundärliteratur zu einem vertieften Weiterbeschäftigung mit den verschiedenen Denkern einladen *(Abschnitt 4: Literatur)*.

Vor allem anderen wollen die folgenden Darstellungen den Leser einladen, in das zeitübergreifende Gespräch um das Gute einzutreten und in lernendem Verstehen wie kritischer Auseinandersetzung das eigene moralische Denken zu klären.

4. Literatur

4.1. Gesamtdarstellungen zur Geschichte der Ethik

Hauskeller, M., 1997ff.: *Geschichte der Ethik*, 4 Bde., München.

Jodl, F., 1965: *Geschichte der Ethik*, 2 Bde., Darmstadt.

MacIntyre, A., 1984: *Geschichte der Ethik im Überblick. Vom Zeitalter Homers bis zum 20. Jahrhundert*, Meisenheim.

Pieper, A., 1992: *Geschichte der neueren Ethik*, 2 Bde., Tübingen.

Rawls, J., 2002: *Geschichte der Moralphilosophie*, Frankfurt/M.

Rohls, J., [2]1999: *Geschichte der Ethik*, Tübingen.

Schmid Noerr, G., 2006: *Geschichte der Ethik*, Leipzig.

Wyller, T., 2002: *Geschichte der Ethik. Eine systematische Einführung*, Paderborn.

4.2. Systematische Einführungen in die Ethik

Anzenbacher, A., [2]2001: *Einführung in die Ethik*, Düsseldorf.

Baumanns, P., 1977: *Einführung in die praktische Philosophie*, Stuttgart.

Birnbacher, D., 2003: *Analytische Einführung in die Ethik*, Berlin – New York.

Broad, C.D., 1930: *Five Types of Ethical Theory*, London.

Bubner, R., 1982: *Handlung, Sprache und Vernunft. Grundbegriffe praktischer Philosophie. Neuausgabe mit einem Anhang*, Frankfurt/M.

Derbolav, J., 1983: *Abriß europäischer Ethik*, Würzburg.

Foot, Ph., 1967: *Theories of Ethics*, Oxford.

---

[23] Vgl. Aristoteles, *Metaphysik* XIII 4, 1078b27-30: „Zwei Dinge können mit Recht dem Sokrates zugeschrieben werden, die induktiven Beweise und die allgemeinen Definitionen, denn beide betreffen den Ausgangspunkt der Erkenntnis".

Frankena, W.K., 1972: *Analytische Ethik. Eine Einführung*, München.

Ginters, R., 1976: *Typen ethischer Argumentation. Zur Begründung sittlicher Normen* (= Texte zur Religionswissenschaft und Theologie, Ethische Sektion, 4.1), Düsseldorf.

Grewendorf, G./Meggle, G. (eds.), 1974: *Sprache und Ethik. Zur Entwicklung der Metaethik*, Frankfurt/M.

Hastedt, H./Martens, E. (eds.), 1994: *Ethik. Ein Grundkurs*, Reinbek b. Hamburg.

Höffe, O., 1979: *Ethik und Politik. Grundmodelle und -probleme der praktischen Philosophie* (= stw, 266), Frankfurt/M.

Honnefelder, L./Krieger, G. (eds.): *Philosophische Propädeutik. Band 2: Ethik* (= UTB, 1895), Paderborn u.a.

Hudson, W.D., 1970: *Modern Moral Philosophy*, London.

Knoepffler, N., u.a. (eds.), 2006: *Einführung in die Angewandte Ethik*, Freiburg/Br. – München.

Kutschera, F. v., 1982: *Grundlagen der Ethik*, Berlin – New York.

LaFollette, H. (ed.), 2000: *The Blackwell Guide to Ethical Theory*, Malden.

Ott, K., 2001: *Moralbegründungen zur Einführung*, Hamburg.

Pauer-Studer, H., 2003: *Einführung in die Ethik* (= UTB, 2350), Wien.

Pieper, A., 1985: *Ethik und Moral*, München.

–, [4]2000: *Einführung in die Ethik*, Tübingen – Basel.

Quante, M., 2003: *Einführung in die Allgemeine Ethik*, Darmstadt.

Reiner, H., 1964: *Die philosophische Ethik. Ihre Fragen und Lehren in Geschichte und Gegenwart*, Heidelberg.

Ricken, F., [3]1998: *Allgemeine Ethik*, Stuttgart.

Schrey, H.-H., 1972: *Einführung in die Ethik*, Darmstadt.

Schweppenhäuser, G., 2003: *Grundbegriffe der Ethik zur Einführung*, Hamburg.

Schulz, W., [2]1993: *Grundprobleme der Ethik*, Pfullingen.

Sidgwick, H., [7]1962: *The Methods of Ethics*, London.

Singer, P. (ed.), 1991: *A Companion to Ethics*, Oxford.

Spaemann, R., [5]1994: *Moralische Grundbegriffe*, München.

Steenblock, V., 2008: *Kolleg Praktische Philosophie. Bd. 2: Grundpositionen und Anwendungsprobleme der Ethik* (= RUB, 18551), Stuttgart.

Tugendhat, E., 1984: *Probleme der Ethik*, Stuttgart.

–, 1993: *Vorlesungen über Ethik*, Frankfurt/M.

Williams, B., 1978: *Der Begriff der Moral. Eine Einführung in die Ethik*, Stuttgart.

Wolf, J.-C./Schaber, P., 1998: *Analytische Moralphilosophie*, Freiburg/Br. – München.

4.3. Lexika und Handbücher

Becker, L.C./Becker C.B. (eds.), 1992: *Encyclopedia of Ethics*, 2 Bde., New York.

Düwell, M./Hübenthal, C./Werner M.H. (eds.), [2]2006 (2002): *Handbuch Ethik*, Stuttgart.

Hastings, J./Selbie, J.A. (eds.), 1959ff.: *Encyclopedia of Religion and Ethics*, 12 Bde., Edinburgh.

Hertz, A./Korff, W. (eds.), [3]1993: *Handbuch der christlichen Ethik*, 3 Bde., Freiburg/Br.

Höffe, O. u.a. (eds.), [7]2008: *Lexikon der Ethik*, München.
Wils, J.-P./Hübenthal, C. (eds.), 2006: *Lexikon der Ethik*, Paderborn.

4.4. Textsammlungen

Apel, K.-O. u.a. (eds.), 1984: *Funkkolleg Praktische Philosophie / Ethik. Studientexte*, 3 Bde., Weinheim – Basel.
Baurmann, M./Kliemt, H. (eds.), 1987: *Arbeitstexte für den Unterricht: Glück und Moral* (= RUB, 9600), Stuttgart.
Birnbacher, D./Hoerster, N. (eds.), 1976: *Texte zur Ethik*, München.
Höffe, O. (ed.), [2]1999: *Lesebuch zur Ethik. Philosophische Texte von der Antike bis zur Gegenwart*, München.
Sandvoss, E.R. (ed.), 1981: *Arbeitstexte für den Unterricht: Ethik* (= RUB, 9565), Stuttgart.
Spaemann, R./Schweidler, W. (eds.), 2006: *Ethik – Lehr- und Lesebuch. Texte – Fragen – Antworten*, Stuttgart.

4.5. Sonstige zitierte Literatur

Ackeren, M. v., 2003: *Das Wissen vom Guten. Bedeutung und Kontinuität des Tugendwissens in den Dialogen Platons* (= Bochumer Studien zur Philosophie, 39), Amsterdam – Philadelphia.
Annas, J., 1993: *The Morality of Happiness*, New York – Oxford.
Anscombe, G.E.M., 1958: „Modern Moral Philosophy", in: *Philosophy* 33, 1-19.
Forschner, M., 1998: *Über das Handeln im Einklang mit der Natur. Grundlagen ethischer Verständigung*, Darmstadt.
Hadot, P., 2002: *Philosophie als Lebensform. Antike und moderne Exerzitien der Weisheit*, Frankfurt/M.
Hare, R.M., 1952: *The Language of Morals*, Oxford. – Deutsch: *Die Sprache der Moral*, Frankfurt/M. 1983.
Kühler, M., 2006: *Moral und Ethik – Rechtfertigung und Motivation. Ein zweifaches Verständnis von Moralbegründung*, Paderborn.
Müller, J., 2006: *Physis und Ethos. Der normative Naturbegriff bei Aristoteles und seine Relevanz für die Ethik*, Würzburg.
Muirhead, J.H., 1932: *Rules and Ends in Morals*, Oxford.
Rhonheimer, M., 1987: *Natur als Grundlage der Moral. Eine Auseinandersetzung mit autonomer und teleologischer Ethik*, Innsbruck – Wien.
Spaemann, R., 2006: „Was ist philosophische Ethik?", in: Spaemann/Schweidler 2006, 11-21.
Weber, M., [2]1926 (1919): *Politik als Beruf*, München – Leipzig.
Wieland, G., 1990: „Secundum naturam vivere. Über das Verhältnis von Natur und Sittlichkeit", in: B. Fraling (ed.), *Natur im ethischen Argument*, Freiburg, 13-31.

Jörn Müller

Glück als Vollendung menschlicher Natur

Die eudaimonistische Tugendethik des Aristoteles

1. Leben und Schriften

Aristoteles wurde 384 v. Chr. in der nordgriechischen Stadt Stageira geboren; sein Vater verfügte als Leibarzt über gute Kontakte zum makedonischen Königshof, an dem Aristoteles selbst später zeitweise als Erzieher für den heranwachsenden Prinzen Alexander (den Großen) tätig war. Mit seiner Frau Pythias hatte Aristoteles zwei Kinder; das bei Diogenes Laertios (vgl. *Vitae Philosophorum* V, 11-16) überlieferte Testament bezeugt seine gewissenhafte Sorge um Familie und Haushalt auch über seinen Tod hinaus. Er starb 322 in Chalkis auf Euboia. Obwohl Aristoteles gut die Hälfte seines Lebens in Athen zubrachte, war er kein athenischer Vollbürger, sondern lediglich ein sogenannter Metöke (Mitbewohner) mit eingeschränktem Rechtsstatus. Seine philosophische Karriere lässt sich grob in drei Phasen unterteilen (vgl. Höffe 1999, 13-28; Buchheim 1999, 10-23):

(1) Im Alter von 17 Jahren schloss er sich 367 in Athen der um Platon entstehenden Akademie an, wo er weitere Lehrer (z.B. Speusipp) hatte und selbst im Lehrbetrieb tätig war (erster Athenaufenthalt: ‚Lehrjahre').

(2) Nach dem Tod Platons (347) verließ Aristoteles wohl aus politischen Gründen (wachsende antimakedonische Ressentiments) Athen und war danach an wechselnden Orten (u.a. im kleinasiatischen Assos und am makedonischen Hof) tätig; in dieser Zeit der ‚auswärtigen Forschung' rund um die Ägäis legte er wohl u.a. die Materialsammlungen für seine naturwissenschaftlichen Schriften an (‚Wanderjahre').

(3) Nach seiner erneuten Rückkehr nach Athen im Jahre 335 lehrte er nicht in der Akademie, sondern im Lykeion, aus dem später die Philosophenschule des Peripatos bzw. der Peripatetiker hervorging[1], bis er nach dem Tod Alexanders (323) und einer gegen ihn vorgebrachten Klage wegen Gottlosigkeit (Asebie) die Stadt endgültig verließ (zweiter Athenaufenthalt: ‚Meisterjahre') und kurz darauf starb.

Sein gewaltiges Œuvre, von dem uns weniger als ein Viertel überliefert zu sein scheint, kann formal unterteilt werden in *exoterische* (d.h. an eine breitere Öffentlichkeit adressierte) und *esoterische* (also an Schüler gerichtete) Schriften sowie ‚Materialsammlungen' (z.B. der *Staat der Athener*, der als einziger aus einer Sammlung von 158 antiken

---

[1] Die geistige Urheberschaft des Aristoteles für die Schule der Peripatetiker ist unbestritten; einer formellen ‚Schulgründung' durch ihn steht jedoch der Umstand entgegen, dass Aristoteles als Metöke in Athen keinen Grundbesitz erwerben durfte.

Staatsverfassungen erhalten gebliebene Text). Die exoterischen Schriften sind inklusive
der noch von Cicero hoch gerühmten Dialoge weitgehend verloren; erhalten geblieben
sind überwiegend die esoterischen Schriften, die so genannten ‚Pragmatien'. Dabei
handelt es sich weniger um geschlossene Abhandlungen, sondern um ‚Vorlesungsskrip-
te' oder ‚Kolleghefte', die später wohl teils von Aristoteles, teils von seinen Schülern
redaktionell bearbeitet wurden. Eine gesicherte absolute oder auch nur relative Werkchro-
nologie lässt sich nicht zuletzt aufgrund dieser historisch schwer zu klärenden Überarbei-
tungen schwer etablieren (vgl. Barnes 1995, 18-22). Inhaltlich deckt Aristoteles als „Pro-
totyp des gelehrten Professors" (Höffe 1999, 17) nahezu die ganze Breite der Forschungsinteressen seiner Zeit ab, wobei eine besondere Vorliebe für biologische Themen (allgemeine Zoologie, Morphologie, Fortpflanzungslehre) ebenso ins Auge fällt
wie das – für einen Schüler der platonischen Akademie eigentlich untypische – Desinteresse an der Mathematik. Kennzeichnend ist für Aristoteles eine Unterteilung der Wissenschaften in theoretische, praktische und poietische (d.h. ein externes Produkt ‚her-
vorbringende') Disziplinen, für die er jeweils gegenstandsspezifische und methodische
Unterschiede annimmt. Im Vergleich zu seinen noch nicht in diesen Kategorien den-
kenden Vorläufern wie Sokrates und Platon kann er deshalb als Begründer einer differenzierten Wissenschaftssystematik gelten.

Die Ethik gehört gemeinsam mit der Politik und der Rhetorik in den Bereich der
praktischen Philosophie. Unter Aristoteles' Namen sind drei ethische Pragmatien überliefert: *Nikomachische Ethik* (im Folgenden: *NE*), *Eudemische Ethik* (im Folgenden:
EE) sowie die *Magna Moralia* (im Folgenden: *MM*). Während letztere gemeinhin als
eine pseudo-aristotelische Schülermitschrift oder Kompilation betrachtet werden, sind
NE und *EE* als genuine Werke anzusehen. Beide Schriften sind insgesamt in drei Büchern identisch (*NE* V-VII = *EE* IV-VI) und handeln *grosso modo* die gleichen Themen
ab; über die ursprüngliche Zugehörigkeit der drei gemeinsamen Bücher lässt sich dabei
ebenso wenig endgültig Auskunft geben wie über ihre chronologische Positionierung
zueinander.[2] Da rezeptions- und forschungsgeschichtlich die *NE* im Mittelpunkt des
Interesses gestanden und das Bild der aristotelischen Ethik *in toto* am nachhaltigsten
geprägt hat, fokussiert sich die nachfolgende Darstellung auf diese Schrift, freilich mit
einigen Seitenblicken auf die *EE* sowie auch auf die *Politik* (im Folgenden: *Pol.*).[3]

[2] Kenny 1978 plädiert nachhaltig für die Zuordnung der drei gemeinsamen Bücher zur *EE*, was aber
weiterhin alles andere als unumstritten ist. Für die Chronologie der ethischen Pragmatien nahm die
einflussreiche Darstellung von Jaeger 1955, Kap. 5, eine Abfolge von ‚*EE – NE* – (unecht:) *MM*' an.
Auch wenn Jaegers entwicklungsgeschichtliche Chronologie mit den Kriterien Platonnähe bzw. Platon-
ferne mittlerweile weitgehend *ad acta* gelegt worden ist, gehen viele Forscher doch von einer zeitlichen
Priorität der *EE* aus, durch die dann meistens die *NE* auf den Schild der ‚reifen' (und deshalb vermeintlich allein relevanten) Darstellung der aristotelischen Ethik gehoben wird.
[3] Eine umfassende und höchst verdienstvolle Darstellung der ethischen Grundideen der *EE* liefert
Buddensiek 1999; für die *Pol.* sei exemplarisch auf die immer noch grundlegende Deutung von Bien
1985 verwiesen. – Die aristotelischen Werke werden wie üblich nach der Zeilenzählung der Werkausgabe von I. Becker zitiert; für die verwendeten und teilweise von mir ohne weitere Kennzeichnung
modifizierten Übersetzungen vgl. das Literaturverzeichnis.

2. Grundbegriffe und Argumente

2.1. „Glück" (*eudaimonoia*) als Grundprinzip der aristotelischen Ethik

2.1.1. Das höchste Gut menschlicher Praxis als erstes Prinzip

Jede Wissenschaft nimmt nach Aristoteles ihren Ausgang von für sie spezifischen ersten und höchsten Prinzipien, die selbst nicht mehr Gegenstand einer sog. ‚apodeiktischen' (‚demonstrativen') Beweisführung aus anderen Prämissen sein können: Höchste Prinzipien sind weder beweisbedürftig noch beweisfähig, während sie selbst als Grundlage demonstrativer Beweise fungieren. Nach einem solchen Prinzip sucht Aristoteles auch für die Ethik, und er nimmt seinen Ausgang hierfür in der Struktur menschlicher Handlungsvollzüge:

> Jedes Herstellungswissen und jedes wissenschaftliche Vorgehen, ebenso jedes Handeln und Vorhaben strebt, so die verbreitete Meinung, nach einem Gut. Daher hat man ‚gut' zu Recht erklärt als das, wonach alles strebt (*NE* I 1, 1094a1-3).

Menschliches Streben richtet sich auf *Güter* (oder zumindest auf für gut Gehaltenes), welche die Zwecke oder Ziele des Handelns bilden. Doch nicht alle Güter haben den gleichen Grad an Zielbeschaffenheit, d.h. einige werden bloß als Mittel zum Zweck erstrebt, während andere selbst solche Zwecke bilden. Damit diese *Teleologie* (griech. *telos* = Ziel/Zweck) menschlichen Strebens und Handelns nicht in einem unendlichen Regress versandet, bedarf es letztlich eines höchsten Ziels, auf das alle anderen Aktivitäten hin ausgerichtet sind, als eine *raison d'être* und zugleich ein Strukturprinzip der menschlichen Praxis als ganzer (vgl. *NE* I 1, 1094a18-22).[4] Ein solches Ziel wäre als „*höchstes Gut menschlicher Praxis*" (*NE* I 2, 1095a16-17: *to pantôn akrotaton tôn praktôn agathôn; EE* I 7, 1217a21-22: *megiston kai ariston tôn agathôn tôn anthrôpinôn*; ebd. 1217a40: *tôn anthrôpô praktôn ariston*)[5] ein geeignetes erstes Prinzip für die Fundierung der Ethik als Wissenschaft vom menschlichen Handeln.

Als ein solches Ziel stellt sich nun im Rahmen von *NE* I das „*Glück*" (griech. *eudaimonia*) heraus.[6] Dies ist einerseits eine elementare Aussage über die menschliche Natur:

---

[4] Aristoteles ist unterstellt worden, dass er hier eine Quantorenverwechslung folgenden Typs begeht: „Alle Züge haben einen Zielbahnhof; also muss es (genau) einen Zielbahnhof geben, zu dem alle Züge fahren." Dass Aristoteles noch nicht glaubt, in *NE* I 1 die Einzigkeit dieses höchsten Gutes etabliert zu haben, zeigt jedoch seine Wiederaufnahme der Thematik in I 5: „*Wenn* es daher ein Ziel für alle praktischen Unternehmungen gibt, dann wird dieses das [höchste] Gut, das Gegenstand des Handelns ist, und *wenn* es mehrere Ziele gibt, dann werden es diese sein" (1097a22-24, Hervorhebung J.M.). Eine gute Zusammenfassung der Interpretationen zu *NE* I 1, 1094a18-22 und eine überzeugende eigene Deutung bietet Roche 1992, 55-61.

[5] Praktische Güter sind solche, die tätig zu verwirklichen sind (vgl. *EE* I 7, 1217a30-40) und die sich deshalb auch anders verhalten können, weil menschliches Handeln grundsätzlich nicht den Charakter der Notwendigkeit hat (vgl. *NE* VI 4, 1140a1-2).

[6] Entgegen landläufiger Meinung ist diese Identifikation der *eudaimonia* mit dem gesuchten „höchsten Gut menschlicher Praxis" im Übrigen nicht eine Voraussetzung, sondern ein Zielpunkt der Argumentation in *NE* I 5, der erst in 1097a34 und 1097b15-16 endgültig etabliert ist. Der Begriff des Guten

Alle Menschen streben von Natur aus nach Glück. – Andererseits erklärt es Aristoteles in der *EE* zu einem ethischen Desiderat, dass das eigene Leben nicht bloß ein ungeordnetes Neben- oder Nacheinander von Aktivitäten ist, sondern ein koordiniertes Ganzes, das von einer leitenden Vorstellung des Glücks als höchsten Guts menschlicher Praxis informiert ist: Ohne eine solche Zielvorstellung zu leben, ist Kennzeichen der Torheit (vgl. *EE* I 2, 1214b6ff.). Die These vom Glück als höchstem Gut der Praxis lässt also sowohl eine indikativische (Glück als *de facto* von allen erstrebtes Gut) als auch eine gerundivische Interpretation (Glück als sinnvollerweise von allen zu erstrebendes Gut) zu.[7]

2.1.2. Die verschiedenen Lebensformen und die Definition des Glücks

Das Glück, verstanden als faktisches oder wünschenswertes Formalobjekt menschlichen Strebens, ist dabei jedoch irrtumsanfällig, d.h. man kann sich darüber täuschen: So ist es zu erklären, dass fast alle in der verbalen Bezeichnung des höchsten Gutes menschlicher Praxis als ‚Glück' übereinstimmen, darunter aber höchst Unterschiedliches verstanden wird (vgl. *NE* I 2, 1095a18-30). Es kristallisieren sich letztlich drei miteinander konkurrierende Kandidaten heraus:

(1) das *„Genussleben"* (*bios apolaustikos*),

(2) das *„politische"* bzw. *„praktische Leben"* (*bios politikos* bzw. *praktikos*) und

(3) die *„theoretische Lebensform"* (*bios theôrêtikos*), wie sie die Philosophen pflegen (vgl. *NE* I 3, 1095b14-1096a5).

Aristoteles fasst *eudaimonia* also nicht im Sinne episodischer Glücksgefühle auf – wie wir es heute zu tun geneigt sind –, sondern als die panoramatische Gesamtheit einer Lebensführung, die um bestimmte Zielgüter kreist bzw. auf deren Erlangung und Realisierung ausgerichtet ist: Das Genussleben zielt auf Lust, das praktisch-politische Leben auf Tugend und/oder Ehre, das theoretische Leben auf Weisheit. Insofern sich der Ausdruck *eudaimonia* somit auf ein Leben als Ganzes bezieht, das geglückt ist, kann man ihn treffend auch als „gelingendes Leben" wiedergeben, zumal Aristoteles betont, dass auch in Sachen Glück eine Schwalbe noch keinen Sommer macht (vgl. *NE* I 6, 1098a18-20).

Diese unterschiedlichen *Lebensformen* werden von Aristoteles nun als Gegenstand einer *„Wahl"* begriffen (*bion prohairoumenoi*; *NE* I 3, 1095b20), die entweder richtig oder falsch sein kann: Nicht alles, was die Menschen für ein gelingendes Leben halten (oder auch subjektiv als solches empfinden), hat diesen Namen wirklich verdient. Aristoteles sucht also nach einer objektiven Konzeption des Glücks als eines *in toto* gelingenden Lebens, dessen Bewertung nicht nur aus der Perspektive der ersten Person (also als subjektiver Erfahrungswert), sondern auch aus der unvoreingenommenen Perspektive der dritten Person erfolgen kann. Dazu braucht es aber objektive Kriterien, nach denen die

---

hat also zumindest in der *NE* analytische Priorität gegenüber dem des Glücks; vgl. auch meine detaillierten Analysen in Müller 2006b, 9-23.

[7] So plädiert etwa Kenny 1977 für eine gerundivische, McDowell 1980 für eine indikativische Lesart. Dafür, dass Aristoteles das menschliche Glücksstreben als eine Art empirischen Erfahrungswert ansieht, spricht *Pol.* VII 13, 1331b 40-42.

oben genannten Lebensformen oder auch weitere Kandidaten bewertet werden können. Aristoteles präpariert zwei solcher ‚Prüfinstanzen' heraus:

(1) *Formale Kriterien* ergeben sich schon konzeptuell durch die Kennzeichnung der *eudaimonia* als *telos teleiotaton*, also als in höchstem Maße vollkommenes Gut (vgl. *NE* I 5, 1097a25-b20). Hieraus folgt zunächst die *absolute Finalität* der *eudaimonia*: Sie ist das einzige Gut, das stets nur um seiner selbst und nie um eines anderen willen erstrebt wird. Dieses formale Kriterium kann z.B. in Anschlag gebracht werden, um bestimmte Lebensformen auf rein logischer Ebene zu disqualifizieren: Ein bloß auf Gelderwerb hin ausgerichtetes Leben verfehlt etwa die absolute Finalität des Glücksbegriffs, insofern Geld stets nur Mittel zum Zweck für die Realisierung anderer Wünsche bzw. Güter ist (vgl. *NE* I 3, 1096a5-10). – Ein zweites formales Kriterium, das sich aus der Vollkommenheit des höchsten Gutes ergibt, ist seine *Autarkie* bzw. seine *Autosuffizienz*: Es macht das Leben als ganzes erstrebenswert, ohne dass durch die Hinzufügung weiterer Güter dieser Wert noch gesteigert werden könnte: „Glück ist so betrachtet kein Gut neben anderen, sondern der Inbegriff all dessen, was intrinsisch erstrebenswert ist" (Horn 1998, 82).

(2) Eine *materiale bzw. inhaltliche Bestimmung* des Glücksbegriffs liefert Aristoteles dann in seinem viel diskutierten (und höchst umstrittenen) *ergon*-Argument (vgl. *NE* I 6, 1097b22-1098a20, *EE* II 1, 1218b31-1219a39; vgl. Müller 2003a). Hier kommt v.a. der Gedanke zum Tragen, dass das Gute für jede Sache stets spezifisch im Blick auf charakteristische Tätigkeiten bzw. Werke ihres Trägers zu verstehen sind: Für alles, was ein *ergon* hat, liegt sein Gutes gerade in dessen Realisierung (vgl. 1097b26-27). Gesucht wird deshalb ein „spezifisches Werk" (*ergon idion*) des Menschen, durch das er sich von anderen Lebewesen unterscheidet. Weder ein (pflanzliches) Leben der bloßen Ernährung noch ein (tierisches) Leben der Sinneswahrnehmung kommen dafür in Frage, sondern nur ein Leben in Realisierung genuin vernünftiger oder zumindest der Vernunft nicht entbehrender Tätigkeiten (vgl. 1098a7-8): Insofern der für den Menschen charakteristische vernünftige Seelenteil unterschieden ist in einen in sich vernünftigen und einen der Vernunft zumindest zugänglichen und ggf. gehorchenden Teil (vgl. 1098a4-5; 1102b13ff.)[8]– nämlich das „Strebevermögen" (*orektikon*) –, sind damit Tätigkeiten des Denkens ebenso angesprochen wie ein nach außen gerichtetes rationales Handeln; hier zeichnet sich *in nuce* bereits die später in *NE* I 13 explizit getroffene Unterscheidung von intellektuellen und ethischen Tugenden ab (vgl. unten Abschnitt 2.2.2). Der Begriff der *„Tugend"* (*aretê*) kommt im *ergon*-Argument auch direkt ins Spiel, insofern die Tugend einer jeglichen Sache genau das ist, was sie zur guten bzw. vortrefflichen Ausübung ihrer charakteristischen Aktivität bzw. ihres spezifischen Werks befähigt (vgl. *NE* I 6, 1098a10-12; vgl. hierzu auch *NE* II 5, 1106a15-24: das sogenannte ‚zweite' *ergon*-Argument, und *EE* II 1, 1218b38-1219a5).

Damit kommt Aristoteles für das höchste Gut menschlicher Praxis aber zu der Schlussfolgerung, dass dieses in einer „Tätigkeit (*energeia*) der Seele gemäß der vollkommenen Tugend" (1098a16-17) besteht. Dies ist seine abschließende Definition des Glücks.[9]

---

[8] Eine weitere Unterscheidung des in sich vernünftigen Teils in einen auf notwendige Sachverhalte hin ausgerichteten „wissenschaftlichen" Teil (*epistêmonikon*) und einen in Bezug auf wandelbare Dinge „überlegenden" Teil (*logistikon*) findet sich in *NE* VI 2, 1139a6-15.
[9] Vgl. auch die korrespondierende Definition in *EE* II 1, 1219a38-39: „Das Glück ist die Tätigkeit eines vollkommenen Lebens gemäß der vollkommenen Tugend."

Diese Fassung des Glücks als eines Lebens, das rationale Tätigkeiten in bestmöglicher Form realisiert, schließt nun keineswegs aus, dass zu seinem Gelingen auch körperliche (z.B. Gesundheit) und äußere Güter (etwa Freunde und Geld) erforderlich sind (vgl. Cooper 1985). Aristoteles ist sich dabei durchaus der ‚Fragilität' seines Glücksideals im Blick auf ungünstige Umstände bewusst (vgl. Nussbaum 1986); statt sein Glücksideal nach außen hin zu immunisieren, indem etwa (wie bei den Stoikern) äußere Güter für komplett indifferent erklärt und Glück folgerichtig nur im Besitz (und eben nicht in der Betätigung) der Tugenden angesiedelt wird, ist die aristotelische *eudaimonia* als tätiges Erfüllungsglück prononciert anfälliger für äußere Wechselfälle als andere philosophische Glücksvorstellungen der Antike:

> Wer aber behauptet, ein Mensch, der aufs Rad geflochten werde oder in großes Unglück geraten sei, sei glücklich, wenn er nur gut ist, redet gewollt oder ungewollt Unsinn (*NE* VII 14, 1153b19-21).

Wie man am Beispiel des trojanischen Königs Priamos ablesen kann, der die Zerstörung seiner Stadt und die Vernichtung seiner Familie erleben musste, kann auch der Glücklichste noch durch tragische Wechselfälle ins Unglück geraten (vgl. *NE* I 10, 1100a5-9). Aristoteles sieht das glückliche Leben insgesamt weder als eine weitgehende Hingabe an äußere Güter (wie die populäre griechische *eudaimonia*-Vorstellung) noch als eine apathische Gleichgültigkeit ihnen gegenüber (vgl. Wolf 1995, 100f.). Dabei unterscheidet er eindeutig zwischen *bloßen Voraussetzungen* und *integralen Teilen* des Glücks (vgl. *EE* I 2, 1214b11-27): Äußere und körperliche Güter werden von ihm zwar als *conditio sine qua non*, aber eben nicht als konstitutive Elemente des gelingenden Lebens konzipiert; dies bleibt den rationalen Tätigkeiten gemäß der vollkommenen Tugend vorbehalten.

2.1.3. Das theoretische und das praktische Leben

Vor dem Hintergrund dieser in *NE* I entwickelten Kriterien, die nicht zuletzt eine Disqualifikation des Genusslebens erlauben, bleiben von den ursprünglich drei Kandidaten letztlich nur noch zwei übrig, die Aristoteles in *NE* X zur Darstellung bringt: das *„praktische Leben"* (*bios praktikos*), das sich in der Betätigung der ethischen Tugenden realisiert[10], sowie die *„theoretische Lebensform"* (*bios theôrêtikos*) als Realisierung der Weisheit in Form der betrachtenden Kontemplation der höchsten Dinge.

Diese zwei Formen der *eudaimonia* spiegeln zugleich *die beiden fundamentalen anthropologischen Grundbestimmungen des Menschen* als eines vernünftigen und sozialen Lebewesens wider (vgl. *Pol.* I 2): Der im ersten Satz der aristotelischen *Metaphysik* artikulierte natürliche Wissensdrang des Menschen, der ihm qua Vernunft- und

---

[10] Anzumerken ist, dass Aristoteles zwei Versionen des politischen Lebens präsentiert: Ein bloß auf Ehre ausgerichtetes politisches Leben verfehlt das Kriterium der Autarkie gerade, weil es „mehr von den Ehrenden als von dem Geehrten abhängt" (*NE* I 3, 1095b24-25). Das wahre Wesen des politischen Lebens besteht nicht im Erwerb des äußeren Gutes der Ehre, sondern in der selbstwerthaften Betätigung der Tugenden „um des Schönen willen" (*tou kalou heneka*); zur Diskussion dieser Formel vgl. unten Abschnitt 2.2.3.

Sprachbegabung zukommt (der Mensch als *zôon logon echon*), findet seine Erfüllung in der philosophischen Kontemplation; die Sozialnatur des Menschen als *physei politikon zôon* kulminiert in der praktisch-politischen Betätigung innerhalb des Staates. In der bestmöglichen Realisierung artspezifischer Anlagen erreicht der Mensch somit seine natürliche Vollendungsgestalt, aus der heraus grundsätzlich erst ersichtlich ist, was eine Sache ihrer Natur nach eigentlich ist (vgl. *Pol.* I 2, 1152b32-33): Die *eudaimonia* ist nichts anderes als die Vollendung der menschlichen *physis*; in ihr wird der Mensch aktuell das, was er potenziell seinem Wesen nach ist (vgl. Müller 2006a, 66-92).

In Bezug auf *das Verhältnis der beiden Lebensformen zueinander* lässt die *NE* jedoch einige Fragen offen. Die Kennzeichnung des praktischen Lebens als einer bloß „zweiten" bzw. „zweitbesten" Form der *eudaimonia* (vgl. *NE* X 8, 1178a9: *deuterôs*) hat in Verbindung mit der nahezu hymnischen Preisung des *bios theôrêtikos* (vgl. v.a. *NE* X 7, 1177b26-1178a8) Anlass zu einer ‚exklusiven' bzw. ‚dominanten' Interpretation des aristotelischen Glücksbegriffs gegeben, der zufolge das Glück eben nur so weit reicht wie die Kontemplation, während alle anderen Güter und Tugenden im glückskonstitutiven Sinne ausgeschlossen sind (vgl. exemplarisch Kraut 1991, 267-311). Dies kann dann zu einer extrem ‚amoralischen' (und ggf. auch elitären) Lesart des *bios theôrêtikos* führen, der zufolge der Philosoph keine genuine Motivation dazu hat, seine Kontemplation zu unterbrechen, um seinen Nachbarn aus dem brennenden Haus zu retten. Dem steht diametral eine ‚inklusive' Lesart gegenüber, nach der Aristoteles die *eudaimonia* als umfassende Realisierung verschiedener werthafter Tätigkeiten fasst (vgl. Ackrill 1980).[11] – Gegen eine ‚exklusiv' intellektualistische Interpretation der aristotelischen Glückslehre bei gleichzeitiger Marginalisierung der ethischen Tugenden *in toto* sprechen jedenfalls einige gewichtige Indizien:
(1) In der *EE* vertritt Aristoteles eindeutig eine inklusive Auffassung der *eudaimonia*, in welche die Betätigung der ethischen Tugenden auf jeden Fall konstitutiv (und nicht bloß instrumentell) miteingeschlossen ist (vgl. Cooper 1975, 115-133; Kenny 1992, 93-102; mit Einschränkungen: Buddensiek 1999).
(2) In der *Pol.* (VII 3) gibt Aristoteles beim Vergleich der zwei Lebensformen beiden Seiten in jeweils qualifizierter Form Recht und lässt eher ein „liberales Nebeneinander" der beiden erkennen (vgl. Kullmann 1995; Taylor 1995, bes. 250-252). Die Philosophen werden im prononcierten Gegensatz zum platonischen Modell zwar nicht zum Herrschen verpflichtet, aber dies spricht nicht für eine vollständige Dissoziation des *bios*

---

[11] Beide Interpretationen, die ‚dominante' wie auch die ‚inklusive', lassen verschiedene Spielarten zu, wodurch diese Debatte wesentlich differenzierter ist, als es diese holzschnittartige Kontrapunktierung vermuten lässt. So wäre etwa im Blick auf den Inklusivismus in der gegenwärtigen Debatte zu unterscheiden zwischen einem *virtue inclusivism*, der nur die Betätigung der ethischen und intellektuellen Tugenden als glückskonstitutive Elemente betrachtet, und einem *external good inclusivism*, der auch äußere Güter einschließt. Buddensiek 1999, 11f., weist zu Recht darauf hin, dass beim Inklusivismus v.a. das Verhältnis der verschiedenen Tätigkeiten zueinander präziser bestimmt werden muss, als dies gemeinhin bei Vertretern dieser Position der Fall ist, um eine wirklich informative Aussage über die Struktur des gelingenden Lebens bei Aristoteles zu gewinnen. Eine gute Zusammenfassung des Stands der Debatte über eine ‚inklusive' oder eine ‚dominante' Deutung der aristotelischen *eudaimonia* bietet van Ackeren 2003.

theôrêtikos von den ethischen Tugenden, sondern eher für eine klarere Trennung von theoretischer und praktischer Kompetenz, die in der sokratisch-platonischen Idee des Tugendwissens noch koinzidieren. Man hat insgesamt den Eindruck, als ob die elegischen Ausführungen zum *bios theôrêtikos* in *NE* X eher die Funktion haben, die theoretische Lebensform im Ganzen der Polis zu legitimieren, was sich schlecht mit der Idee eines amoralischen Egoismus der Philosophen verträgt.

In der *NE* propagiert Aristoteles auf jeden Fall keine ‚eindimensionale' intellektualistische Form des gelingenden Lebens, sondern räumt auch dem praktischen Leben explizit seinen Status als *eudaimonia* ein; dessen Kennzeichnung als bloß ‚sekundäre' Form des Glücks lässt sich vielleicht am besten damit erklären, dass das kontemplative Leben eben bestimmte Kriterien für die *eudaimonia* in noch höherem Maße erfüllt (vgl. *NE* X 7, 1177a18-b26).

Die *eudaimonia* ist als höchstes Gut menschlicher Praxis nun nicht bloß das erste Prinzip der Ethik, sondern auch der *Politik*, die Aristoteles als die im Bereich des Praktischen ‚architektonische' Disziplin auffasst. Das Ziel des Staates ist es letztlich, seinen Bürgern die Realisierung eines gelingenden Lebens zu ermöglichen (vgl. *NE* I 1, 1094b4-10; *Pol.* VII 13, 1332a4ff.; vgl. Taylor 1995), ganz im Einklang mit dem Grundverständnis der Polis als einer zur Teleologie des Menschen beitragenden ‚natürlichen' Entität: Der Staat entsteht um des bloßen Lebens willen, aber er besteht zum Zweck des guten Lebens seiner Bürger (vgl. *Pol.* I 2, 1252b29-30). Dass die Ethik nach aristotelischer Auskunft ein Teil der Politik ist, muss man deshalb nicht im Sinne einer wissenschaftstheoretischen Subordination verstehen, in welcher die Ethik ihre Prinzipien von der Politik empfangen würde: Vielmehr ist es die Ethik, in welcher der normative Leitbegriff entwickelt wird, der für die praktische Philosophie als ganze (d.h. unter Einschluss der Politik) grundlegend ist.[12] – Plausibel ist jedenfalls die Annahme, dass das menschliche Glück selbst in seinen Realisierungsbedingungen unauflöslich an den Staat gebunden ist (vgl. Müller 2006a, 114-120). Zusammen bilden Ethik und Politik eine „Philosophie der menschlichen Angelegenheiten" (*peri ta anthrôpeia philosophia*: *NE* X 10, 1181b15), die als Ganzes auf einem bestimmten Verständnis der menschlichen Natur und ihrer Vollendungsgestalt in Form der *eudaimonia* beruht.

2.2. Die aristotelische Tugendlehre

2.2.1. Zum Begriff der *aretê*

Ebenso wie das aristotelische Konzept der *eudaimonia* mit dem heutigen Glücksverständnis nicht einfach deckungsgleich ist, verhält es sich mit dem Begriff der *aretê*, der meist mit „Tugend" wiedergegeben wird. Unser heutiger Tugendbegriff ist jedoch schon massiv moralisch konnotiert, während *aretê* im Griechischen erst einmal nur die „Bestform" bzw. die beste Verfassung einer (beliebigen) Sache meint, ohne dass damit

---

[12] Höffe 1995, 19, spricht deshalb nicht von einer „Unterordnung", sondern von einer „Nebenordnung" von Ethik und Politik.

schon eine genuin sittliche Dimension angesprochen wäre – die *aretê* eines Messers etwa ist seine Schärfe, weil es dadurch gut schneidet. Diese Konzeption von Tugend als das, was seinen Träger gut macht, ist bei Aristoteles nun wiederum sehr eng an dasjenige *ergon*, also das spezifische Werk bzw. die charakteristische Aktivität geknüpft (vgl. Korsgaard 1986; Hutchinson 1986, 21-32): Die Tugend ist jeweils bezogen auf das *ergon* (vgl. *NE* VI 2, 1139a16-17), und zwar in dem Sinne, dass sie seine Realisierung und damit die Seinsvollendung der Sache in ihrer artspezifischen Natur ermöglicht. Man muss bei Aristoteles allerdings zwischen zwei Verwendungen des *aretê*-Begriffs unterscheiden. Dieser meint zum einen eine bestimmte *Tugendart*, die für eine Sache „spezifisch" ist (*oikeia aretê*): In diesem Sinne spricht Aristoteles des Öfteren von einer spezifisch „menschlichen" *aretê* in Abgrenzung von Pflanzen, Tieren etc. (vgl. z.B. *NE* I 13, 1102a13-15; a31-b3). Davon zu unterscheiden sind die zahlreichen Einzeltugenden, die als Teile unter diese allgemeine Tugendart fallen (vgl. Müller 2003a, 49-51).[13]

2.2.2. Unterscheidung zweier Tugendarten

Die *aretê* ist grundsätzlich eine Form der „Vervollkommnung" (*teleiôsis*; vgl. *Physik* VII 3, 246a 10-17). Dies bezieht Aristoteles nun auf die beiden bereits oben erwähnten Seelenvermögen: Das menschliche Strebevermögen wird vollendet durch die *„ethischen"* (griech. *êthos* = „Sitte") Tugenden, die Vernunft durch die sogenannten *„dianoëtischen"* (griech. *dianoia* = „Verstand") bzw. intellektuellen Tugenden (vgl. *NE* I 13).

Diese beiden Tugendformen sind nicht nur durch ihren vermögenspsychologischen Sitz voneinander unterschieden, sondern auch durch den Modus ihres Erwerbs (vgl. *NE* II 1, 1103a14-18): Während die intellektuellen Tugenden durch (theoretische) Belehrung vermittelt werden, erfolgt die Aneignung der ethischen Tugenden durch eine noch näher zu erläuternde Form der „Gewöhnung" (*ethismos*). Mit dieser Trennung von intellektuellen und ethischen Tugenden ist die im sokratisch-platonischen Denken propagierte Idee eines einheitlichen Tugendwissens erst einmal ausgehebelt; von dieser Tradition ist die aristotelische Tugendlehre auch dadurch unterschieden, dass Aristoteles seine Tugenden nicht noch einmal unter dem Gesichtspunkt von Leittugenden – etwa den auf die platonische *Politeia* zurückgehenden vier Kardinaltugenden (Weisheit, Tapferkeit, Besonnenheit, Gerechtigkeit) – ordnet, sondern mit einer ‚unsystematisierten' (oder auch: undogmatischen) Tugendliste operiert.[14] Er unterscheidet allerdings:

(1) die *intellektuellen Tugenden*, die Aristoteles in *NE* VI untersucht, und die „Herstellungswissen" (*technê*), Wissenschaft, Klugheit, Weisheit und intuitives Denken umfassen;

(2) und die *ethischen Tugenden*, als welche er in *NE* III-V Tapferkeit, Besonnenheit bzw. Mäßigung, Freigebigkeit, Großzügigkeit, Stolz bzw. „Großmut" (*megalopsychia*), angemessenes Ehrstreben, Sanftmut, Wahrhaftigkeit, Umgänglichkeit, Freundlichkeit, Schamhaftigkeit, berechtigte Entrüstung und Gerechtigkeit behandelt.

---

[13] U. Wolf unterscheidet diese beiden semantischen Schichten in ihrer neuen Übersetzung durch die Verwendung von „Gutheit" (für die Tugendart) und „Tugend" (für die einzelnen Teile).

[14] Für diese und andere antisokratische bzw. antiplatonische Momente im aristotelischen Tugendbegriff vgl. Horn 1998, 134-140, der jedoch auch auf Gemeinsamkeiten der beiden Modelle hinweist.

2.2.3. Definition der Tugend

Für die ethischen Tugenden erarbeitet Aristoteles vorweg eine allgemeine Definition:

> Die Tugend ist also
> (1) ein Habitus (*hexis*),
> (2) der sich in Vorsätzen äußert (*prohairetikê*),
> (3) wobei er in einer Mitte (*mesotês*) liegt, und zwar in der Mitte in Bezug auf uns,
> (4) die bestimmt wird durch die Vernunft (*logos*),
> (5) und zwar so, wie der Kluge (*phronimos*) sie bestimmen würde
> (*NE* II 6, 1106b36-1107a2).

Diese Definition soll nachfolgend an Hand der einzelnen Elemente (1)-(5) erläutert werden:

(1) *Tugend als Habitus.* – Damit gibt Aristoteles zunächst im definitionstechnischen Sinne die nächsthöhere Gattung (das *genus proximum*) an, unter welche die Tugend fällt: Die Tugend ist nicht eine bloße „Anlage" (*diathesis*) oder ein kurzfristiger „Affekt" (*pathos*), sondern eine Haltung, etwas im Charakter des Akteurs tief Verwurzeltes, das sich auch nicht leicht ändern oder entfernen lässt. Aristoteles spricht deshalb auch vom Ethos als einer Art zweiter Natur (vgl. *NE* VII 11, 1152a29-33), womit zugleich angezeigt ist, dass dieser Charakter nichts natürlich Angeborenes, sondern etwas Erworbenes ist. Der Erwerb erfolgt durch Gewöhnung, d.h. durch wiederholte Reproduktion des entsprechenden Verhaltensmusters: Wer etwa regelmäßig unter Gefahr mutig handelt, erlangt den Habitus der Tapferkeit. Wie für handwerkliche Fähigkeiten gilt hier also das pädagogische Prinzip: *learning by doing*.

(2) *Tugend und vorsätzliche Handlung.* – Die spezifische Differenz (*differentia specifica*) der Tugend ist, dass sie zu bestimmten Vorsätzen führt. Der Begriff des *„Vorsatzes"* (*prohairesis*) bezeichnet nach Aristoteles ein „überlegtes Streben" (*orexis bouleutikê*: 1113a11), womit eine Kombination kognitiver und appetitiver Momente angesprochen ist, die ihren Niederschlag in einer Handlung findet. Für die tugendhafte Handlung nennt Aristoteles nun als Kennzeichen, dass sie (a) wissentlich, (b) vorsätzlich, (c) ohne Schwanken und (d) lustvoll ausgeführt wird (vgl. *NE* II 2, 1104b3-9; II 3, 1105a28-33). Tugenden sind also einerseits Dispositionen zu bestimmten Arten von Handlungen, aber zur Genese dieser Handlungen gehören auch affektive Reaktionsmuster in bestimmten Situationen. Die ethischen Tugenden bezeichnen deshalb bei Aristoteles auch immer eine bestimmte Weise des Fühlens, denn schließlich ist mit (ethischem) Habitus „das gemeint, kraft dessen wir gegenüber den Affekten gut oder schlecht disponiert sind" (vgl. *NE* II 3, 1105b25-26; vgl. Kosman 1980). Eine Tugend zu besitzen heißt also, aus einer bestimmten emotionalen Verfasstheit heraus auf eine bestimmte Weise zu handeln. Das beinhaltet auch, dass Tugenden im Gegensatz zu bloßen Fertigkeiten nicht bloß ein bestimmtes Können mit sich bringen, über dessen Anwendung der Akteur dann

im Einzelfall noch einmal ‚entscheiden' könnte, sondern dass sie eine quasi ‚einseitige' Ausrichtung des Strebens auf die guten Handlungen und ihre Ziele bedingen.[15]

(3) *Tugend als „Mitte"* (*mesotês*). – Der bekannteste Gedanke der aristotelischen Ethik ist sicherlich die Idee, dass die Tugend eine Mitte zwischen den Extremen des Zuviel und Zuwenig meint, so dass etwa die Tapferkeit die ‚goldene' Mitte zwischen Feigheit und Tollkühnheit bildet. Gerade diese *mesotês*-Lehre ist jedoch auch gröberen Missverständnissen ausgesetzt, weil sie teilweise als ein Plädoyer für ‚Mittelmäßigkeit' aufgefasst wird. Dem hält schon Aristoteles entgegen, dass die Tugend ihrem Wesen nach zwar eine Mitte, im Hinblick auf das Handeln aber ein Extrem, nämlich das Beste sei (vgl. *NE* II 6, 1107a6-8). Der Gedanke der Mitte wird von der Aristoteles nachfolgenden peripatetischen Tradition primär auf den Affekthaushalt des Akteurs bezogen, und zwar im Sinne einer *Metriopathie*: Der Tapfere empfindet weder zuviel Furcht (denn das würde ihn in seinem Handeln lähmen) noch zuwenig (denn das würde ihn leichtsinnig bzw. tollkühn werden lassen). Aristoteles lässt allerdings keinen Zweifel daran, dass die Mitte nicht nur auf Affekte, sondern auch auf Handlungen zu beziehen ist (vgl. *NE* II 5, 1106b23-27; II 6, 1107a8-9). Gemeint sein muss also eine allgemeinere Richtigkeits- bzw. Angemessenheitsvorstellung, die sich nach Aristoteles auf die jeweilige Situation bzw. die Handlungsumstände bezieht: Zu fühlen und zu handeln, „wann man soll, bei welchen Anlässen, welchen Menschen gegenüber, zu welchem Zweck und wie man soll, ist das Mittlere und Beste, und dies macht die Tugend aus" (*NE* II 5, 1106b21-23). In bestimmten Situationen kann dann auch eine ‚extreme' Reaktion das im Sinne der Tugendmitte angemessene Verhaltensmuster sein.

Dass diese Mitte „in Bezug auf uns" zu bestimmen ist, meint dann u.a., dass es keine personen- und situationsunabhängigen Patentregeln für tugendhaftes Verhalten gibt, sondern dass den jeweils involvierten Faktoren (und damit auch den Eigenheiten des Akteurs) hinreichende Aufmerksamkeit zu schenken ist: Großzügigkeit sieht im Fall des Vorstandschefs allein schon quantitativ anders aus als beim Fabrikarbeiter. Die Mitte ist also nicht als eine arithmetisch zu ermittelnde Größe zu verstehen, sondern muss im Blick auf den konkret Handelnden und die jeweilige Situation austariert werden. Es kommt dadurch unverkennbar ein Moment der Flexibilität in die aristotelische Ethik (vgl. Buchheim 1999, 148), das jedoch nicht mit ‚Subjektivität' oder gar Arbitrarität gleichzusetzen ist. Dafür bürgt schon der Zusammenhang von Tugend und Vernunft.

(4) *Tugend und Vernunft.* – Die Tugend darf nicht bloß ‚von unten', also von den Affekten und den emotionalen Reaktionen, sondern muss auch ‚von oben', also durch die Vernunft bestimmt werden: Tugend ist dabei nicht nur eine Disposition, im äußerlichen „Übereinklang mit der Vernunft" (*kata ton orthon logon*) zu handeln, sondern „ein von der Vernunft selbst innerlich informiertes Tun" (vgl. *NE* VII 13: *meta tou orthou logou*)

---

[15] In diesem Sinne konstatiert Aristoteles, dass man im Falle von technischem „Herstellungswissen" (*technê*) denjenigen, der absichtlich einen Fehler macht, demjenigen vorziehen würde, der ihn unabsichtlich begeht, während im Falle der Tugenden eine Abweichung gerade als das Beleg für fehlende „Könnerschaft" gilt (vgl. *NE* VI 5, 1140b22-25). Tugenden sind also im Gegensatz zu handwerklichen Fähigkeiten nicht sittlich ‚neutral'.

hervorzubringen (vgl. *NE* VI 13, 1144b26-27). Dazu gehört an erster Stelle eine ange-messene Motivation des eigenen Handelns: Aristoteles betont, dass eine Handlung nur dann tugendhaft ist, wenn sie vorsätzlich um ihrer selbst bzw. um des (sittlich) *„Schönen"* *(kalon)* willen ausgeübt wird (vgl. *NE* III 10, 1115b12-13; III 11, 1116b30-31; 1117a8; IV 2, 1120a23-25; IV 4, 1122b6-7; IV 6, 1123a24-25; X 6, 1176b2-9).

Das tugendhafte Handeln (als generischer Begriff) ist deshalb bei Aristoteles – durchaus in Analogie zur kantischen Differenzierung von pflichtgemäßem Handeln (Legalität) und Handeln aus Pflicht (Moralität) – in zwei Spezies differenzierbar: (a) ein *tugendgemäßes Handeln* und (b) ein *Handeln aus Tugend* (vgl. Ricken 1999, 396; Höf-fe 1995, 282). Man sollte diesen tugendethischen Bogen allerdings nicht in Richtung einer genuin ‚moralischen' Handlungsmotivation im kantischen (oder auch im stoi-schen) Sinne überspannen (vgl. etwa Korsgaard 1996, bes. 205): Dass jemand eine tugendhafte Handlung um ihrer selbst willen tut, meint bei Aristoteles gerade nicht, dass er sie aus Anerkennung eines kategorischen Sollensanspruchs bzw. aus dem Gedanken einer intrinsischen Richtigkeit heraus vollbringt (vgl. die kritische Diskussion der ge-nannten *NE*-Passagen bei Kraut 1976). Aristoteles zielt vielmehr darauf ab, dass der Tugendhafte das im Rahmen der Handlung typischerweise realisierte externe Resultat ‚an sich' will, ohne dieses noch einmal in einen finalisierenden Zusammenhang zu stellen: Der wahrhaft Tapfere wählt seine Handlung aus dem Motiv, die eigene Polis erfolgreich zu verteidigen, und nicht, um dafür mit einem Ehrenkranz gekürt zu werden (vgl. Whiting 2002).

Die Unterscheidung von tugendgemäßem Handeln und Handeln aus Tugend ermög-licht es Aristoteles jedenfalls, aus einem oft reklamierten epistemischen *circulus vitio-sus* (oder in diesem Fall eher: *virtuosus*) herauszukommen: Wenn der Gute bei Aristote-les das Maß für das Gute ist (vgl. *NE* III 6, 1113a29-33), wie kann man dann überhaupt erkennen, was das Gute ist, ohne (i) bereits selbst gut zu sein oder (ii) sicher zu wissen, wer der Gute ist (und woher sollte man diese Sicherheit nehmen?), um sich an ihm zu orientieren? Nimmt man nun an, dass tugendgemäßes Handeln sich auch nach ‚äußerli-chen' Kriterien bemessen lässt, landet man weder in der Aporie, dass man schon gut sein muss, um das Gute auch nur erkennen zu können, noch in dem Dilemma, dass tugendhaftes Handeln nur im analytischen Rekurs auf den entsprechend disponierten Handlungsträger zu definieren ist: Eine Handlung ist bzw. wird nicht dadurch tugend-haft, dass ein Tugendhafter sie ausführt, sondern er führt sie aus, weil sie tugendhaft ist. Durch die Art und Weise, wie er sie ausführt, und durch seine Motivation ist diese Handlung aber schließlich nicht bloß tugendgemäß, sondern aus Tugend getan.

Hieraus ergibt sich zugleich die Antwort auf folgende, scheinbar dilemmatische Fra-ge: Wenn nur tugendhaft handelt, wer aus einem Habitus der Tugend handelt, letzterer aber nur durch tugendhafte Handlungen zu erwerben ist, wie kann man dann überhaupt je tugendhaft werden? Dieses Dilemma ist sukzessiv im Rahmen einer sittlichen Erzie-hung zu lösen, in welcher der Schüler unter Anleitung seines bereits tugendhaften Leh-rers bestimmte tugendgemäße Handlungsweisen durch Gewöhnung eintrainiert und auf angemessene affektive Reaktionen (v.a. im Bereich von Lust- und Unlustempfindun-gen) ‚konditioniert' wird. Diese Form der Habitualisierung tugendgemäßer Aktionen und Reaktionen ist freilich nur ein erster Schritt, der nachfolgend auf kognitiver Ebene vertieft werden muss. Eine rationale Durchdringung und Verstärkung des zuvor antrainierten Verhaltens führt dann zu einer Motivationsstruktur, in der sich das Streben nach den tugendhaften Handlungen einer Einsicht in ihren wirklichen Wert verdankt: Diese können dann „um ihrer selbst willen" (s.o.) getan werden, womit die Stufe des von der rechten Vernunft informierten Tuns bzw. des Handelns aus Tugend erreicht ist.[16]

Ebenso wie der handlungsleitende „Vorsatz" (*prohairesis*) ein integrales Ganzes aus Streben und Überlegung ist, zeigt sich auch die ethische Tugend bei Aristoteles als ein dichtes Geflecht affektiv-appetitiver und kognitiv-rationaler Momente. Diese elementare Verschränkung wird auch deutlich mit Blick auf das letzte Element der obigen Definition: das Verhältnis von Tugend und Klugheit.

(5) *Tugend und Klugheit.* – Der Verweis auf die *„rechte Vernunft"* (*orthos logos*) als Kriterium der Mitte bzw. der Situationsangemessenheit ist, wie Aristoteles selbst erkennt, zwar zutreffend, aber alles andere als erhellend, wenn nicht genauer bestimmt wird, was diese rechte Vernunft ist (vgl. *NE* VI 1, 1138b25-34). Er leistet diese Bestimmung nun nicht über die Angabe von formalen Kriterien oder Regeln, sondern über den Rekurs auf den *„Klugen"* (*phronimos*) bzw. die Tugend der *„Klugheit"* (*phronêsis*), die mit dieser rechten Vernunft identisch ist (vgl. *NE* VI 13, 1144b27-28). Die Klugheit ist zwar als Vollendung des „meinenden" Teils (*doxastikon*) der Vernunftseele eine intellektuelle Tugend (vgl. *NE* VI 5, 1140b25-28), verfügt aber über eine besondere Beziehung zu den ethischen Tugenden, die in folgenden Charakteristika der Klugheit begründet liegt:

(a) Aristoteles bestimmt die Klugheit in definitorischem Duktus als „einen mit Überlegung verbundenen wahren Habitus des Handelns (*hexis praktikê*) in Bezug auf die menschlichen Güter" (*NE* VI 5, 1140b20-21). Der Kluge ist in der Lage, gut bzw. richtig zu überlegen mit Blick auf „das für den Menschen Beste der durch Handeln erreichbaren Güter", also die *eudaimonia* (vgl. *NE* VI 7, 1141b13: *tou aristou anthrôpô tôn praktôn*).[17] Die Tätigkeit der Klugheit erfolgt also im Lichte einer Konzeption des Glücks, auf deren Basis eine adäquate Ordnung der Lebens- und Handlungsvollzüge geleistet wird; in diesem Sinne ist sie ein architektonisches Vermögen. Die Überlegung der Klugheit ist dabei nicht nur praktisch in dem Sinne, dass sie die Dinge des menschlichen Handelns zum Gegenstand hat, sondern auch hinsichtlich des Modus ihrer Urteile: Die Klugheit ist nicht bloß „beurteilend" (*kritikê*), sondern letztlich „anordnend" (*epitaktikê*) tätig (vgl. *NE* VII 11, 1143a8-10; VII 13, 1145a9); sie ist bei Aristoteles also als eine genuin ‚praktische' Vernunft im handlungsleitenden Sinne konzipiert.

(b) Das konkrete Handeln hat es aber nach Aristoteles wesentlich mit dem Einzelnen zu tun. Die Klugheit hat ihren Blick deshalb nicht nur ‚nach oben', auf das höchste Ziel menschlicher Praxis, gerichtet, sondern immer auch ‚nach unten': Der Kluge verfügt

---

[16] Es gibt deshalb auch bei näherem Hinsehen kein notwendiges Ausschlussverhältnis zwischen affektiven (z.B. Kosman 1980; Fortenbaugh 1969) und rationalen (vgl. z.B. Sorabji 1980; Korsgaard 1986; Sherman 1997) Deutungen des aristotelischen Tugendbegriffs; vielmehr sind beide Momente in einen graduellen und sukzessiven Lernprozess integriert (vgl. Burnyeat 1980).

[17] Dies entspricht dem Leitbegriff der konzeptuellen Analyse der *eudaimonia* in *NE* I 1-6. Vgl. auch *NE* VI 5, 1140a25-28: Der Kluge weiß nicht nur, in Bezug auf einzelnes Gutes oder Nützliches richtig zu überlegen, sondern auch im Blick darauf, „was überhaupt dem guten Leben zuträglich ist".

über eine wesentlich durch Erfahrung geschulte Urteilskraft im Blick auf die jeweilige Situation des Handelns (vgl. *NE* VI 9, 1142a11-16; vgl. Elm 1996, Teil III). Die Kennzeichnung der Klugheit als „Auge der Seele" (*NE* VI 13, 1144a30) verdeutlicht, dass sie ihren Besitzer zu einer angemessenen „Wahrnehmung" der einzelnen Situation in der vollen Breite ihrer ethischen Relevanz befähigt, unter Berücksichtigung aller unter (3) aufgeführten Handlungsumstände. Der Kluge ist also kein bloßer Regelanwender, sondern er erkennt intuitiv das jeweils Angemessene bzw. die Konkretisierung des Prinzips der Mitte, und deshalb sucht man in *NE* VI auch vergebens nach eindeutig formulierten Kriterien für die sich im tugendhaften Handeln realisierende rechte Vernunft. Gerade diese Kompetenz ermöglicht es dem Klugen auch, zu sehen, wann eine Ausnahme von allgemeinen Regeln gegeben ist. In diesem Sinne ist die Klugheit die Sachwalterin der Flexibilität und Kontextsensitivität, die Aristoteles in der Formel der „auf uns hin" zu bestimmenden Mitte ausdrückt, und gerade deshalb ist diese im Einzelfall so zu konkretisieren, „wie der Kluge es tun würde".

Die Klugheit vermittelt also die allgemeine Konzeption der *eudaimonia* zum konkreten Handeln hin, und zwar, indem sie für die Tugenden und ihre Handlungen die jeweils angemessene Mitte bestimmt.[18] Damit setzt sie in ihrer Tätigkeit jedoch eine Konzeption des Guten und eine adäquate Ausrichtung des Strebens darauf in Form der Tugenden voraus (vgl. *NE* VI 13, 1144a7-9; 1145a5-6). Die Klugheit ist deshalb auch nicht als eine Instanz der bloß effizienten ‚Mittelkalkulation' für beliebige Zwecke gedacht; diese in sich sittlich neutrale Form von ‚Cleverness', die Aristoteles mit dem Ausdruck *deinotês* bezeichnet, ist zwar ein unverzichtbarer Teil der Klugheit, erfüllt aber für sich noch nicht deren vollen Begriffsgehalt, der vielmehr eine Ausrichtung auf richtige Ziele voraussetzt. Diese zeigen sich aber nur dem guten, d.h. mit ethischen Tugenden ausgestatteten Menschen, so dass man nicht klug sein kann, ohne dabei auch charakterlich gut zu sein (vgl. *NE* VI 13, 1144a23-36). Ganz in diesem Sinne bestimmt Aristoteles in der *EE* (vgl. II 3, 1221a21; 36-38) die Klugheit auch selbst als ein Mittleres zwischen „Gerissenheit" (*panourgia*) und „Naivität" (*euêtheia*).

Doch ebenso wie die Klugheit im Vollsinne die Anwesenheit der Tugenden erfordert, kann man auch nicht in vollem Umfang gut bzw. tugendhaft sein, ohne über die Klugheit zu verfügen, denn nur diese vermag die richtige Überlegung hervorzubringen, welche dem Allgemeinen (d.h. der *eudaimonia*) wie auch dem Einzelnen (also den Situationsumständen) im Handeln angemessen Rechnung trägt. Erst die Klugheit macht aus tugendhaften Anlagen ethische Tugenden im Vollsinn des Wortes.[19]

---

[18] Vgl. auch Sorabji 1980, 205-214, zur Rolle der *phronêsis*, bes. 206: „It enables a man, in the light of his conception of the good life in general, to perceive [...] what virtue and *to kalon* requires of him, in the particular case, and it instructs him to act accordingly." Sorabji betont zu Recht die anordnende Funktion der Klugheit, während Fortenbaugh 1969 (wie viele andere vor und nach ihm) die Klugheit eher im Sinne Humes als selbst motivational untätige „Sklavin der Leidenschaften" auslegt.

[19] Vgl. *NE* VI 13, 1144b14-17: „Wie es beim meinenden Bestandteil [der Seele] zwei Arten gibt, die Geschicklichkeit und die Klugheit, so gibt es also auch im Bereich des Charakters zwei Arten, einerseits die natürliche Tugend, andererseits die Tugend im eigentlichen Sinn, und von diesen beiden kommt die Tugend im eigentlichen Sinn nicht ohne Klugheit zustande."

Dies spiegelt gewissermaßen die sequentielle Abfolge des bloß tugendgemäßen und des Handelns aus Tugend wider, die sich der zunehmenden rationalen Vertiefung und Durchdringung der richtigen Ausrichtung von Streben und Handeln verdankt. Aristoteles sieht dabei nicht nur die einzelnen Tugenden in ihrer jeweils höchsten Entwicklungsstufe an die Klugheit gekoppelt, sondern meint, dass auch die von ihm postulierte wechselseitige Verknüpfung der ethischen Tugenden (die später so titulierte *connexio virtutum*) auf die Klugheit verwiesen ist: „Denn mit der Klugheit [...] werden sie alle zugleich vorhanden sein" (*NE* VI 13, 1145a1-2).

Aristoteles ist bei dieser Verhältnisbestimmung von ethischer Tugend und Klugheit nicht zuletzt von dem Impetus getrieben, eine substantielle Korrektur an der sokratischen These vom Tugendwissen (und damit am ethischen ‚Intellektualismus') anzubringen (vgl. *NE* VI 13, 1144b17-30): Diese identifiziere Tugend mit Überlegung und setze damit die in den Tugenden grundgelegten appetitiven Momente mit den mittels der Klugheit realisierten kognitiven Anteilen des tugendhaften Handelns ineins. Laut Aristoteles liegt hier aber keine indistinkte Einheit von Wissen und Wollen vor, sondern eine fundamentale Bipolarität: „Das [menschliche] Werk (*ergon*) wird vermöge der Klugheit *und* der ethischen Tugend erreicht" (*NE* VI 13, 1144a6-7), ebenso wie der zum tugendhaften Handeln führende richtige Vorsatz stets ein Zusammenspiel von gutem Streben und klugem Denken ist (vgl. *NE* VI 13, 1145a4-5). Diese Grundidee liegt auch dem aristotelischen Konzept von *„praktischer Wahrheit"* (*alêtheia praktikê*) zugrunde, das durch eine richtige Übereinstimmung von Streben und Vernunft charakterisiert ist (vgl. *NE* VI 2, 1139a21-31). Seitens der Vernunft ist die Klugheit Instanz und Sachwalterin dieser praktischen Wahrheit, allerdings in wechselseitiger Verwiesenheit mit dem Habitus der Tugenden: „Aus dem Gesagten ist also klar, dass man weder im eigentlichen Sinne gut sein kann ohne die Klugheit noch klug ohne die ethischen Tugenden" (*NE* VI 13, 1144b30-32). Der Kluge ist damit der Inbegriff sittlicher Vortrefflichkeit, er ist der „Gute" (*spoudaios*), der das Maß und die Regel für alles ethisch Tugendhafte ist.

Damit ist jedoch noch nicht gesagt, dass die Klugheit in der Werthierarchie die höchste aller Tugenden ist, wie der von Aristoteles explizit angestellte Vergleich zwischen ihr und der *„Weisheit"* (*sophia*) zeigt (vgl. *NE* VI 7, 1141a20-22; VI 13, 1145a6-11): Insofern die intellektuelle Tugend der Weisheit sich auf die höchsten Gegenstände des Universums ausrichtet, steht ihr nach Aristoteles auch ein höherer Rang zu. Dies korrespondiert dem in *NE* X konstatierten relativen Vorrang des theoretischen Lebens, das in der Realisierung der Tugend der Weisheit liegt, gegenüber dem praktischen Leben der ethischen Tugenden unter Anleitung der Klugheit. Es ist aber keineswegs ausgemacht, dass der „Weise" (*sophos*) auch klug ist, wie an den Beispielen der Philosophen Anaximander und Thales demonstriert wird (vgl. *NE* VI 7, 1141b3-8); das Idealbild des *phronimos* ist vielmehr der Politiker Perikles (vgl. *NE* VI 5, 1140b7-11). Die notwendige wechselseitige Verschränkung der *connexio virtutum* gilt also nur für die ethischen Tugenden und die Klugheit – und eben nicht für die anderen intellektuellen Tugenden, was zugleich eine Spitze gegen die platonische Idee des Philosophenkönigtums bildet.

Die Weisheit vollendet jedenfalls den „wissenschaftlichen" Teil (*epistêmonikon*) der menschlichen Vernunftseele wie die Klugheit den u.a. auf praktische Zusammenhänge ausgerichteten „meinenden" Teil (*doxastikon*). Das *tertium comparationis* dieser beiden

Tugenden ist wiederum das menschliche *ergon*, das nach Aristoteles in der Realisierung der Wahrheit liegt:[20] Wie die Klugheit im Verbund mit den Tugenden für die praktische Wahrheit im menschlichen Handeln sorgt, ist die Weisheit der Kulminationspunkt des theoretischen Wissensstrebens. Die beiden anthropologischen Grundformeln des Aristoteles (vgl. Abschnitt 2.1.3) sind also auch in der Tugendlehre *in nuce* präsent.

2.2.4. Glück und Tugend als die Strukturprinzipien der aristotelischen Ethik

Die Tugend ist somit neben der *eudaimonia* das zweite zentrale Prinzip, auf dem die aristotelische Ethik beruht, weshalb man von einer ‚eudaimonistischen Tugendethik' (oder auch von einer ‚aretaischen Glücksethik') sprechen kann. Damit ist die Reihe der Themen, mit denen sich die aristotelische Ethik inhaltlich befasst, natürlich noch nicht erschöpft: Zu erwähnen wären noch die profunden Ausführungen zur *Freiwilligkeit und Verantwortlichkeit des Handelns* (*NE* III 1-7), zur *Lust* (*NE* VII 12-15 und X 1-5; vgl. Ricken 1976) sowie zur *Freundschaft* (*NE* VIII-IX; vgl. Price 1989). Doch die Struktur der aristotelischen Ethik wird im Wesentlichen durch die beiden Prinzipien von Glück und Tugend sowie deren Interdependenz bestimmt.

Beide Prinzipien sind bei Aristoteles nun wesenhaft auf die menschliche Natur bezogen (was sich v.a. im Rekurs auf das menschliche *ergon* in Tugend- und Glückslehre zeigt), die somit ein mindestens ‚subkutanes' drittes Grundprinzip bildet (vgl. Müller 2006a). Das Verhältnis zwischen *aretê* und *eudaimonia* ist dabei inhaltlich eindeutig so aufzufassen, dass die Ausübung der Tugenden gerade das ist, was den konstitutiven Kern des gelingenden Lebens ausmacht. Die ethischen und intellektuellen Tugenden sind also nicht der Weg zum Glück, so dass etwa das Glück als ein externes Produkt oder Gut zu verstehen wäre, sondern sie konstituieren die Praxis, in der das menschliche Leben gelingt, so wie Teile das Ganze bilden.[21] Insofern dieses Leben nach aristotelischer Auffassung auch das wahrhaft lustvollste ist (vgl. *NE* X 5, 1176a22-29), wird dadurch im Übrigen nicht nur objektiven, sondern auch subjektiven Momenten (im Sinne der episodischen Erfahrungsqualität des Glücksbegriffs) Rechnung getragen.

Eine formale Priorität des Tugendbegriffs gegenüber dem Glücksbegriff, wie sie teilweise angenommen wird (vgl. z.B. Höffe 1995, 26; Simpson 1992, 507f.), erscheint insofern problematisch, als die Tugend im axiologischen Sinne innerhalb der aristotelischen Strebenshierarchie unterhalb des Glücks rangiert: Sie gehört zwar zu den an sich wählenswerten Gütern, wird aber auch um der *eudaimonia* willen angestrebt, die ihrerseits ein nicht weiter teleologisch zu finalisierender Endzweck ist (vgl. *NE* I 4, 1097b1-6; vgl. Kraut 1976, 227). Der Wert der Tugend besteht somit wesentlich in ihrer Aktua-

---

[20] Vgl. *NE* VI 2, 1139b12-13: „Die Funktion beider denkender Bestandteile ist also die [Erkenntnis der] Wahrheit. Für beide Teile wird daher ihre Tugend jeweils in demjenigen Habitus bestehen, vermöge dessen sie am meisten die Wahrheit treffen."

[21] Hier ist auf die aristotelische Distinktion von *praxis* und *poiêsis*, also von Handlungen, die in sich selbst vollendet sind, und Tätigkeiten, die auf ein ihnen externes Produkt abzielen, zu achten: vgl. *NE* VI 4, 1140a2-7. Glück muss als „gutes Handeln" (*eu prattein*: *NE* I 2, 1095a19; *eupraxia*: *NE* I 8, 1098b20-22; VI 2, 1139b3) verstanden werden.

lisierung im Rahmen des gelingenden Lebens und nicht in ihrem bloßen Besitz (vgl. *NE* I 8, 1098b31-1099a6; vgl. auch Ricken 1999, 395). Deshalb ist in der Ethik, worauf auch die Themenabfolge in der *NE* hindeutet, mit dem Glück als einem ersten, freilich vorläufig noch weitgehend formalen Prinzip einzusetzen (*NE* I), dessen inhaltliche Ausgestaltung bzw. Füllung dann aber über das Prinzip der Tugend und die Erörterung der einzelnen Tugenden zu leisten ist (*NE* II-VI), bevor abschließend die endgültige Diskussion der beiden Formen des gelingenden Lebens erfolgt (*NE* X). Das heißt zugleich, dass der Glücksbegriff zwar in formaler Hinsicht (nämlich als *telos teleiotaton* bzw. als Konzept eines „höchsten Gutes menschlicher Praxis") von den Tugenden separiert behandelt werden kann, aber ohne Rekurs auf die materialen Tugenden inhaltlich leer bleiben würde. Die beiden zentralen Prinzipien der aristotelischen Ethik sind demnach in hohem Maße wechselseitig verschränkt.

2.3. Ethik als praktische Wissenschaft: Methodische Überlegungen

Zum Verständnis der beiden Grundprinzipien Glück und Tugend sowie des Grundcharakters der aristotelischen Ethik trägt auch ein Blick auf die im Text etwas ‚versprengten' methodischen Exkurse in der *NE* bei (versammelt bei Höffe 1995, 19f.). Dabei treten zwei Aspekte deutlich in den Vordergrund:

2.3.1. Ethik als Grundrisswissenschaft

Wie von Höffe (vgl. 1996, Teil II) herausgearbeitet worden ist, spielt für die aristotelische Ethik der Begriff des *typos*, also des Grund- bzw. Umrisses eine zentrale Rolle; Aristoteles qualifiziert seine Ausführungen selbst mehrfach als *„umrissartig"* (*typô*; vgl. z.B. *NE* I 1, 1094a25; 1094b20; X 10, 1179a34). Man darf von der Ethik als Wissenschaft nicht die Genauigkeit der Mathematik oder anderer ‚exakter' Wissenschaften erwarten, und zwar weil sie es mit den unbeständigen (d.h. nicht-notwendigen und veränderlichen) Gegenständen des menschlichen Handelns zu tun hat. Aristoteles plädiert insgesamt für einen epistemologischen Pluralismus, in dem sich die Methode nach den besonderen Anforderungen des jeweils untersuchten Gegenstandes zu richten hat. Die Aussagen, welche die Ethik treffen kann, sind zwar nicht in ihrer Geltungskraft eingeschränkt, d.h. sie stellt ihre Gegenstände nicht etwa ungenau, verschwommen oder oberflächlich dar, aber eben nicht erschöpfend, sondern nur in den Grundzügen.[22] Dieser Mangel an Vollständigkeit liegt in der Natur des ethischen Gegenstandes begründet, insofern das Handeln und seine Umstände eine zu große Vielfalt aufweisen, als dass man sie vollständig abhandeln könnte. Genau besehen ist dies auch kein wirklicher

---

[22] Wie Höffe 1995, 21, deutlich herausstellt, liegt hier ein Unterschied zu den *hôs epi to poly*-Aussagen vor, die meistens bzw. im Allgemeinen richtig sind, im Einzelfall allerdings falsch sein können. Aristoteles versteht die Aussagen seiner Ethik hingegen als grundsätzlich wahr, aber eben nicht als erschöpfend.

Mangel, denn man kann laut Aristoteles annehmen, „dass jeder in der Lage ist, das
fortzuführen und im Detail auseinander zu legen, was einmal gut skizziert ist" (*NE* I 7,
1098a22-23). Die Ethik liefert also keinen detaillierten Bauplan, sondern eine Art
‚Strukturgitter', das der einzelne ethische Akteur zu vervollständigen hat.

2.3.2. Ethik als praktische Wissenschaft

Dies hängt auch zusammen mit der Konzeption der Ethik als praktischer Wissenschaft
bei Aristoteles. Es ist zwar erklärtes Ziel der Ethik, nicht bloß Wissen zu vermitteln,
sondern einen Beitrag zum guten Handeln zu leisten (vgl. *NE* I 1, 1095a5-6; II 2,
1103b26-30; X 10, 1179a35-b4), aber dies ist nicht im Sinne unmittelbar anwendbarer
Handlungspräzepte oder Ratschläge gemeint: Die aristotelische Ethik ist keine Ratge-
berliteratur, sondern durchaus eine Wissenschaft, die im allgemeinen Medium der Theorie und der begrifflichen Reflexion operiert, aber sie ist eben im Gegensatz zu anderen
philosophischen Disziplinen keine „rein theoretische Disziplin" (*philosophia monon
theôrêtikê*; *EE* I 1, 1214a13), in welcher die spekulative Einsicht um ihrer selbst willen
gesucht wird; sie ist vielmehr eine Theorie der Praxis mit weiterführender praktischer
Intention.

Ein auf unmittelbare Handlungsanleitung hin konzipiertes ‚praktizistisches' Verständnis der Ethik würde die für den Bereich der ethischen Tugenden und der Klugheit
herausgestellte Situationsvariabilität und -flexibilität des guten Handelns unterlaufen.
Ebenso wenig ist es die Aufgabe der Ethik, diese Tugenden selbst grundzulegen: Aristoteles setzt vielmehr eine sittliche Grundbildung bei seinen Hörern voraus, die deshalb
schon über Erfahrungen im guten Handeln verfügen müssen, um von seiner Ethik zu
profitieren. Für die anderen gilt hingegen, dass sie unbrauchbare Zuhörer sind.[23] – Diese
Beschränkung des Adressatenkreises der aristotelischen Ethik erklärt sich wie folgt: Nur
bei demjenigen, dessen affektive Wertungen und appetitive Impulse im Rahmen einer
angemessenen Erziehung durch Gewöhnung bereits ‚auf Linie' mit der Vernunft gebracht worden sind, vermag die philosophische Ethik Früchte zu tragen; bei den nach
dem Affekt Lebenden hingegen richten Belehrungen durch Worte im praktischen Sinne
nichts aus, sondern nur noch gesetzlich geregelte Strafen.[24] Bei den bereits gut Erzogenen vermag die philosophische Ethik durch die Reflexion des tugendhaften Handelns
und seines Telos, des Glücks, die zur vollwertigen Ausformung der Tugenden erforderliche rationale Durchdringung zu leisten. Wo vorher auf habituell etablierter Basis bloß
tugendgemäß gehandelt wurde, kann dann auch ein Handeln aus Tugend erfolgen. Die
philosophische Ethik schließt also an die im Rahmen der Erziehung erfolgte Gewöh-

---

[23] Vgl. *NE* I 1, 1095a7-9: „Dabei ist es gleichgültig, ob sie jung an Jahren oder unreif im Charakter
sind; ihre Unzulänglichkeit hängt nicht von der Zeit ab, sondern ergibt sich daraus, dass sie vom Affekt
geleitet leben und auf diese Weise ihre jeweiligen Ziele verfolgen. Solchen Menschen bringt das Erkennen keinen Nutzen."
[24] Vgl. *NE* X 10, 1179b4ff., v.a. 23-26: „Die Rede und die Belehrung aber haben kaum bei allen Menschen Wirkung; vielmehr muss die Seele des Hörers zuvor durch Gewöhnung bearbeitet worden sein, dass
sie sich auf richtige Weise freut und abgeneigt ist, so wie die Erde, die Samen nähren soll."

nung an das Gute an und vertieft diese. In den Worten Höffes (1996, 90): „Die Ethik, ein integrierender Teil des Polis-Lebens, will aus diesem Leben heraus auf es reflektieren, um durch die Reflexion das sittliche Leben in der Polis sittlicher zu machen. Ethische Reflexion macht nicht gut; ethische Reflexion macht besser."

Die in der Ethik untersuchten und zur Darstellung gebrachten Prinzipien von Glück und Tugend werden deshalb nicht erst dort begründet, sondern schon vorausgesetzt:

(1) Bezüglich der Tugend hält Aristoteles explizit fest, dass der über einen guten Charakter Verfügende die „Prinzipien" (*archai*) bereits besitzt und dass dies der notwendige Ausgangspunkt der Ethik ist: Das sittliche ‚Dass' (also der Besitz des guten Charakters) muss im Gegensatz zum ‚Warum' (also zur bewussten Einsicht in seine Gutheit) immer schon gegeben sein (vgl. *NE* I 2, 1095b5-8; vgl. Burnyeat 1980, 71f.). Dazu passt auch, dass nach Aristoteles bestimmte Prinzipien bereits durch „Gewöhnung" (*ethismos*) erkannt werden (vgl. *NE* I 7, 1098b3-4), die ihrerseits ja noch keine größeren kognitiven Voraussetzungen erfordert.

(2) Im Blick auf die *eudaimonia* ist die Situation etwas anders, weil das Glücksstreben jedem (und nicht nur dem schon zur Tugend erzogenen) Menschen bereits natürlich zu eigen ist: In diesem Sinne verfügt also jeder Akteur schon über dieses Prinzip. Aber Aristoteles betont vor allem in der *EE*, dass es sich dabei letztlich nur um ein vages Vorwissen handelt, das einer inhaltlichen Präzisierung bedarf.[25] Die methodische Maxime dieses Vorgehens formuliert er wie folgt:

> Man muss aber beim Suchen so verfahren, wie es bei den sonstigen Gegenständen alle Leute tun, indem sie nämlich schon ein Vorwissen haben; also versuchen, mittels dessen, was zwar zutreffend, aber unpräzise ausgesagt wird, weiterhin auch zur zutreffenden und präzisen Aussage zu kommen (*EE* II 1, 1220a15-18).

Die sowohl in *NE* I als auch in *EE* I-II konsequent angewendete methodische Strategie hat dabei die Form einer ‚konzeptualistischen' Analyse (vgl. Müller 2006b): Der adäquate Begriffsgehalt von *eudaimonia* soll geklärt werden, indem der Ausdruck „höchstes Gut menschlicher Praxis" konsequent auf seine im alltäglichen wie auch im philosophischen Sprachgebrauch hin schon gegebenen Voraussetzungen und Implikationen hin analysiert wird. Es geht also um ein ‚Klären' bzw. ‚Verdeutlichen' im Sinne der sukzessiven Überführung von vage ausgedrückten Ideen in eine klarere und deutlichere Form. Dies erlaubt, wie oben gesehen, zumindest eine Disqualifikation bestimmter Lebensformen als legitimer *eudaimonia*-Kandidaten. Die abschließend formulierte *eudaimonia*-Definition (vgl. *NE* I 6, 1098a16-18; *EE* II 1, 1219a38-39) ist zwar immer noch „umrissartig" und bedarf deshalb weiterer inhaltlicher Konkretisierung durch den jeweiligen Akteur, ist aber trotzdem ein nützlicher Anhaltspunkt: „Wird nun das Erkennen dieses Guts nicht auch großes Gewicht für die Lebensführung haben, und werden wir dadurch nicht wie Bogenschützen, die einen Zielpunkt haben, eher das Richtige treffen?" (*NE* I 1, 1094a22-24)

---

[25] Aristoteles will „von dem ausgehen, was wir als die ersten unpräzisen Meinungen bezeichnet haben, und in Richtung auf das Präzise herauszubringen suchen, was das Glück ist" (*EE* I 7, 1217a18-21).

Insofern Aristoteles die beiden zentralen Prinzipien seiner Ethik nicht in Absehung von bereits praktizierter Sittlichkeit bzw. existenten Moralvorstellungen grundlegt, sondern vielmehr letztere durch die ethische Reflexion aufklären und dadurch verbessern möchte, hat seine Ethik keinen revolutionären, sondern evolutionären Charakter. Er knüpft in seinen ethischen Analysen also bewusst an bereits vorhandene moralische „Erscheinungen" (*phainomena*) und „Meinungen" (*legomena*) an und sichert die Resultate seiner eigenen Überlegungen auch wieder in einer Art Überlegungsgleichgewicht mit diesen ab.[26] Im Hintergrund steht hier offensichtlich eine konsens- und auch kohärenzorientierte Auffassung des ethischen Diskurses, die davon ausgeht, dass in allen ernst zu nehmenden moralischen Auffassungen zumindest ein Körnchen Wahrheit steckt, das der Ethiker herauszupräparieren hat.[27] Auf dieser Prämisse beruht auch die in der *NE* für die Lösung von inhaltlichen Streitfragen explizit formulierte „Methode der *endoxa*" (vgl. Barnes 1980):

> Wir müssen nun, wie auch sonst, zuerst darlegen, was über die Dinge wahr zu sein scheint (*ta phainomena*), und die Schwierigkeiten durchgehen, um dann auf diese Weise, wenn möglich, die Wahrheit aller anerkannten Meinungen (*endoxa*) nachzuweisen, oder wenn nicht, die Wahrheit der meisten und wichtigsten Meinungen. Denn wenn wir die Schwierigkeiten auflösen und die anerkannten Meinungen bestehen bleiben, dann wird der Gegenstand ausreichend geklärt sein (*NE* VII 1, 1145b2-7).

Aristoteles will also, wie etwa in der auf dieses Zitat folgenden Diskussion über das Problem der „Unbeherrschtheit" (*akrasia*: vgl. *NE* VII 2-11), durch begriffliche Differenzierungen nachweisen, dass sich die Widersprüche zwischen den anerkannten Meinungen bei näherem Hinsehen als überbrückbar oder sogar als Scheinwidersprüche erweisen. Dadurch bekommt die aristotelische Ethik in den entsprechenden Passagen einen ‚harmonistischen' Charakter; dies schließt zwar kritische Impulse und Wertungen nicht aus, wohl aber eine „Umwertung aller Werte" im Sinne Nietzsches oder einen radikalen Umsturz der moralischen Semantik. Aristoteles zieht in der Ethik nicht aus, um die sittliche Wirklichkeit und die Auffassungen über sie radikal zu revolutionieren, sondern um sie zuerst einmal in ihrem Grundgehalt „festzusetzen" und dann so weit wie möglich zu „retten" (*tithênai* und *sôzein ta phainomena*; vgl. Owen 1968). Dieser Ansatz garantiert einen hohen Grad an Phänomennähe, wirft aber auch einige kritische Fragen auf, die nachfolgend diskutiert werden sollen.

---

[26] Dies wird besonders in *NE* I 8-12 deutlich, wo er seine *eudaimonia*-Definition aus *NE* I 6, 1098a16-18 explizit mit verschiedenen „herkömmlichen Ansichten" (*legomena*) über das Glück abgleichen möchte: „Denn mit der wahren Auffassung stimmen alle Gegebenheiten überein, mit der falschen Auffassung aber steht das Wahre sogleich in Widerstreit" (*NE* I 8, 1098b10-12).

[27] Vgl. *EE* I 6, 1216b30-35: „Denn jeder Mensch trägt etwas in sich, was in Beziehung steht zur Wahrheit; dies muss man zum Ausgangspunkt nehmen und auf diese oder jene Weise überzeugende Argumente für unsere Probleme aufzeigen. Denn aus den Meinungen, die zwar zutreffend, aber nicht präzise [von den Menschen] vorgebracht werden, wird sich im weiteren Verlauf auch das Präzise einstellen, indem man jeweils für die üblichen ungeordneten Meinungen das klarere Wissen bekommt."

2.4. Ein normatives Konzept der menschlichen Natur

Die referierten methodischen Überlegungen haben im Verbund mit einer inhaltlichen Analyse der Tugenden, die scheinbar nur an den Gegebenheiten seiner Zeit ansetzt, Aristoteles die Kritik eingetragen, dass er lediglich eine Hermeneutik des Ethos der griechischen Polis, also eine rein deskriptive Ethik partikularen Zuschnitts, entwerfe. Damit scheint Aristoteles ein weiterer Zeuge für die generelle Limitation von tugend-ethischen Entwürfen zu sein: Wie die historisch nachweisbare Wandlung von Tugend-katalogen belege, sei die Geltungsweite der Tugenden grundsätzlich auf spezifische Gesellschaften und Traditionen begrenzt; dies zeige z.B. die Ersetzung des aristoteli-schen „Großmuts" (*megalopsychia*) durch die diametral entgegengesetzte „Demut" (*hu-militas*) im christlichen Mittelalter. Aristoteles, so die Quintessenz dieser relativisti-schen Lesart des aristotelischen Tugendbegriffs, entwerfe bloß eine Ethik für den grie-chischen ‚Gentleman', die deshalb auch nicht auf heutige Verhältnisse übertragbar sei (vgl. Simpson 1992).

2.4.1. Der normative Grundgehalt der aristotelischen Ethik

Dem kann man jedoch mit gutem Recht eine anti-relativistische Lesart der aristoteli-schen *aretê* entgegenstellen (vgl. Nussbaum 1999, 227-264). Wenn man sich genauer ansieht, wie Aristoteles die jeweiligen Tugenden in die Diskussion einführt, wird deutlich, dass er sie jeweils als adäquate Verhaltens- und Reaktionsmuster in Berei-chen versteht, die für die menschliche Existenzform *in toto* charakteristisch sind: Tapferkeit etwa ist bezogen auf Situationen der äußerlichen Bedrohung, denen jeder Mensch in der einen oder anderen Art und Weise ausgesetzt ist, Freundlichkeit auf den rechten Umgang mit anderen Menschen im gesellschaftlichen Leben, etc.[28] Die konkrete Ausformung der Tugenden mag zeitlichen und kulturellen Umständen ent-springen (lässt also durchaus Raum für einen Pluralismus, der sich auch in der Wand-lung der Tugendkataloge ausdrückt),[29] aber der generelle Anspruch, mit der jeweili-gen Tugend ein adäquates Verhaltensmuster für einen allgemeinen Grundbereich menschlicher Existenz realisiert zu haben, wird dadurch nicht relativiert oder partiku-larisiert.

Dass Aristoteles keine reine deskriptive Hermeneutik des Polis-Ethos betreibt, kann man im Übrigen daran ablesen, dass er neue Tugenden in die Diskussion einbringt, für die es noch gar keine Namen in der griechischen Alltagssprache gibt (vgl. z.B. *NE* IV 10, 1125b17-25; IV 13, 1127a13-20). Der Vorwurf, dass gerade die aristotelische Ak-zentuierung der Erziehung zu den Tugenden deren Abhängigkeit von der Gemeinschaft, in der diese Erziehung stattfinde, unwiderruflich bedinge, greift ebenfalls nicht: Aus der

---

[28] Vgl. *NE* II 7, 1107a28ff., wo Aristoteles für jede seiner nachfolgend behandelten Tugenden mit „in Bezug auf" (*peri*) einen Gegenstandsbereich spezifiziert.

[29] So ist das Paradigma für Tapferkeit bei Aristoteles der für seine Polis im Krieg kämpfende Bürger (militärische Tapferkeit), während man vielleicht heute eher an jemand denkt, der z.B. für die Unterstüt-zung bedrohter oder beleidigter Mitbürger im öffentlichen Leben selbst Risiken eingeht (Zivilcourage).

(bei näherem Hinsehen betrachtet: unvermeidlichen) Partikularität der Aneignung der Moral folgt keineswegs die Relativität der vermittelten bzw. angeeigneten Inhalte (vgl. Höffe 1995, 288).

Der anti-relativistische Impetus der aristotelischen Ethik wird noch deutlicher, wenn man sich ihr Grundprinzip, die *eudaimonia*, näher ansieht: Dieses Konzept hat ein unverkennbar kritisches Potenzial, denn es dient Aristoteles dazu, bestimmte Existenzentwürfe als Kandidaten für eine angemessene Form der Lebensführung zu disqualifizieren. Dazu gehört, neben dem „auf Gelderwerb ausgerichteten Leben" (*bios chrêmatistês*) und der nur auf Lustmaximierung fixierten „hedonistischen" Existenzform (*bios apolaustikos*), auch eine Variante des „politischen Lebens" (*bios politikos*), die nur auf den Erwerb von „Ehre" (*timê*) fixiert ist (vgl. *NE* I 3, 1095b22-30). Dies kann und muss man als Traditionskritik verstehen, da der Begriff der Ehre als Zielgut des öffentlichen Lebens auch im 4. Jahrhundert v. Chr. seine Strahlkraft keineswegs eingebüßt hatte. Auch sein in der *Pol.* an den Tag gelegter kritischer Umgang mit faktisch vorhandenen gesellschaftlichen und politischen Ordnungen ist ein Beleg dafür, dass Aristoteles kein unreflektierter ‚Traditionalist' gewesen ist. Für ihn gilt *a fortiori* das von ihm selbst formulierte Prinzip: „Überhaupt fragen alle nicht nach dem, was hergebracht ist, sondern nach dem, was gut ist" (*Pol.* II 8, 1269a3-4).

Die Frage ist natürlich, woher Aristoteles dieses Potenzial zur Kritik bestehender Verhältnisse gewinnt. Aus Aristoteles' Kritik an Platons Ideenlehre in *NE* I 4 (und auch in *EE* I 8) wird zuerst einmal deutlich, dass er hier auf keinen Fall eine ‚starke' metaphysische Theorie voraussetzt, in welcher die Normativität der Ethik sich aus der Struktur des Seins im Ganzen ableitet.[30] Aristoteles bezweifelt, dass es überhaupt einen univoken Begriff des Guten geben kann, wie ihn die platonische Idee des Guten postuliert; statt dessen plädiert er für die Spezifizierung des Guten auf die verschiedenen Kategorien und (innerhalb der Kategorie der Substanz) auf die natürlichen Arten hin: „Denn es gibt nicht eine Weisheit, die sich auf das Gut aller Arten von Tieren bezieht, sondern für jede Art eine andere" (*NE* VI 7, 1141a31-32).[31] Die platonische Idee des Guten kommt auf keinen Fall als Kandidat für das in der *NE* gesuchte „höchste Gut menschlicher Praxis" in Frage, weil sie überhaupt kein „im Handeln zu realisierendes Gut" (*prakton agathon*) darstellt; hier unterstreicht Aristoteles somit die Trennung von theoretischer und praktischer Philosophie in seinem System und dokumentiert zugleich implizit den Anspruch, im Gegensatz zu Platon „Ethik ohne Metaphysik" (Patzig) betreiben zu wollen. Eine genaue Analyse von *NE* I 1-6 zeigt, dass er die Prüfkriterien für ein adäquates Verständnis von *eudaimonia*, dialektisch auf der Basis „anerkannter Meinungen" (*endoxa*) entwickelt und nicht metaphysisch-ontologisch deduziert (vgl. Müller 2006b; Roche 1988; 1992; dagegen: Gould 1971; Irwin 1980).

---

[30] Zu den einzelnen Argumenten, die Aristoteles in *NE* und *EE* gegen die platonische Ideenlehre als Grundlage der Ethik vorträgt, vgl. Flashar 1995.

[31] Vgl. auch *EE* I 8, 1218a30-33: „Und die Behauptung, dass alle Dinge nach einem Gut – was dies auch sei – streben, ist nicht richtig. Denn jedes strebt nach seinem Gut: das Auge nach dem Sehen, der Körper nach Gesundheit und so weiter."

Tugend und Glück sind für Aristoteles insofern nicht-relativ, als sie beide auf einem normativ gewendeten Konzept der menschlichen Natur beruhen, das einen Rahmen für gelingende Entwürfe bildet, ohne diese bereits inhaltlich konkret zu determinieren. Bestimmte Lebensentwürfe verfehlen nach Aristoteles die menschliche Natur (liegen also außerhalb des Rahmens), aber es gibt doch mehr als nur eine mögliche Vollendungsgestalt menschlicher Natur, wie die Doppelung der *eudaimonia* in theoretische und praktisch-politische Existenzform zeigt; hierzu gehört auch, dass Aristoteles in seiner politischen Philosophie eher einen Pluralismus der Lebensformen propagiert, in dem Vielheit und nicht Einheit das Ziel ist (vgl. *Pol.* II 2, 1261a16-22; vgl. Buchheim 1999, 158f.). Aristoteles liefert mit seiner Glückslehre also keine Blaupause, sondern er entwickelt Kriterien, an denen sich die Ansprüche bestimmter Lebensformen, adäquate Realisierungen der menschlichen Natur zu sein, kritisch prüfen lassen.

2.4.2. Zum Vorwurf des ‚naturalistischen Fehlschlusses'

Macht er sich damit aber nicht des ‚naturalistischen Fehlschlusses', also des (unerlaubten) Schlusses vom Sein auf das Sollen, schuldig, der in den Augen manchen modernen Ethikers die Ursünde von Moralphilosophie schlechthin bildet (vgl. auch Müller 2005 und 2006a, 137-147)? Die Beantwortung dieser Frage hängt von zweierlei ab:

(1) Man muss erst einmal das dritte Prinzip der aristotelischen Ethik, nämlich die menschliche Natur, in seiner vollen Komplexität rekonstruieren, die es bei Aristoteles besitzt. Dann zeigt sich nämlich, dass Aristoteles „Natur" (*physis*) nicht als krude *Vorgabe* begreift, der man blind zu folgen hat, sondern als eine im Ethos und in der praktischen Reflexion darüber zu realisierende *Aufgabe*, also als ein reflexiv vermitteltes *telos*. Eine direkte ‚Ableitung' des guten Lebens aus natürlichen Grundgegebenheiten (also ein Fehl*schluss* im Wortsinne) liegt damit auf keinen Fall vor. Die ethische Reflexion entwirft im Rekurs auf das Konzept der menschlichen Natur einen Rahmen, innerhalb dessen verschiedene Entwürfe denkbar sind. Insofern dies auf die Idee einer nicht-beliebigen Pluralität gelingenden menschlichen Lebens hinausläuft, liegt hier zwar eine naturalistische Grundkonzeption im Sinne eines Essentialismus vor: Tugenden und Glück konstituieren Vollendungen der menschlichen Natur, die entwurfsoffen, aber eben auch nicht-relativistisch konzipiert ist. Dieser naturalistische Essentialismus ist aber wesentlich weniger voraussetzungsreich und flexibler, als gemeinhin unterstellt wird.

(2) Die zweite Frage lautet, ob Aristoteles überhaupt mit einem deontischen Konzept des ‚Sollens' im strengen Sinne operiert, wie es in der modernen Debatte verwendet wird: Kennt Aristoteles ein universales und kategorisches Sollen? Gegen die anfänglich vorherrschende Skepsis in diesem Punkt sind in jüngster Zeit vermehrt Belege für die Existenz deontischer Elemente in der aristotelischen Ethik angeführt worden (vgl. Höffe 1995, 277-304; Horn 1998, 207-209): Aristoteles erklärt etwa, dass bestimmte Handlungsweisen (wie z.B. Mord und Diebstahl) vom *mesotês*-Prinzip ausgenommen sind, weil sie in sich schlecht und deshalb grundsätzlich falsch sind (vgl. *NE* II 6, 1107a 8-27). Hinzu kommt der bereits in Abschnitt 2.2.3 diskutier-

te Grundsatz, dass tugendhafte Handlungen um ihrer selbst willen zu wählen seien, der jedoch auch rein teleologisch bzw. nicht-deontologisch interpretiert werden kann (vgl. Kraut 1976; Whiting 2002).

Hier gilt es m.E., die Konstruktion der aristotelischen Ethik im Auge zu behalten, die nicht auf einem Sollen, sondern auf einem Wollen, genauer gesagt: auf dem natürlichen Glücksstreben des Menschen beruht. Nicht die Tugenden sind das erste Prinzip, sondern das Glück bzw. das gelingende Leben, verstanden als das *telos*, nach dem jeder Mensch schon immer strebt. Die Pointe besteht nun gerade darin, dass dieses (im ureigenen Interesse jedes Individuums liegende) Ziel nicht in Opposition zu einer (eigene Interessen mindestens relativierenden) Sittlichkeit bzw. Moral konzipiert wird, sondern unter deren Einschluss. Die Betätigung der ethischen Tugenden ist ein zentrales und konstitutives Element menschlicher *eudaimonia*, und sofern Aristoteles hierunter nicht nur „selbstorientierte" (*self-regarding*), sondern auch „fremdorientierte" (*other-regarding*) Tugenden wie etwa die Gerechtigkeit versteht, sind damit ‚moralische' Aspekte im modernen Sinne mindestens berücksichtigt.[32] Entscheidend ist dabei, dass die Teleologie des menschlichen Strebens den Rahmen für die Integration deontologischer Elemente bildet und nicht umgekehrt: Die ‚moralischen' bzw. fremdorientierten Tugenden sind ein notwendiges (aber eben noch nicht für sich hinreichendes) Ingredienz des gelingenden Lebens.

Moral und Tugenden fallen dem guten Menschen in diesem Modell auch nicht schwer, da er aus einer durch Erziehung und ethische Unterweisung etablierten Harmonie von Fühlen und Urteilen heraus handelt und sein Leben dadurch zugleich das lustvollste ist, insofern die volle Selbstverwirklichung einer Sache in ihrer Natur für sie auch stets die größte Lust bereithält (vgl. *NE* X 5, 1176a3ff.). Tugend bewährt sich nicht im inneren Kampf gegen eine mit sittlich negativem Vorzeichen ausgestattete und unbelehrbare Sinnlichkeit: Das, was große Teile der christlichen Tradition und auch Kant später als Tugend betrachtet haben, wäre nach Aristoteles nur eine sittlich niedriger anzusiedelnde „Beherrschtheit" (*enkrateia*), die es in Richtung der wahren Tugend erst noch zu vollenden gälte. Dem wahren Tugendhaften sind im aristotelischen Modell innere Konflikte zwischen Sinnlichkeit und Sittlichkeit fremd.

Dass Aristoteles mögliche Divergenzen von Glück und Moral in seiner Ethik nicht thematisiert oder minimiert, hängt zum einem an der engen begrifflichen und inhaltlichen Kopplung von Glück und ethischer Tugend; hinzu kommt in argumentationsstrategischer Sicht, dass andernfalls eine Lücke droht, die der platonische Sokrates in seinen Auseinandersetzungen mit den Sophisten und Rhetorikern (wie etwa im *Protagoras*, im *Gorgias* oder in *Politeia* I) gerade schließen wollte: Es gibt keinen Hiat zwischen Tugend und individuellem Glück, d.h. nur derjenige, der auf rechte Weise nach den Tugenden lebt, führt auch ein wirklich glückliches Leben; die anderen (wie etwa die Tyrannen), die meinen, dass tugendhaftes Verhalten der maximalen Realisierung eigenen

---

[32] Die Gerechtigkeit bestimmt Aristoteles im Übrigen in *NE* V 3, 1130a3 explizit als ein *allotrion agathon*, also als ein „fremdes Gut". Wolf (1995, 107) unterscheidet sachgerecht zwei Arten von ethischen Tugenden bei Aristoteles, nämlich den auf das individuelle Leben gerichteten Tugenden (z.B. Mäßigung), die „selbstorientiert" (*self-regarding*) sind, und den moralischen Tugenden, die sich auf das Verhältnis zu anderen Menschen richten (also *other-regarding* sind), wie z.B. Gerechtigkeit.

Glücks im Wege stehe, sind schlicht und elementar im Irrtum über das in Wahrheit für sie Gute bzw. Beste. In Auseinandersetzung mit einem ethischen Egoismus, wie ihn etwa die Sophisten repräsentierten, kommt letztlich alles auf den Nachweis an, dass auch unter Voraussetzung rein selbstorientierter Maßstäbe das moralische Leben die besseren Resultate zeitigt als die verfügbaren amoralischen Alternativen. Deshalb ist diese Form der Ethik, wie sie auch bei Aristoteles vorliegt, grundsätzlich erst einmal aus der „Kundenperspektive" formuliert (vgl. Annas 1993, 124; Horn 1998, 201-203), und zwar im Rekurs auf das natürliche Glücksstreben des Menschen. Dieses soll nicht im Interesse einer ‚höheren' Moral ggf. zurückgestellt oder gar negiert, sondern über sich selbst und seine adäquate Verwirklichung aufgeklärt werden. Hierher rührt der unüberhörbare ‚konsiliatorische' Tonfall der klassischen griechischen Ethik, der nicht mit einem bloß selbstsüchtigen ‚Prudentialismus' gleichgesetzt werden darf: Deontische Elemente haben ihren Ort innerhalb dieser Konzeption des gelingenden Lebens, aber sie sind nicht das wesentliche Strukturprinzip des Entwurfs.

Die aristotelische Ethik tritt also im Blick auf ihre drei Grundprinzipien von Glück, Tugend und menschlicher Natur durchaus mit einem universalistischen Anspruch auf, dessen genauere Konkretion – ganz im Einklang mit der Konzeption der Ethik als praktischer Grundrisswissenschaft (vgl. Abschnitt 2.3) – bei den Akteuren liegt und deshalb eine sich auch historisch manifestierende Variabilität zulässt. Insofern das Prinzip ‚Glück', das sich elementar an der zielgerichteten Struktur menschlichen Handelns ablesen lässt, als Vollendungsgestalt der menschlichen Strebensnatur das ethische Untersuchungsfeld maßgeblich bestimmt, kann man hier mit Einschränkungen von einer ‚*teleologischen Ethik*' sprechen. Doch ist im Gegensatz zu manchen modernen Ethiken, die mit dem gleichen Terminus klassifiziert werden – wie etwa dem Utilitarismus –, Folgendes zu beachten: Die aristotelische Teleologie folgt keiner Maximierungslogik, d.h. es geht nicht um die Identifikation eines singulären höchsten Gutes wie etwa der Lust, das dann individuell oder gesellschaftlich maximiert werden soll. Zielpunkt ist vielmehr eine adäquate Ordnung in der Verfolgung verschiedener Strebensziele, die in ihrer Gesamtheit ein gelingendes Leben konstituieren. Die auf die *eudaimonia* abzielende Teleologie ist bei Aristoteles nicht exklusiv-maximalistisch, sondern inklusiv, und d.h. eben auch: unter Einschluss der moralischen Tugenden, konzipiert; gerade deshalb ist die aristotelische Ethik gegen den Vorwurf einer bloß egoistischen Vorteilssuche immun.[33]

---

[33] Deshalb erscheinen mir alle Interpretationen, die etwa den *bios theôrêtikos* im Sinne einer Maximierungslogik der Kontemplation ausdeuten wollen, grundlegend verfehlt. Im Zentrum des philosophischen Lebens steht zweifelsfrei die ‚göttliche' *theôria*, aber dies ist bei Aristoteles eben gerade nicht so formuliert, dass dadurch alle anderen ‚menschlichen' Güter und Tugenden für den Philosophen irrelevant wären. So ergänzt er die scheinbar in diese Richtung weisende Aussage, dass der Philosoph für seine Kontemplation im Gegensatz zum Leben des *bios praktikos* selbst keine äußeren Güter benötigt, umgehend wie folgt: „Insofern er aber ein Mensch ist und mit vielen zusammenlebt, wünscht er die Handlungen der [ethischen] Tugend zu tun. Er braucht also solche Dinge, um ein menschliches Leben zu führen" (*NE* X 8, 1178b5-7).

3. Ausblick

Die Rezeptions- und Wirkungsgeschichte der aristotelischen Ethik bietet ein höchst vielschichtiges und weit verzweigtes Bild, das vom antiken Peripatos über die Wiederentdeckung der *NE* im 13. Jahrhundert (v.a. bei Albertus Magnus und Thomas von Aquin) und ihre zahlreichen Kommentierungen von der Renaissance bis in die Gegenwart reicht.[34] Gerade die zweite Hälfte des 20. Jahrhunderts hat eine massive Wiederbelebung des Interesses an der praktischen Philosophie des Aristoteles gesehen, nicht zuletzt in Gestalt der sogenannten *virtue ethics* in der analytischen Philosophie, die sich sehr oft auf Aristoteles beruft. Ausgangspunkt war hier wohl eine allgemeine Unzufriedenheit mit den beiden vorherrschenden normativen Paradigmen der deontologischen Ethik kantischen Zuschnitts und der konsequenzialistischen Ethik in ihren verschiedenen utilitaristischen Spielarten (vgl. Anscombe 1958), was zur Suche nach einem ‚dritten Weg' führte. Die in diesem Zuge angestrebte ‚Re-Aristotelisierung' der Ethik fällt aber je nach Aristoteles-Interpretation ihrer Vertreter höchst unterschiedlich aus. In holzschnittartiger Form kann man zwei Grundrichtungen unterscheiden:

(1) *Partikularistische Anknüpfungen*: Hier werden Aristoteles und seine Tugendethik als bewusster Gegenentwurf zum ‚traditionsvergessenen' Universalismus weiter Teile der modernen Moral konturiert. Im deutschen Sprachraum entstand dadurch etwa eine an Hegels Konzept der substantiellen Sittlichkeit orientierte Apologetik des historisch Gewachsenen und des „Üblichen" (z.B. bei J. Ritter und O. Marquard; vgl. hierzu Höffe 1995, 277f.), wie es seinen Niederschlag im gesellschaftlichen Ethos findet. Parallel dazu entwickelte sich im angelsächsischen Raum eine grundlegende Kritik am Projekt der Moderne, die sich an der Idee einer geschichts- und kulturunabhängigen Moralbegründung entzündete. Dadurch komme es zu einer weitgehenden semantischen Reduktion oder gar Entleerung des ethischen Vokabulars auf ‚dünne' deontische Kategorien von ‚geboten', ‚verboten' und ‚erlaubt', denen man durch den bewussten Rekurs auf aretaische *thick moral concepts* der antiken Tugendethik wie ‚gerecht' und ‚tapfer' entgegentreten müsse, insofern die moderne Moral letztlich ein Irrweg sei (vgl. Williams 1985). Die Tugenden werden dann etwa bei A. MacIntyre verstanden als Realisierungsinstanzen kulturinterner Güter, deren Geltungsanspruch jedoch nicht über die jeweilige moralische Tradition hinausreicht (vgl. MacIntyre 1985). An diese Ideen schließen sich in der politischen Arena z.B. die Kommunitaristen an, die „Gemeinschaft" (engl. *community*) als einen Ausdruck gewachsener Lebensformen betrachten, deren Moral weder begründbar noch kritisierbar ist, sondern jeweils nur in gelebter Form vorgefunden wird. Diese Formen des ‚Neo-Aristotelismus' bauen häufig auf partikularistischen und relativistischen Lesarten der aristotelischen Tugend- und Güterlehre auf, unter besonderer Betonung der Vermittlung gemeinschaftsaffirmativer Sittlichkeit im Rahmen der Erziehung.[35]

---

[34] Einen guten Überblick über die Rezeptionsgeschichte der aristotelischen Philosophie *in toto* bietet Höffe 1999, 281-304; einige moderne Anknüpfungen an die antike Ethik, die auch Aristoteles betreffen, werden kritisch diskutiert von Horn 1998, 244-258.

[35] Für eine Kritik der Vereinnahmung des Aristoteles durch die Kommunitaristen vgl. Rapp 1997.

Als Vorteil des aristotelischen Modells wird in partikularistischen Lesarten generell seine hohe Flexibilität und Kontextsensitivität gesehen, insofern die Frage nach dem guten Handeln nicht mehr quasi algorithmisch anhand abstrakter Prinzipien und Regeln entschieden wird, sondern situativ im Einzelfall unter Berücksichtigung zahlreicher Randbedingungen: Tugendhaftes Handeln wird dann nicht mehr im Sinne einer modern geprägten „aktzentrierten Ethik" (*act-centred ethics*) durch bestimmte Kriterien festgelegt, sondern im Rahmen einer „akteurzentrierten Ethik" (*agent-centred ethics*) auf die Normfigur des tugendhaften Menschen – als Analogon zum aristotelischen *phronimos* – bezogen. Dadurch ist es dann aber z.B. nicht ausgeschlossen, dass zwei tugendhafte Akteure in einer identischen Situation genau Gegenteiliges tun – und trotzdem beide gut handeln (vgl. Hursthouse 1999, 219). Bei dieser Abkehr vom Prinzipiellen zum Singulären gesellen sich zu der meist bewusst ausgeklammerten Begründungsproblematik somit auch noch kasuistische Anwendungsschwierigkeiten.

(2) *Universalistische Anknüpfungen*: Ganz im Gegensatz dazu stehen Bemühungen, die aristotelische Ethik für einen unter den Bedingungen der Moderne geführten Diskurs anschlussfähig zu machen. Zwei Projekte dieser Art seien zumindest kurz skizziert:

(a) In Unterlaufung gängiger philosophiehistorischer Entgegensetzungen wird etwa von O. Höffe (1995, 277-304) „wider die plane Alternative" von Aristoteles oder Kant argumentiert, indem die beiden Positionen so weit wie möglich aneinander angenähert werden. Von aristotelischer Seite aus erfolgt dies durch die in Abschnitt 2.4.2 diskutierten Hinweise auf universalistische und deontologische Elemente in seiner Ethik; Zielpunkt solcher Überlegungen wäre dann letztlich eine Art von ‚integrativer Ethik', die wesentliche Impulse aristotelischer und kantischer Moralphilosophie in einer einzigen Konzeption vereint. In eine ähnliche Richtung gehen auch die Versuche einer ‚Kantianisierung' des aristotelischen *aretê*-Begriffs, indem v.a. die rationalen Aspekte der ethischen Tugenden stark gemacht werden (vgl. Korsgaard 1996; Sherman 1997).

(b) Universalistisch intendierte Rekurse auf Aristoteles beziehen sich aber nicht nur auf den Tugendbegriff, sondern auch auf ein in essentialistischen Kategorien gefasstes Konzept des menschlichen Gedeihens, das dem aristotelischen *eudaimonia*-Begriff korrespondiert. So entwickelt etwa Martha Nussbaum (1999) im Rahmen ihres „Fähigkeitenansatzes" (*capabilities approach*) zuerst eine Grundstruktur der menschlichen Lebensform, deren konkrete Ausfüllung durch die Aktualisierung entsprechender Fähigkeiten erfolgt. Vorbild ist hier ein inklusivistisches Verständnis des Glücks als eines in verschiedenen Wertdimensionen erfüllten menschlichen Lebens. Hierbei spielt, ähnlich wie bei Aristoteles, auch ein normativ gewendeter Begriff der menschlichen Natur eine eminente Rolle (vgl. Müller 2003b; 2006a, 147-162). In politischer Hinsicht zeigen sich ebenso deutliche Strukturparallelen, insofern die Auffassung vertreten wird, dass der Staat die Voraussetzungen zu schaffen hat, damit seine Bürger ein gutes Leben führen können. Nussbaum versteht ihren „aristotelischen Sozialdemokratismus" dabei nicht als Konkurrenz zum politischen Liberalismus, sondern explizit als eine seiner möglichen Formen.

Die verschiedenen Formen der Anknüpfung an Aristoteles in der gegenwärtigen ethischen Debatte richten sich also wesentlich danach, wie sie die drei zentralen Prinzipien der aristotelischen Ethik – Glück, Tugend und menschliche Natur – interpretieren. Partikularistische bzw. kulturrelativistische Lesarten rekurrieren auf die aristotelische Ethik tendenziell als Kritikinstanz und Alternative zur Moderne; universalistische Deutungen sehen das moderne Projekt der Moral hingegen meist bereits in der griechischen Antike bei Aristoteles implizit grundgelegt. Für beide Anknüpfungen ist der aristotelische Text prinzipiell offen, auch wenn mir die anti-relativistischen und universalistischen Lesarten im Ganzen der praktischen Philosophie des Aristoteles in der Tendenz tragfähiger und im Blick auf die Potenziale für den gegenwärtigen Diskurs wesentlich fruchtbarer erscheinen. Es ist letztlich die „Einheit aus Vernunftbezug und Phänomennähe sowie ihre Synthese aus prudentiellen und moralischen Elementen" (Horn 1998, 258), also die Legierung von *prima facie* recht heterogenen Momente, welche die praktische Philosophie des Aristoteles momentan wieder in hohem Grade anschlussfähig erscheinen lässt. In diesem Sinne kann man mit der aristotelischen Ethik definitiv auch „heute noch etwas anfangen" (vgl. Buchheim/Flashar/King 2003).

4. Literatur

4.1. Quellentexte und Übersetzungen

Aristoteles, 1831: *Opera: Aristoteles Graece*, 2 Bde., ed. I. Becker, Berlin.
–, 1894: *Ethica Nicomachea*, ed. I. Bywater, Oxford.
–, 1991: *Ethica Eudemia*, ed. R.R. Walzer/J.M. Mingay, Oxford u.a.
–, 1970: *Politica*, ed. A. Dreizehnter, München.
–, [4]1981: *Politik*, ed. E. Rolfes/G. Bien (= Philosophische Bibliothek, 7), Hamburg.
–, [4]1984: *Eudemische Ethik*, ed. F. Dirlmeier, Darmstadt.
–, 2006: *Nikomachische Ethik*, ed. U. Wolf, Reinbek b. Hamburg.

4.2. Allgemeine Einführungen in Leben und Werk des Aristoteles

Barnes, J. (ed.), 1995: *The Cambridge Companion to Aristotle*, Cambridge.
Buchheim, T., 1999: *Aristoteles*, Freiburg – Basel – Wien.
Höffe, O. [2]1999 (1996): *Aristoteles* (= Beck'sche Reihe Denker, 535), München.
Jaeger, W., [2]1955 (1923): *Aristoteles*, Berlin.
Rapp, C., 2001: *Aristoteles zur Einführung*, Hamburg.
Ross, W.D., [6]1995 (1923): *Aristotle*, London.

4.3. Sekundärliteratur zur Ethik des Aristoteles

Ackeren, M. v., 2003: „Theoretisch glücklich. Bedeutung und Zusammenhang der Glücksbestimmungen in Aristoteles' *Nikomachischer Ethik*", in: *Bochumer Philosophisches Jahrbuch für Antike und Mittelalter* 8, 43-62.
Ackrill, J.L., 1980: „Aristotle on Eudaimonia", in: Rorty 1980, 15-33.
Barnes, J., 1980: „Aristotle and the Methods of Ethics", in: *Revue internationale de philosophie* 34, 490-511.

Bien, G., ²1985: *Die Grundlegung der politischen Philosophie bei Aristoteles*, Freiburg u.a.

Bostock, D., 2000: *Aristotle's Ethics*, Oxford.

Broadie, S., 1991: *Ethics with Aristotle*, New York – Oxford.

Buddensiek, F., 1999: *Die Theorie des Glücks in Aristoteles' Eudemischer Ethik*, Göttingen.

Burnyeat, M.F., 1980: „Aristotle on Learning to be Good", in: Rorty 1980, 69-92.

Cooper, J.M., 1975: *Reason and Human Good in Aristotle*, Cambridge.

–, 1985: „Aristotle on the Goods of Fortune", in: *Philosophical Review* 94, 173-196.

Elm, R., 1996: *Klugheit und Erfahrung bei Aristoteles*, Paderborn u.a.

Flashar, H., 1995: „Die Platonkritik (I 4)", in: Höffe 1995, 63-82.

Fortenbaugh, W.W., 1969: „Aristotle: Emotion and Moral Virtue", in: *Arethusa* 2, 163-185.

Gould, T., 1971: „The Metaphysical Foundation for Aristotle's Ethics", in: J.P. Anton/ G.L. Kustas (eds.), *Essays in Ancient Greek Philosophy*, Albany, 451-461.

Hardie, W.F.R., ²1980 (1968): *Aristotle's Ethical Theory*, Oxford.

Höffe, O. (ed.), 1995: *Die Nikomachische Ethik* (= Klassiker auslegen, 2), Berlin.

– ²1996 (1970): *Praktische Philosophie. Das Modell des Aristoteles*, Berlin.

Hutchinson, D.S., 1986: *The Virtues of Aristotle*, London – New York.

Irwin, T.H., 1980: „The Metaphysical and Psychological Basis of Aristotle's Ethics", in: Rorty 1980, 35-53.

–, 1986: „Aristotle's Conception of Morality", in: J.J. Cleary (ed.), *Proceedings of the Boston Area Colloquium in Ancient Philosophy 1*, Lanham, 115-143.

Kenny, A., 1977: „Aristotle on Happiness", in: J. Barnes/M. Schofield/R. Sorabji (eds.), *Articles on Aristotle. 2. Ethics and Politics*, London, 25-32.

–, 1978: *The Aristotelian Ethics. A Study of the Relationship Between the Eudemian and Nicomachean Ethics of Aristotle*, Oxford.

–, 1992: *Aristotle on the Perfect Life*, Oxford.

Korsgaard, C.M., 1986: „Aristotle on Function and Virtue", in: *History of Philosophy Quarterly* 3, 259-279.

–, 1996: „From Duty and For the Sake of the Noble", in: S. Engstrom/J. Whiting (eds.), *Aristotle, Kant, and the Stoics: Rethinking Happiness and Duty*, Cambridge, 203-236.

Kosman, L.A., 1980: „Being Properly Affected: Virtues and Feelings in Aristotle's Ethics", in: Rorty 1980, 103-116.

Kraut, R., 1976: „Aristotle on Choosing Virtue for Itself", in: *Archiv für Geschichte der Philosophie* 58, 223-239.

–, 1991: *Aristotle on the Human Good*, Princeton.

Kullmann, W., 1995: „Theoretische und politische Lebensform (X 6-9)", in: Höffe 1995, 253-276.

McDowell, J., 1980: „The Role of Eudaimonia in Aristotle's Ethics", in: Rorty 1980, 359-376.

Monan, D.J. 1968: *Moral Knowledgs and Its Methdodology in Aristotle*, Oxford.

Müller, J., 2003a: „*Ergon* und *eudaimonia*. Plädoyer für eine unifizierende Interpretation der *ergon*-Argumente in den aristotelischen Ethiken", in: *Zeitschrift für philosophische Forschung* 57, 514-542.

–, 2005: „Aristoteles und der naturalistische Fehlschluß", in: *Bochumer Philosophisches Jahrbuch für Antike und Mittelalter* 10, 25-58.

–, 2006a: *Physis und Ethos*, Würzburg.

–, 2006b: „Dialektische oder metaphysische Fundierung der Ethik? Beobachtungen zur ethischen Methode im ersten Buch der *Nikomachischen Ethik*", in: *Allgemeine Zeitschrift für Philosophie* 31, 5-30.

Mueller-Goldingen, C. (ed.), 1988: *Schriften zur aristotelischen Ethik*, Hildesheim.

Owen, G.E.L., 1968: „Tithenai ta phainomena", in: J.M.E. Moravcsik (ed.), *Aristotle. A Collection of Critical Essays*, London – Melbourne, 167-190.

Price, A.W., 1989: *Love and Friendship in Plato and Aristotle*, Oxford.

Rapp, C., 1997: „War Aristoteles ein Kommunitarist?", in: *Internationale Zeitschrift für Philosophie* 6, 57-75.

Reeve, C.D.C., 1992: *Practices of Reason. Aristotle's „Nicomachean Ethics"*, Oxford.

Ricken, F., 1976: *Der Lustbegriff in der Nikomachischen Ethik des Aristoteles*, Göttingen.

–, 1999: „Aristoteles und die moderne Tugendethik", in: *Theologie und Philosophie* 74, 391-404.

Roche, T.D., 1988: „On the Alleged Metaphysical Foundation of Aristotle's Ethics", in: *Ancient Philosophy* 8, 49-62.

–, 1992: „In Defense of an Alternate View of the Foundation of Aristotle's Moral Theory", in: *Phronesis* 37, 46-84.

Rorty, A.O. (ed.), 1980: *Essays on Aristotle's Ethics*, Berkeley u.a.

Sherman, N., 1997: *Making a Necessity of Virtue. Aristotle and Kant on Virtue*, Cambridge.

Simpson, P., 1992: „Contemporary Virtue Ethics and Aristotle", in: *Review of Metaphysics* 45, 503-524.

Sorabji, R., 1980: „Aristotle on the Role of Intellect in Virtue", in: Rorty 1980, 201-219.

Taylor, C.C.W., 1995: „Politics", in: Barnes 1995, 233-258.

Urmson, J.O., 1988: *Aristotle's Ethics*, Cambridge.

Whiting, J., 2002: „Eudaimonia, External Results, and Choosing Virtuous Actions for Themselves", in: *Philosophy and Phenomenological Research* 65, 270-290.

Williams, B., 1985: *Ethics and the Limits of Philosophy*, London.

Wolf, U., 1995: „Über den Sinn der Aristotelischen Mesoteslehre", in: Höffe 1995, 83-108.

–, 2002: *Aristoteles' „Nikomachische Ethik"*, Darmstadt.

4.4. Sonstige zitierte Literatur

Annas, J., 1993: *The Morality of Happiness*, New York – Oxford.

Anscombe, G.E.M., 1958: „Modern Moral Philosophy", in: *Philosophy* 33, 1-19.

Buchheim, T./Flashar, H./King, A.H. (eds.), 2003: *Kann man heute noch etwas anfangen mit Aristoteles?*, Darmstadt.

Horn, C., 1998: *Antike Lebenskunst*, München.

Hursthouse, R., 1999: *On Virtue Ethics*, Oxford.

MacIntyre, A., [2]1985 (1981): *After Virtue: A Study in Moral Theory*, London.

Müller, J., 2003b: „Das normative Verständnis der menschlichen Natur bei Martha C. Nussbaum", in: *Philosophisches Jahrbuch* 110, 311-329.

Nussbaum, M., 1986: *The Fragility of Goodness*, Cambridge.

–, 1999: *Gerechtigkeit oder Das gute Leben*, ed. H. Pauer-Studer/I. Utz, Frankfurt/M.

Der Mensch auf dem Heimweg zu Gott

Christlicher Eudaimonismus bei Thomas von Aquin

1. Leben und Schriften

Thomas von Aquin, geboren 1224/5 auf der Burg Roccasecca in Süditalien und gestor-
ben 1274 in der Zisterzienserabtei Fossanova südlich von Rom, gilt als prominentester
Vertreter des Denkens im lateinischen Mittelalter. Er steht am Mittel- und Höhepunkt
einer Epoche, deren geistesgeschichtliche Bedeutung in der organischen Verbindung
von paganem Weltwissen und christlichem Offenbarungsgut – von Vernunft und Glaube – besteht. Für Thomas kristallisiert sich dieses Grundmotiv seines Zeitalters in zwei
historischen Fakten: (1) in der Wiederentdeckung der Werke des Aristoteles durch das
lateinische Abendland, die zu seiner Zeit zu einem Abschluss kommt, und (2) in der
Entstehung der kirchlichen Bettelorden, die das Ideal eines radikalen Rückgangs auf die
biblischen Ursprünge in Leben und Lehre zu repräsentieren beanspruchen.

Das aristotelische Schrifttum war seit dem Ende der Völkerwanderungszeit nur sehr
sporadisch bekannt gewesen und wurde erst in einem über mehrere Jahrhunderte andau-
ernden, z.T. durch die arabische Welt vermittelten Überlieferungsprozess neu angeeig-
net. Mit ihm werden dem christlichen Mittelalter zum ersten Mal auch die Werke des
Stagiriten zur *praktischen Philosophie* bekannt.[1] Das in ihnen enthaltene Programm
einer eudaimonistischen Tugendethik führt nicht nur inhaltlich zu einer Horizonterwei-
terung des ethischen Denkens, das sich seit fast acht Jahrhunderten in erster Linie an
Augustinus orientiert hatte. Zugleich kommt mit ihnen ein methodisches Ideal zum
Tragen, das auf eine eigenständige systematische Darstellung des gesamten ethischen
Stoffes zielt (vgl. dazu Kluxen 1964) und in der praktischen Philosophie wie in den
übrigen Disziplinen die Schriften des *Philosophus* (so sein mittelalterlicher Ehrenname)
zur Grundlage von Unterricht und Wissenschaft an den in jener Zeit entstehenden Uni-
versitäten werden lässt. – Darüber hinaus erhält die Frage nach dem gelungenen Leben
durch die im 12. und 13. Jahrhundert neu entstehende Bewegung der Bettelorden, in der
sich verschiedene geistige Strömungen des Zeitalters bündeln, eine eigene Dynamik.

---

[1] Die *Nikomachische Ethik* (im Folgenden: *NE*) wird im 12. Jahrhundert zunächst lediglich mit ihren
Büchern II und III als *Ethica vetus* und dann zu Beginn des 13. Jahrhunderts mit ihrem ersten Buch als
Ethica nova übersetzt. Die erste vollständige Übertragung ins Lateinische, die zur mittelalterlichen
Standardübersetzung wurde, geht auf Robert von Grosseteste zurück (1246/7). Albertus Magnus ist ihr
erster Kommentator (1250-52). Eine lateinische Übersetzung der *Politik* stammt aus der Feder Wil-
helms von Moerbeke und liegt um 1260 vor.

Denn mit der Rückbesinnung auf die biblischen Ursprünge, die in größtmöglicher Buchstäblichkeit als Maßstab und Vorbild der eigenen christlichen Nachfolge begriffen werden, treten auch die Weisungen der christlichen Moral, wie sie etwa in der Bergpredigt Jesu (*Mt* 5-7; vgl. *Lk* 6, 20-49), in den Geboten der Nächsten- und Feindesliebe (vgl. *Mk* 12, 21 par.) oder in der paulinischen Lehre von Gesetz und Rechtfertigung (vgl. *Röm* 1-8) zum Ausdruck kommen, in einer besonderen Radikalität und Ursprünglichkeit hervor. Diese beeinflussen das Nachdenken über die rechte Lebensführung maßgeblich und sind für das Selbstverständnis der großen Denker des 13. Jahrhunderts keineswegs zu unterschätzen (vgl. Chenu [2]1982; Pieper [3]1986).

Die doppelte Grundentscheidung für die Philosophie des Aristoteles wie für die Bibel und ihr Ideal evangelischer Vollkommenheit ist für das Leben und das Werk des Thomas von Aquin von fundamentaler Bedeutung. Als jüngster Sohn des Grafen Landulf von Aquin ursprünglich für die geistliche Stellung als Abt im Benediktinerkloster Monte Cassino ausersehen, schließt er sich gegen den Willen der Familie 1244 in Neapel der ,neuen' Bewegung der Dominikaner an, deren Lebensideal im Studieren und Predigen sowie im Betteln besteht. Nach Studien in Paris (1245-48) und Köln (1248-52), wo er Assistent bei Albert dem Großen ist und 1248 die Priesterweihe empfängt, wird Thomas 1252 zum *Baccalaureus sententiarum* und 1256 zum *Magister in actu regens* an der theologischen Fakultät der Universität Paris. Die damit beginnende Lehrtätigkeit von 1252 bis 1259 sowie eine zweite zwischen 1268 und 1272 markieren die beiden Fixpunkte im ansonsten unruhigen Wanderleben des mittelalterlichen Lehrers. Signifikanterweise sind diese beiden Pariser Aufenthalte verbunden mit akademischen Auseinandersetzungen, die um die beiden Grundmotive des Lebens und Denkens des Thomas kreisen: (1) im sog. ,Mendikantenstreit' (um 1256 und um 1270) geht es um die Legitimität des Ideals der Bettelorden und ihre Stellung innerhalb der kirchlichen Hierarchie, (2) in der Auseinandersetzung mit den lateinischen Adepten des arabischen Philosophen Averroes (um 1270) um die rechte Auslegung der aristotelischen Philosophie und ihre Vereinbarkeit mit dem christlichen Glauben. Die Fragen nach der menschlichen Freiheit, der Allgemeinheit der göttlichen Vorsehung, der Ewigkeit der Welt oder der Individualität menschlicher Erkenntnis finden ihr Zentrum in der Bestimmung des Menschen in der ihm eigentümlichen Geistigkeit. – Darüber hinaus führt Thomas sein Weg als Beauftragter seines Ordens an die Studienhäuser nach Orvieto (1261-65), Rom (1265-68) und zweimal nach Neapel (1259-61 und 1272-73). Der äußeren Unruhe seines Lebens entspricht dabei eine innere Dynamik seines Denkens und Schaffens. Nichts scheint daher unangebrachter zu sein als jenes prälatenhaft-überlegene Bild, das die christliche Tradition von Thomas aufgrund seiner Leibesfülle häufig gezeichnet hat. Treffender ist gesagt worden, man habe sich die „schmucklose, trockene Klarheit" seines Denkens und Sprechens geformt zu denken „nicht allein durch das Tempo des Vortrags, sondern wohl auch durch die dazugehörige Gestik: beide, Gestik wie Tempo, sind süditalienisch vorzustellen" (vgl. Pieper [2]1986, 162). Diese Dynamik schlägt sich zum Ende seines Lebens hin in einer enormen literarischen Produktivität nieder. Seit 1265 entstehen 12 Aristoteles- und 16 Bibelkommentare, dazu die meisten seiner auf universitäre Disputationen zurückgehenden Quaestionensammlungen – und vor allem das

Hauptwerk, die *Summa theologiae* (seit 1266, im Folgenden: *S.th.*), an der er die längste Zeit seines Lebens arbeitet und die unvollendet bleibt, als Thomas mit nur 49 Jahren auf dem Weg zum Konzil von Lyon stirbt (zu Leben und Werk vgl. detailliert Torrell 1995).

Ihrem eigenen Anspruch nach als Lehrbuch für Anfänger verfasst (vgl. I prol.), ist die *S.th.* zugleich das reifste Werk des Thomas, in das alle früheren Lehrentwicklungen hineinmünden und das sein Denken in einer ‚klassischen' Vollendung zeigt. Auch und gerade für die *S.th.* bilden die Philosophie des Aristoteles und die Botschaft der Bibel – angereichert durch die philosophische und theologische Tradition der Antike und des frühen Mittelalters – die zentralen Konstruktionsprinzipien. Für die Darstellung seiner Ethik kann sie darüber hinaus aus mehreren Gründen als Hauptbezugspunkt gelten:[2]

(1) Als einziges Werk des Thomas enthält die *S.th.* eine Gesamtdarstellung der Ethik und läßt so die Gesamtkonzeption der thomanischen Morallehre in ihrer inneren Ordnung und ihren besonderen Akzentsetzungen erkennen. Dieser Gesichtspunkt scheint gerade bei der immensen Größe des thomanischen Werkes sowie mit Blick auf die Rezeptionsgeschichte, die sich immer wieder an Einzelfragen orientiert hat oder Lehrstücke aus ihrem Zusammenhang gerissen hat (vgl. dazu unten Abschnitt 3), von entscheidender Bedeutung zu sein. Es kommt darauf an, die Gesamtstruktur der thomanischen Ethik wahrzunehmen und in ihrem Aufbau und in ihren Schwerpunkten zu erkennen! Diesen Blick auf das Ganze eröffnet in privilegierter Weise die *S.th.*[3]

(2) In ihrem Anspruch weite Teile der Theologie *als Ethik* zu entfalten (vgl. Schockenhoff 1987; ferner Kluxen 1964), geht die *S.th.* überdies über die beiden früheren theologischen Gesamtentwürfe, den *Kommentar zu den Sentenzen des Petrus Lombardus* (1252-56, Paris) und die *Summa contra Gentiles* (1259-65, Paris/ Rom, im Folgenden: *S.c.G.*) hinaus. Während die ethische Darstellung dort in einem primär *metaphysischen* Bezugsrahmen steht, in dem der Stoff unter dem leitenden Gesichtspunkt der göttlichen Vorsehung und Weltregierung behandelt wird (vgl. v.a. *S.c.G.* III 1), stehen die Ausführungen der *S.th.* unter dem deutlichen Vorzeichen einer Würdigung der geschöpflichen Eigenwirklichkeit und -wirksamkeit des Menschen.

(3) Diese Würdigung aber ist nicht zuletzt bedingt durch den unmittelbaren Einfluss der Philosophie und Ethik des Aristoteles, deren Kommentierung Thomas als ein subsidiäres Projekt zur Abfassung der *S.th.* unternommen hatte (vgl. v.a. *Sentenia libri Ethi-*

---

[2] Die *S.th.* wird zitiert unter Angabe des Teils des Werks in römischer Ziffer, gefolgt von der Nummer der betreffenden Quaestio und des betreffenden Artikels. Der Abschnitt des jeweiligen Artikels wird mit „c." (= *corpus articuli*), „s.c." (= Gegeneinwand) oder „ad" (= Antwort auf einen bestimmten Einwand) angegeben.

[3] Demgegenüber behandeln die Quaestionensammlungen lediglich Einzelfragen, die erst durch nachträgliche Redaktion in einen systematischen Zusammenhang gebracht wurden. Von Relevanz sind hier insbesondere die *Quaestiones de veritate* (1256-59 mit der Gewissenslehre, im Folgenden: *Q. de ver.*), *de malo* (1266-70) und *de virtutibus* (1271-72 mit Ausführungen zu Liebe, Hoffnung, den Kardinaltugenden und der brüderlichen Zurechtweisung) sowie die *Quaestiones quodlibetales* (im Folgenden: *Q. de quodl.*). Unter den kleineren Schriften haben ferner die *Collationes in decem praecepta* (1261-68 oder 1273) eine gewisse Popularität erlangt. Von der besonderen Bedeutung der *NE* für das Denken des Thomas zeugt schließlich die *Tabula libri Ethicorum* (ca. 1270), ein Verzeichnis der wichtigsten Themen dieses Werks. – Sämtliche Texte finden sich kritisch ediert in der Ausgabe der *Opera omnia*, der sog. ‚Leonina'.

corum, 1271-72, im Folgenden: *Super Eth.*). War die *NE* Thomas bereits seit seiner Kölner Studienzeit bekannt, so gewinnt sein Denken an ihrer vertieften Rezeption seine reife Gestalt. In ihrer Grundstruktur wird sie zum Fundament der Ethik der *S.th.* und markiert jenen Grundriss, in den Thomas die Besonderheiten der biblisch-christlichen Moral einzeichnet (zu den verschiedenen Quellen der thomanischen Ethik vgl. immer noch Wittmann 1933). In diesem Sinne läßt sich die *theologische* Ethik der *S.th.* – gemäß dem Grundanliegen des vorliegenden Bandes – als organische Weiterführung des Denkens des heidnischen *Philosophus* unter den Bedingungen der Radikalität der biblischen Botschaft und im christlichen Kontext darstellen.[4]

2. Grundbegriffe und Argumente

2.1. Das Prinzip: Der Mensch – Akt und Person

(1) *Der Mensch zwischen erstem und zweitem Akt.* – Zugrunde liegt der thomanischen Ethik ein ‚aktualistisches' Verständnis vom Menschen. Thomas entwickelt es in Anknüpfung an die aristotelische Schrift *De anima* (im Folgenden: *De an.*), mit der er programmatisch seine Aristoteles-Kommentierung beginnt (im Folgenden: *Super De an.*) vgl. von hier aus den Anthropologietraktat in *S.th.* I 75-89): Anhand des Begriffs der *„Tätigkeit"* (*actus, operatio*) erschließt er die Seele, das „Prinzip, durch das wir leben", als

> ersten Akt des organischen Körpers, der der Möglichkeit nach Leben besitzt (Aristoteles, *De an.* II 1, 414b5f.).[5]

Mit der Unterscheidung zwischen *erstem* und *zweitem* Akt (oder *erster* und *zweiter* „Vollendung" [*perfectio*], vgl. *Super De an.* II 1; *Super Eth.* I 1), zwischen wesenhafter Wirklichkeit und tathafter Verwirklichung, wird der Anthropologie damit ein *dynamisches* Verständnis des Menschseins unterlegt, in dem der Mensch in der Spannung von Gegeben- und Aufgegebensein erscheint: Seine wesenhafte Wirklichkeit ist das allen einzelnen Tätigkeiten zugrunde liegende Prinzip, das diesen ihre Identität, ihr Maß und ihre Formung verleiht, – doch findet dieses Prinzip seine endgültige Vollendung erst in diesen Tätigkeiten, um deren willen es da ist (vgl. *S.th.* I-II 3, 2 c.: *unumquodque autem intantum est perfectum inquantum est in actu* mit Bezug auf Aristoteles, *De caelo* II 3, 286a8: *res unaquaeque dicitur esse propter suam operationem*). Die in diesen Tätigkeiten angestrebte *perfectio* besitzt daher den Charakter der ‚Selbstverwirklichung' im eigentlichsten Sin-

---

[4] Die Frage, inwiefern Thomas die aristotelische Philosophie transformiert, verfälscht oder nur organisch weitergeführt hat, soll hier nicht abschließend diskutiert werden. Im Ganzen staunt der Thomas-Leser immer wieder über die große Offenheit und Affirmativität, mit der Thomas Aristoteles im Sinne des christlichen Denkens interpretiert und neben der die kritischen Worte marginal erscheinen. – Ebenso wenig soll im Folgenden das Verhältnis von *philosophischer* und *theologischer* Ethik bei Thomas erörtert werden. Grundsätzlich lässt sich auch im theologischen Rahmen eine argumentativ-rationale Eigenqualität der thomanischen Ausführungen – zumal in ihrer anthropologischen Grundlegung – konstatieren, die eine Darstellung im Kontext philosophischer Ethikentwürfe rechtfertigt.

[5] *Anima est actus primus corporis physici potentia vitam habentis* (ed. Gauthier, in: *Leonina* 45/1, 67).

ne des Wortes. – Die zwischen *actus primus* und *actus secundus* ursprünglich bestehende Verbindung bildet entsprechend die Voraussetzung dafür, Anthropologie *und* Ethik gleichermaßen im Horizont des Strebens nach dem Guten zu entfalten: Weil der Mensch sich selbst innerlich und wesentlich als *actus* versteht, können sowohl *seine Tätigkeiten* (*operationes, actus secundi*) wie *er selbst* (*actus primus*) in einem formalen Sinne der Gegenstand einer Ethik als „Wissenschaft" (*scientia*) sein (vgl. *S.th.* I-II 1, 3 c.; *Super Eth.* I 1).

Neben dem ‚aktualistischen' Grundverständnis des Menschen sind es drei weitere Leitmotive der im Anschluss an *De an.* entwickelten Anthropologie, die für die Ethik des Thomas von grundlegender Bedeutung werden:

(2) *Der Mensch als Einheit von Seele und Leib.* – Weil die Seele als erster Akt des Leibes unmittelbar auf diesen hingeordnet ist, ihm als eine und „einzige substantielle Form" (*anima unica forma corporis*; vgl. *S.th.* I 76, 3-4) Existenz, Art und Einheit verleiht und untrennbar mit ihm verbunden ist, geht die Leiblichkeit als konstitutives Element in das Verständnis des Menschen ein: Der Mensch ist nicht nur die Seele, sondern das Ganze aus Seele und Leib (vgl. *S.th.* I 75, 4 c.; v.a. *Super I Ad Corinthios* 15, 2: *anima mea non est ego*). Aufgrund dieser ganzheitlichen Auffassung erfahren im Rahmen der thomanischen Ethik gerade die leiblichen und sinnenhaften Antriebe des Menschen ihre angemessene Würdigung. Zugleich geht mit der Leiblichkeit auch die Zeitlichkeit als wesentlich in die Bestimmung des Menschen mit ein (vgl. *Q. de potentia* 3, 10 ad 8: *anima mensuratur tempore secundum esse quo unitur corpori*).

Dementsprechend hat die im Hinblick auf den Gegenstandsbereich der Ethik getroffene Unterscheidung zwischen *„menschlichen Akten"* (*actiones humanae*) und *„Akten des Menschen"* (*actiones hominis*) auch keine ausschließende Funktion (vgl. *S.th.* I-II 1, 1 c.): Bei ersteren handelt es sich um solche, die in Vernunft und Willen ihren Grund haben und aus dem wählenden Wollen des Menschen hervorgehen, bei letzteren hingegen um solche, in denen der Mensch sich nicht von den unvernünftigen Lebewesen unterscheidet. Zwar liegt das Hauptaugenmerk der Ethik auf den ersteren, doch aufgrund des integralen anthropologischen Grundansatzes kommt auch den letzteren eine nicht zu unterschätzende Bedeutung zu. Schließlich ist es, so Thomas, *ein* Ziel, um dessen willen alle menschlichen Tätigkeiten geschehen.

(3) *Der Mensch als selbsttätig Erkennender.* – Die Herausarbeitung des aktualistischen Grundansatzes der thomanischen Anthropologie und insbesondere der eigenständigen Qualität menschlichen Tätigseins, welche die Grundlage für die Entfaltung der Ethik bildet, steht im Zusammenhang der hochmittelalterlichen Diskussionen um die Intellektlehre von *De an.* III. Die mit Vehemenz und Leidenschaft vertretene Auffassung, im Akt der Erkenntnis dessen selbstmächtiger Träger zu sein (vgl. etwa *Super De an.* III 1ff.; *De unitate intellectus* 3f.; vgl. zum Ganzen Nissing 2006, 222-231) – und nicht etwa nur Medium eines getrennten göttlichen Intellekts, des *intellectus agens* und/oder *intellectus possibilis* (wie es die arabischen Aristoteles-Ausleger und die sog. ‚lateinischen Averroisten' lehrten) –, ist für Thomas die Grundlage dafür, den Menschen als „Herrn seiner Akte" (*S.th.* I-II 1, 1 c.) und „Prinzip seiner Handlungen" (*S.th.* I-II prol.) hervorzuheben: Weil der Mensch ein selbsttätig Erkennender ist, ist er auch ein in Freiheit Handelnder (vgl. *De*

unitate 4). Im *dominium sui actus* ist er *Person* (vgl. *S.th.* I 29, 1; *Q. de potentia* 9, 1 c.). – Nicht zuletzt von der Intellektdebatte her erklärt sich der *intellektualistische Grundzug*, der die Ethik des Thomas im Ganzen bestimmt – geht es hier doch um die Möglichkeit der Grundbestimmung des Menschen als eines natürlicherweise nach Erkenntnis und Wissen strebenden Wesens (vgl. *De unitate* prol. mit Bezug auf Aristoteles, *Metaphysik* I 1).

(4) *Der Mensch als Bild Gottes und als Geschöpf.* – Die Zuschreibung von Vernunftbegabtheit, Willensfreiheit und Selbstmächtigkeit bildet schließlich die Basis für die Kennzeichnung des Menschen als *imago Dei* (vgl. *S.th.* I-II prol.). Die mit einem Zitat des Johannes Damascenus (vgl. *De fide orth.* II 12) an den betonten Auftakt der thomanischen Ethik gestellte Bestimmung zielt also gerade nicht darauf, den Menschen auf seinen göttlichen Ursprung hin transparent zu machen, sondern vielmehr darauf, ihn in seiner Eigenständigkeit und -tätigkeit profilieren. In der Vorstellung vom „Bild Gottes" ist mithin der Gedanke der „Geschöpflichkeit" präsent, der wie ein „Notenschlüssel" (Pieper 1974) die Gestimmtheit des thomanischen Denkens angibt: Geschaffensein besagt Selbstsein und Eigenursächlichkeit, die sich der Teilnahme an der Ursächlichkeit Gottes aufgrund seiner Güte verdankt (vgl. *S.th.* I 106, 4). – Die anhand der aristotelischen Anthropologie erhobene dynamische Ausrichtung des Menschseins lässt sich daher einbeziehen in den großen Rahmen jener Bewegung, die Thomas im Gesamtaufbau der *S.th.* mit dem Schema von „Ausgang" (*exitus*) und „Rückkehr" (*reditus*) beschreibt: Als geschaffener besitzt der Mensch in Gott seinen Ursprung und sein Ziel (vgl. *S.th.* I 2 prol.). Sein natürliches Streben nach Vollendung wird so zum Heimweg des Menschen zu seinem göttlichen Ursprung – und er selbst zum *„Pilger"* (*viator*) auf dem Weg zur vollkommenen Glückseligkeit.[6]

2.2. Das Ziel: Vollkommene und unvollkommene Glückseligkeit

(1) *Die eudaimonistische Grundstruktur der thomanischen Ethik.* – Vor allem anderen gilt es dabei – so Thomas –, das Ziel zu betrachten, um den Weg bestimmen zu können, auf dem man dorthin gelangen kann (vgl. *S.th.* I-II 1 *prol.*). Mit diesem Gedanken holt er die Grundstruktur der aristotelischen Ethik ein, nach der die Lehre vom Glück bzw. der Glückseligkeit (*NE* I) die Voraussetzung für die Entfaltung der Ethik als Tugendlehre (ab *NE* II) bildet. Gegen einen Großteil späterer Interpretationen ist dieser eudaimonistische Grundzug der thomanischen Ethik eigens hervorzuheben. Er erfährt für Thomas im Übrigen eine bemerkenswerte Unterstützung durch die Bergpredigt Jesu. Denn auch die Lehre Christi, in der „die gesamte Vollkommenheit unseres Lebens" enthalten ist (*Super Matthaeum* 5,1), beginnt mit der Rede von der Glückseligkeit (*Beati sunt, qui...*), ehe durch Gebote und Weisungen der Weg dorthin gezeigt wird. – In diesem Sinne ist die Ethik des Thomas von Aquin angemessen als ‚christlicher Eudaimonismus' charakterisiert.

---

[6] Die Vorstellung vom Menschen als Pilger ist für die thomanische Charakterisierung menschlicher Existenz – gerade in ihrer wesentlich zeitlichen Verfasstheit – von zentraler Bedeutung; vgl. *S.th.* II-II 24, 4 c.; III 15, 10 c. – So fügt sich in den Rhythmus von Ausgang und Rückkehr, die die beiden ersten Teile der *S.th.* beschreiben, schließlich auch der dritte christologische Teil des Werks ein, insofern der menschgewordene Gottessohn in seinem Heilswerk wie in seiner moralischen Beispielhaftigkeit „für uns der Weg ist, zu Gott zu gelangen" (*S.th.* III prol.).

(2) *Der naturteleologische Horizont.* – Gerade aus ihrer Perspektivierung auf das Ziel hin gewinnen die ethischen Überlegungen des Thomas ihre eigentümliche Dynamik. Denn Handeln heißt: um eines Zieles willen tätig sein (vgl. *S.th.* I-II 1, 2 c.). Die unhintergehbare Basis für diese teleologische Signatur menschlichen Handelns liegt dabei im natürlichen Streben alles Seienden nach dem Guten (vgl. Aristoteles, *NE* I 1, 1094a1). Im Horizont einer umfassenden Naturteleologie, in der alle Dinge zu ihrer eigentümlichen Vollendung geführt werden, ist es dem Menschen als vernünftigem Wesen eigen, sich selbst zu seinem Ziel hinzuführen. Der natürlichen Hinordnung des *appetitus naturalis* aller übrigen Dinge entspricht daher beim Menschen die Selbstbestimmung durch den Willen als *appetitus rationalis* (vgl. *S.th.* I-II 1, 2 c.). – Von hier aus gilt es, die eigentümliche Spannung von *Bezogenheit* auf und *Unterschiedenheit* zur Natur zu beachten, in der sich die gesamte Ethik des Thomas bewegt. Sie ist zugleich Niederschlag seines o.g. ganzheitlichen Verständnisses des Menschseins: Der Mensch steht in seiner sinnenhaft-vegetativen und seiner leiblichen Konstitution in unmittelbarer Verwandtschaft mit der übrigen Natur und überragt sie zugleich in seiner eigentümlichen Vernunftausstattung. – In diesem Zusammenhang wird der Begriff eines „*natürlichen Verlangens*" (*desiderium naturale*) zum Schlüsselbegriff, der die thomanische Glückslehre zugänglich macht.

Unter seinem Vorzeichen steht zunächst eine formale Reflexion auf „die Eigenart humaner Praxis und das im konkreten Bewirken des Handelns sich vollziehende Ausgreifen nach dem letzten Ziel" (Schockenhoff 1987, 95), mit der Thomas seine ethischen Überlegungen beginnt. Mit der Notwendigkeit eines „*letzten Zieles*" (*ultimus finis*) weist er dieses zugleich als *Einheitspunkt* aus, auf den hin die Vielzahl menschlicher Tätigkeiten ihre Orientierung findet und von dem aus das menschliche Handeln seine *Einheitlichkeit* gewinnt. Diese Einheitlichkeit betrifft über die Vielzahl der Einzelhandlungen und bestimmter Handlungseinheiten hinaus den Lebenszusammenhang des Menschen als ganzen (vgl. *S.th.* I-II 1, 1-6).

(3) *Das natürliche Verlangen nach der Anschauung Gottes.* – Die inhaltlichen Ausführungen zur „*Glückseligkeit*" (*beatitudo*) als Erlangen des letzten Zieles (*beatitudo nominat adeptionem ultimi finis*, *S.th.* I-II 2 prol.)[7] stellen im Wesentlichen eine Zuspitzung des aristotelischen *ergon*-Arguments dar, nach dem die Glückseligkeit (b) in der vollkommensten *Aktualisierung* der besten und höchsten menschlichen *Fähigkeit* (a) hinsichtlich des vorzüglichsten *Gegenstandes* besteht.[8]

(a) In ihrem nur singulären, begrenzten, vorübergehenden oder partikulären Charakter oder in ihrer Äußerlichkeit und Abhängigkeit von äußerem Schicksal vermögen weder äußere Güter, wie Reichtum, Ruhm, Ehre oder Macht, noch körperliche Güter, die Empfindung von Lust, oder ein Gut der Seele (vgl. *S.th.* I-II 2, 4-7) *als Gegenstand* der „Uner-

---

[7] Im Unterschied zur *S.c.G.*, wo die *beatitudo* noch vor allem ein göttliches Attribut war, ist der Begriff in der *S.th.* auf den Menschen bezogen. – Eine terminologisch differenzierte Verwendung der beiden Begriffe *felicitas* (v.a. in *Super Eth.* verwendet) und *beatitudo* (v.a. in *S.th.*) ist m.E. nicht anzunehmen.

[8] Vgl. dazu oben den Beitrag von J. Müller, S. 27ff. – Thomas entfaltet seine Überlegungen mit Hilfe der Unterscheidung von *finis cuius* und *finis quo*, die innerhalb des Glückstraktats zum „cantus firmus" (Schockenhoff 1987, 109) wird. Mit *finis cuius* ist dabei die objektive, mit *finis quo* die subjektive Seite des Glücks bezeichnet (vgl. *S.th.* I-II 1, 7-8 und passim; ursprünglich Aristoteles, *De an.* II 4, 415b3ff.).

sättlichkeit" des menschlichen Verlangens zu genügen. (Die Metaphorik des Hungerns und Dürstens ist für die thomanischen Ausführungen konstitutiv.) Es findet das ihm angemessene Ziel erst in einem vollkommenen und *„allgemeinen Guten"* (*bonum universale*), das den Bereich alles Geschaffenen allerdings transzendiert: in Gott, „der all dein Verlangen mit Gutem sättigt" (*S.th.* I-II 2, 8 c. mit Bezug auf *Ps* 103, 5).

(b) Die „Vereinigung" (*unio*) mit diesem Gut geschieht durch die „schauende Erkenntnis" (*visio*) als die *höchste* und *beste* Tätigkeit des Menschen (vgl. *S.th.* I-II 3, 8 c.). – In dieser Bestimmung spiegelt sich nicht nur die o.g. aktualistische Grundkonzeption der thomanischen Anthropologie wider.[9] Zugleich ist sie von der Einsicht bestimmt, dass das Erkennen als *ultima et optima operatio hominis* (vgl. den Ausschluss anderer Alternativen in *S.th.* I-II 3, 3-7) „die vornehmste Form des Habens" ist, insofern Erkenntnis die Aneignung und Anteilhabe an anderem Sein besagt: Erkennen heißt: „man selber sein und bleiben und zugleich die Weltwirklichkeit in sich einlassen und sich anverwandeln" (Pieper [4]1979, 67f., mit Hinweis auf das aristotelische Diktum: „Die Seele ist in gewisser Weise alles" – *anima est quodammodo omnia*, vgl. *De an.* III 8, 431b21). Der intellektualistische Grundzug der thomanischen Ethik findet hier seine eigentliche Begründung. Der besondere *plot* besteht schließlich darin, die *persönliche* Vollendung des Menschen in seiner höchsten und besten Tätigkeit *zugleich* als Anähnlichung an Gott zu verstehen, der selbst reine Tätigkeit und reines Erkennen ist (*unumquodque [...] tendens in suam [!] perfectionem tendit in divinam similitudinem*, *S.c.G.* III 21 mit Bezug auf *De an.* II 4, 415a26-b1)

Begleitet ist die höchste und beste Tätigkeit des Menschen von einer Reihe von Bedingungen, welche die Vollkommenheit der Glückseligkeit *in jeder Hinsicht* verbürgen (vgl. *S.th.* I-II 4): Freude (als Folge, nicht als Ziel des Verlangens), Verstehen, Rechtheit des Willens, Vollkommenheit des Leibes und Gemeinschaft der Freunde. Insbesondere die Berücksichtigung der beiden letztgenannten trägt der ganzheitlichen Konzeption der Anthropologie des Thomas Rechnung, insofern die soziale Dimension des Menschseins gerade durch die Leiblichkeit vermittelt wird. Äußere Güter hingegen sind letztlich entbehrlich – was eine gegenüber Aristoteles stärkere ‚Verinnerlichung' der thomanischen Glückslehre zeigt (vgl. dazu unten Abschnitt 2.3.1).

(4) *Die Jenseitigkeit und Übernatürlichkeit der Vollendung.* – Die beiden entscheidenden Unterschiede, in denen Thomas über den aristotelischen Eudaimonismus hinausgeht, bestehen indessen darin, (a) dass er die vollkommene Glückseligkeit in diesem Leben für nicht erreichbar hält und sie daher in einem *jenseitigen Leben* ansiedelt, und (b) dass er den Menschen bei ihrem Erlangen überdies auf die *göttliche Hilfe* angewiesen sieht (zu den weiteren Unterschieden vgl. Schockenhoff 1987, 27-50; ferner Speer 2005b, 161-167).

(a) Dass der Mensch seine letzte Vollendung in diesem Leben nicht erreichen kann, ergibt sich für Thomas aus dem realistischen Blick auf die Zeitlichkeit, Bedürftigkeit, Begrenztheit und Todgeweihtheit allen Lebens (vgl. *S.th.* I-II 5, 3 c.). Sie widerspricht der Bestimmung der Glückseligkeit als eines einzigen, sicheren, kontinuierlichen und immer-

---

[9] Hier erfährt im übrigen die von Boethius stammende Definition der Glückseligkeit (*beatitudo est status omnium bonorum congregatione perfectus*; *De consol. phil.* III pr. 2) von Seiten des aristotelischen Eudaimonismus (*felicitas est operatio secundum virtutem perfectam*; *NE* I 13, 1102a5) eine merkliche Modifikation.

währenden Tätigseins (vgl. *S.th.* I-II 3, 4 ad 4). Wiederum ist es die besondere Betonung der menschlichen Leiblichkeit, die der Sicht der Grundgegebenheiten der *conditio humana* ihre eigentümliche Schwere verleiht.[10] – Dagegen ist es das Postulat, dass das Verlangen der Natur „nicht fehl gehen kann" (*natura nihil facit frustra*), mit dem sich die Möglichkeit einer Vollendung menschlichen Glücksstrebens auch nach diesem Leben eröffnet.

(b) Dass der Mensch diese Vollendung nicht aus eigenen, natürlichen Kräften erreichen kann, hat seinen Grund überdies im ‚über'-natürlichen Charakter dieser Vollendung (vgl. *S.th.* I-II 5, 5 c.): Der Mensch bedarf sozusagen einer Weitung und Erhöhung seiner Fähigkeit zu erkennen durch die Tätigkeit Gottes, dessen Schau um Unendliches jedes geschaffene Wesen „überragt" (*excedit*).

In beiden Punkten lässt sich das aristotelisch entwickelte Konzept von Glückseligkeit mithin ergänzen und erweitern durch jene Aussagen der biblischen Tradition, die eine Gottesschau von Angesicht zu Angesicht verheißen (vgl. 1 *Kor* 13, 12) und von einer Erkenntnis des einzig wahren Gottes und seines Gesandten, Jesus Christus, als Inbegriff des ewigen Lebens sprechen (vgl. *Joh* 17, 3, zitiert in *S.th.* I-II 3, 2 ad 1).[11]

(5) *Unvollkommene und vollkommene Glückseligkeit.* – Entscheidend ist dabei jedoch, dass die Annahme einer Jenseitigkeit des menschlichen Glücks und seiner übernatürlichen Vollendung für Thomas keineswegs zu einer Abwertung des diesseitigen Glücksstrebens und seiner natürlichen Qualität führt. Beide Dimensionen werden vielmehr nach dem Verhältnis von Unvollkommenem und Vollkommenem gefasst: Sie stehen zueinander in einer Beziehung der „Ähnlichkeit" (*similitudo*; *S.th.* I-II 3, 6 c.) oder „Teilhabe" (*participatio*; *S.th.* I-II 5, 3 c.), insofern die *„unvollkommene Glückseligkeit"* (*beatitudo imperfecta*) eine „anfanghafte Verwirklichung" (*inchoatio*) der *„vollkommenen Glückseligkeit"* (*beatitudo perfecta*) darstellt (vgl. *S.th.* I-II 1, 6 c.; 2, 3 c.; zu dieser Unterscheidung vgl. bereits Aristoteles, *NE* I 10-11).

Diese Doppelperspektive von unvollkommener und unvollkommener Glückseligkeit, die den Ausgang des thomanischen Glückstraktates bestimmt (vgl. den wiederholten Rekurs in *S.th.* I-II 5), ist es, die der weiteren Ausgestaltung der thomanischen Ethik ihren Rahmen vorzeichnet: Denn geht es unter der Maßgabe vollkommener Glückseligkeit darum, dem menschlichen Tätigsein schon in diesem Leben anfanghaft jene Kontinuität und Festigkeit zu verleihen, die im jenseitigen Leben zu erwarten ist, so kommt die zentrale Rolle für ein Erreichen der unvollkommenen Glückseligkeit der *Tugend* zu. Als Fähigkeit, die dem natürlichen Streben des Menschen die notwendige Beständigkeit und Sicherheit vermittelt, ist es vor allem die Tugend, die ihn in einem Prozess des Wachsens und Reifens seiner endgültigen Vollendung entgegengehen lässt.

---

[10] So spricht Thomas an paralleler Stelle in der *S.c.G.* von Trauer, Schwermut und angsterfüllter Bedrängnis, die einem nur auf das Diesseits ausgerichteten Glücksverständnis innewohnen (vgl. III 48).

[11] Entsprechend mögen die beiden Unterschiede gegenüber Aristoteles auch nicht in einer Überformung oder Verfremdung, sondern in einer *Radikalisierung* der Glückskonzeption des Stagiriten liegen, mit welcher Linien ausgezogen werden, die Aristoteles selbst in seiner Ethik unberücksichtigt gelassen hatte. In diesem Sinne schweige der *Philosophus*, so Thomas, vom Glück nach diesem Leben, er bewege sich lediglich innerhalb der Grenzen der Natur, übergehe die Frage nach der menschlichen Unsterblichkeit und betrachte lediglich das Glücklichsein „als Mensch".

2.3. Der Weg: Tugendlehre als Aussage über den Menschen

Unter dem doppelten Vorzeichen ihres Zieles kommt so die menschliche „Handlung" (*actus*) selbst als der eigentliche Gegenstand der ethischen Betrachtung in den Blick. Einen „Gegenstand" (*subiectum*), den Bezugspunkt aller Aussagen eines bestimmten Wissensbereichs, aus seinen Prinzipien heraus zu verstehen, ist das Ideal der aristotelischen Theorie von Wissenschaft (zur Rezeption der aristotelischen Wissenschaftstheorie durch Thomas vgl. Nissing 2006, 491-635). Entsprechend gliedern sich die folgenden Betrachtungen der *S.th.* in die Untersuchung (1) der Handlung selbst (vgl. *S.th.* I-II 6-48) und (2) ihrer Prinzipien (vgl. *S.th.* I-II 49-114), wobei letztere in innere und äußere unterschieden werden. (2.1) Innere Prinzipien sind die Vermögen der Seele und ihre Habitus: Tugenden und Laster (vgl. *S.th.* I-II 49-89), (2.2) äußere Prinzipien sind der Teufel, der zum Bösen anstiftet (vgl. bereits *S.th.* I 114), und Gott, der durch sein Gesetz den Menschen leitet (vgl. *S.th.* I-II 90-108) und ihm durch seine Gnade hilft (vgl. *S.th.* I-II 109-114).

Darüber hinaus nimmt Thomas eine grundsätzliche Unterscheidung zwischen *allgemeiner* und *spezieller* Morallehre vor. Sie begründet zugleich die Untergliederung des zweiten Teils der *S.th.* in die sog. *Prima Secundae* (= I-II) und die *Secunda Secundae* (= II-II). Als Grund führt Thomas die gegenstandsbezogene Genauigkeit der Ethik als Wissenschaft an: Die menschlichen Tätigkeiten und Akte sind stets auf Einzelnes gerichtet. Daher findet die ethische Erörterung ihre Vollendung in der Betrachtung des Besonderen (vgl. *S.th.* I-II 6 prol.). – Faktisch gestaltet Thomas diese besondere Betrachtung in der *S.th.* II-II (1) als Tugendlehre, insofern sie alle Menschen betrifft (vgl. *S.th.* II-II 1-170) sowie (2) als Lehre von den verschiedenen Gnadengaben und Lebensformen, den kirchlichen Ämtern und Ständen, insofern sie bestimmte Menschen betrifft (vgl. *S.th.* II-II 171-189). In struktureller Hinsicht nimmt er damit wiederum die Gliederung der aristotelischen Ethik auf, die über die Untersuchung der einzelnen Tugenden und ihnen zugeordneter Phänomene wie der Unbeherrschtheit und der Freundschaft (vgl. *NE* II-IX) in der Betrachtung der verschiedenen Lebensformen ihren Abschluß findet (vgl. *NE* X). Schließlich ergibt sich eine Konzentration der gesamten Morallehre auf die Tugenden – wie gesehen – notwendig aus der o.g. Verhältnisbestimmung von unvollkommener und vollkommener Glückseligkeit (vgl. von hier aus den Hinweis auf die „Nützlichkeit" einer tugendethischen Konzentration in *S.th.* II-II prol.).

2.3.1. Die menschlichen Akte: Freiheit, Wille und Leidenschaften

Wiederum gilt es, die eigentümliche Doppelperspektivik zu berücksichtigen, in der Thomas auch die Analyse der menschlichen Akte selbst unternimmt: die Untersuchung der spezifisch *„menschlichen Akte"* (*actus humani*, vgl. *S.th.* I-II 6-21) wird ergänzt durch einen Traktat von den *„Leidenschaften"* (*passiones animae*, vgl. *S.th.* I-II 22-48), die Menschen und anderen Lebewesen gemeinsam sind. Erst in einer solchen komplementären Blickweise ergibt sich eine vollständige Wahrnehmung des Phänomens menschlichen Handelns. In ihr spiegelt sich zugleich die o.g. Spannung von Bezogenheit und Unterschiedenheit, in welcher der Wille als *appetitus rationalis* sich zum *appetitus naturalis* und der in ihm waltenden Teleologie verhält.

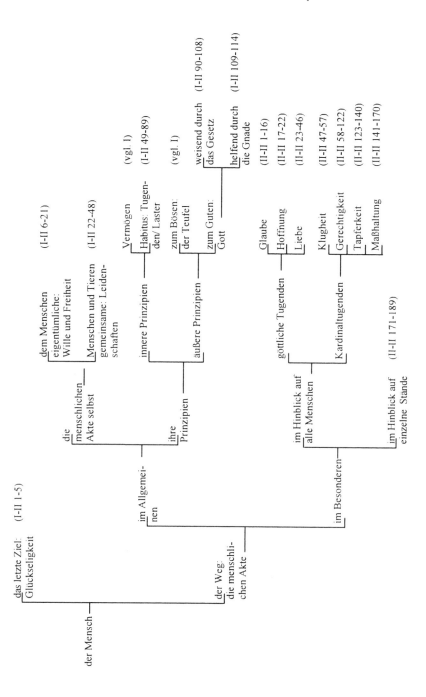

Abb.: Thomas von Aquin: *Summa theologiae – Secunda pars*

(1) *Die Freiheit des Willens.* – Es ist daher auch der Rahmen natürlicher zielgerichteter Bewegungen, in deren Horizont *der vernünftige Wille* des Menschen, der im Zentrum der thomanischen Handlungstheorie steht, eruiert wird. In seiner Besonderheit profiliert Thomas ihn unter den verschiedenen Bewegungsarten durch drei Eigenschaften:

    (a) Er ist *inneres* Prinzip der Bewegung des Menschen, die eine *Selbstbewegung* ist.

    (b) Diese umfasst eine *Erkenntnis ihres Zieles,*

    (c) wobei die die menschlichen Akte bestimmende Willentlichkeit durch eine *vollendete Zielerkenntnis* ausgezeichnet ist, in der das Ziel *als Ziel* erfasst ist sowie „die Beziehung dessen, was auf dieses Ziel hingeordnet wird, zu diesem Ziel" (*S.th.* I-II 6, 1 c.), m.a.W. die Mittel. Sie umfasst daher v.a. das Element vernünftiger Überlegung (vgl. *S.th.* I-II prol.).

> Und daher heißt das Willentliche, gemäß der Definition des Aristoteles und des Gregor von Nyssa und des Johannes Damascenus, dessen Prinzip nicht nur innerlich ist, sondern dem auch Wissen hinzugefügt ist (*S.th.* I-II 6, 1 c.).[12]

Indem Thomas zu Beginn seiner Handlungstheorie den Willen als Begründungsinstanz der Möglichkeit eigentümlich menschlicher Akte pointiert herausstellt, versieht er seine aristotelische Vorlage mit einem neuen Vorzeichen. Aristoteles hatte in *NE* III (vgl. ferner *De an.* III 8ff.) die menschliche Freiheit als ‚*Handlungfreiheit*' im Kontext der Unterscheidung zwischen „Freiwilligem" (*hekoúsion*) und „Unfreiwilligem" (*akoúsion*) beschrieben. Thomas bedenkt sie dagegen im Rahmen der Unterscheidung von „Willentlichem" (*voluntarium*) und „Unwillentlichem" (*involuntarium*) als ‚*Willensfreiheit*'. „Durch diese Differenzierung wird der aristotelischen Betrachtung des Zusammenhangs zwischen dem Handelnden und seinem Verhalten eine Thematisierung der inneren Akte des Handelnden zur Seite gestellt. Die voluntative Auslegung ermöglicht eine Verinnerlichung des handlungsphilosophischen Interesses, aufgrund derer die von der Handlungsfreiheit zu unterscheidende Willensfreiheit des Menschen pointiert herausgearbeitet werden kann" (Mertens 2005, 178f.). – Von grundlegender Bedeutung für die weiteren Analysen ist daher die Unterscheidung zwischen „*vom Willen befohlenen Handlungen*" (*actiones a voluntate imperatae*) und „*vom Willen hervorgerufenen Handlungen*" des Menschen (*actiones a voluntate elicitae*; vgl. *S.th.* I-II 6 prol.; 6, 4 c.). Bei ersteren handelt es sich um Akte, hinter denen ein Wille steht, der Grund für die Betätigung eines bestimmten, von ihm unterschiedenen Seelenvermögens ist, bei letzteren um Akte, die zum Wollen selbst gehören, indem sie verschiedene Aspekte der komplexen Struktur des inneren Wollens kennzeichnen. Der Unterschied beider wird deutlich im Blick auf den Einfluss von Gewalt auf das Willentliche: ein äußerer Zwang betrifft allein die vom Willen befohlenen Akte, nicht hingegen die vom Willen hervorgerufenen. Sie können keiner Gewalt unterliegen (vgl. *S.th.* I-II 6, 4 c.).

    Die von Thomas vorgenommene Akzentuierung der *Willentlichkeit* des Handelns sowie der *Innerlichkeit* des Handelnden ist dabei im Zusammenhang jener Hervorhebung von Individualität und Personalität zu verstehen, die eingangs als Grundmerkmal seines Denkens gekennzeichnet wurde. Dementsprechend hat auch die Betrachtung der

---

[12] *Et inde est quod voluntarium dicitur esse, secundum definitionem Aristotelis et Gregorii Nysseni et Damasceni, non solum cuius principium est intra, sed cum additione scientiae.*

„*Umstände*" (*circumstantiae*) einer Handlung vor allem die persönliche Verantwortlichkeit des Handelnden im Blick (vgl. *S.th.* I-II 7). Sowohl gegen eine ,situationsversessene' wie gegen eine ,situationsvergessene' Handlungsanalyse geht es Thomas um eine angemessene Berücksichtigung der konkreten situativen Umstände, die Verfehlungen mildern oder erschweren können. So kann zwar eine gute Handlung durch bestimmte Umstände zu einer schlechten werden, eine schlechte jedoch durch Umstände nicht zu einer guten (vgl. *S.th.* I-II 18, 5 ad 4; *Q. de malo* 2, 4 ad 2).

Die Priorität des von der Vernunft informierten Willens innerhalb der thomanischen Handlungslehre kommt schließlich auch in der Verhältnisbestimmung von *innerem Willensakt* und *äußerer Handlung* zum Ausdruck. Indem Thomas beide mit Hilfe des Schemas von Form und Materie einander zuordnet, gelingt es ihm, gleichermaßen die Einseitigkeiten einer auf das Innere reduzierten ,Intentionsethik' wie einer lediglich am Äußeren orientierten ,Tatethik' vermeiden: „Die Art des menschlichen Aktes wird formal in Hinsicht auf das Ziel betrachtet, material aber in Hinsicht auf den Gegenstand des äußeren Aktes" (*S.th.* I-II 18, 6 c.). Der in solchem Sinne relativen Priorität des inneren Willensaktes entspricht es dabei, dass etwa ein Diebstahl, der mit der Absicht zu einem Ehebruch begangen wird, eher als Ehebruch denn als Diebstahl gilt (mit Berufung auf *NE* V 4, 1130a24ff.).

(2) *Die verschiedenen Willensakte.* – In diesem Rahmen liegt – ihrer Verinnerlichungstendenz entsprechend, die sich nicht zuletzt dem Einfluss der Willenslehre Augustins verdankt[13] – der Schwerpunkt der weiteren handlungstheoretischen Überlegungen des Thomas auf einer Analyse der einzelnen vom Willen hervorgerufenen Akte (vgl. *S.th.* I-II 8-16), ehe der vom Willen befehlende Akt (vgl. *S.th.* I-II 17) in den Blick kommt. Im einzelnen unterscheidet Thomas (a) Willensakte, die auf das Wollen des Zieles ausgerichtet sind, und (b) Willensakte, die auf das Wollen der Mittel ausgerichtet sind.

(a) Unter den ersteren ist es der „*Wille*" (*voluntas*), der sich ohne spezifische Hinsicht auf ein Ziel richtet (vgl. *S.th.* I-II 8-10), während dem „*Genuss*" (*fruitio*) diese Ausrichtung im Hinblick darauf eigen ist, dass er mit dem Erreichen des Zieles zur Ruhe kommt (vgl. *S.th.* I-II 11). Die „*Absicht*" (*intentio*) schließlich richtet sich auf das Ziel unter dem Aspekt dessen, auf das hin alles weitere Wollen geordnet wird (vgl. *S.th.* I-II 12).

(b) Unter den auf das Wollen der Mittel ausgerichteten Willensakten betrifft die „*Wahl*" (*electio*) das Wollen der Mittel allgemein (vgl. *S.th.* I-II 13), die „*Beratschlagung*" (*consilium*) dagegen das konkrete Wollen, d.h. das Ausschauhalten nach einzelnen Mitteln (vgl. *S.th.* I-II 14). Der „*Zustimmung*" (*consensus*) kommt die Bestimmung eines bestimmten Mittels zu (vgl. *S.th.* I-II 15), dem „*Gebrauch*" (*usus*) schließlich dessen instrumentelle Verwendung (vgl. *S.th.* I-II 16).

Kennzeichnen die genannten Akte Aspekte auf der Ebene eines inneren Wollens, so geschieht der eigentliche Schritt vom Wollen zum Handeln durch den „*Befehl*" (*imperium*; vgl. *S.th.* I-II 17). Indem Thomas die genannten Akte sowohl als Akte des Er-

---

[13] Im Unterschied zu späteren voluntaristischen Konzeptionen (Duns Scotus, Ockham) kennt Thomas indessen noch nicht die Vorstellung einer *libertas indifferentiae*. Vgl. hierzu Stump 1997. Zum Unterschied zwischen *voluntas* als allgemeinem willentlichem Strebevermögen und *liberum arbitrium* als konkretem Entscheidungsvermögen bei Thomas vgl. *S.th.* I 83, 4 c.

kenntnisvermögens, als auch als Akte des Strebevermögens beschreibt, hebt er die Vernünftigkeit menschlichen Handelns als Maßgabe hervor. Nicht zuletzt die Tatsache, dass er in seiner Analyse verschiedenen Traditionen gerecht werden will (vgl. hierzu Wittmann 1933, 88-162), mag dabei im Ganzen zu einer „Mischung von Erfahrungsnähe und Konstruktion" führen, die gleichwohl „eine ausgesprochen subtile Untersuchung der Struktur des menschlichen Wollens" (Mertens 2005, 184f. mit einem instruktiven Beispiel zum Zusammenwirken der einzelnen Aspekte) darstellt.

(3) *Die moralische Qualität der Handlungen.* – Die Kennzeichnung einer menschlichen Handlung als *gut* oder *schlecht* (vgl. *S.th.* I-II 18-21) ergibt sich für Thomas grundsätzlich mit Blick auf die Verwirklichung des ihr aufgegebenen Zieles. Im Hintergrund steht wiederum die naturteleologische Vorstellung von der Verwirklichung des einem Seienden innewohnenden Zweckes. Entsprechend beschreibt Thomas die *vierfache Gutheit*, die einer Handlung eigen sein kann, mit ontologischen Kategorien (vgl. *S.th.* I-II 18, 4 c.). So kann eine Handlung gut sein

(a) der Gattung nach, sofern es sich überhaupt um eine Handlung handelt, der Seiendheit und entsprechend ontologische Gutheit eigen ist;

(b) der Art nach, die sich am angemessenen Gegenstand bemisst;

(c) den Umständen nach, die den Charakter von Akzidenzien besitzen, und

(d) dem Ziel nach, das den Bezug zur Ursache der Gutheit kenntlich macht.

Für eine *schlechthin* gute Handlung ist dabei das Zusammenkommen sämtlicher Aspekte notwendig, denn – so Thomas mit Berufung auf Ps.-Dionysius Areopagita – „das Gute wird durch eine vollkommene Ursache hervorgebracht, während das Schlechte von einem bestimmten einzelnen Fehler herrührt" (*bonum ex integra causa, malum ex quocumque defectu;* vgl. *S.th.* I-II 18, 4 ad 3).

Zentrale Bedeutung für die Bestimmung der moralischen Qualität einer Handlung gewinnt innerhalb der weiteren Überlegungen das Kriterium ihrer *Vernunftgemäßheit*, die der Handlung ihre Art verleiht (vgl. *S.th.* I-II 18, 5 c.): Gute Handlungen sind demnach der Vernunft(ordnung) gemäß, schlechte Handlungen dagegen widersprechen ihr. Das Gut des Menschen besteht darin, „der Vernunft gemäß zu leben" (*bonum hominis est secundum rationem esse; S.th.* I-II 18, 5 c.). Der Begriff der „*Vernunftordnung"* (*ordo rationis*) als solcher besagt dabei eine Einsicht in dasjenige, was der Wesensbestimmung eines Seienden gemäß ist. Es entspricht der Bezogenheit einer Beurteilung auf die konkrete Einzelhandlung, dass er weniger allgemein und abstrakt zu entwickelnde Bestimmungen enthält, sondern vor allem auf das Moment des Erfahrungswissens und einer Vertrautheit mit der Moralität verweist, d.h. auf Dimensionen, die im Rahmen der Tugendlehre zu entwickeln sind.

(4) *Die Rolle der Leidenschaften.* – Die Motivation zu einer eingehenden Behandlung der menschlichen Leidenschaften ergibt sich für Thomas aus der Einsicht, „dass es zur Vervollkommnung des moralisch Guten gehört, dass der Mensch nicht allein dem Willen gemäß, sondern auch dem sinnengebundenen Streben nach zum Guten hinbewegt wird" (*S.th.* I-II 24, 3 c.; vgl. bereits *Super De an.* I 1). Entgegen jeder rationalistischen Engführung, der eine Moral im christlichen Kontext gern unterstellt wird, kommt mit der Leib-

lichkeit und Sinnenhaftigkeit der menschlichen Natur gerade hier jene Gutheißung zum Tragen, die mit dem Gedanken des Geschaffenseins verbunden ist. Im Anschluss an die aristotelische Tradition (vgl. hierzu Wittmann 1933, 195ff.) und in Auseinandersetzung mit der stoischen Philosophie (vgl. insbesondere *S.th.* I-II 24, 2-3) entwickelt Thomas seine Lehre von den *„Leidenschaften"* (*passiones animae*) als einen Traktat, „der in Umfang und systematischer Geschlossenheit weder im antiken und patristischen Schrifttum noch in der mittelalterlichen Literatur ein Vorbild hat" (Brungs 2005, 198).

Die Leidenschaften sind gewissermaßen an der ‚Schnittstelle' der an sich untrennbaren Leib-Seele-Einheit des Menschen angesiedelt: Ist eine „körperliche Veränderung" (*transmutatio corporalis*) für ihr Vorkommen konstitutiv, so haben sie ihren Sitz im „sinnenhaften Strebevermögen" (*appetitus sensitivus*) der Seele (vgl. *S.th.* I-II 22, 1-3) und nehmen eine Mittelstellung zwischen dem *appetitus naturalis* und dem *appetitus rationalis* ein. Insofern können sie das *desiderium naturale* des Menschen in besonderer Weise veranschaulichen. Denn als „Bewegungen" (*motus*) sind sie auf das Gute oder Schlechte ausgerichtet, von dem sie immerhin eine sinnenhafte Wahrnehmung besitzen. In diesem Sinne stützt sich Thomas auf eine Definition des Johannes Damascenus:

> Die Leidenschaft ist eine Bewegung des strebenden sinnenhaften Vermögens in der Vorstellung des Guten und Bösen. Oder anders: Die Leidenschaft ist eine Bewegung der unvernünftigen Seele aufgrund einer Einschätzung des Guten oder Bösen (*S.th.* I-II 22, 3 s.c.).[14]

Die grundlegende Unterscheidung der Leidenschaften ergibt sich dabei aus ihrer (teleologischen) Hinordnung auf einen bestimmten Gegenstand:

(a) Dem schlechthin erfassten sinnenhaften Guten oder Schlechten in seiner Eigenschaft, entweder Lust oder Schmerz zu bereiten, ist das *„begehrende Strebevermögen"* (*appetitus concupiscibilis*) zugeordnet,

(b) während sich das *„zornmütige"* oder *„überwindende Strebevermögen"* (*appetitus irascibilis*) auf das sinnenhaft erfasste Gute richtet, insofern es die Bewandtnis des „Steilen" (*arduum*) oder Schwierigen hat und der Anstrengung und Überwindung bedarf: „Denn die natürlichen Dinge besitzen nicht nur die Neigung, das ihnen Zuträgliche zu erstreben bzw. das Schädliche zu meiden, sondern auch dem Schädlichen und Widerwärtigen zu widerstehen" (*S.th.* I 81, 2 c.; zu dieser Grundunterscheidung vgl. bereits Platon, *Timaios* 69eff.).

Die weitere Differenzierung von insgesamt elf grundlegenden Leidenschaften entwickelt Thomas aus der Beziehung des jeweiligen Strebevermögens zu seinem spezifischen Gut (vgl. *S.th.* I-II 23, 4 c.).

(a) Im Bereich der begehrenden Strebevermögen ist es die (i) *„Liebe"* (*amor*), die eine grundlegende Hinneigung zum Gut entstehen lässt (vgl. *S.th.* I-II 26-28). Ihr Gegenteil ist der *„Hass"* (*odium*; vgl. *S.th.* I-II 29). (ii) Insofern das geliebte Gut noch nicht besessen wird, erfährt das Streben ein Darauf-hin-Bewegtwerden, das durch das *„Verlangen"* (*desiderium*) oder *„Begehren"* (*concupiscentia*) bezeichnet wird. Ihr Gegenteil ist die

---

[14] *Passio est motus appetitivae virtutis sensibilis in imaginatione boni et mali. Et aliter, passio est motus irrationalis animae per suspicionem boni vel mali.*

„Flucht" (*fuga*) bzw. *„Abneigung"* (*abominatio*; vgl. *S.th.* I-II 30). (iii) Im Besitz des geliebten Gutes schließlich kommt das Streben zur Ruhe, in der sich *„Vergnügen"* (*delectatio*) und *„Freude"* (*gaudium*) einstellen (vgl. *S.th.* I-II 31-34). Ihr Gegenteil sind *„Schmerz"* (*dolor*) und *„Traurigkeit"* (*tristitia*; vgl. *S.th.* I-II 35-39).

(b) Im Bereich der überwindenden Strebevermögen, die ihre grundlegende Hinneigung zum Erreichen des Guten oder zum Meiden des Bösen von den begehrenden empfangen, beziehen sich (i) auf das noch nicht erlangte Gut *„Hoffnung"* (*spes*) und *„Verzweiflung"* (*desperatio*; vgl. *S.th.* I-II 40), (ii) auf das noch nicht beseitigte Böse *„Angst"* (*timor*; vgl. *S.th.* I-II 41-44) und *„Tollkühnheit"* (*audacia*; vgl. *S.th.* I-II 45). Während sich (iii) auf ein erlangtes Gut keine Leidenschaft des überwindenden Strebevermögens richten kann, da dieses nicht mehr die Bewandtnis des Schwierigen besitzt, ist dem bereits eingetroffenen Bösen die Leidenschaft des *„Zornes"* (*ira*; vgl. *S.th.* I-II 46-48) zugeordnet.

Im Ganzen haben die überwindenden Strebevermögen so in den begehrenden ihren Ursprung und ihr Ziel. Damit ist zugleich die Liebe als die Grundlage aller anderen Leidenschaften und deren erste ausgezeichnet. So stellt Thomas fest, „dass jedes Tätige, was immer es auch sei, aus irgendeiner Liebe heraus tätig ist" (*S.th.* I-II 28, 6 c.). Indem parallel dazu unter den überwindenden Strebevermögen der Hoffnung der erste Rang zugeschrieben wird, erscheinen die beiden Strebevermögen in ihren vorrangigen Leidenschaften als natürliche Grundlagen und Vorformen für jene Ausgestaltung, die die Tugendlehre durch die drei übernatürlichen bzw. theologischen Tugenden des Glaubens, der Hoffnung und der Liebe erfahren wird (vgl. dazu unten Abschnitt 2.3.5).

2.3.2. Die inneren Prinzipien der menschlichen Akte: Habitus, Tugenden und Laster

In der Lehre von den Habitus erreichen die Ausführungen der *S.th.* I-II ihren eigentlichen Dreh- und Angelpunkt. Ging es bisher um eine Analyse der menschlichen Akte unter der leitenden Perspektive des *Zieles*, so kommt nun mit ihren *Prinzipien* der personale Träger dieser Akte in den Blick. Denn über eine bloße Parallelität von Willentlichkeit und Leidenschaften der menschlichen Handlungen hinaus bedarf es ihrer einheitlichen Verankerung in der Person des Handelnden und dessen Dispositionen. Zugleich wird damit in allgemeinem Umriss vorgezeichnet, was dann in der Tugendlehre der *S.th.* II-II konkretisierend entfaltet werden wird. Thomas erörtert zunächst den Begriff des Habitus als solchen (vgl. *S.th.* I-II 49-54), sodann die guten Habitus, d.h. die *„Tugenden"* (*virtutes*, vgl. *S.th.* 55-70), und die schlechten Habitus, d.h. *„Laster und Sünden"* (*vitia et peccata*, vgl. *S.th.* I-II 71-89).

(1) *Habitus.* – Der Akzent der Darstellung des Habitusbegriffs liegt folglich auf dessen Bezug zu seinem Träger. Im Ausgang von etymologischen Überlegungen (*habitus a habendo sumitur*) und in Anknüpfung an die Definition des Aristoteles (vgl. *Metaph.* V 20) bestimmt Thomas den Habitus als eine Qualität bzw. Disposition, die den Betreffenden gut oder schlecht disponiert, und zwar entweder in sich selbst oder in Hinordnung auf anderes (vgl. *S.th.* I-II 49, 1 c.). Dabei enthält die besagte Disposition sowohl einen Bezug zur Natur eines Wesens, als auch zu seiner Tätigkeit oder seinem Ziel:

Der Habitus enthält eine gewisse Disposition in Hinordnung auf die Natur eines Dinges, und auf seine Tätigkeit oder sein Ziel, der gemäss etwas auf dieses hin in guter oder schlechter Weise disponiert wird (*S.th.* I-II 49, 4 c.).[15]

Mit Blick auf die o.g. anthropologische Grundspannung zwischen Gegeben- und Aufgegebensein, zwischen *actus primus* und *actus secundus* kennzeichnet der Habitus somit eine ‚Mitte', in der seinshafte Wirklichkeit und tathafte Verwirklichung des Menschen zu einem Ausgleich kommen: Er ist jene besondere Weise des Sich-selber-Habens, des Selbstbesitzes, wodurch sich der Mensch dessen, was er ist – nämlich ein dynamisch auf sein Ziel hin angelegter, – erst eigentlich versichert und wodurch er zugleich fähig wird, dieses Ziel zu erreichen. Der Habitus ist Ergebnis und ‚Bodensatz' seines Tätigseins und Strebens und ist zugleich Voraussetzung und Disposition für dieses. Der Mensch besitzt sich selbst nicht anders als in der Weise des Habitus, durch ihn gewinnt er seine Gestalt. Von hier aus erscheint die Entfaltung des Habitusgedankens in der Tugendlehre vor allem anderen als eine „Aussage über den Menschen" (Pieper 1963).

Mit dem Begriff der ‚Natur eines Wesens' ist dabei zugleich das Kriterium genannt, an dem die habituelle Ausbildung des Menschen ihr Maß findet. Der Habitus soll den Menschen in Stand setzen, seinen natürlichen Tendenzen auf die gebührende Weise zu folgen. Als *qualitas difficile mobilis* (*S.th.* I-II 67; vgl. Aristoteles, *Cat.* 6, 9a3) ist er die Frucht fortgesetzter Übung des gleichen Tuns (ein Beispiel des Aristoteles ist hier die Virtuosität des Kitharaspielers: vgl. *NE* I 6, 1098a8ff.) und verleiht dem Handeln eine einheitliche und konstante Ausrichtung sowie eine freudige Spontaneität und Leichtigkeit, die nicht mehr der ständigen Überlegung bedarf, sondern das gute Handeln zur ‚zweiten Natur' werden lässt. – Folglich ergibt sich die zentrale Unterscheidung der Habitus in gute und schlechte aus dem Kriterium der Übereinstimmung oder Nicht-Übereinstimmung mit der Natur seines Trägers (vgl. *S.th.* I-II 54, 3 c.). So ist es die Tugend, die den Menschen in seinem Handeln gut macht und ihm so ein umfassendes Gutsein verleiht.

(2) *Tugend*. – Auf der Grundlage der Habituslehre entwickelt Thomas den Tugendbegriff als eine „umfassende anthropologische Strukturformel" (Schockenhoff 1987, 282), mit der ein Zusammenwirken aller am Tun des Guten beteiligten Seelenkräfte und Handlungspotentiale des Menschen bezeichnet werden kann: Leidenschaften, Wille und rationale Vermögen kommen als Träger bestimmter Tugenden in Frage (vgl. *S.th.* I-II 56). In ihrer Verbindung bilden sie ein geordnetes Organon der Handlungsstrukturen. Besonderes Gewicht besitzt für Thomas von daher der Aufweis des inneren „Zusammenhangs" (*connexio virtutum*), in dem die Tugenden zueinander stehen und der das Gutsein des Menschen in umfassender Weise zum Ausdruck bringt (vgl. *S.th.* I-II 65).

Bemerkenswerterweise bezieht sich Thomas in seinen Ausführungen jedoch nicht primär auf die aristotelische Bestimmung der (moralischen) Tugenden (*virtus est quae bonum facit habentem et opus eius bonum reddit*; vgl. *NE* II 6, 1106a15), sondern auf eine Tugenddefinition der augustinisch-lomdardischen Tradition (zur Herkunft vgl. Schockenhoff 1987, 249-253):

---

[15] [*H*]*abitus importat dispositionem quandam in ordine ad naturam rei, et ad operationem vel finem eius, secundum quam bene vel male aliquid ad hoc disponitur.*

Die Tugend ist
(a) die gute Qualität
(b) des Geistes
(c) durch die richtig gelebt und durch die nichts schlecht gebraucht wird,
(d) die Gott in uns ohne uns bewirkt (*S.th.* I-II 55, 4 c.).[16]

Die ersten drei Definitionselemente lassen sich – so Thomas – gemäß der aristotelischen Tugenddefinition interpretieren, um bereits als solche eine erschöpfende, alle Tugenden umfassende Bestimmung anzugeben (vgl. *ebd.*). Der letzte Zusatz will darüber hinaus auf jene Erweiterung hindeuten, die eine nur ‚natürliche' Tugendlehre im christlichen Kontext erfährt, indem sie auf die Entstehung der von Gott *„eingegossenen Tugenden"* (*virtutes infusae*) hindeutet. Eine solche Erweiterung ergibt sich mit innerer Notwendigkeit aus der o.g. Einsicht in die Unmöglichkeit, die vollkommene Glückseligkeit in diesem Leben und aus eigenen Kräften zu erreichen (vgl. Abschnitt 2.2), und stellt deren Anwendung auf den Bereich der *beatitudo imperfecta* dar. Die Angewiesenheit des Menschen auf göttliche Hilfe bei der Erreichung seines Zieles ist daher für Thomas der entscheidende Grund für die Annahme der drei theologischen Tugenden des „Glaubens" (*fides*), der „Hoffnung" (*spes*) und der „Liebe" (*caritas*), die auf Paulus (vgl. 1 *Kor* 13, 12) zurückgehen. Diese heißen *„theologische"* Tugenden, weil sie nicht nur (a) Gott zum Gegenstand haben und den Menschen rechter Weise auf ihn hinordnen, sondern auch (b) allein von Gott dem Menschen eingegossen werden, und (c) einzig durch göttliche Offenbarung bekannt sind (vgl. *S.th.* I-II 62, 1 c.). [17] – Im Ganzen ist dieser Einfluss göttlicher Hilfe dabei nicht im Sinne einer Zweistufigkeit zu verstehen, sondern als ein „Eingriff in den Innenraum des natürlichen Tugendlebens" (Schockenhoff 1987, 287), der dieses von innen her umformt – und in den natürlichen Dispositionen des Menschen seine Anknüpfungspunkte besitzt.

2.3.3. Äußere Prinzipien der menschlichen Akte: Gesetz und Gnade

Auch die Lehre von den äußeren Prinzipien der menschlichen Akte stellt eine Erweiterung gegenüber dem Eudaimonismus des Aristoteles dar. Und auch sie ergibt sich aus der im Glückseligkeitstraktat festgestellten Unmöglichkeit für den Menschen, seine endgültige Vollendung aus eigenen Kräften zu erreichen: So kommt Gott der menschlichen Verwiesenheit auf eine übernatürliche Erfüllung nicht nur durch Tugenden, Gaben, Seligkeiten und Früchte entgegen, sondern auch durch seine Leitung mittels des Gesetzes (vgl. *S.th.* I-II 90-108) und durch seine Hilfe mittels der Gnade (vgl. *S.th.* I-II 109-114).

---

[16] [*V*]*irtus est* (a) *bona qualitas* (b) *mentis,* (c) *qua recte vivitur, qua nullus male utitur,* (d) *quam Deus in nobis sine nobis operatur.*

[17] Der Hinweis auf die Notwendigkeit göttlicher Hilfe bietet Thomas die Gelegenheit, einige weitere biblische Elemente in die Tugendlehre zu integrieren. Über die eingegossenen Tugenden hinaus zeigt sich diese Hilfe in den sieben Gaben des Heiligen Geistes (vgl. *Jes* 11, 2), in den acht Seligkeiten der Bergpredigt (vgl. *Mt* 5, 3-10) und in den zwölf Früchten des Geistes (vgl. *Gal* 5, 22), die den Tugenden zugeordnet werden. – Die *Gaben* (*dona*) bezeichnen dabei – über die Tugenden hinaus – eine höhere Vollkommenheit, durch die der Mensch disponiert ist, durch göttliche Inspiration spontan zum Guten bewegt zu werden (vgl. *S.th.* I-II 68, 1 c.), die *Seligkeiten* (*beatitudines*) und die ihnen zugeordneten *Verheißungen* (*praemia*) deren erfüllende Aktualisierung (vgl. *S.th.* I-II 69, 1 c.) und die *Früchte* (*fructus*) ihre Tätigkeiten mit der mit ihnen verbundenen Freude (vgl. *S.th.* I-II 79, 1 c.). Vgl. Horst 2001.

In der Rezeption der thomanischen Ethik haben gerade die Traktate von *lex* und *gratia* eine besondere Aufmerksamkeit erfahren – ersterer vor allem im Felde der philosophischen, letzterer insbesondere im Bereich der theologischen Diskussion. Gegen ,isolierende' Interpretationen gilt es daher gerade hier, ihre Einordnung in den Zusammenhang des Gesamtkonzepts der *S.th.* deutlich zu machen. – Für den Gnadentraktat, der ein theologisches Thema bezeichnet, mag an dieser Stelle der Hinweis genügen, dass er keineswegs von der Vorstellung einer Gewaltsamkeit des Handelns Gottes geprägt ist, dass die Wirklichkeit und Wirksamkeit der Gnade vielmehr das natürliche Streben des Menschen – und insbesondere seinen Drang nach Erkenntnis – aufgreift und überhöhend vollendet (vgl. nur die Auftaktfrage: *utrum absque gratia possit homo aliquod verum cognoscere*; zum Ganzen vgl. Wippel 2005).

(1) *Definition und Arten des Gesetzes.* – Entsprechendes gilt auch für das Gesetz, das gleich zu Beginn nicht als blinder Befehl vorgestellt wird, sondern   im Sinne des thomanischen ,Intellektualismus' – als „Sache der Vernunft", die den Menschen als einen einsichtigen und verständigen Adressaten voraussetzt (vgl. *S.th.* I-II 90, 1 c.). Seine Definition umfasst vier Elemente. Es ist

(a) eine Anordnung der Vernunft
(b) im Hinblick auf das Gemeingut,
(c) erlassen und
(d) öffentlich bekannt gegeben von dem, der die Sorge für die Gemeinschaft innehat (*S.th.* I-II 90, 4 c.).[18]

Thomas unterscheidet vier hauptsächliche Arten des Gesetzes (vgl. *S.th.* I-II 91):[19]

(i) das *„ewige Gesetz"* (*lex aeterna*), das – in modifizierender Aufnahme einer Vorstellung Augustins (*De libero arbitrio* 6) – in der Anordnung der göttlichen Vorsehung und der Weltlenkung besteht, das daher eine universale Reichweite besitzt und von dem alle anderen Gesetze abhängen (vgl. *S.th.* I-II 91, 1; I-II 93);

(ii) das *„natürliche Gesetz"* (*lex naturalis*), das die Teilhabe des Menschen an diesem ewigen Gesetz besagt (vgl. *S.th.* I-II 91, 2; I-II 94);

(iii) das *„menschliche Gesetz"* (*lex humana*), womit die im eigentlichen Sinne politischen und juristischen Regelungen der menschlichen Gemeinschaft gemeint sind (vgl. *S.th.* I-II 91, 4; I-II 95-97), sowie

(iv) das *„göttliche Gesetz"* (*lex divina*; vgl. *S.th.* I-II 91, 5), das eigens durch göttliche Offenbarung ergangen ist und sich daher in das *„Gesetz des Alten Bundes"* (*lex vetus*; vgl. *S.th.* I-II 98-105) und das *„Gesetz des Neuen Bundes"* (*lex nova*, vgl. *S.th.* I-II 106-108) unterscheidet.[20]

---

[18] *[Lex] nihil est aliud quam* (a) *quaedam rationis ordinatio* (b) *ad bonum commune* (c) *ab eo qui curam communitatis habet,* (d) *promulgata.*

[19] Vgl. in diesem Zusammenhang auch die Orientierung des Traktats über Laster und Sünden an der augustinischen Definition der Sünde: *peccatum est dictum vel factum vel concupitum contra legem aeternam* (*S.th.* I-II 71, 6).

[20] Bereits quantitativ liegt der Schwerpunkt des Gesetzestraktates auf der Lehre vom Alten und Neuen Gesetz. Im Rahmen langer exegetischer Ausführungen (die längste Quaestio der *S.th.* findet sich

2.3.4. Die Lehre vom natürlichen Gesetz und das Gewissen

(1) *Das natürliche Gesetz.* – Die in philosophischer Hinsicht zentrale Bedeutung kommt innerhalb der verschiedenen Gesetzesarten dem natürlichen Gesetz zu. Als „Teilhabe am ewigen Gesetz im vernunftbegabten Geschöpf" (*participatio legis aeternae in rationali creatura*) und „Einstrahlung des göttlichen Lichtes in uns" (*impressio luminis divini in nobis*) ist es das „Licht der natürlichen Vernunft, durch das wir unterscheiden, was gut und böse ist" (*lumen rationis naturalis, quo discernimus quid sit bonum et malum*; *S.th.* I-II 91, 3 c.). Es ist die Grundlage für alle weiteren gesetzlichen Konkretionen, die durch das menschliche Gesetz und mit Hilfe von Erfahrung und Gewohnheit geschehen, und steht in Verwandtschaft zu den grundlegenden Weisungen des göttlichen Gesetzes, die im Dekalog des alttestamentlichen Sittengesetzes niedergelegt sind (vgl. *Ex* 20, 4-6; und *Dtn* 5, 8-10; vgl. *S.th.* I-II 100; zu diesem Bezug vgl. Pesch 1988, 297-300).

In seiner ‚Scharnierfunktion' hat es daher in der Thomas-Interpretation der Folgezeit die Rolle eines zentralen hermeneutischen Instrumentes erhalten, um – ausgestaltet in der Lehre vom ‚Naturrecht' – der ethischen Verständigung christlicher Philosophie und Theologie mit fremden Völkern (Völkerrecht), unter den Konfessionen (Naturrecht als Vernunftrecht) sowie im Dialog mit den Religionen und der säkularen Gesellschaft der Gegenwart eine gemeinsamen Grundlage zu geben (zur Unterscheidung der Begriffe ‚natürliches Gesetz' und ‚Naturrecht' bei Thomas selbst vgl. Pesch 1977, 568-571).

(2) *Das erste Gebot des natürlichen Gesetzes und die „natürlichen Neigungen".* – Entscheidende Bedeutung kommt von daher der Bestimmung des Inhaltes des nâtürlichen Gesetzes zu. In Analogie (nicht in Ableitung) zur theoretischen Vernunft, die ihr Wissen auf schlussfolgerndem Weg aus ersten, evidenten und aus sich selbst einleuchtenden Prinzipien ermittelt, spricht Thomas auch mit Bezug auf die praktische Vernunft von ersten, unbeweisbaren und „durch sich selbst bekannten Sätzen" (*propositiones per se notae*). Im Hintergrund steht dabei – in Anlehnung an das aristotelische Vorbild in *NE* VII – die Grundannahme einer Rekonstruierbarkeit praktischen Wissens in Form des *praktischen Syllogismus*. Parallel zum ersten unbeweisbaren Prinzip auf theoretischem Gebiet, dem Nichtwiderspruchssatz (vgl. *Metaph.* IV, 3, 1005b19-22), ist daher auch im Bereich des Praktischen ein erstes Prinzip anzunehmen. Es lautet:

Das Gute ist zu tun und zu befolgen, das Böse aber zu meiden (*S.th.* I-II 94, 2 c.).[21]

---

innerhalb der Darlegungen zum jüdischen Zeremonialgesetz: vgl. I-II 102) entfaltet Thomas hier seine Theologie des Alten und des Neuen Bundes und sein Verständnis der Heilsgeschichte (vgl. hierzu Pesch 1988, 308-317). Neben einer besonderen Würdigung der Zeitlichkeit des Menschen, die sich aus seiner Leiblichkeit ergibt, bringt es wiederum das Motiv der ‚Verinnerlichung' zur Sprache, insofern das Neue Gesetz in betonter Absetzung vom Alten als ‚inneres Gesetz' in den Herzen der Gläubigen bestimmt wird (vgl. *2 Kor* 3, 3), das im Wesentlichen in der Mitteilung der Gnade besteht (vgl. *S.th.* I-II 106, 1 c.). Neben seiner spezifischen Wirksamkeit im Inneren des Menschen erhält es die Rechtfertigung seiner Existenz aus der übernatürlichen Ausrichtung des menschlichen Verlangens, das die Anordnung eines eigenen göttlichen Gesetzes notwendig macht (vgl. *S.th.* I-II 91, 4 c.). Es bringt damit den leitenden *beatitudo*-Gedanken zum Vorschein, das den *lex*-Traktat als ganzen durchzieht.

[21] *Bonum est faciendum et prosequendum, et malum vitandum.*

Mit (a) seiner Grundunterscheidung zwischen Gut und Böse und (b) seiner verpflichtenden Kraft (in der Form des Gerundivs) ist es das erste und oberste Gebot des natürlichen Gesetzes, in dem alle anderen Gebote ihr Fundament besitzen. Seinerseits auf den Begriff des Guten, „nach dem alles strebt", gegründet, stellt es die propositionale, auf die spezifische Erkenntnisart des Menschen und seine unvertretbare und eigenständige Verantwortung als moralisches Subjekt hin formulierte Fassung des naturteleologischen Rahmenkonzepts der thomanischen Ethik dar.

Aus diesem heraus erklärt sich zugleich auf einer ersten Stufe der Konkretion dieses allgemeinen und formalen Prinzips die Unterscheidung dreier *„natürlicher Neigungs- oder Strebungstypen"* (*inclinationes naturales*), aus denen sich – in sukzessiver Besonderung – die ersten inhaltlichen Regeln oder Gebote des natürlichen Gesetzes ergeben:

(i) So führt das Streben nach Selbsterhaltung, das dem Mensch mit allen Naturdingen gemeinsam hat, zu den Geboten zum Schutz des menschlichen Lebens;

(ii) das Streben nach Arterhaltung, das er mit allen Sinnenwesen teilt, führt zu den Geboten des Geschlechts- und Familienlebens;

(iii) das spezifisch menschliche Streben nach Erkenntnis, v.a. nach Gotteserkenntnis, und nach einem Leben in Gemeinschaft schließlich hat die Gebote zur Folge, die die Bildung sowie die sozialen und politischen Beziehungen betreffen (vgl. *S.th.* I-II 94, 2 c.).

Die zentrale und bis in Gegenwart kontrovers diskutierte Problematik besteht dabei in der Verhältnisbestimmung des obersten, zunächst formal formulierten Prinzips der praktischen Vernunft zu den inhaltlichen Ausgestaltungen des Naturgesetzes und den sittlichen Einzelurteilen und damit zugleich in der Beschreibung des Verhältnisses der materiellen Vorgaben der *lex naturalis* gegenüber der aktiven Rolle der praktischen Vernunft.[22]

(3) *Das Gewissen.* – In unmittelbarem Zusammenhang mit der Theorie von der *lex naturalis* steht die Lehre vom Gewissen. Nicht zuletzt im Hinblick auf die besondere Rolle, die Thomas in der Geschichte der Ausformung des Gewissensbegriffs spielt, hat

---

[22] Typologisch lassen sich hier drei Richtungen der gegenwärtigen Thomas-Deutung unterscheiden (vgl. hierzu Schockenhoff 1996, 148-154): (1) Einer rein *formalen* Lesart gilt das natürliche Gesetz lediglich als formales Strukturgesetz der praktischen Vernunft, während die Frage nach seinen möglichen Inhalten offen bleibt. Die *lex naturalis* beschreibt so lediglich die formale Freisetzung der Vernunft zu Eigenaktivität und eine autonome Strukturgesetzlichkeit (am ehesten Honnefelder). – (2) Eine *vermittelnde* Deutung sieht im natürlichen Gesetz mit der Vernunftbestimmtheit des menschlichen Handelns zugleich einen materialen Vorentwurf des sittlich Richtigen angelegt. Die inhaltlichen Bestimmungen der *inclinationes naturales* werden allerdings nicht als handlungsleitende Regeln verstanden, sondern lediglich als grundrissartige Vorprägungen oder Beschreibungen eines Dispositionsfeldes, auf das die praktische Vernunft verwiesen ist und auf dem sie sich im konkreten Einzelnen unter der Variabilität der Lebensbedingungen als Klugheit zu bewähren hat (Korff, Demmer). – (3) Eine *vereinheitlichende* Position schließlich nimmt eine normative Maßgeblichkeit der praktischen Vernunft an, in der diese jedoch auch in der Lage ist, die Inhalte des natürlichen Gesetzes unfehlbar zu erfassen und abzuleiten. Unter der Voraussetzung einer Eigenständigkeit der praktischen Vernunft wird das erste Prinzip der praktischen Vernunft nicht nur formal, sondern inhaltlich verstanden: als ein zum Handeln bewegendes Prinzip, das sich in das Ensemble naturhafter Strebungen und menschlicher Grundgüter entfaltet und in die Vielzahl der Einzelgebote des natürlichen Gesetzes auffächert. Natürliches Gesetz und praktische Vernunft erscheinen so – unter tendenzieller Abblendung der Variabilität der Lebensbedingungen – als zwei Seiten ein- und derselben Medaille (Rhonheimer).

man von einem „Erwachen des Gewissens in der mittelalterlichen Zivilisation" (Chenu) gesprochen. Um so bemerkenswerter ist es, dass die *S.th.* keinen eigenen Gewissens-traktat enthält.[23] Vor dem Hintergrund der Lehre vom natürlichen Gesetz lässt sich die thomanische Gewissenslehre immerhin als deren personalisierende Einfassung oder anthropologische Konkretion interpretieren.

Wahrscheinlich bedingt durch einen Abschreibfehler, der bereits im 12. Jahrhundert zu einer terminologischen Verdoppelung geführt hat, unterscheidet Thomas zwei Aspekte: *synderesis* (das ‚Ur-Gewissen') und *conscientia* (das konkrete Gewissensurteil). – Die *synderesis* kennzeichnet dabei jenen Habitus, mit dem der Mensch die o.g. ersten Prinzi-pien der praktischen Vernunft besitzt. Parallel zum *habitus principiorum*, in den die ersten Prinzipien der theoretischen Vernunft eingeschrieben sind (vgl. v.a. Aristoteles, *An. post.* II 19), ist die *synderesis* ein natürlicher, angeborener Habitus, der seinen Sitz im vernünf-tigen Seelenteil hat (vgl. *S.th.* I 79, 12). Bedingt durch seine Teilhabe am göttlichen Er-kenntnislicht besitzt er eine unmittelbare Einsicht, die sich nicht forschendem oder schlussfolgerndem Denken verdankt, und ist so beständiges Prinzip aller folgenden Er-kenntnis, der er Rechtheit, Festigkeit und Sicherheit verleiht (vgl. *Q. de ver.* 16).

Im Gegensatz dazu ist die *conscientia* eine „Tätigkeit" (*actus*) und bezeichnet die „An-wendung dieser Erkenntnis auf eine bestimmte Handlung" (*applicatio scientiae ad ali-quem specialem actum*). Ihrer Wortbedeutung nach besagt *con-scientia* ein „Mit-Wissen" oder „Zugleich-Wissen", das sich sowohl (a) auf die Faktizität als auch (b) auf die Rich-tigkeit einer Handlung beziehen kann. Im Hinblick (i) auf Handlungen in der Gegenwart und Zukunft hat die *conscientia* hier eine leitende Funktion, indem sie „antreibt", „be-wegt" oder „bindet", im Hinblick (ii) auf Handlungen in der Vergangenheit dagegen kommt ihr eine prüfende Funktion zu, wenn sie „anklagt" oder „quält", „verteidigt" oder „entschuldigt" (vgl. *Q. de ver.* 17, 1 c.; *S.th.* I 79, 13 c.). Als Prüfungsinstanz oder „innerer Gerichtshof" (*ebd.*) hat sie keine befehlende Funktion und daher auch keinen festen Ort im Aufbau der menschlichen Handlung. Entsprechend betont Thomas den rein kognitiven Charakter des Gewissensurteils. Als „Spruch der Vernunft" ist die *conscientia* vielmehr Kriterium der letzten Selbstbeurteilung der Person und Zeugnis ihrer Innerlichkeit.

(4) *Die Verpflichtungskraft des irrenden Gewissens.* – Gemäß der Unterscheidung von *synderesis* und *conscientia* lässt sich von einem „Irrtum" (*error*) des Gewissens nur mit Bezug auf letztere sprechen. Anhand des praktischen Syllogismus, der nur in seinen Fol-gerungen, nicht jedoch in seinen ersten Prinzipien Fehler haben kann, lässt sich ein solcher Irrtum – wie bei der theoretischen Schlussfolgerung – entweder (a) auf die Annahme einer falschen Voraussetzung im Untersatz oder (b) auf eine falsche Weise des Schließens zu-rückführen (vgl. *Q. de ver.* 17, 2 c.).

Dabei ist gerade die Irrtumsmöglichkeit des Gewissens der Beleg für die nicht hinter-gehbare Subjektivität der sittlichen Erkenntnis, in der sich die o.g. Hervorhebung der

---

[23] Lediglich im anthropologischen Teil findet eine Verortung innerhalb der Seelenvermögen statt (vgl. *S.th.* I 79, 12-13), und zwei Artikel im Rahmen der Handlungstheorie werden im entsprechenden Sinne umformuliert (vgl. *S.th.* I-II 19, 5-6). Die ausführlichsten Erörterungen zur Gewissensthematik selbst finden sich dagegen in den *Q. de ver.* 16-17 (zum Ganzen vgl. Schwartz 2001).

Eigentätigkeit der Vernunft niederschlägt. „Durch sein Gewissen" (*mediante [con-]*
scientia) ist der einzelne Mensch immer und unbedingt gebunden: „Jedes Gewissen, sei
es das rechte, sei es das irrende, ist verbindlich, und dies dergestalt, dass sündigt, wer
gegen sein Gewissen handelt" (*Q. de quodl.* III 12, 2). Diese Bindung an das Gewissensurteil als subjektives Organ sittlicher Erkenntnis gilt auch dann, wenn das Gewissen
eine Handlung als schlecht beurteilt, die objektiv mit dem Willen Gottes überein-
stimmt. – Indessen bedeutet seinem Gewissen zu folgen nach Thomas nicht automatisch
schon, das Richtige zu tun (vgl. *Q. de ver.* 17, 4 c.). Gegen die Vorstellung einer einsei-
tigen sittlichen Autonomie erörtert er daher die Verantwortlichkeit des Einzelnen für
seinen Gewissensirrtum, wobei er zwischen (a) der Unkenntnis oder falschen Wahrnehmung der tatsächlichen Voraussetzungen eines komplexen Sachverhalts (sog. *igno-
rantia facti*) und (b) der Unkenntnis dessen, was man gehalten ist, zu wissen (sog. *igno-
rantia iuris*), unterscheidet. Für erstere sind Ödipus oder Jakob die klassischen Beispiele, für letztere etwa das fehlende Wissen darum, dass Ehebruch eine Sünde ist. – Als
Grenzfall diskutiert er schließlich die Möglichkeit eines schuldhaften Gewissensirrtums,
bei dem es dem Betreffenden trotz eines Handelns gemäß dem eigenen Gewissen nicht
möglich ist, die Sünde völlig zu vermeiden (sog. *casus perplexus, Q. de ver.* 17 ad 8).
Indem Thomas im Ganzen mit der Möglichkeit rechnet, seinen Irrtum zu erkennen und
ein irrendes Gewissen „abzulegen" (*conscientiam deponere*), zeigt er ein Verständnis,
nach dem die „Gewissenserkenntnis kein abgeschlossener Prozess [ist], sondern ein
lebenslanges Weiterwachsen in der Erkenntnis des Guten" (Schockenhoff 2003, 117).
  Kann gerade im Rahmen der thomanischen Gewissenslehre die nicht hintergehbare
und unvertretbare Subjektivität des Menschen als eines moralisch Handelnden sichtbar
werden, so sind es neben der Offenheit für eine Objektivierung und Überprüfung seines
Urteils und der Verpflichtung zur Gewissensbildung vor allem die wiederholten Hinweise auf die umfassende Disposition des sittlich Urteilenden (etwa die Verblendung
seines Gewissensurteils durch Leidenschaften), die auf eine Einbindung der Gewissensthematik in den Zusammenhang von Tugendlehre und Personverständnis hinweisen.

2.3.5. Die Tugendlehre der *Secunda Secundae*

(1) *Das Reduktionsprogramm der S.th. II-II.* – Somit gewinnt die thomanische Ethik
ihre eigentliche Kontur und ihre ‚Farbigkeit' tatsächlich in der *S.th.* II-II, in der „die
gesamte moralische Materie" (*tota materia moralis*) auf die Erörterung der Tugenden
konzentriert wird. Aristoteles hatte im Ausgang von den verschiedenen Kräften der
Menschenseele zwischen moralischen (ethischen) oder Charaktertugenden und intellektuellen (dianoëtischen) Tugenden unterschieden.[24] Thomas dagegen orientiert sich an
den vier Kardinaltugenden (Klugheit, Gerechtigkeit, Tapferkeit, Maßhaltung) sowie an
den drei theologischen Tugenden (Glaube, Hoffnung, Liebe). Mit Hilfe der Lehre von
den sieben Gaben des Heiligen Geistes gelingt es ihm, mit dem Hinweis auf ihre Na-
mensgleichheit die zentralen intellektuellen Tugenden (*sapientia, intellectus, scientia*)

---

[24] Vgl. oben den Beitrag von J. Müller, S. 31.

zu integrieren. Überdies ordnet er jeder der sieben Tugenden jeweils die ihnen entgegen gesetzten Laster sowie (als Auswirkung der Lehre vom Gesetz) die ihnen zugehörigen Gebote des Dekalogs zu (vgl. *S.th.* II-II prol.).

(2) *Die Kardinaltugenden.* – Die Unterscheidung der vier Kardinaltugenden geht bereits auf Platon zurück (vgl. *Politeia* IV, 443d) und war über die stoische Philosophie (v.a. in ihrer Darstellung durch Cicero) dem christlichen Denken vermittelt worden. Ihren Namen hatte der Kirchenvater Ambrosius vom lateinischen Wort *cardo* abgeleitet, womit der metallene Zapfen bezeichnet wurde, an dem eine Tür aufgehängt ist: Wie die Tür ins Innere des Hauses führt, so öffnen die Kardinaltugenden den gesamten Bereich des Sittlichen (vgl. *Q. de virt.* 1, 12 ad 24). Als „vorrangige Tugenden" (*virtutes principales*) sind sie daher zugleich die Basis für alle weiteren sekundären Tugenden und ermöglichen den Aufweis ihrer organischen Zusammengehörigkeit. Es ist das Anliegen, diese Zusammengehörigkeit aufzuweisen, mit dem Thomas über Aristoteles hinausgeht, der in *NE* eher eine Aufzählung als eine Klassifikation der von ihm erörterten Tugenden geboten hatte (vgl. Steel 2005, 325). Dass die Kardinaltugenden in aristotelischer Terminologie *moralische* Tugenden sind, ergibt sich für Thomas als selbstverständlich aus ihrer Funktion, das sittliche Leben in seiner Konkretheit zu gestalten und das Streben und Wollen des Menschen auf das Gute hin auszurichten. Im Unterschied zu den intellektuellen Tugenden, die die Vernunft zur Vollendung führen, sollen sie die Befähigung zum guten Handeln geben und dieses auch bewirken (vgl. *S.th.* I-II 61, 1 c.).

In ihrer *Vierzahl* umfassen die Kardinaltugenden dabei die vier formalen Aspekte des gesamten sittlichen Lebens, das heißt jene Aspekte, nach denen sich das für den Menschen Gute als Gut eines vernünftigen Wesens unterscheiden lässt (vgl. *S.th.* I-II 61, 2 c.):

(a) So betrifft die *„Klugheit"* (*prudentia,* vgl. *S.th.* II-II 47-56) das Gute der Vernunft *an sich,* indem sie die Vernunft befähigt, die angemessenen Prinzipien für das rechte Handeln bereitzustellen.

(b) Die *„Gerechtigkeit"* (*iustitia,* vgl. *S.th.* II-II 57-122) dagegen ordnet das Gut der Vernunft *in äußeren Handlungen* und *in den Beziehungen zu anderen.* Sie ist jene Kardinaltugend, die in besonderer Weise der Sozialnatur des Menschen zugeordnet ist, während die beiden übrigen Kardinaltugenden das Selbstverhältnis der Person betreffen, indem das Gut der Vernunft im Bereich der Leidenschaften regeln.

(c) Dabei hat die *„Tapferkeit"* (*fortitudo,* vgl. *S.th.* II-II 123-140) die Aufgabe, das Gut der Vernunft gegen innere und äußere Widerstände zu behaupten,

(d) während die Tugend der *„Maßhaltung"* (*temperantia,* vgl. *S.th.* II-II 141-170) dieses gegen das Streben der Leidenschaften sichern soll.

Darüber hinaus lassen sich die vier Kardinaltugenden den vier verschiedenen Trägern der Sittlichkeit in der Menschenseele zuordnen und umfassen so alle Bereiche der menschlichen Wirklichkeit: (a) die *Klugheit* die Vernunft, (b) die *Gerechtigkeit* den Willen, (c) die *Tapferkeit* das überwindende und (d) die *Maßhaltung* das begehrende Seelenvermögen (vgl. *S.th.* I-II 61, 2 c.; vgl. schon die Einteilung in *Super Eth.* III 14).[25]

---

[25] Im Ganzen versteht Thomas – anders als Platon und die Stoa – die Kardinaltugenden nicht nur als allgemeine Grundhaltungen, sondern als *spezifische Tugenden*, die in paradigmatischer Weise auf einen

(3) *Die theologischen Tugenden.* – Während die Kardinaltugenden es eher mit der konkreten Lebensgestaltung als mit dem Lebenssinn im Ganzen zu tun haben und insofern eher den Weg als das Ziel betreffen, stehen die drei theologischen Tugenden in einer unmittelbareren Verbindung zur endgültigen Vollendung des menschlichen Lebens. Wie bereits angedeutet, richten sie das Handeln des Menschen als ganzes auf ein die natürlichen Kräfte übersteigendes Ziel hin und sind daher auch nicht auf bestimmte Objektbereiche oder Seelenteile bezogen. Der Gesichtspunkt der übernatürlichen Glückseligkeit selbst ist es vielmehr, der die Grundlage des Aufweises ihrer inneren Zusammengehörigkeit abgibt (vgl. *S.th.* I-II 62, 3 c.): Weil die Vollendung des Menschen sowohl seine Erkenntnis als auch seinen Willen betrifft, erfährt er einerseits (a) die Mitteilung einer übernatürlichen Einsicht, das mittels des göttlichen Lichtes erfasst wird: die „Inhalte" (*credibilia*), auf die sich der „*Glaube*" (*fides*) richtet. Andererseits geschieht die Erfüllung seines willentlichen Strebens (b) sowohl im Hinblick auf dieses Streben selbst: in der „*Hoffnung*" (*spes*), (c) als auch im Hinblick auf die Vereinigung mit diesem Ziel: in der „*Liebe*" (*caritas*).

Gerade die Lehre von den drei theologischen Tugenden lässt dabei in paradigmatischer Weise die organische Weiterentwicklung der aristotelischen Ethik sichtbar werden, die Thomas mit Hilfe von Aussagen der Bibel und der christlichen Tradition unternimmt.

(4) *Wissen und Glauben.* – So knüpft die Lehre vom Glauben (vgl. *S.th.* II-II 1-16) an das anthropologische Grunddatum des Verlangens nach Wissen und Wahrheit (vgl. *Metaph.* I 1) sowie an die im Anschluss daran entwickelte aristotelische Wissenschaftstheorie (vgl. *An. post.*) an: Thomas entwirft das Modell eines ‚*Glaubenswissens*', das die erste Wahrheit zum Gegenstand hat (vgl. *S.th.* II-II 1, 1 c.) und sich in syllogistischer Weise strukturieren lässt. Hierdurch wird es zugleich zur Grundlage für die Ausformulierung der *Theologie als Wissenschaft* (vgl. *S.th.* I 1). Während das natürliche Wissen auf Prinzipien zurückgeht, die der menschlichen Vernunft von sich aus zugänglich sind, verdankt sich das Glaubenswissen eben jener o.g. „übernatürlichen" Einsicht (*principia supernaturalia*), die

---

bestimmten Gegenstand bezogen sind. (a) So ist die *Klugheit* diejenige Vollkommenheit der Vernunft, die einen Menschen in die Lage versetzt, schnell zu entscheiden, wie hier und jetzt zu handeln ist, (b) die *Gerechtigkeit* ist jene Tugend, die Gleichheit insbesondere in äußerlichen Handlungen wie dem Kaufen und Lohn bezahlen herstellt, (c) die *Tapferkeit* zeichnet – als militärische Tugend – vor allem den sich in Todesgefahr Befindenden aus (wobei Thomas eine Verbindung mit der Vorstellung des christlichen Märtyrers herstellt), (d) die Maßhaltung schließlich hat es in erster Linie mit solchen Leidenschaften zu tun, die sich auf den spezifischen Genuss des Tastsinns, das heißt sexuellen Genuss sowie Essen und Trinken, beziehen (vgl. v.a. *Super Eth.* II 8). – Weil sie es jeweils mit besonderen Gegenständen oder Bereichen zu tun haben, die grundlegend sind und „wo es sehr schwierig ist und von größter Wichtigkeit, sich gemäß der Tugend zu verhalten" (*S.th.* II-II 149, 1 c.), kommt den Kardinaltugenden eine paradigmatische Funktion im sittlichen Leben zu (zum Denken des Thomas in Paradigmen vgl. Nissing 2006, 70). Von diesen Paradigmen aus lassen sich verschiedene weitere Grundhaltungen als sekundäre oder abgeleitete Tugenden beschreiben. So kann etwa die Lehre von der Maßhaltung auch die Bereiche der Bescheidenheit oder Sanftmut umfassen, die Erörterungen zur Tapferkeit sich auf Ehrgeiz, Beharrlichkeit oder Großmut erstrecken oder der Gerechtigkeitstraktat, der größte unter den Traktaten zu den Kardinaltugenden, das Verhältnis von Kindern und Eltern oder die Beziehung des Menschen zu Gott thematisieren, in denen der Rahmen einer auf gleicher Ebene herzustellenden Gleichheit von vornehrein gesprengt ist und Aspekte der Dankbarkeit, der Freigebigkeit oder auch des Opfers zur Sprache kommen.

auf göttliche Mitteilung zurückgeht. Leitbild des Glaubenstraktates ist daher der „Schüler" (*discipulus*), der die Prinzipien seiner Einsicht von seinem „Lehrer" (*magister*) vermittelt bekommt (vgl. *S.th.* II-II 1, 7 ad 2). Weil dabei an die Stelle der eigenen Einsicht der Anschluss an die Erkenntnis des anderen tritt, gewinnt mit der personalen zugleich die willentliche Dimension der „Zustimmung" (*assensus*) des Glaubensaktes an Profil (vgl. *S.th.* II-II 2). Durch den Glauben wird der Mensch schon in diesem Leben in die Lage versetzt, das letzte Ziel seines Strebens nach Erkenntnis zu ergreifen.[26]

(4) *Streben und Hoffnung.* – Bezieht sich der Glaube vor allem auf den Gegenstand des menschlichen Verlangens, so ist die Hoffnung auf dieses Verlangen selbst gerichtet (vgl. *S.th.* II-II 17-22).[27] Sie ist jene Tugend, die dem *desiderium naturale* des Menschen als solchem und seiner Lebensform als *viator* entspricht, denn sie besagt zugleich die Hinordnung auf Erfüllung wie die Abwesenheit von Erfüllung. Als theologische Tugend greift sie die Leidenschaft der natürlichen Hoffnung (vgl. oben Abschnitt 2.3.1) auf und verbindet den Menschen mit dem Ziel seiner äußersten Vollendung. Indem sie alle zeitlichen Hoffnungsgüter als vorläufig überschreitet, richtet sie sich auf die „helfende Allmacht Gottes" (*auxilium divinum*) und verleiht dem Menschen die Kraft, sich allen innerweltlichen Widerständen zu widersetzen. Begegnet Gott dem Glauben als Lehrer, so hat er für die Hoffnung seine personifizierte Gestalt als „Vorsehender" (*provisor*) und „Lenker" (*gubernator*), an den sich das menschliche „Gebet" (*oratio*) als „Sprache der Hoffnung" (*interpretatio spei*) und „Ausdruck des Verlangens" (*desiderii interpres*, vgl. *S.th.* II-II 83, 9 c.) wendet.

(5) *Freundschaft und Liebe.* – Zeigt der Glaube dem Menschen sein letztes Ziel, und lässt die Hoffnung ihn zu diesem aufbrechen, so es die Liebe, die ihn mit diesem Ziel vereint. In der Lehre von der *caritas* (vgl. *S.th.* II-II 23-46) erreicht die Tugendlehre der *S.th.* daher ihren Höhe- und Mittelpunkt. Thomas bezeichnet sie daher als *forma virtutum* (*S.th.* II-II 23, 8) und als „Mutter und Wurzel aller Tugenden" (*S.th.* I-II 62, 4). Zur Ausdeutung der christlichen Lehre von der Gottes- und Nächstenliebe nimmt er in origineller Weise das aristotelische Konzept der „Freundschaft" (*amicitia*, vgl. *NE* VIII-IX) auf (vgl. bereits die Eingangsfrage in *S.th.* II-II 23, 1 c.: *utrum caritas sit amicitia*). Wie die Hoffnung, so baut auch die *caritas* als Tugend auf der „Liebe" (*amor*) als natürlicher Leidenschaft zum Guten auf. Diese kennt zwei Grundformen: (a) die *„begehrende Liebe"* (*amor concupiscentiae*), die ein Gut um eines anderen willen bejaht, jedoch von seinem Eigenwert absieht, und (b) die *„Freundschaftsliebe"* (*amor amicitiae*), die auf den anderen in seinem Selbstsein gerichtet ist und für ihn um seiner selbst willen Gutes will (vgl. *S.th.* I-II 26, 4 c.; II-II 23, 1 c.). Daher ist das „gegenseitige Wohlwollen" (*mutua benevolentia*) für sie konstitutiv. Hieran anschließend definiert Thomas die Gottesliebe als

---

[26] Dabei ist eigens zu betonen, dass nach Thomas der Glaube nicht dort anfängt, wo das Wissen aufhört. Vielmehr offenbart Gott dem Menschen auch solche Wahrheiten, die prinzipiell auf dem Weg der natürlichen Vernunft erkannt werden können: vgl. *S.th.* II-II 1, 5.

[27] Vgl. entsprechend die Verbindung beider in der Definition von *Hebr* 11,1, die für die thomanischen Überlegungen grundlegend ist: *Est autem fides substantia sperandarum rerum, argumentum non apparentium* (vgl. *S.th.* II-II 4, 1).

(i) gewisse Freundschaft
(ii) des Menschen zu Gott,
(iii) die auf eine Gemeinschaft der ewigen Glückseligkeit gegründet ist (*S.th.* II-II 24, 2 c.).[28]

Mit der Annahme der Möglichkeit einer Freundschaft zwischen Mensch und Gott geht Thomas dabei deutlich über die Postulate der aristotelischen *philia*-Lehre (proportionale Gleichheit der Partner als Voraussetzung für Wechselseitigkeit etc.) hinaus. Die Gründung einer solchen Gemeinschaft kann einzig und allein von Gott her erfolgen. In diesem Zusammenhang nun kommt der Menschwerdung Gottes in Jesus Christus die entscheidende Schlüsselrolle zu (vgl. 1 *Kor* 1, 9, zitiert in *S.th.* II-II 23, 1 c.). Denn durch sie wird es möglich, die Freundschaft mit Gott am Paradigma des Gott-Menschen konkret und nach dem Verstehensmodell personaler Beziehung zu denken. Von diesem Paradigma her lässt sich die Lehre von der *caritas* in die verschiedenen Dimensionen der Gottes-, Selbst- und Nächstenliebe entfalten.

(6) *Die personale Dimension des thomanischen Eudaimonismus.* – Dabei wird man die personale Dimensionierung, die die thomanische Ethik im Ganzen von der Christologie her erhält, kaum überschätzen können. Sie markiert sozusagen das Gegenüber zum personalen Selbstverständnis des Menschen, der am Ausgangspunkt der Ethik steht (vgl. oben Abschnitt 2.1), indem sie seinem natürlichen Verlangen gleichermaßen als Ziel wie als Vorbild ein konkretes Angesicht vor Augen stellt: den auferstandenen Gott-Menschen. Unter dem Motiv der Christusfreundschaft ist zugleich jeglicher Entgegensetzung von menschlichem Streben und göttlichem Wirken, von Natur und Gesetz/Gnade oder von Philosophie und Theologie im Werk des Thomas der Boden entzogen – denn „was wir durch unsere Freunde vermögen, vermögen wir durch uns selbst".

Anders als aus einer personalen Bindung zu Christus heraus lassen sich die Weiterführungen des aristotelischen Eudaimonismus im Kontext des christlichen Glaubens wohl kaum verstehen. Ist es die aristotelische Philosophie, von der das Denken des Thomas seine entscheidende Prägung empfängt, so ist es die biblische Lebensform der Nachfolge Christi, die sein Lebenswerk als ganzes motiviert. In diesem Sinne ist der treffendste Ausdruck, der die Grundintention der Ethik des Thomas von Aquin zusammenfasst, vielleicht ein poetischer – bringt er doch Wort für Wort die Grundmotive der thomanischen Ethik (Zeitlichkeit der menschlichen Existenz als Pilger, natürliches Verlangen, Jenseitigkeit der vollkommenen Glückseligkeit, Vollendung in der Erkenntnis) zur Sprache. Er findet sich in der letzten Strophe des Thomas zugeschriebenen Hymnus *Adoro te devote*, der die Gegenwart Christi in der Eucharistie betrachtet:

> Iesu, quem velatum nunc aspicio,
> quando fiat illud, quod tam sitio,
> ut te revelata cernens facie,
> visu sim beatus tuae gloriae.[29]

---

[28] (1) *amicitia quaedam* (2) *hominis ad Deum,* (3) *fundata super communicationem beatitudinis aeternae.*
[29] „Jesus, den ich jetzt verhüllt anschaue,/ wann wird sein, wonach ich so sehr dürste?/ Indem ich Dich unverhüllten Angesichtes erkenne,/ werde ich sehend deiner Herrlichkeit glückselig sein."

3. Ausblick

Ihre Wirkung verdankt die thomanische Ethik insbesondere der Tatsache, dass Thomas –
nicht zuletzt verstärkt durch verschiedene ‚Renaissancen' (Barockscholastik im 17. Jahrhundert, Neuscholastik im 19. Jahrhundert) – als kanonischer Referenzautor der katholischen (Moral-)Theo-logie galt und gilt und die *S.th.* seit dem 14. Jahrhundert zum autori-
tativen Lehrbuch des theologischen Unterrichts geworden war. Verschiedene Einflüsse
führten freilich dazu, dass deren eudaimonistischer Gesamtentwurf kaum erkennbar blieb.
Statt der Frage nach dem Glück des Menschen trat spätestens seit dem Spätmittelalter (1)
die Verhältnisbestimmung von *menschlicher Freiheit* und *göttlichem Gesetz* in den Mittelpunkt des moraltheologischen Interesses. Von hier aus gewann (2) die Lehre vom *Gewissen* als Vermittlungsinstanz zwischen beiden eine zentrale Bedeutung, ferner die Konzentration der ethischen Betrachtung auf (3) die *einzelnen Handlungen*, die – als Feld der
Gewissenstätigkeit – in ihren besonderen *Umständen* und als *Konfliktfälle* bedacht wurden, wodurch schließlich (4) die Lehre von möglichen Verfehlungen, den *Sünden*, zu
einem eigenen Schwerpunkt wurde (vgl. Pinckaers 2004, 26-34).

Unter diesem veränderten Vorzeichen mag es nicht zuletzt die der scholastischen Methode selbst innewohnende Tendenz zur Distinktion und begrifflichen Differenzierung
gewesen sein, die die Entwicklung von Regelungen und Normen bis in die kleinsten Bereiche der Wirklichkeit hinein begünstigt und die Unterscheidung zwischen (1) prinzi-
pienethischer Grundlagenreflexion und (2) spezieller Moral in Form der sog. *Moralkasuis-
tik* unterstützt hat, in der an die Stelle der ursprüngliche Frische und Lebensnähe des thomanischen Ansatzes ein starres terminologisches Raster mit einer Unzahl von Regelungen
und Normen getreten ist.

Noch wichtiger scheint indessen der Anspruch zu sein, das ethische Konzept des Thomas als ein *zeitlos* gültiges *moralphilosophisches* System zu verstehen, das es nach außen
gegenüber den verschiedensten Anfragen des Denkens der Neuzeit zu bewähren oder zu
verteidigen galt. Zumal das apologetische Interesse führte zur Konzeption einer *axiomati-
schen* Moralphilosophie, die eine streng *universalistische* Moralbegründung liefern sollte
und in der eine entsprechende Konzentration auf bestimmte Kernthemen – insbesondere
die *Naturrechtslehre* – stattfand.

Im Gefolge dieser Verschiebungen und unter dem dominierenden Vorzeichen des *Natur-
gesetzdenkens* standen folglich auch noch jene Diskussionen um die thomanische Ethik,
die im 20. Jahrhundert – gestützt auf die Ergebnisse einer *historisch-kritischen* Mittelalter-
forschung (Lottin, Kluxen) und angereichert durch das Bewusstsein für die spezifisch
theologische Gestalt der thomanischen Morallehre (Kühn) – geführt wurden.

(1) Die Versuche einer sog. ‚*autonomen Moral*' (Böckle, Schüller), die Ethik des Thomas affirmativ mit der neuzeitlichen Moralphilosophie (insbesondere der Tradition Kants)
zu verbinden, waren hier vom Interesse einer Betonung der Mündigkeit des moralischen
Subjekts und seiner Selbstaufgegebenheit zu konkretem sittlichem Handeln geleitet. Freilich führte ein unter dem Postulat der Eigenständigkeit der praktischen Vernunft (Kluxen)
formal konzipierter Vernunftbegriff nicht nur zu einer Minimierung der inhaltlichen Be-

stimmung des Natürlichen, sondern auch zu einer Konzentration der Überlegungen auf eine abstrakte Prinzipienebene.

(2) Auf der Gegenseite des in den 70er und 80er Jahren z.T. vehement geführten Streits zwischen ‚teleologischer' und ‚deontologischer' Ethik wurde eine Sicherung moralischer ‚Objektivität' gegen eine vermeintlich einseitig subjektive ‚autonome Moral' u.a. im Rückgriff auf Elemente der *materialen Wertethik* (Stoeckle) oder durch betont *glaubensethische* Alternativmodelle (Hilpert) versucht, die in ihrem ganzheitlichen Ansatz tendenziell eine Abhängigkeit der Ethik von der Metaphysik implizierten. Im Übrigen verblieben die Versuche, „Natur als Grundlage der Moral" (Rhonheimer) auszuweisen, unter dem durch die neuzeitliche Thematik bezeichneten Paradigma (zum Ganzen vgl. Bormann 1999).

In Richtung auf eine Einsicht in den inneren Zusammenhang der verschiedenen Bausteine der thomanischen Ethik weisen unterdessen jüngere Interpretationen mit einem *handlungstheoretischen Ansatz*, die eine Verbindung der Naturgesetzlehre mit der Glücksthematik über die Handlungslehre suchen und erstere damit wieder in den Zusammenhang der Frage nach dem guten Leben rücken (McInerny, Schröer, Bormann). – Eine Rehabilitierung der *tugendethischen* Gestalt der thomanischen Ethik wird darüber hinaus im Kontext des nordamerikanischen Kommunitarismus (MacIntyre) versucht, allerdings unter Verzicht auf eine streng universalistischen Moralbegründung und von einer dezidiert neuzeitkritischen Position aus.

Von wegweisender Bedeutung für das Verständnis der Ethik des Thomas von Aquin bleiben daher nach wie vor Interpretationen, die aus einer ursprünglichen Lektüre und einer Beachtung der Gesamtstruktur des Werkes erwachsen (Pieper, Schockenhoff). Als fruchtbar für ein umfassendes Verständnis der thomanischen Ethik mag sich darüber hinaus die Wiederentdeckung eines naturteleologischen Denkens (Spaemann) erweisen.

4. Literatur

4.1. Quellentexte und Übersetzungen (Auswahl)

Thomas von Aquin, 1882ff.: *Opera omnia. Iussu Leonis XIII. edita, cura et studio Fratrum Praedicatorum*, Rom – Paris.

–, 1933ff.: *Die deutsche Thomas-Ausgabe. Vollständige, ungekürzte deutsch-lateinische Gesamtausgabe der Summa theologica des hl. Thomas von Aquin*, Salzburg – Leipzig u.a. [= *DThA*, unvollständig].

–, 1954: *Die menschliche Willensfreiheit. Texte zur thomistischen Freiheitslehre*, ed. G. Siewerth/P. Wehbrink, Düsseldorf.

–, 1987: *Recht und Gerechtigkeit: Theologische Summe II-II, Fragen 57-79*, ed. A.F. Utz/J. F. Groner, Bonn.

–, 1990: *Über die Sittlichkeit der Handlung, Sum. theol. I-II, q.18-21*, ed. R. Schönberger, Weinheim 1990. – [2]2001: *Über sittliches Handeln*, Stuttgart.

–, 1996: *Naturgesetz und Naturrecht: Theologische Summe, Fragen 90-97*, ed. A.F. Utz/J.F. Groner, Bonn.

4.2. Allgemeine Einführungen in Leben und Werk des Thomas von Aquin

Chenu, M.-D., [2]1982: *Das Werk des heiligen Thomas von Aquin*, Graz – Wien – Köln.
Forschner, M., 2005: *Thomas von Aquin* (= Beck'sche Reihe Denker, 572), München.
Pesch, O.H., 1988: *Thomas von Aquin. Grenze und Größe mittelalterlicher Theologie*, Mainz.
Pieper, J., [3]1986: *Thomas von Aquin. Leben und Werk*, München.
Schönberger, R., [2]2002: *Thomas von Aquin zur Einführung*, Hamburg.
Speer, A. (ed.), 2005a: *Thomas von Aquin: Die „Summa theologiae"*, Berlin – New York.
Stump, E./Kretzmann, N. (eds.), 1993: *The Cambridge Companion to Aquinas*, Cambridge.
Torrell, J.-P., 1995: *Magister Thomas,* Freiburg/Br. – Basel – Wien.
Zimmermann, A., 2000: *Thomas lesen* (= Legenda, 2), Stuttgart-Bad-Cannstatt.

4.3. Sekundärliteratur zur Ethik des Thomas von Aquin

Bormann, F.-J., 1999: *Natur als Horizont sittlicher Praxis,* Stuttgart – Berlin – Köln.
Brungs, A., 2005: „Die passiones animae (S.th. I-II, qq. 22-48)", in: Speer 2005a, 198-222.
Horst, U., 2001: *Die Gaben des Heiligen Geistes nach Thomas von Aquin*, Berlin.
Kluxen, W., 1964 ([3]1998): *Philosophische Ethik bei Thomas von Aquin*, Mainz.
Lottin, O., 1942-1960: *Psychologie et morale au XIIe et XIIIe siècles*, 8 Bde., Louvain u.a.
McInerny, R., 2000: *Vernunftgemäßes Leben,* Münster – Hamburg – London.
Mertens, K., 2005: „Handlungslehre und Grundlagen der Ethik (S.th. I-II, qq. 6-21)", in:
    Speer 2005a, 168-197.
Pesch, O.H., 1977: „Kommentar", in: *DThA Bd. 13 (I-II, qq. 90-105: Das Gesetz)*, 529-734.
Pieper, J., 1963: „Tugendlehre als Aussage über den Menschen", in: ders., *Tradition als
    Herausforderung,* München, 151-159.
–, 1974: „Kreatürlichkeit. Bemerkungen über die Elemente eines Grundbegriffs", in: L.
    Oeing-Hanhoff (ed.), *Thomas von Aquin 1274-1974*, München, 41-71.
–, [4]1979: *Glück und Kontemplation*, München.
Pinckaers, S., 2004: *Christus und das Glück. Grundriss der christlichen Ethik*, Göttingen.
Rhonheimer, M., 1987: *Natur als Grundlage der Moral*, Innsbruck – Wien.
Schockenhoff, E., 1987: *Bonum hominis*, Mainz.
Schröer, C., 1995: *Praktische Vernunft bei Thomas von Aquin*, Stuttgart – Berlin – Köln.
Schwartz, T., 2001: *Zwischen Unmittelbarkeit und Vermittlung,* Münster u.a.
Speer, A., 2005b: „Das Glück des Menschen (S.th. I-II, qq. 1-5)", in: Speer 2005a, 141-167.
Steel, C., 2005: „Thomas' Lehre von den Kardinaltugenden (S.th. II-II, qq. 47-170)", in:
    Speer 2005a, 322-342.
Stump, E., 1997: „Aquinas's Account of Freedom: Intellect and Will", in: *Monist* 80, 576-597.
Wippel, J., 2005: „Natur und Gnade (S.th. I-II qq. 109-114)", in: Speer 2005a, 246-270.
Wittmann, M., 1933: *Die Ethik des hl. Thomas von Aquin*, München.

4.4. Sonstige zitierte Literatur

Nissing, H.-G., 2006: *Sprache als Akt bei Thomas von Aquin*, Leiden – New York.
Schockenhoff, E., 1996: *Naturrecht und Menschenwürde*, Mainz.
–, 2003: *Wie gewiss ist das Gewissen? Eine ethische Orientierung*, Freiburg/Br. u.a.

JÖRG SPLETT

Gesetz der Freiheit
Die Pflichtethik Immanuel Kants

1. Leben und Schriften

Immanuel Kant wurde am 22. April 1724 in Königsberg geboren, als viertes von neun Kindern eines Sattlers (der, Sohn eines eingewanderten Schotten, sich noch „Cant" schrieb). „Der Vater forderte Arbeit und Ehrlichkeit, besonders Vermeidung jeder Lüge, die Mutter auch Heiligkeit dazu" (Fischer 1998, I, 43). Die pietistische Prägung durch die Eltern, vor allem die Mutter, vertieft sich im Collegium Fridericianum unter ihrem Leiter F.A. Schultz. Von 1740 bis 1746 studiert Kant an der Königsberger Universität und wird vor allem durch M. Knutzen in Mathematik, Physik und Philosophie eingeführt. Bestimmende Namen sind Newton und Wolff. Nach dem Tod des Vaters lebt Kant für neun Jahre verschiedenen Orts als Hauslehrer, bis er 1755 mit einer Schrift über das Feuer promoviert und sich mit einer Arbeit über die Prinzipien metaphysischer Erkenntnis habilitiert. Der Privatdozent liest neben Philosophie Mathematik, Physik, Naturrecht, Geographie, befasst sich mit ästhetischen und ethischen Fragen (hier sind Rousseau und Shaftesbury zu nennen), muss indes, teils durch die Ereignisse des Siebenjährigen Krieges bedingt, bis 1770 warten, ehe er die ordentliche Professur für Logik und Metaphysik erhält.

Die Antrittsvorlesung *Form und Prinzipien der sinnlichen und intelligiblen Welt* zeigt schon erste Ansätze der kritischen Philosophie, die Kant in den folgenden Jahren entwickelt und in der er über das Gegeneinander von Empirismus bzw. Skeptizismus (von Bacon bis Hume) und Rationalismus (von Descartes bis Wolff) hinausgehen wird. Ein Zentralpunkt dieser Vernunftkritik ist die Unterscheidung von *„theoretischer"* und *„praktischer Vernunft"*.

Das Hauptwerk *Kritik der reinen Vernunft* (im Folgenden: *KrV* 1781, ²1787) müsste genauer „der reinen theoretischen" bzw. „spekulativen Vernunft" heißen. Danach beruhen alle unsere Erkenntnisse auf sinnlicher Erfahrung; deren Gehalte werden durch die *a priori* im Geist liegenden Anschauungsformen Raum und Zeit sowie durch die Verstandesformen der Kategorien gestaltet. In „kopernikanischer Wende" sieht Kant nicht mehr unser Erkennen von den Gegenständen bestimmt, sondern umgekehrt diese durch jenes und seine apriorischen Formen. Die Untersuchung dieser Verhältnisse nennt Kant *„transzendental"*. Demnach gelangen wir nicht zu den „Dingen an sich", sondern nur zu deren Phänomenen. Die überlieferten metaphysischen Thesen zu den Grund-Ideen Seele, Welt und Gott stellen reine Gedankenkonstruktionen dar. Metaphysik wird zur Wissenschaft, anstatt vom Absoluten, von den Grenzen unserer Vernunft. – Anderseits kann die Vernunft durchaus *a priori* unser Wollen und praktisches Verhalten bestimmen. Dazu legt Kant in der *Kritik der praktischen Vernunft* (1788, im Folgenden: *KpV*) wie zuvor schon in der *Grundlegung zur Metaphysik der Sitten* (1785) die Prinzipien einer autonomen ‚*Pflichtethik*' vor. Deren Anwendung entfaltet er in der Rechts- und Tugendlehre der *Metaphysik der Sitten* (1797).

2. Grundbegriffe und Argumente

2.1. Kant-Lektüre

2.1.1. *Grundlegung zur Metaphysik der Sitten*

Die *Grundlegung* soll das „oberste Prinzip der Moralität" (IV, 392)[1] erheben. Das geschieht in drei Schritten.

(1) Abschnitt I vollzieht den „Übergang von der gemeinen sittlichen Vernunfterkenntnis zur philosophischen" aufgrund der Einsicht, dass uneingeschränkt für gut nichts gelten könne „als allein ein guter Wille" (IV, 393). Also machen nicht ihr Inhalt, Zweck oder Ergebnis – das heißt ein äußeres Gut als Ziel des Strebens – eine Handlung gut, sondern allein der Wille, der sich in ihr auswirkt. Die *Gutheit des Willens* ihrerseits bestimmt sich von seiner Maxime, d.h. dem Grundsatz seines Wollens her. Der wiederum ist gut nur, wenn er rein durch Vernunft bestimmt, statt an beliebig empirischen Zielen orientiert ist. Was aber die Vernunft gebietet, das ist wahrhaftig gesollt; dem gebührt der Name „*Pflicht*":

> Pflicht ist die Notwendigkeit einer Handlung aus Achtung fürs Gesetz (IV, 400).

Gut ist also der Wille nicht schon, wenn er sich vom (praktischen) Vernunft-Gesetz bestimmen lässt (denn das könnte noch aus unterschiedlichsten Motiven geschehen), sondern wenn ihn subjektiv die „Achtung fürs Gesetz" bestimmt.

(2) Abschnitt II führt von der „populären sittlichen Weltweisheit zur Metaphysik der Sitten". Nur ein vernünftiges Wesen hat einen Willen, d.h. kann nach Grundsätzen handeln. In diesem Sinn ist Wille „nichts ander[e]s, als praktische Vernunft" (IV, 412). Der Mensch jedoch wird nicht bloß durch Vernunft bestimmt, sondern zugleich auch durch vitale Bedürfnisse und Interessen. Darum ist die Vernunft bei ihm nicht fragloses Handlungsprinzip, sondern zeigt sich als Forderung: „*Imperativ*". Dessen „Du sollst" aber hängt nicht – hypothetisch – an konkreten Zielen und Absichten des Subjekts („Wenn du dies oder jenes erreichen willst, dann *musst* du [...]"), sondern gilt apodiktisch, „*kategorisch*", universell und ausnahmslos („Du *sollst* – ohne Wenn und Aber").

Jenseits angebbarer Inhalte von relativem Wert lässt es sich bloß formal formulieren:

> Handle nur nach derjenigen Maxime, durch die du zugleich wollen kannst, dass sie ein allgemeines Gesetz werde [...] [bzw.] zum allgemeinen Naturgesetze (IV, 421).

---

[1] Kant wird (mit römischer Band- und arabischer Seitenzahl) nach der *Akademie-Ausgabe* (= *AA*) zitiert.

Woher wäre indes solch ein Prinzip zu gewinnen und gültig, wenn alle Wertungen letztlich beliebig wären? In der Tat begegnet uns Wirklichkeit von absolutem Wert, als Ziel und „Zweck an sich selbst" (IV, 428): in vernünftigen Wesen, „Personen genannt" (IV 428). So bleibt es nicht beim bloß Formalen:

> Der praktische Imperativ wird also folgender sein: Handle so, dass du die Menschheit [= das Menschsein], sowohl in deiner Person, als in der Person eines jeden andern, jederzeit zugleich als Zweck, niemals bloß als Mittel brauchest (IV, 429).

Der Rang der vernünftigen Natur beruht darauf, dass sie es selbst ist, die sich ihre Zwecke setzt. Und zwar, wie gesehen, wesentlich nicht beliebig, sondern vernunftbestimmt, somit als Glied in einem „Reich der Zwecke" (IV, 438), darin die Gesetze, denen diese Wesen unterliegen, als von ihnen selbst gegeben gelten. Und dies nicht zu irgendwelchen minderen Zwecken, sondern aus Selbstachtung im Willen zur Vernünftigkeit: in Selbstgesetzlichkeit des Willens. „Moralität ist also das Verhältnis der Handlungen zur Autonomie des Willens" (IV, 438), und diese das oberste Prinzip der Sittlichkeit.

(3) Abschnitt III skizziert den Übergang zur Kritik der reinen praktischen Vernunft. Im Zentrum steht der Begriff der *„Freiheit"* Es reicht nicht, ihn negativ durch Absetzung von der Naturkausalität zu bestimmen; positiv ist er durch Selbstbestimmung charakterisiert: durch Vernunftbestimmung: „also ist ein freier Wille und ein Wille unter sittlichen Gesetzen einerlei" (IV, 447). Freiheit – weder zu erfahren noch zu beweisen – muss sonach als Willenseigenschaft aller Vernunftwesen vorausgesetzt werden. Zwar gibt es keine Möglichkeit, die Freiheit zu erklären und „ein Interesse ausfindig und begreiflich zu machen, welches der Mensch an moralischen Gesetzen nehmen könne" (IV, 459); doch nicht unmöglich für die theoretische Vernunft ist die Voraussetzung von Freiheit. Damit ist sie praktischer Vernunft erlaubt, für die sie notwendig ist.

2.1.2. *Kritik der praktischen Vernunft*

Wie die *KrV* gliedert sich auch die *KpV* in eine Elementar- und eine Methodenlehre, wobei erstere Analytik und Dialektik umfasst. Die Hauptaufgabe der Analytik ist dabei „die Unterscheidung der Glückseligkeitslehre von der Sittenlehre". Während jene ganz auf empirischen Prinzipien gegründet ist, sollen solche bei dieser gerade keine Rolle spielen (vgl. V, 92). Von den bekannten Kantschen Fragen[2] geht es in der Analytik also um die erste: „Was soll ich tun?" Oder genauer: „Was eigentlich sollen wir wollen, wenn wir tun, was wir sollen?" – Gleichwohl strebt der Mensch als Sinnenwesen zugleich auch wesensgemäß nach Glückseligkeit. Um diese Problematik geht es in der Dialektik, also um die dritte Frage: „Was dürfen wir hoffen?"

---

[2] Am bekanntesten ist ihre Erwähnung in der *Logik* (IX, 25): „Das Feld der Philosophie in dieser weltbürgerlichen Bedeutung lässt sich auf folgende Fragen bringen: (1) Was kann ich wissen? (2) Was soll ich thun? (3) Was darf ich hoffen? (4) Was ist der Mensch? Die erste Frage beantwortet die Metaphysik, die zweite die Moral, die dritte die Religion und die vierte die Anthropologie". – Vgl. ferner III, 522; VII, 227.

A. Elementarlehre

(1) Analytisch wird zunächst zwischen subjektiven und objektiven Grundsätzen unterschieden, zwischen *„Maximen"* und *„praktischen Gesetzen"*. Vernunfthandlungen sind objektiv; nur wo (anstatt der Suche nach Glückseligkeit) die praktischen Gesetze zur Maxime werden, ist der Wille frei und autonom. Dabei erscheint diese Selbstgesetzlichkeit dem Menschen als sinnlichem Wesen (dem es statt um das Gute als Gutes um das eigene Glück geht) als ihn treffendes Gebot, als – unbedingt-kategorischer – Imperativ mit universalem Horizont. Das Grundgesetz der praktischen Vernunft lautet demnach (wie bereits angeführt):

> Handle so, dass die Maxime deines Handelns jederzeit zugleich als Prinzip einer allgemeinen Gesetzgebung gelten könne (V, 30).

Kant selbst merkt an, wie befremdlich das sei. Ein unbedingtes „Du sollst" ohne Berufung auf Erfahrung oder konkretes Wünschen und Wollen, ohne Ausblick auf konkretes Tun und „begehrte Wirkung", rein auf den Willen und die Form seines Wollens bezogen:

> Man kann das Bewusstsein dieses Grundgesetzes ein Faktum der Vernunft nennen, weil man es nicht aus vorhergehenden Datis der Vernunft [...] herausvernünfteln kann, sondern weil es sich für sich selbst uns aufdringt [...] auf keiner, weder einer reinen noch empirischen Anschauung gegründet (V, 31).

Dieses Gesetz nennt Kant das *„Sittengesetz"*. Sein einziges Prinzip ist die *„Autonomie"* des Willens: „Freiheit in positivem Verstande" (V, 33). Das erklärt seine Formalität; denn jedweder konkrete Inhalt verdankt sich einem bestimmten Bedürfnis, Geneigtsein, Antrieb, womit der Wille *„heteronom"*, fremdbestimmt würde. So aber ist es die Basis für den Gewinn sittlicher Maximen, so wenig dies spekulative Aussagen über die Freiheit und unser Frei-Sein erlaubt.

Im zweiten Kapitel der Analytik geht es um den Gegenstand der reinen praktischen Vernunft. Ihn bilden *Gut* und *Böse*, die wir deutlich von Wohl und Wehe (bzw. Übel) zu unterscheiden haben. Diese bedeuten „immer nur eine Beziehung auf unseren Zustand der Annehmlichkeit oder Unannehmlichkeit", während Gut und Böse sich auf den Willen beziehen, „so fern dieser durchs Vernunftgesetz bestimmt wird" (V, 60).

Wovon aber lässt die Vernunft sich bestimmen? Kapitel drei antwortet: Einzig von der „Achtung fürs moralische Gesetz" (V, 78). Moralisch sind Handlungen also nur, wenn sie „aus Pflicht und aus Achtung fürs Gesetz, nicht aus Liebe und Zuneigung zu dem, was die Handlungen hervorbringen sollen, gesetzt" werden (V, 81). Und die Liebe? Jene, die uns das Doppelgebot der Bibel aufträgt, lässt sich nicht als Zuneigung denken; denn sie ist einem sinnlich unzugänglichen Gott gegenüber unmöglich und zu Menschen kann sie nicht geboten werden. Sie ist statt Gefühl „praktische Liebe":

> Gott lieben, heißt in dieser Bedeutung, seine Gebote *gerne* tun; den Nächsten lieben heißt, alle Pflicht gegen ihn *gerne* ausüben (V, 83).

Und hier begegnet Kants berühmter Herzensausbruch:

> Pflicht! Du erhabener großer Name, der du nichts Beliebtes, was Einschmeichelung
> bei sich führt, in dir fassest, sondern Unterwerfung verlangst, doch auch nichts dro-
> hest, was natürliche Abneigung im Gemüte erregte [...], sondern bloß ein Gesetz
> aufstellst, welches von selbst im Gemüte Eingang findet, und doch selbst wider Wil-
> len Verehrung (wenn gleich nicht immer Befolgung) erwirbt (V, 86).

(2) Hatten die Stoiker die Tugend für das ganze höchste Gut erklärt, so die Epikureer
die Glückseligkeit. Der Mensch verlangt indes nach beidem. Wie aber wäre eine Verbindung so disparater Elemente zu denken? Wir geraten in eine Antinomie: Es muss
„entweder die Begierde nach Glückseligkeit die Bewegursache zu Maximen der Tugend, oder die Maxime der Tugend muss die wirkende Ursache der Glückseligkeit sein"
(V, 113). Das erste ist grundsätzlich, innerlich unmöglich (die Tugend wäre verloren),
das zweite faktisch ausgeschlossen (Wirkungen in der Welt erfolgen nicht nach Sitten-,
sondern nach Naturgesetzen).

Damit aber fiele die Gültigkeit des Sittengesetzes dahin. Dass jedoch die Unmöglich-
keiten sich unterscheiden, eröffnet einen Ausweg: Setzt man die Geltung des Sittengesetzes voraus, dann ist nicht grundsätzlich ausgeschlossen, dass Tugend zur Glückseligkeit führe. Mehr lässt sich freilich theoretisch-spekulativ nicht sagen; doch die praktische Vernunft ist in ihrer Autonomie nicht an diese Schranken gebunden. In Selbstverständigung auf eigenem Feld kommt sie zu Aussagen, die Kant *„Postulate"* nennt. Der
Name ist nicht ganz glücklich; denn er versteht unter „Postulat" keine Forderung, sondern eine Fakten-Aussage:

> einen theoretischen, als solchen aber nicht erweislichen Satz [...], so fern er einem
> a priori unbedingt gelten praktischen Gesetze unzertrennlich anhängt (V, 122).

Kant zählt drei Postulate auf: (a) die *„Unsterblichkeit der Seele"* (weil die gebotene Heiligkeit nicht in einem begrenzten Leben erreicht werden kann), (b) die *„Freiheit"* (im
bedachten positiven Sinn) als einzig denkbarer Adressat des Imperativs und schließlich (c)
das *„Dasein Gottes"* als Ermöglicher des höchsten Gutes, der Verbundenheit von Tugend
und Glückseligkeit.

B. Methodenlehre

Die wenigen Seiten gelten hier nicht dem wissenschaftlichen Erkennen, sondern der
Weise, den Vernunft-Gesetzen „Eingang in das menschliche Gemüt" zu verschaffen (V,
151). Kant setzt auf die Darstellung der *Tugend*, empfiehlt also gegenüber einem „moralischen Katechism" Biographien (V, 154). Dabei soll es nicht um „edle" Taten gehen,
sondern schlicht um Erfüllung der Pflicht, dies allerdings um jeden Preis. Entsprechend
bildet den Beschluss erneut ein berühmter Ausbruch:

> Zwei Dinge erfüllen das Gemüt mit immer neuer und zunehmender Bewunderung
> und Ehrfurcht, je öfter und anhaltender sich das Nachdenken damit beschäftigt:
> der bestirnte Himmel über mir und das moralische Gesetz in mir (V, 161).

2.1.3. Die *Metaphysik der Sitten*

Dieses letzte große systematische Werk zu unserem Thema ist 1797 in zwei selbständigen Teilen erschienen. Den ersten, *Metaphysische Anfangsgründe der Rechtslehre*,
übergehen wir, weil es dort nur um legales Handeln geht, d.h. richtiges Handeln ohne
Frage nach den Motiven. Der Moral unter der Bestimmung des behandelten kategorischen Imperativs gelten die *Anfangsgründe der Tugendlehre.* – Sie gliedert sich wieder in Elementar- und Methodenlehre.

In einer längeren Einleitung werden grundsätzliche Klärungen vorausgeschickt. Zur
„Tugendlehre" wird die Sittenlehre im Blick auf Wesen, die – statt in Heiligkeit „nicht
einmal versucht werden zu können" (VI, 383) – tapfer gegen innere Widerstände ange-
hen müssen, um moralisch zu sein. In der Moral geht es um Zwecksetzungen, die
zugleich Pflicht sind, um Zwecke, die man sich setzen *soll.*

Deren gibt es, grundsätzlich gesehen, nur zwei: eigene Vollkommenheit – fremde
Glückseligkeit (die eigene Glückseligkeit strebt man schon immer an, ohne es zu sollen;
zu sittlicher Vollkommenheit aber kann jeder nur durch eigenen Einsatz gelangen).
Dem zugrunde liegt das schon mehrfach benannte Prinzip, das Kant hier so formuliert:

> Handle nach einer Maxime der Zwecke, die zu haben für jedermann allgemeines
> Gesetz sein kann (VI, 395).

> Tugend ist die Stärke der Maxime des Menschen in Befolgung seiner Pflicht
> (VI, 394).

In diesem Sinne gibt es Tugend ebenso nur im Singular wie das Prinzip der Sittlichkeit;
im Blick auf die gebotenen Einzel-Zwecke hingegen lässt sich dann von Tugenden und
Tugendpflichten in der Mehrzahl sprechen.

Um einer Pflicht überhaupt gewahr werden zu können, bedarf es subjektiver Vorbedin-
gungen, die darum nicht ihrerseits Pflicht sein können, sondern vorausgesetzt werden
müssen: *„moralisches Gefühl", „Gewissen"* [3], *„Menschenliebe"* (nicht als Wohlwollen –
amor benevolentiae – gedacht, das geboten sein kann, sondern als Wohlgefallen – *amor
complacentiae*), *„Selbstachtung"* (als Gefühl der Selbstschätzung genommen).

A. Elementarlehre

Die Elementarlehre hat, den beiden Grundpflichten entsprechend, zwei Teile. Erst geht
es (1) um die *„Pflichten sich selbst gegenüber"*, dann (2) um die *„Pflichten gegen andere"*. Die Pflichten gegen sich selbst bilden nochmals zwei Gruppen: (1.1) *„vollkommene"* und (1.2) *„unvollkommene"*. – „Vollkommen" heißt eine Pflicht, „die keine
Ausnahme zum Vorteil der Neigung verstattet" (IV, 421); eine verbietende („negative")
Pflicht.

---

[3] „Gewissenlosigkeit ist nicht Mangel des Gewissens, sondern Hang, sich an dessen Urteil nicht zu
kehren" (VI, 400).

(1) Kant beginnt mit den *Pflichten gegen sich* als animalisches Wesen, vom Verbot der Selbstentleibung über das der wollüstigen Selbstschändung zu dem der Selbstbetäubung durch Unmäßigkeit. Gegen sich als moralisches Wesen verstößt der Mensch durch Lüge, Geiz und falsche Demut (Kriecherei). – Unvollkommene Pflichten gebieten bestimmtes Verhalten: die Vermehrung unserer Naturvollkommenheit (an Geist, Seele und Leib), die Erhöhung unserer moralischen Verfassung (zu größerer Lauterkeit und Heiligkeit).

(2) Bei den *Pflichten gegen andere* beginnt Kant mit der Liebespflicht. Sie verlangt Wohltätigkeit, Dankbarkeit und Anteilnahme und verbietet den Menschenhass (Neid, Undankbarkeit und Schadenfreude). Die Tugendpflicht der Achtung verbietet Hochmut, üble Nachrede und Verhöhnung.[4] Und dann leuchtet doch die Tradition der Antike herein: Kant beschließt seine Elementarlehre mit Paragrafen zur Freundschaft, in der Liebe und Achtung aufs innigste vereinigt sind.

B. Methodenlehre

Die (wieder recht kurze) Methodenlehre bietet in einem ersten Teil: *„Didaktik"*, den Aufriss eines moralischen Katechism. Der zweite Abschnitt, *„Asketik"*, schlägt „eine Art von Diätetik für den Menschen" vor, „sich moralisch gesund zu erhalten" (VI, 485).

Das tradierte Lehrstück der Ethik „Pflichten gegen Gott" bringt Kant dazu, im Beschluss auf das Verhältnis von Ethik und Religion einzugehen. Indem er *„Religion"* als „Inbegriff aller Pflichten als göttlicher Gebote" bestimmt, gehört sie formal zur philosophischen Moral, wobei es nicht um „Dienste an einen anderen" gehe, sondern um Pflichten des Menschen gegen sich selbst (VI, 487). Für – material – den konkreten Gottes-Dienst ist statt der Vernunft die geoffenbarte Religion zuständig. Das moralische Verhältnis zwischen Gott und dem Menschen übersteigt die Grenzen philosophischer Ethik.

Insofern aber die Religion als solche hier zur Ethik zählt, greift auch unsere Lektüre über die ethischen Grundschriften hinaus.

2.1.4. *Die Religion innerhalb der Grenzen der bloßen Vernunft*

Jedenfalls das erste Stück der *Religionsschrift* (1793, [2]1794) sei einbezogen; es liefert nämlich eine beachtenswerte Ergänzung zur Thematik Pflicht und Neigung.

In Erinnerung an das Gottes-Postulat heißt es in der Vorrede, dass die Moral unumgänglich zur Religion führt (vgl. VI, 6). Das erste Stück, bereits ein Jahr zuvor in der *Berlinischen Monatsschrift* erschienen, handelt „Von der Einwohnung des bösen Prinzips neben dem Guten: oder über das radikale Böse in der menschlichen Natur".

---

[4] Von diesem Grundpflichten gegenüber den Menschen als Menschen unterscheidet Kant Pflichten gegen andere „in Ansehung ihres Zustandes" (VI, 468), also nach Verschiedenheit ihres moralischen Status, ihrer Bildung, des Standes, Alters, Geschlechts usw., die bei voller Ausarbeitung des Systems zu entfalten wären.

Wie hat man den Menschen zu denken angesichts einer Welt, die im Argen liegt? Kant setzt bei seiner ursprünglichen Anlage zum Guten an:

(1) einer „mechanischen Selbstliebe" bzgl. der Tierheit im Menschen – zu Selbsterhaltung, Fortpflanzung und Geselligkeit. Daraus „entsprießen" zwar nicht, können jedoch darauf „gepfropft" werden Fehlhaltungen der „Rohigkeit", die in ihrer schlimmsten Form „viehische Laster" heißen: Völlerei, Wollust, wilde Gesetzlosigkeit.

(2) im Blick auf die Menschheit des Menschen findet sich in ihm eine vergleichende Selbstliebe, die nach dem eigenen Wert in der Meinung anderer fragt und der es um Gleichheit zu tun ist. Hier drohen Eifersucht und Nebenbuhlerei; Fehlhaltungen der Kultur werden im Extrem zu „teuflischen Lastern": Neid, Undankbarkeit, Schadenfreude usw.

(3) Als Person zeichnet den Menschen die „Empfänglichkeit der Achtung für das moralische Gesetz" aus – „worauf schlechterdings nichts Böses gepfropft werden kann" (VI, 27).

Dann aber ist vom Hang zum Bösen zu sprechen; in drei Stufen: (a) Schwäche des Herzens (Gebrechlichkeit), (b) Unlauterkeit (indem zu den moralischen Triebfedern unmoralische treten), (c) Bösartigkeit oder Verderbtheit des Herzens bzw. seine Verkehrtheit, denn hier wird die Ordnung auf den Kopf gestellt, indem nicht-moralische Maximen den moralischen vorangehen. Als moralischer Hang kann er nicht naturgegeben sein, sondern muss unsere eigene Tat sein – ohne dass wir diese fassen können.

Dass der Mensch von Natur aus böse sei, kann dann einzig besagen: „er ist sich des moralischen Gesetzes bewusst und hat doch die gelegentliche Abweichung von demselben in seine Maxime aufgenommen" (VI, 32); seit je schon, darum nennt Kant dieses Böse wurzelhaft = radikal. Dass dem so sei, zeigt die Erfahrung auf allen Stufen der Zivilisation. Und es ist mitnichten, wie üblich, der Sinnlichkeit anzulasten, die kann keine „gerade Beziehung aufs Böse" haben; ebenso wenig freilich der Vernunft in uns; sind wir doch keine „teuflischen Wesen", die dem Gesetz selbst widerstreiten (vgl. VI, 34f.).

> Die Bösartigkeit der menschlichen Natur ist also nicht sowohl Bosheit, wenn man dieses Wort in strenger Bedeutung nimmt, nämlich als eine Gesinnung (subjektives Prinzip der Maximen), das Böse als Böses zur Triebfeder in seine Maxime anzunehmen (denn die ist teuflisch), sondern vielmehr Verkehrtheit des Herzens, welches nun der Folge wegen auch ein böses Herz heißt. Dieses kann mit einem im allgemeinen guten Willen zusammen bestehen und entspringt aus der Gebrechlichkeit der menschlichen Natur (VI, 37).

Die Bibel führt diese Situation auf das erste Menschenpaar zurück; doch ist bei einem moralischen Status kein Zeitursprung zu suchen. Der Vernunfturspsrung dieser Verstimmung aber bleibt uns entzogen; denn das Böse „hat nur aus dem Moralisch-Bösen (nicht den bloßen Schranken unserer Natur) entspringen können" (VI, 43). Die ursprüngliche Anlage aber ist eine zum Guten und kann als Freiheits-Verkehrung nur durch den Menschen selbst korrumpiert sein.

2.2. Kants Beitrag im Disput

2.2.1. Pflichtformalismus oder Wert-Antwort?

(1) Kant selbst schon sah sein Pflichtdenken prominenter Kritik ausgesetzt. Bekannt sind die Verse Friedrich Schillers (1973, I, 299f.):

> Gerne dien' ich den Freunden, doch tu ich es leider mit Neigung,
> Und so wurmt es mir oft, dass ich nicht tugendhaft bin.
> Da ist kein anderer Rat, du musst suchen, sie zu verachten,
> Und mit Abscheu alsdann tun, wie die Pflicht dir gebeut.

„Das ist dürftige Dichtung und noch dürftigere Kritik" (Paton 1962, 41). Für Kant muss eine Handlung, um moralisch wertvoll zu sein, nicht nur *pflichtgemäß*, sondern *aus Pflicht* geschehen. Sie ist moralisch wertlos, „insoweit sie bloß aus Neigung kommt – oder sogar aus einem solchen Motiv, wie es der vernünftige Wunsch nach Glückseligkeit ist. Darin liegt nicht der geringste Widersinn. Kann irgend jemand ernstlich behaupten, eine Handlung müsse gut sein oder müsse eine Pflicht sein, nur weil wir die Neigung haben, sie zu vollbringen?" (*ebd.* 1962, 42). Um dies deutlich zu machen isoliert Kant die Handlungstypen: bloß Pflicht – bloß Neigung. Bringt nicht das Leben selbst uns immer wieder in solch klärende Situationen, in denen wir vor die Entscheidung gestellt werden, uns nach Lust und Unlust zu verhalten oder zu unserem Wort zu stehen?[5]

Schließlich war oben schon jener Passus aus der *KpV* zu lesen, wo Kant einerseits die Lauterkeit der sittlichen Gesinnung anspricht und die Liebe als Neigung (die er „pathologisch" nennt) Gott gegenüber gänzlich, Menschen gegenüber als Befehlsmaterie ausschließt, anderseits aber gerade als Gebot der Nächstenliebe herausstellt, (danach zu streben,) „alle Pflichten gegen ihn *gerne* aus[zu]üben" – wobei die Hervorhebung von ihm selbst stammt. Man kann ihm vorhalten, dass er Freude und Glück(seligkeit) zu sehr bloß hedonistisch denkt. Doch kann von ,stoischer' Gefühllosigkeit keine Rede sein: angesichts der Rolle, welche bei ihm die Achtung für Gesetz und Pflicht spielt – und auch die Freude am Schönen. Umgekehrt ist Liebe für Kant „lediglich eine Sache des Gefühls und der Neigung, sie hat für ihn ihrem Wesen nach niemals Anteil an dem intelligiblen Sein des Menschen, ganz zu schweigen davon, dass sie das eigentliche Wesen der Vernunft selbst sein könnte" (Schwartländer 1968, 197).

Doch ist eines ein Irrtum in der Absage an andere Positionen; ein anderes ist die Wahrheit in dem, was ein Denker positiv vertritt.[6] Hinsichtlich dessen aber, was Kant

---

[5] Um nur an ein (früher) vielzitiertes Schiller-Wort zu erinnern (1973, I, 432): „Die Leidenschaft flieht! / Die Liebe muss bleiben, / Die Blume verblüht, / Die Frucht muss treiben." – Demgemäß hat einer der entschiedensten Kritiker – Max Scheler (1966) – auf die z.T. radikalen Brüche in Leben und Denken Kants verwiesen. – Kants antwortet selbst (auf die Sachkritik in der *Thalia* von 1793) mit einer längeren Anmerkung in der 2. Auflage der *Religionsschrift*: vgl. VI, 23f. (Darauf gibt es einen freundlich-dankbaren Brief Schillers vom 13.6.1794; die Verse erscheinen im *Musenalmanach* 1797).

[6] Vgl. G.W. Leibniz, *Brief an M. Remond vom 10. 1. 1714* (1965, III, 607): *J'ay trouvé que la pluspart des Sectes ont raison dans une bonne partie de ce qu'elles avancent, mais non pas tant en ce qu'elles*

vertritt, wird man sagen dürfen, dass der Formalismus des kategorischen Imperativs eine *notwendige* Bedingung für sittliches Handeln darstellt, aber für sich nicht *hinreicht*. Denn nicht jede Maxime, die sich verallgemeinern lässt, ist damit schon als moralisch erwiesen. „Kant definiert sozusagen alles Inhaltliche in die Maximen hinein, so daß als Gesetz nur die Form übrigbleibt. In den Maximen finden sich die Werte und inhaltlichen Handlungsprinzipien, die Kant als sittlich gerechtfertigt oft unterstellt [...]. Das sittlich Richtige setzt sich zusammen aus den materialen Maximen, auf die Kant nur beiläufig eingeht, und der formalen Maxime: ‚Ich will dem Gesetz gemäß handeln'" (Witschen 1984, 154f.).

(2) Dass aber schon dieser *formalen* Maxime eine gewisse *Inhaltlichkeit* eignet, lässt sich vielleicht am besten an einem durch Hans Eduard Hengstenberg in die Diskussion eingebrachten sittlichen Grundvollzug verdeutlichen: er nennt ihn *„ Vorentscheidung"* (vgl. 1957, Register; 1969, Register). Er meint damit ein „Geschehen", das aller Handlung vorausliegt, „ein Richtungeinschlagen, ein ‚Sich-Einstellen' im Sinne der Sachlichkeit oder Unsachlichkeit" (sind Handlungen doch „immer nur je als sachliche oder unsachliche real möglich", 1957, 45). Solcher Vorentscheidung kann der Mensch sich nicht entziehen, auch nicht im vorethischen Bereich. Der Versuch eines ‚Weder-Noch' hätte schon für Unsachlichkeit optiert.

Und solche Neutralität ist nicht bloß kein mögliches Resultat; sie ist schon zuvor in keinem Moment dieses Geschehens möglich. Nur darauf kommt es jetzt an (so dass wir hier keine Gesamtanalyse des Phänomens unternehmen). Dass niemand in Unsachlichkeit für Sachlichkeit optieren kann oder in Sachlichkeit für Unsachlichkeit, versteht sich.[7] Doch kann sich auch niemand neutraler-, ‚indifferenter'weise für eines von beidem vorentscheiden. Man kann einzig sachlicherweise für Sachlichkeit sein, einzig unsachlicherweise für Unsachlichkeit.

Einmal erscheint damit das innerliche Einbezogensein der Person in diesem Geschehen. Sodann aber zeigt sich eine innere Qualität der Vorentscheidung; es geht mitnichten bloß um ein formales ‚Entweder-Oder' (so spricht Hengstenberg 1957, 49, auch für den vorsittlichen Bereich von positiver oder negativer Vorentscheidung).

Freiheit und Person sind niemals bloß leer formal. Allerdings muss man hierbei das ‚sind', also ‚(zu) sein', recht verstehen. Nach einem neuerlich wieder öfter begegnenden Wort des Aristoteles ist für Lebewesen zu sein leben und umgekehrt (vgl. *De an.* II 4, 415b13). ‚(Zu) sein' meint also nicht erst einmal Da- im Sinne von Vorhandensein, mit sodann Fortbestimmungen wie z.B. ‚lebendig'. Ein toter Löwe ist in Strenge nicht etwa ein Löwe, welcher tot ist, sondern der Kadaver eines Löwen: *kein* Löwe (mehr); allenfalls ließe sich sagen: ein gewesener Löwe. – Entsprechend wäre von Geist-Freiheits-Wesen zu sagen: Ihr Sein ist ‚In-sittlicher-Situation-Sein', ‚In-Entscheidung-und-Vorentscheidung-Stehen'. Sie sind wesentlich sittlich-bestimmte Wesen.

---

nient. – „Ich habe gefunden, dass die meisten Schulen weitgehend Recht haben in dem, was sie vertreten; aber nicht so in dem, was sie verneinen."
[7] Natürlich kann jemand aus sachlichen Gründen sich anscheinend unsachlich verhalten – und umgekehrt. Aber darum geht es jetzt nicht.

2.2.2. Freiheits-Würde

(1) Für Kants Ethik zentral ist von hier aus – angesichts ihrer modischen Bestreitung – das Gegebensein von Freiheit, als *Wahl-* und *Willensfreiheit* verstanden. Dass gerade Freiheit nicht zwingend zu beweisen sei, versteht sich eigentlich von selbst. Nach Kant ist sie nicht einmal erfahrbar. Erfahren wird Spontaneität, die aber bereits den Tieren eignet.

Anderseits sollte klar sein, dass ihre Leugnung selbstwidersprüchlich wäre. Möglich wäre einzig eine Fehlanzeige – deren Wert indes dahinsteht. Wer nämlich erklärt, nicht frei zu sein, führt damit auch diese seine Erklärung auf Naturkausalitäten zurück statt auf Vernunft-Gründe (nicht anders als die Anzeigen bei Uhren, Thermometern oder Waagen). Es wäre sinnlos, mit solchen Geräten zu diskutieren; man kann sie nur mit anderen Instrumenten vergleichen, um zu ermitteln, ob sie richtig geeicht sind. Sind sie es, dann informiert ihre Anzeige nicht bloß über deren Binnenzustand, sondern vermittelt auch objektiv verwertbare Daten über Zeit, Temperatur bzw. Gewicht. Ob aber so oder nicht, in jedem Fall handelt es sich um pure empirische Fakten; so wären hier Argumente verfehlt (*contra factum non valet argumentatio*).

Es gibt aber eine Erfahrung, die nicht ohne Freiheits-Behauptung gedacht werden kann: eben die des kategorischen Imperativs: diesem „a priori unbedingt gelten praktischen Gesetze" hängt sie „unzertrennlich an"[8]. Darum kann gewissenhaftes Denken sich nicht auf die (ihren Orts legitime) naturalistische Perspektive der Neurowissenschaft bornieren.

(2) Ja, es muss noch mehr gesagt werden. Oben war schon zu lesen, der freie Wille „und ein Wille unter sittlichen Gesetzen [sei] einerlei". Nicht bloß verlangt die Sollens-Erfahrung, von Freiheit zu reden; umgekehrt scheint auch zu gelten, dass nur im Horizont des Sollens im Vollsinn von Freiheit die Rede sein kann. – Zu jeder Handlung (auch jeder Wortmeldung), dass sie geschehe und dass sie als diese geschehe, bedarf es eines Beweggrunds (Motiv). Wer sich also am hier und jetzt geführten Disput um die Freiheit beteiligt, muss sich fragen lassen, warum er sage, was er sagt.[9] Will er das Spiel nicht verlassen, benennt er Gründe. Erneut gefragt, warum gerade diese Gründe für ihn zählen, wird er seine Antwort vertiefen. Früher oder später indes gerät er in diesem Prozess vor eine Alternative: Entweder erklärt er, so sei er eben (statt Gründe anzuführen, könne er höchstens erzählen, wie er/es hierzu gekommen sei) – oder er wird bekennen, er glaube, nicht anders reden zu dürfen, er sehe sich hier in Pflicht genommen. In beiden Fällen kann man selbstverständlich weiter räsonieren; aber eigentlich hat die Diskussion damit ihr Ende gefunden. Ohne das jetzt zu vertiefen[10], sei hier nur auf die

---

[8] Hier gilt, was J.G. Fichte (1971, V, 35) einmal vom ‚Dürfen' schreibt: es sei „einer der Begriffe, die ihren Ursprung an der Stirn tragen" (kenne die Natur doch nur ‚Können' oder ‚Nicht-Können').

[9] Da es hier gleich um unseren Sach-Disput geht, kommt die Antwortmöglichkeit „Weil ich will" nicht in Frage – obwohl nicht wenige dies als Freiheit verstehen würden, womit man sich indes aus dem Disput verabschiedet hätte. Doch um auch darauf einzugehen: Solches „Weil ich will" steht erst recht vor der Frage „Warum?" – und das führt schließlich zur selben Alternative.

[10] Etwa im Disput mit G.W.F. Hegel, der dem Gewissenhaften („Hier stehe ich und kann nicht anders" – korrekter: „glaube, nicht anders zu dürfen") Kommunikationsabbruch vorhält und ihn so dialektisch mit dem egozentrisch Bösen identifiziert (vgl. 1970, X, 315f.).

Alternative als solche abgehoben. Die Antwort lautet entweder: „Ich kann nicht anders"
(= *Müssen*) oder „Ich darf nicht anders" (= *Sollen*). Nur im zweiten Fall also haben wir es
mit Freiheit zu tun. Nur dort ist der Mensch nicht fremdbestimmt, sondern „autonom"
(vgl. dazu unten Abschnitt 2.2.4).

Das zeigt, wie nicht unterschlagen sein soll, die Grenzen der Rede von ,Spiel' und
von ,Ausstieg daraus'. Das Vernunftwesen stößt auf das „Faktum der Vernunft"; Vorentscheidung und Entscheidung bleiben unumgänglich. Wer dieses Spiel verlassen will,
optiert für Unsachlichkeit. Mit Jean-Paul Sartre gesagt: „Ich bin nicht frei, nicht frei zu
sein." Wobei gerade dieser Verfechter ,absoluter Freiheit' sich entschieden von Kon-
zepten leerer Beliebigkeit (wie etwa André Gides *acte gratuit*) absetzt und für Verantwortlichkeit (= Antwortverpflichtung und -bereitschaft) und Aufrichtigkeit plädiert (vgl.
Sartre 1962, 616; 2000, 150-158, 163-170).

So verleiht eben dieser vernunft-einsichtige Imperativ dem Menschen seine Würde.
„Das Gesetz, und zwar das verpflichtende Gesetz wird also zum einzigen Zugang, um
das Wesen des Menschen zu bestimmen." ,Autonomie' besagt mitnichten ,absolute
Freiheit', als hätte der Mensch „eine *Wahl* zwischen dem Guten und dem Bösen, und
zwar in dem Sinne, als stünde er gleichsam selbst *über* Gut und Böse" (Schwartländer
1968, 164). „Von dem Begriff der Autonomie [...] ist der Begriff des Gehorsams und
der der Pflicht nicht zu trennen, wie auch umgekehrt für Kant die (moralischen) Begriffe Gehorsam und Pflicht notwendig im Sinne der Autonomie gedacht werden müssen
[...]. Gehorsam ist der Mensch allein dann, wenn er mit voller Einsicht in das Gesetz
dieses zum Gesetz seines Willens macht, das aber heißt, er gibt sich das Gesetz selbst"
(165). Diese Selbstgesetzlichkeit macht ihn zur Person.

Doch diese Vernunft-Würde genügt nun nicht – wie seinerzeit in der Stoa – sich
selbst. In der *KrV* erklärt Kant, „dass jedermann die Glückseligkeit in demselben Maße
zu hoffen Ursache habe, als er sich derselben in seinem Verhalten würdig gemacht hat,
und dass also das System der Sittlichkeit mit dem der Glückseligkeit unzertrennlich [...]
verbunden sei" (B 837 = III, 525).

2.2.3. Glück – Glückseligkeit

Kritiker nennen diese Behauptung den Grundfehler von Kants ethischer Gotteslehre.[11]
Hinzukommt (wie zuvor schon anklang) eine eigentümlich flache Bestimmung von
„Glückseligkeit". Sie ist

> Befriedigung aller unserer Neigungen, (sowohl *extensive*, der Mannigfaltigkeit der
> selben, als *intensive*, dem Grade, und auch *protensive*, der Dauer nach) (B 834 =
> III, 523f.).

Das wird in der zweiten *Kritik* verbessert:

---

[11] Jaeschke 1986, 45: „[...] das *próton pseudos* der Ethikotheologie".

Glückseligkeit ist der Zustand eines vernünftigen Wesens in der Welt, dem es, im Ganzen seiner Existenz, alles nach Wunsch und Willen geht, und beruhet also auf der Übereinstimmung der Natur zu seinem ganzen Zwecke, imgleichen zum wesentlichen Bestimmungsgrunde seines Willens (V, 124).

Ist nun aber der „ganze Zweck" des Menschen „im Ganzen seiner Existenz" das sittliche Leben, dann zeigt sich Glückseligkeit tiefer als Freude am verwirklichten Guten.

Geboten ist die freilich nicht. Und noch gegenüber Kants drittem Versuch (in der *Kritik der Urteilskraft*) besteht Walter Jaeschke rechtens darauf: „Der kategorische Imperativ weiß nichts von Glückseligkeit, auch nicht als einer Folge der Sittlichkeit" (1986, 70).

Anderseits gebietet der kategorische Imperativ nicht eine *bloße* Gesinnung; wirklicher Wille zum Guten will auch dessen reale Verwirklichung. Zwar kann dem Menschen nicht (wie Kant in der *KpV* vertreten hat) das „höchste Gut" als Verbindung von Sittlichkeit und Glückseligkeit *geboten* sein, weil dessen Realisierung gar nicht in seiner Macht liegt. Aber ein wesentliches Interesse daran gehört zur sittlichen Verfassung. „Sittlichkeit wäre unter genereller Negation eines Bezuges auf Glückseligkeit dem berechtigten Vorwurf preiszugeben, lediglich um die Weltgestaltung unbekümmerte individuelle Eitelkeit und nichtige Selbstbezogenheit zu sein" (Meyer 1979, 198). Darauf zielt ja der bekannte Vorwurf Hegels an die „schöne Seele" in seiner *Phänomenologie.*

Bisher wurde Glück(seligkeit) als Wuscherfüllung gedacht. Hier mag sich ein Weg auftun, der über dieses Verständnis hinausführt. Dafür dürfte es sinnvoll sein, zwischen *Glück* und *Glückseligkeit* zu unterscheiden; dann kann man Glückseligkeit der eschatologischen Erfüllung zuordnen und gleichzeitig von einem hiesigen Glück sprechen.[12] Dabei geht es hier selbstverständlich nicht um das ‚Glück-Haben', sondern das ‚Glücklich-Sein'.

Friedo Ricken (vgl. 1998, 167-169) verweist dazu auf Aristoteles und Cicero. Bei ersterem besteht Glück „nicht in einem einzigen Gut oder in der Erfüllung eines einzigen Ziels, sondern es ist ein Ganzes aus einer Vielzahl um ihrer selbst willen wählenswerter Güter"; zudem wird es präsentisch und aktiv verstanden: als eine Weise des Lebensvollzugs (statt als Prozess auf ein Ziel hin): Praxis, sinnvolles Handeln. Während nun bei Aristoteles nur zwei Lebensformen im Blick sind: die des Politikers oder Wissenschaftlers (Philosophen), bringt später Cicero vier Lebensrollen (*personae*) ins Gespräch (vgl. *De officiis* I 107-120): (1) unsere Vernunft-Natur, (2) das individuelle Naturell, (3) die äußeren Lebensumstände (soziale Stellung, Reichtum, Gesundheit ...), (4) den eigenen Lebensentwurf („wer und wie wir sein wollen").

Die getroffene Unterscheidung muss andererseits mitnichten sagen, die endgültige Erfüllung sei nur als Wunscherfüllung zu denken. Einmal enthält – bei allem Eigentun – auch das hiesige Glück Elemente, die man nur wünschen (religiös: erbitten) und entgegennehmen kann (dem ‚Schmied seines Glücks' muss eben dieses Schmieden nochmals glücken). Sodann – und wichtiger – sollte auch die Glückseligkeit nicht bloß passiv, nicht einmal nur empfangend gedacht werden (gerade Sehen – *visio beatifica* – ist bei Aristoteles das Muster von *praxis* und *energeia*). Transaktionsanalytisch könnte man

---

[12] Vgl. Ricoeur 1971, 96: Es zeige sich, „dass die Glückseligkeit in keiner Erfahrung gegeben ist; sie wird nur in einem Richtungsbewusstsein angezeigt [...] [D]ie Ereignisse, die von der Glückseligkeit sprechen, sind solche, die Hindernisse wegräumen, eine weite Daseinslandschaft auftun."

zwischen dem Wunsch des Kinder- und des Erwachsenen-Ich unterscheiden – oder mit
Emmanuel Levinas zwischen dem Bedürfnis (*besoin* – nach Gutem) und der Sehnsicht
(*désir* – nach Gutsein und Güte).

Zum Glück gehört die Breite, die Cicero anzeigt; doch sein Kern besteht im ‚Gut-
sein-Sollen'. Wurde nicht eben dies bei Kant kritisiert? Man muss kein Nietzscheaner
sein, um nicht gern zu sollen – statt autonom zu wollen. Hinzu kommt, dass hier das
Sollen beschämender Weise sich auf das Gute bezieht. Was sagt es über den Menschen,
dass er zum Selbst-Verständlichsten, dem Gut-Sein, eigens befohlen werden muss?

Doch lässt sich auch anders fragen: Wie stünde es um uns, wenn wir (vielleicht aufgrund ernsthafter Schuld) das Gewissen verloren hätten? Einer vielleicht vordergründi-
gen Erleichterung wird rasch die erschreckende Erkenntnis folgen, dass damit der
Mensch zum zweibeinigen Tier geworden wäre. Das führt zu der Einsicht, dass die
Tatsache, dass wir sollen (die ‚preußische' Pflicht), etwas ist, was wir dürfen. Wir werden – allem Versagen zum Trotz – des Anrufs zum Guten gewürdigt.[13]

2.2.4. Der Mensch als Gewissenswesen

In der Lehre vom Gewissen kristallisiert sich dieser Anruf zum Guten. Kant bestimmt
das *„Gewissen"* als

> ein Bewußtsein, das für sich selbst Pflicht ist [...] [und] die sich selbst richtende
> Urteilskraft (IV, 217f.),

> das Bewußtsein eines *inneren Gerichtshofes* im Menschen (III, 289f.),

> die dem Menschen in jedem Fall eines Gesetzes seine Pflicht zum Lossprechen
> oder Verurteilen vorhaltende praktische Vernunft (III, 242f.).[14]

In gewisser Weise hat Kant die ursprüngliche Einsicht Platons neugewonnen, dass unser
Wahrheitsverhältnis ursprünglich sittlicher Gestalt ist. Seine Neubestimmung der sittlichen Einsicht, der Erfahrung des kategorischen Imperativs als „Faktum der Vernunft"
stellt – nach jahrelangem Ringen – eine Synthese dar zwischen einer Vernunft- und
Sachbestimmtheit des Guten einerseits, wie sie im Gefolge des Aristoteles für die praktische Philosophie des Mittelalters und ihre Orientierung an der Seinsverfassung des
appetitus naturalis, dem Naturstreben des Menschen nach gelebter Identität, kennzeichnend war, und der Berufung auf einen „moralischen Sinn" und soziale Gefühle zu Beginn der Neuzeit.

---

[13] In kontroverstheologischer Sprache hieße dies: Das Gesetz erweist sich als frohe Botschaft: Gnade,
Evangelium. Dem antipreußischen Vorurteil analog gibt es eine antijüdische Tradition (genannt sei nur
Hegel), die Israel als Gesetzes-Knecht sieht. Als gäbe es nicht das Fest der Tora-Freude: *Simchat torah*.
[14] Diese „ursprüngliche intellektuelle und [...] moralische Anlage" wird vom Menschen auf eine andere, „wirkliche oder bloß idealische" Person (auf den homo noumenon) bezogen (III, 289f.). Im Gewissen äußert sich eine „zweifache Persönlichkeit", ein „doppeltes Selbst" (III, 290).

Mit Dieter Henrich (1960, Seitenzahlen im Text) lässt sich die *Struktur sittlicher Einsicht* vor allem durch vier Momente kennzeichnen:

(1) *Billigung.* – Diese Einsicht hat nicht die Gestalt eines rein theoretisch feststellenden Erkennens. Dass etwas der Fall ist, ein faktisch empirisches Ereignis sowie apriorisch logische Zusammenhänge, wird gesehen oder eingesehen, es leuchtet ein. Das gilt auch für das Vorliegen von Zu- oder Abträglichkeiten, Nutzen oder Schaden – nicht aber für das Gute als solches. Es lässt sich nicht ‚neutral‘ konstatieren, sondern wird allein in ursprünglicher Billigung erblickt. Ohne eine derart persönliche Antwort kommt es gar nicht zu Gesicht. – Anderseits heißt dies mitnichten, dass das Gute aufgrund dieser Bewertung, *durch* sie, gut (geworden) sei. Die Billigung entspricht vielmehr einem Anspruch auf solche Bejahung. „Der Anspruch ist also ein Grundphänomen des Inhalts der sittlichen Einsicht" (84).

Dabei kann die Zustimmung nicht im Blick auf Dienlichkeit und Tauglichkeit zu etwas anderem erfolgen (was sich ja auch ohne Zustimmung erkennen ließe). Ebenso wenig leitet sittliches Bewusstsein das Gutsein des Guten logisch aus Prinzipien ab – oder begründet es aus etwelchen Folgen. Nicht, als ob sich keine Gründe oder Folgen namhaft machen ließen; doch sie dienen der Erhellung und Erläuterung, statt dass das Ja sich auf sie stützte. Darum wird es auch von Reflexionsfragen nach den Bedingungen der Möglichkeit solcher Bejahung nicht betroffen. Das untersagt solche Reflexion nicht, aber es wehrt richterliche Ansprüche ab. Deshalb hat „bei Platon, bei Fichte und in gewissem Sinne auch bei Kant" die sittliche Einsicht „die oberste Stelle im Zusammenhang des Wissens" (85). Wie jedoch hängt diese Ersteinsicht mit dem übrigen Einsichtengesamt zusammen?

(2) *Einsicht.* – Verständlich, dass angesichts ihrer Zustimmungsgestalt der sittlichen Einsicht immer wieder eben dieser Einsichts-Charakter (ihre ‚Kognitivität‘) bestritten wurde. Was ist ein Wissen ohne die Distanz von ‚Objektivität‘ und Begründung, ein Wissen, das wesentlich durch subjektives Betroffensein (Sollen, Gesetz, Verpflichtung) bestimmt ist? – Gleichwohl gehört zur Billigung des Guten die *Einsicht* in deren Recht und Gesollt-Sein, unabhängig von Begleitgefühlen – die unter Umständen viel intensiver solche von Abwehr und Fluchtwünschen sind.

(3) *Selbsthaftigkeit.* – Aber ist das zu Bejahende nicht doch – gerade als Gesolltes – dem Ich fremd? Gewiss kommt das Ich nicht durch Selbstreflexion zum Guten. Trotzdem geht es hierbei um „eine Weise des Selbstverstehens, und sogar eine ausgezeichnete. Die Zustimmung, ohne die das Gute nichts ist, ist Ausdruck seiner Verbindlichkeit für das Sein des Selbst" (86). Das Selbst stimmt spontan zu. Unter Hinweis auf Kierkegaard spricht Henrich gar davon, „daß es sich in ihr als Selbst allererst konstituiert" (*ebd.*). Weder das theoretisch reflektierende Ich noch der *nous* sind zu einer solchen Selbst-Hineingabe fähig. Darin liegt das Wahrheitsmoment der Gefühlstheorien; denn während bei Theorie-Prozessen das Selbst aus dem Spiel bleiben soll – hier darf man

nicht ‚persönlich werden' –, ist in Gewissensfragen das Selbst so unumgänglich wie unvertretbar. Und es bestimmt sich selbst wesentlich durch sein Verhalten.[15]

(4) *Realitätsbezug.* – Aus dem bisher Bedachten folgt, dass das sittliche Bewusstsein wesentlich ontologisch bestimmt ist. „Die sittliche Einsicht folgt zwar nicht aus einem Gedanken von der Struktur des Seins des Seienden, ist ohne einen solchen Gedanken aber auch unmöglich" (88). Es geht also nicht bloß um Vorstellungen, Gedanken, Projekte, Werte und so fort. Das Selbst ist wirklich, und wirklich sind Welt und Geschichte so, dass sie uns in eine sittliche Situation versetzen.

Umgekehrt ist es gerade die Entleerung des Guten, durch die sich Schuld und Versagen im Raum des Sittlichen manifestieren. Nur selten nämlich machen Menschen sich bewusst ausdrücklich schuldig, sozusagen mit erhobener Faust. Redet man nicht in der Regel erst sich selbst das Gute aus? Entweder liege hier eine Ausnahmelage vor, oder man könne nicht anders. Gut sein heißt, das Gute für wirklich möglich zu halten und für etwas, das wir verwirklichen sollen – gegen die Sophismen „advokatorischer Vernunft".

„Diese vier Momente bilden ein Ganzes. Sie machen deutlich, auf welche besondere Weise die sittliche Einsicht Wissen ist" (91). Diese Vierheit sei nochmals in eine Doppel-Aussage verdichtet, die das Gemeinte hoffentlich noch klarer herausstellt. Sie betrifft einmal den *Akt gewissenhaften Erfassens*, sodann *das darin Erfasste*.

(1) Zum *Akt des Erfassens* hat Reinhard Lauth, der Münchener Herausgeber der Fichte-Werke, für die Einheit von Einsicht und Antwort, um die es hier geht, den Terminus *Sazienz* vorgeschlagen (vgl. 1967, 55; 1969, 31 – *sácio* [mittellat.] = „ergreifen" begegnet nur mehr im französischen *saisir*). Lauth meint damit die aktiv-passive, oder vielmehr: die mediale Einheit von Ergreifen und Ergriffenwerden im moralischen Bewusstsein (vgl. Splett [4]2006b, bes. Einführung).

Man kann es wohl nicht anders als so kompliziert beschreiben, will man Fehldeutungen (in Richtung Dezisionismus oder Intuitionismus) ausschließen. Doch der Vollzug ist ganz einfach und ursprünglich: ein *Sich-ergreifen-Lassen.* Im Gewissen wirkt also nicht Evidenz = rein theoretische Einsicht, erst recht nicht eigene Setzung und Satzung, sondern das ergriffene Ergreifen eines Geist- und Freiheits-Wesens, das sich hat ergreifen lassen.

(2) Was nun ergreift das Bewusstsein, wovon lässt es sich ergreifen? – Ihm begegnet, heißt es, *das Gute.* Was aber ist das? Dies hier noch nicht als die Frage gestellt, was jeweils gut und recht sei (darum geht es bei den Normen), sondern: Wovon überhaupt ist die Rede, wenn jemand etwas ‚gut' nennt oder wenn er gar (im Sinne Platons) vom ‚Guten an sich und als solchem' spricht? – Auch dazu sei auf Überlegungen von R. Lauth verwiesen. Die Namen ‚Ethik', ‚Moral' und ‚Sittenlehre' besagen gleichermaßen: „Lehre vom Brauch". Auch wenn man erläuternd hinzufügt: Lehre vom rechten Brauch,

---

[15] Vgl. Thomas von Aquin, *S.th.* I-II 66, 3 ad 2: [S]*ecundum virtutes morales dicitur homo bonus simpliciter* – „Gemäß seinen sittlichen Qualitäten heißt ein Mensch gut einfachhin".

wird mit diesen Bezeichnungen die entscheidende Qualität des Sittlichen nicht ausgedrückt. Dafür greift Lauth auf das griechische Wort *doxa* zurück.

Doxa heißt zunächst: „Meinung" (so ist es philosophisch bis heute geläufig, im Gegensatz zu *epistéme* = „Wissen"). Dann aber kennzeichnet es auch die Meinung, in der man bei anderen steht, also das „Ansehen", den „Ruhm". Und so wird mit *doxa* (lateinisch: *gloria*) das biblische *kabód*, die „Herrlichkeit" Gottes wiedergegeben. Hoheit und Herrlichkeit jedoch sind nun zwei wesentliche Charaktere der Gewissens-Erfahrung. „Die Hoheit ist sogar ein ausschließender Wesenszug des sittlich Guten [...]. Die Wissenschaft vom sittlich Guten hieße dann angemessen: Doxologie" (Lauth 1969, 9).

Das wird sich freilich kaum einführen lassen; denn ‚Doxologie' ist bereits für bestimmte liturgische Texte, für Lobpreisungen in Gebrauch. Auch Lauths Ethik heißt „Ethik". Doch hat er sachlich, grundsätzlich recht. – Tatsächlich kommt erst mit der Hoheit des *Doxischen* die schlichte Souveränität und das undiskutable Selbst-Gerechtfertigtsein jenes Anspruchs zu Wort, der uns im Gewissen begegnet. Hier aber liegt das Zentrum sittlicher Erfahrung – statt dass es nur darum ginge, richtig zu handeln, geschweige denn (sei's auch auf Dauer) bloß klüglich.

Die Griechen haben diese Eigenqualität *kalón* = „schön" genannt. Sie begnügten sich nicht mit dem Wort *agathón* = „zuträglich", „gut", weil sie hierbei zu deutlich den Nutzensaspekt, das ‚gut für mich oder dich oder uns' mitvernahmen. Um den Eigenglanz des Sittlichen herauszustellen, sprachen sie vom *kalón k'agathón*, dem „Schönen-und-Guten". – Philosophen wie geistliche Lehrer, von Platon bis Fichte, von den biblischen Autoren bis Hans Urs von Balthasar, haben so immer wieder zum Bildwort des *Lichtes* gegriffen, um die innerliche Unbestreitbarkeit des Anspruchs auszudrücken: die ihm eigene Selbst-Verständlichkeit des Guten.

Und das hat Kant mit „Faktum der Vernunft" gemeint: nämlich die Unableitbarkeit des Doxischen und seiner Sazienz von anderswoher, die Selbst-Ursprünglichkeit, das Selbst-Recht jener Hoheit, die dem Sittlichen eignet, und der gewaltlosen Macht, mit der es uns im Gewissen ergreift. Daher seine bekannten hymnischen Passagen zu Pflicht, Himmel und Gesetz.

In ihnen vermerkt er zugleich: „[...] je öfter und anhaltender sich das Nachdenken damit beschäftigt." Denn denken und nachdenken muss man freilich, statt sich von modischen Auskünften blenden zu lassen wie der, nicht anders als die Himmelskörper in ihrem nachrechenbaren Wechselbezug sei die Moral nur ein Ergebnis der Evolution, Produkt der Überlebens-Anpassung. – Wenn es so wäre, wie stünde es dann mit der Moral eines Menschen, der dies erkannt zu haben glaubt? Welche Opfer dürfte man von ihm verlangen? Und dem zuvor: Inwiefern überhaupt vertritt er sein Urteil als wirkliche Einsicht? Zeigt sich nur diesmal nicht bloß eine neue Mutation des ‚kognitiven Apparats'? Ob die These wahr ist, also die Realität wiedergibt oder nicht, bliebe allerdings unentscheidbar; denn zur Lebensdienlichkeit genügt schon irgendeine ‚Passung' in die Welt, besser: die Umwelt. (Obendrein muss man sehen, ob die Mutation sich als lebensfördernd herausstellt – statt eher, wie die meisten, als tödlich.)

Schon Arthur Schopenhauer hat Kant vorgeworfen, unerlaubte biblische Anleihen getätigt zu haben: seine These sei nur vom „Mosaischen Dekalog" her begründbar (vgl.

1980, III, 647).[16] – Vielleicht spielt derlei mit, wenn man heute versucht, Kants Morallehre noch entschiedener zu formalisieren und transzendental-methodisch zuzuschärfen.

Dazu dient die sogenannte *Retorsion* (*retórqueo* = „zurückdrehen"): es wird gezeigt,
dass der Bestreiter in seiner Bestreitung selber das Bestrittene voraussetzt. Wer den sittlichen Anspruch abweisen will, kann das allein in Anerkennung seiner. Denn um überhaupt ernst genommen zu werden, muss er wenigstens vorgeben, dass ihm um die Wirklichkeit und Wahrheit zu tun sei; er melde sich aus *Wahrheitspflicht* zu Wort.

Die Argumentation ist treffend. Man sollte sie weder steril noch unvornehm schelten
oder als simple ‚Retourkutsche' abtun. Sie ist auch nicht deswegen schlecht, weil schon
seit langem bekannt. Gegenüber der Prinzipienleugnung bildet sie den notwendigen ersten Schritt.[17] Doch das Retorsionsargument genügt nicht. Es zeigt die Unum-
gänglichkeit moralischen Bewusstseins für den Fortbestand von Kultur-Lebewesen, erst
recht für die Entfaltung von Geist und Freiheit als solchen. Bei der sittlichen Erfahrung
aber geht es, statt um ein Müssen = ‚Nicht-anders-Können', um ein Sollen = ‚Nicht-
anders-Dürfen'. Wir *können* ja anders, wie allenthalben belegt; doch wir *dürfen* es
nicht: wir dürfen nicht ‚unsittlich' = unmenschlich sein. An die Stelle des Notwendigen
tritt die Sazienz des doxischen Anspruchs.

Diese Erfahrung nun zeigt sich äußerer Begründung weder fähig noch bedürftig. Die
Herrlichkeit des ergreifenden Guten legitimiert sich einfach in ihrem Aufgang. Darum
beschränkt ihre Autorität sich auch nicht auf Theisten noch gar bloß auf Christen. ‚Gewissen zu haben' definiert den Menschen als solchen. (Wobei eigens angemerkt sei,
dass dies natürlich nicht aktualistisch und moralisierend gemeint ist – wären ja dann
nicht bloß Säuglinge keine Menschen, sondern schon Schlafende nicht. Die Definition
versteht sich grundsätzlich, fachlich gesagt: ontologisch, also im Sinn eines prinzipiellen Vermögens.)

Gewissen zu haben (nicht auch: ihm zu folgen) definiert nach meinem Urteil den
Menschen unmissverständlicher als das überlieferte *animal rationale*, nicht nur im Sei-
tenblick auf künstliche Intelligenz oder die Frage der Tier-Mensch-Unterscheidung.
(Seinem Gewissen *folgen* würde dann das Menschsein inhaltlich bzw. normativ
bestimmen: Menschsein als Menschlichkeit.)

Kant hat Gott erst für die Möglichkeit der Realisierung des Guten postuliert; doch seine
Religionsbestimmung setzt früher ein: Religion als „Erkenntnis aller Pflichten als göttlicher Gebote" (V, 129, 480). Ähnlich notiert Levinas angesichts des sittlichen Anspruchs: „vielleicht" könne hier „von der *creatio ex nihilo* gesprochen werden" (Levinas

---

[16] Ebenso wenig begründet oder nur nachvollziehbar ist seine These (648), jedes Soll erhalte einzig
in Bezug auf Lohn und Strafe einen Sinn. – Anders steht es mit der postulatorisch theologischen *Sinn*-
Perspektive Kants. Doch steht diese *religionsphilosophische* Thematik hier nicht an. „In seinen Werken
zur Moralphilosophie (seit der *Grundlegung*) hat er aber niemals mehr den Glauben an Gott als *Motiv*
für den guten Willen gelten lassen. Die Vorwürfe gegen Kant, er habe mit der Moraltheologie die Heteronomie wieder eingeführt, wollen nicht verstummen, sind aber grundlos. In den reifen Werken ist der
moralische Glaube eine Folge und keine Bedingung des guten Willens" (Henrich 1960, 107).
[17] Indes gerät man vermutlich immer, wo Disput und Argumente nötig werden, unter das eigentlich angemessene Niveau. Darum steht bei Grundfragen zu Welt, Mensch, Gott über jeder noch so noblen *Diskussion* das *Gespräch* unter philosophierenden Freunden: das *sym-philosophein*.

1989, 78 – vgl. bei Kant das „Einerlei" von Freiheit und Sittengesetz). Das soll hier nicht religionsphilosophisch vertieft und entfaltet werden, der Hinweis genüge; er aber ist unerlässlich, will man das Thema „Gesetz der Freiheit" nicht um seine Tiefendimension verkürzen. Darum sei auch ein Spitzensatz Levinas' nicht unterschlagen (1981, 107): Gott komme nicht zuerst mythisch-kultisch „ins Denken", sondern in der sittlichen Situation: Gott „erfüllt mich nicht mit Gütern, sondern drängt mich zur Güte, die besser ist als alle Güter, die wir erhalten könnten".

Das nun dürfte wie für das irdische Glück für die Glückseligkeit gelten. – Um es an einer (gar: der?) paradigmatischen Glückserfahrung zu fassen (und zugleich mit Goethe-Zeilen zu schließen[18] – obwohl „Liebe" jetzt eher sittlich genommen sei als im lyrisch-goetheschen Literalsinn):

> [...] welch Glück, geliebt zu werden,
> Und lieben, Götter, welch ein Glück!

3. Ausblick

Das Für und Wider zu Kants Ansatz bereits unter seinen Zeitgenossen galt vor allem seiner theoretischen Philosophie, sogar bei Fichte, der in der Frage des Verhältnisses von theoretischer und praktischer Vernunft noch entschiedener für den Vorrang der praktischen votierte. Das aber ist nicht hier zu behandeln.

Aus dem „Zusammenbruch des Deutschen Idealismus" und dem Tiefstand des philosophischen Denkens in der Mitte des 19. Jahrhunderts geht dann (neben etwa dem spekulativen Theismus) unter dem Ruf „Zurück zu Kant" der *Neukantianismus* hervor, der vor allem zwischen 1870 und 1910 an den deutschen Fakultäten bestimmend wurde (vgl. Ollig 1979). Auch hier herrschen theoretische Fragestellungen vor, besonders im Primat der Erkenntnis- (und Wissenschafts-)Theorie. Zentral wurde, seit ihrem Begründer Wilhelm Windelband, die ethische Thematik in der südwestdeutschen Schule – eingebettet in den von Hermann Lotze begründeten Ansatz einer Philosophie der Werte. In der Marburger Schule führte der Rückgriff auf Kants These vom Menschen als Selbstzweck zur Begründung eines ethischen Sozialismus, und schulübergreifend entwickelte sich eine Rechtsphilosophie, der „das Verdienst zu[kommt], wesentlich zur Überwindung des rechtsphilosophischen Positivismus beigetragen zu haben" (*ebd.*, 136).

1929 hat Gerhard Krüger in seiner Marburger Habilitationsschrift Untersuchungen zum Verhältnis von Philosophie und Moral bei Kant vorgelegt. Im Schluss formuliert er: „,Als das einzige Wesen auf Erden, das Verstand, mithin ein Vermögen hat, sich willkürlich Zwecke zu setzen [...] ist er [...] betitelter Herr der Natur'. Ohne ihn würde ,die ganze Schöpfung eine bloße Wüste, umsonst und ohne Endzweck sein'" (1967, 229, die Kant-Zitate aus der *Kritik der Urteilskraft*: V, 430 u. 442). Doch bleibt teleologische Erfahrung problematisch, solange sie nicht ihr Prinzip im Sittengesetz erkennt. „Verstand ist moralisch zu begreifen: die im Gewissen unbedingt verbindliche Anlage

---

[18] Goethe 1977, I, 49f. („Willkommen und Abschied").

zur Antwort auf die Schöpfung" (230). „Wenn die Moral die absolute Selbstmacht des Verstandes in ihre Grenzen weist, und wenn die objektiven Prinzipien der Vernunft nicht selbsterdacht, sondern gehorsam zugeeignet sind, dann ist menschliches Selbst im Grunde ein Selbstbewußtsein vor Gott" (231).[19]

„Das moralische Gesetz hebt die Wahrheit des Satzes dialektisch auf, dass ‚die Vernunft nur das einsieht, was sie selbst nach ihrem Entwurfe hervorbringt' (III, 10). Die Wahrheit wird vernichtet, weil das moralische Gesetz, sofern es als Unbedingtes auftritt, nicht als Entwurf der spontanen Vernunft zu denken ist, sondern als etwas, das in reinem Finden begegnet, als etwas, das man nicht suchte und doch bedarf. Sie wird aber auch gerettet, weil das Gesetz die absolute Spontaneität des Subjekts voraussetzt und rechtfertigt, es ‚in eine höhere, unveränderliche Ordnung der Dinge' versetzt, ‚in der wir jetzt schon sind' (V, 197)" (Fischer 2004, 127). Und sind darin nicht auch Pflicht und Neigung dialektisch versöhnt?

So scheint in der gegenwärtigen Diskussion um die *Personwürde* eines jeden Menschen vom Lebensbeginn bis zum Tod und in der Auseinandersetzung mit naturalistischen Anthropologien, die die Willensfreiheit als Illusion darstellen, außer religiös-theologischen (und neoaristotelischen) Wortmeldungen vor allem der Rückgriff auf Kant unumgänglich.[20] Darum begegnet er nicht bloß in deutschen und kontinentalen Debatten, sondern auch im angelsächsischen Raum.

4. Literatur

4.1. Quellentexte

Kant, I., 1902ff.: *Gesammelte Werke* (= *Akademie-Ausgabe*), 29 Bde., Berlin.

–, 1956-1964: *Werke*, ed. W. Weischedel, 6 Bde., Darmstadt – Frankfurt/M.

–, 1977: *Werkausgabe in 12 Bänden*, ed. W. Weischedel, Frankfurt/M.

–, 1998: *Grundlegung zur Metaphysik der Sitten*, ed. T. Valentiner (= RUB, 4507), Stuttgart.

–, 1999: *Grundlegung zur Metaphysik der Sitten*, ed. B. Kraft/D. Schönecker (= Philosophische Bibliothek, 519), Hamburg.

–, 1998: *Kritik der praktischen Vernunft*, ed. J. Kopper (= RUB, 1111), Stuttgart.

–, 2003: *Kritik der praktischen Vernunft*, ed. H.F. Klemme (= Philosophische Bibliothek, 506), Hamburg.

–, 1998: *Die Metaphysik der Sitten*, ed. H. Ebeling (= RUB, 4508), Stuttgart.

[19] Vgl. *ebd.*: „Es scheint, dass Kant noch am mühseligen Ende seines Lebens den Konflikt zwischen ‚Wissenschaft und Moral' in neuer Schärfe erfahren hat." Krüger (233) bezieht sich auf Adickes 1920, 801f., wonach Gott „nicht mehr auf dem Umweg über das ‚höchste Gut' des Menschen postuliert, sondern direkt als der Geber des moralischen Gesetzes verstanden wird" (vgl. *Opus postumum*, AA XXI u. XXII, 7. Convolut, Bogen 9 und 10 sowie 1. Konvolut, bes. Bogen 1-5).

[20] Von der Wertphilosophie jedenfalls, mit ihrer Dichotomie von wertlosem ‚Sein' und nicht-seienden (‚geltenden') Werten, scheinen nur die ‚Werte'-Floskeln überlebt zu haben.

–, 1998: *Metaphysische Anfangsgründe der Rechtslehre. Metaphysik der Sitten. Erster Teil*, ed. B. Ludwig (= Philosophische Bibliothek, 360), Hamburg.

–, 2008: *Metaphysische Anfangsgründe der Tugendlehre. Metaphysik der Sitten. Zweiter Teil*, ed. B. Ludwig (= Philosophische Bibliothek, 430), Hamburg.

–, 1974: *Die Religion innerhalb der Grenzen der bloßen Vernunft*, ed. R. Malter (= RUB, 1231), Stuttgart.

–, 2004: *Die Religion innerhalb der Grenzen der bloßen Vernunft*, ed. B. Stangneth (= Philosophische Bibliothek, 545), Hamburg.

4.2. Allgemeine Einführungen zu Leben und Werk Immanuel Kants

Gerhardt, V., 2002: *Immanuel Kant. Vernunft und Leben*, Stuttgart.

Grondin, J., [4]2007: *Kant zur Einführung*, Hamburg.

Guyer, P., 1992: *The Cambridge Companion to Kant*, Cambridge.

Höffe, O., [7]2007: *Immanuel Kant* (= Beck'sche Reihe Denker, 506), München.

Schultz, U., [3]2003: *Immanuel Kant in Selbstzeugnissen und Bilddokumenten* (= rm, 101), Reinbek b. Hamburg.

Scruton, R., 2004: *Kant*, Freiburg/Br.

4.3. Sekundärliteratur zur Ethik Immanuel Kants

Adickes, E., 1920: *Kants Opus postumum*, Berlin.

Ameriks, K./Sturma, D. (eds.), 2004: *Kants Ethik*, Paderborn.

Fischer, N. (ed.), 2004: *Kants Metaphysik und Religionsphilosophie*, Hamburg.

Henrich, D., 1960: „Der Begriff der sittlichen Einsicht und Kants Lehre vom Faktum der Vernunft", in: ders./W. Schulz/K.-H. Volkmann-Schluck (eds.), *Die Gegenwart der Griechen im neueren Denken*, Tübingen, 77-115.

Höffe, O. (ed.), [2]1993: *Grundlegung zur Metaphysik der Sitten. Ein kooperativer Kommentar*, Frankfurt/M.

–, 2002: *Immanuel Kant: Kritik der praktischen Vernunft* (= Klassiker auslegen, 26), Berlin.

Horn, C./Mieth, C./Scarano, N. (eds.), 2007: *Immanuel Kant: Grundlegung zur Metaphysik der Sitten*, Frankfurt/M.

Kersting, W., 1984: *Wohlgeordnete Freiheit. Immanuel Kants Rechts- und Staatsphilosophie*, Berlin.

Korsgaard, C.M., 1996: *Creating the Kingdom of Ends*, Cambridge.

Krüger, G., [2]1967: *Philosophie und Moral in der Kantischen Kritik*, Tübingen.

Meyer, H., 1979: *Subjektivität und Freiheit. Untersuchungen zu Kants kritischer Freiheitslehre*, Diss. Phil. München (Mskr.-Druck).

Paton, H.J., 1962: *Der kategorische Imperativ. Eine Untersuchung über Kants Moralphilosophie*, Berlin.

Sala, G.B., 2004: *Kants „Kritik der praktischen Vernunft". Ein Kommentar*, Darmstadt.

Schmucker, J., 1955: „Der Formalismus und die materialen Zweckprinzipien in der Ethik Kants", in: J. Lotz (ed.), *Kant und die Scholastik heute*, Pullach, 155-205.

Schönecker, D./Wood, A.W., 2002: *Kants ‚Grundlegung zur Metaphysik der Sitten'. Ein einführender Kommentar*, Paderborn.

Schwartländer, J., 1968: *Der Mensch ist Person. Kants Lehre vom Menschen*, Berlin.

Steigleder, K., 2002: *Kants Moralphilosophie. Die Selbstbezüglichkeit reiner praktischer Vernunft*, Stuttgart – Weimar.

Witschen, D., 1984: *Kant und die Idee einer christlichen Ethik. Ein Beitrag zur Diskussion über das Proprium einer christlichen Moral*, Düsseldorf.

Wood, A.W., 1999: *Kant's Ethical Thought*, Cambridge.

4.4. Sonstige zitierte Literatur

Fichte, J.G., 1971: *Fichtes Werke*, ed. I. H. Fichte, Berlin.

Fischer, K., [4]1998f.: *Geschichte der neuern Philosophie – Jubiläumsausgabe. Vierter Band: Immanuel Kant und seine Lehre. I. Theil. Entstehung und Gründung der kritischen Philosophie; Fünfter Band: Immanuel Kant und seine Lehre. II. Theil: Das Vernunftsystem auf der Grundlage der Vernunftkritik*, Heidelberg.

Goethe, J.W., 1977: *Sämtliche Werke* (= Artemis-Gedenkausgabe), München.

Hegel, G.W.F., 1970: *Werke in 20 Bänden*, ed. E Moldenhauer/K.M. Michel, Frankfurt/M.

Hengstenberg, H.-E., 1957: *Philosophische Anthropologie*, Stuttgart.

–, 1969: *Grundlegung der Ethik*, Stuttgart u.a.

Jaeschke, W., 1986: *Die Vernunft in der Religion. Studien zur Grundlegung der Religionsphilosophie Hegels*, Stuttgart-Bad Cannstatt.

Krings, H., 1980: *System und Freiheit. Gesammelte Aufsätze*, Freiburg/Br.

Lauth, R., 1967: *Begriff, Begründung und Rechtfertigung der Philosophie*, München – Salzburg.

–, 1969: *Ethik in ihrer Grundlage aus Prinzipien entfaltet*, Stuttgart.

Leibniz, G.W., 1965: *Die philosophischen Schriften*, ed. C.J. Gerhardt, Hildesheim.

Levinas, E., 1981: „Gott und die Philosophie", in: B. Casper (ed.), *Gott nennen. Phänomenologische Zugänge*, Freiburg/Br. – München, 81-123.

–, 1989: *Humanismus des anderen Menschen*, Hamburg.

Ollig, H.-L., 1979: *Der Neukantianismus*, Stuttgart.

Ricken, F., [3]1998: *Allgemeine Ethik* (= Grundkurs Philosophie, 4), Stuttgart u.a.

Ricœur, P., 1971: *Die Fehlbarkeit des Menschen*, Freiburg/Br. – München.

Sartre, J.-P., 1962: *Das Sein und das Nichts. Versuch einer phänomenologischen Ontologie*, Hamburg.

–, 2000: *Der Existentialismus ist ein Humanismus und andere philosophische Essays*, Reinbek b. Hamburg.

Scheler, M., [5]1966: *Der Formalismus in der Ethik und die materiale Wertethik*, Bern.

Schiller, F., [5]1973ff.: *Sämtliche Werke*, ed. R. Fricke/H.G. Göpfert, München.

Schopenhauer, A., 1980: *Sämtliche Werke*, ed. W. v. Löhneysen, Darmstadt.

Spaemann, R./Schweidler, W. (eds.), 2006: *Ethik. Lehr- und Lesebuch*, Stuttgart.

Splett, J., [3]2006a: *Freiheits-Erfahrung. Vergegenwärtigungen christlicher Anthropo-Theologie*, Köln.

–, [4]2006b: *Gott-ergriffen. Grundkapitel einer Religionsanthropologie*, Köln.

Das Prinzip des größten Glücks
Der noble Utilitarismus
John Stuart Mills

1. Leben und Schriften

John Stuart Mill (1806-1873) ist der wohl bedeutendste philosophische Kopf des viktorianischen Englands. Seinen Rang in der Geschichte der Philosophie verdankt er logisch-methodologischen, nationalökonomischen, ethischen, sozialphilosophischen, demokratietheoretischen und bildungspolitischen Publikationen. Für die praktische Philosophie der Gegenwart sind seine Verteidigung individueller Freiheit gegen jede Form von Totalitarismus und Konformismus und seine Version einer utilitaristischen Ethik von erheblicher Bedeutung.

John Stuart Mill wurde am 20. Mai 1806 in London geboren. Sein Vater war Schotte, seine Mutter Engländerin. John Stuart war das älteste von neun Geschwistern. Der Vater James Mill, ein (ungläubiger) Theologe, Psychologe, Nationalökonom und Historiker, und dessen väterlicher Freund und wohlhabender Gönner Jeremy Bentham (1748-1832), Rechtstheoretiker, Sozialreformer und Begründer des neuzeitlichen Utilitarismus, waren als Autoritäten und Widerparte die geistig prägenden Personen in Mills Leben. Auch der Nationalökonom David Ricardo, der Rechtsgelehrte John Austin und der Gräzist und Altertumsforscher George Grote standen der Familie Mill nahe und haben die intellektuelle Biographie von John Stuart nicht unwesentlich beeinflusst.

Der junge Mill besuchte keine Schule und Universität. Er wurde ab dem vierten Lebensjahr von seinem Vater im rationalistischen Geist des englischen Empirismus und der französischen Aufklärung und nach pädagogischen Prinzipien der von ihm vehement vertretenen „modernen" Assoziationspsychologie unterrichtet. In seiner *Autobiography* schildert der alte Mill rückblickend Plan und Programm seiner eigenen Erziehung. Der Unterricht umfasste die klassischen Sprachen, Mathematik, Physik und Logik, Geschichte, politische Ökonomie, Jurisprudenz und Psychologie. Die Ausbildung durch den Vater, deren Ergebnisse er selbst sogleich in der Unterweisung seiner jüngeren Geschwister aktiv erproben musste, war musterhaft und *prima facie* ungemein erfolgreich. Bereits in jungen Jahren führte der Vater den intelligenten Sohn in den politischen Intellektuellenkreis der reformorientierten ,*Radicals*' ein, in dem er bald debattierend und publizierend eine prominente Rolle spielte. Benthams Hauptwerk *Introduction to the Principles of Morals and Legislation* von 1789 bot ihm in dieser frühen Zeit die fraglose ethische und politische Orientierung.

Mit 17 Jahren beginnt er als *Junior Clerk* seine berufliche Arbeit in der East Indian Company, für die er, wie schon sein Vater, in erfolgreicher Karriere 35 Jahre lang, zuletzt in führender Position, tätig sein wird, bis 1858 die Ostindische Handelsgesellschaft aufgelöst und in ein Ministerium umgewandelt wird und er selbst sich für einen frühen wohldotierten ‚Ruhestand' entscheiden kann. Die berufliche Arbeit wird ihm stets problemlos von der Hand gehen; seine Hauptwerke *System der Logik* (1843) und *Grundsätze der politischen Ökonomie* (1848) wird er, ohne seine täglichen Pflichten zu vernachlässigen, über Jahre hinweg weitgehend während der ‚Dienstzeit' verfassen können.

Der strenge, emotionsarme, einseitig intellektbetonte Bildungsweg führt den Zwanzigjährigen zunächst in eine seelische Krise. Über romantische Poesie und Literatur (Marmontel, Wordsworth, Carlyle, Goethe) findet Mill aus depressiven Stimmungen wieder zu sich, entdeckt seine innere Gefühlswelt, die Reize der Einbildungskraft und seine Liebe zur Natur. Dieser geht er von nun an immer wieder und im späteren ‚Ruhestand' immer mehr in ausgedehnten Reisen und Wanderungen und botanischen Studien vor allem in südeuropäischen Ländern und Landschaften nach.

1830 lernt der 24-jährige John Stuart die 22-jährige Harriet Taylor kennen. Harriet war bereits seit mehreren Jahren mit einem gutsituierten, menschlich fairen, aber geistig etwas selbstzufriedenen Großhandelskaufmann verheiratet und Mutter zweier Kinder. Über 20 Jahre wird sie Mills enge Seelenfreundin und schließlich, zwei Jahre nach dem Tod ihres Mannes, 1851 auch seine Frau. Die enge (wohl ‚platonische') Beziehung Mills zu einer verheirateten Frau galt seiner Zeit und gesellschaftlichen Schicht als Skandal; sie entfremdete ihn seiner Familie und der ‚besseren Gesellschaft' Londons und verstärkte seine kritische Distanz zu vielen Zügen der viktorianischen Moral.

Harriet Taylor, eine auf Emanzipation bedachte politisch wache ‚Linksintellektuelle', hat nach Mills eigenem, wohl etwas verklärenden Bekunden seine sozialphilosophischen Gedanken nachhaltig beeinflusst. Wie stark dieser Einfluss tatsächlich war, ist in der Forschung umstritten. Die Schriften *Über die Freiheit* (1859), *Utilitarismus* (1861), und *Die Hörigkeit der Frauen* (1869) sind jedenfalls in engem Gedankenaustausch mit ihr entstanden.

1858 stirbt Harriet in Avignon (an Tuberkulose, möglicherweise von John Stuart infiziert, der wie bereits sein Vater über Jahre hinweg unausgeheilt an dieser Krankheit litt). Bis zu seinem Tod am 7. Mai 1873 lebt Mill nun teils in Avignon (in Sichtweite zum Grab seiner Frau), teils in London, die letzten fünf Jahre fast ausschließlich in Avignon. Seine Stieftochter Helen Taylor hat ihn im Alter gestützt, seinen Nachlass verwaltet und bis zu ihrem Tod im Jahr 1907 sein politisches Erbe und das ihrer Mutter in Kampagnen und Erzählungen wach gehalten.

Mill lebte vom Beginn seiner Bekanntschaft mit Harriet Taylor bis zu seinem Tod gesellschaftlich zurückgezogen, war indessen stets auf öffentliche politische Wirkung bedacht und setzte sich in zahlreichen Kampagnen für Armenfürsorge, für Ächtung der Sklaverei, für öffentliche Erziehungsinstitutionen, für Änderungen des Wahlrechts und – auch als kurzzeitiges Mitglied des Parlaments (1865-1868) und Rektor der Universität von St. Andrews – für die bürgerlichen und akademischen Rechte der Frauen ein. Mill war hier in vielem seiner Zeit ein ganzes Menschenalter voraus.

Neben den bereits genannten Werken zählen die *Betrachtungen über die repräsentative Demokratie* (1861) und *Die Überprüfung der Philosophie William Hamiltons* (1865) zu den wichtigsten Schriften. Die *Autobiographie* (1873), die *Drei Essays über Religion* (1874) und die Abhandlung *Über den Sozialismus* (1879) sind posthum erschienen.

Die nachhaltigste Wirkung in der praktischen Philosophie der Gegenwart übt John Stuart Mill mit seinen Schriften *Über die Freiheit* (1859) und *Utilitarismus* (1861) aus, wobei die Gedanken der Freiheitsschrift für die aktuelle Sozialphilosophie und die Gedanken der Utilitarismusschrift für die aktuelle Ethik von zentraler systematischer Bedeutung sind. Ich konzentriere mich im Folgenden der Thematik des vorliegenden Bandes entsprechend auf die Utilitarismusschrift.

2. Grundbegriffe und Argumente

2.1. Die Frage nach dem höchsten Gut im Spannungsfeld von Antike und Neuzeit

Ein Kennzeichen der utilitaristischen Ethik ist ihr Bestreben, den Progress neuzeitlicher Wissenschaft und Technik für die Realisierung dessen nutzbar zu machen, was sie als Aufgabe und Ziel der Moral bestimmt. Auch John Stuart Mill erwartet – in der Mitte des 19. Jahrhunderts – vom unverkennbaren Fortschritt des Wissens und der Wissenschaften einen wesentlichen Beitrag zum Fortschritt in den menschlichen Lebensverhältnissen. In seinem Optimismus hält er die elementaren Lebensprobleme, die Krankheit, materielle Not, Unbildung und soziales Elend mit sich bringen, in absehbarer Zeit mit Hilfe wissenschaftlicher Erkenntnisse für grundsätzlich lösbar. Doch Mill ist kein engstirniger Szientist und Fortschrittsoptimist oder gar ein wissenschaftsgläubiger politischer Totalitarist wie sein zeitweiliger Freund Auguste Comte (1798-1857). Dessen szientistischer Totalitarismus ist es gerade, der ihn abstößt und auf kritische Distanz gehen lässt. Mill pocht einerseits (auch angesichts der ersten Erfahrungen der Nivellierungs-, Mediokrisierungs- und Zwangstendenzen einer sich formierenden demokratischen Massenkultur im Norden Amerikas) auf liberale Individualität und schließt andererseits seine ethischen Fragestellungen an die Erkenntnisse der philosophischen Tradition an. Mill ist, auch wenn auf seinem Bildungsweg die Epochen zwischen Spätmittelalter und Aufklärung so gut wie völlig ausgeblendet blieben, durchaus geschichts- und traditionsbewusst. Seine Ethik ist systematisch der Sokratik und griechischen Klassik, insbesondere Platon und Aristoteles und den Systemen des Hellenismus, vor allem dem Epikureismus und der Stoa, verpflichtet.

Mit dieser Tradition glaubt Mill, die Antwort auf die Frage nach der Grundlage der Moral in der Antwort auf die Frage nach dem „höchsten Gut" (*summum bonum*) zu finden; und mit ihr sieht er mit dieser Antwort auch das Kriterium für die moralische Beurteilung menschlichen Handelns gegeben. Für Mill ruht Moralität begründungstheoretisch nicht in sich selber, sondern bezieht ihre Überzeugungskraft aus einer Zielbestimmung menschlichen Lebens, die die Vollkommenheit realisierbarer menschlicher Lebensmöglichkeiten zum Inhalt hat.

Es trifft zu: John Stuart Mill weiß sich der Philosophie Epikurs verpflichtet: seinem *Empirismus* und seinem *Hedonismus.* Doch er glaubt sich mit seiner Version eines *qualitativen* Hedonismus (im Unterschied zum rein *quantitativen* Hedonismus Benthams) auch auf die Tradition der Sokratik berufen zu können. Mit einem gewissen Recht. Jedenfalls nimmt sie eindeutig auch platonische, aristotelische, stoische und christliche Motive auf.

2.2. Methodische Grundlagen

Mill möchte mit seinem Essay *Utilitarianism*[1], soweit dies möglich ist, einen „Beweis" (*proof*) dieser Theorie vorlegen (vgl. 21). Er äußert diesen Anspruch mit erheblicher Zurückhaltung. Der ‚Beweis' der Theorie soll sich auf die korrekte Bestimmung des *summum bonum* und auf das utilitaristische Prinzip der Moral beziehen. Doch Fragen nach „letzten Zielen" (*ultimate ends*) und Prinzipien sind, so Mill, nicht in der Form eines „direkten Beweises" (*direct proof*) zu beantworten. Was Mill nun mit seinem indirekten Beweisverfahren meint, ist vielen ein Rätsel, in seiner Durchführung sogar ein Stein des Anstoßes.

Direkte Beweise wären die Verfahren der logischen Deduktion und der empirisch generalisierenden Induktion. Beide Verfahren versagen im Falle letzter Zwecke und Prinzipien. Mill macht in anderen Zusammenhängen klar[2], woran er bei seinem indirekten Beweisverfahren denkt: an die topische Art des Ins-Spiel-Bringens, An-einander-Reibens, Ordnens, Abwägens und Abgleichens von in Alltag und Wissenschaft geläufigen und bewährten allgemeinen Gesichtspunkten – ein Verfahren, das Aristoteles im Anschluss an Platons Dialektik und die rhetorische Praxis seiner Zeit erläutert und benutzt, wenn es um Fragen der Rechtfertigung der Grundbegriffe und Grundsätze innerhalb einer Fachdisziplin, und wenn es um die Rechtfertigung disziplinenübergreifender Grundbegriffe und Grundsätze sowie um die Bestimmung des Endziels des menschlichen Lebens geht. Wer Mills Rezeption der aristotelischen Methodik zur Kenntnis nimmt, ist davor gefeit, dem großen Logiker Mill bei seinen so genannten Beweisverfahren in einem Essay Fehlschlüsse (etwa einen irrigen Übergang von „erstrebt" bzw. „erstrebbar" zu „erstrebenswert", vgl. *UR* c. 4) vorzuwerfen, die nicht einmal ein durchschnittlich wacher Proseminarist machen würde.

2.3. Das Prinzip der Moralität und das Prinzip des Lebens

Das zweite Kapitel von Mills *Utilitarianism* ist der Klärung dessen gewidmet, was unter Utilitarismus zu verstehen ist. Mill formuliert hier das Prinzip seiner „ *Theorie der Moralität*" (*theory of morality*) und das Prinzip seiner „ *Theorie des Lebens*" (*theory of life*). Die

---

[1] Im folgenden *UR*. Der Text findet sich in *The Collected Works of John Stuart Mill in 33 volumes*, ed. J.M. Robson, Toronto 1963-1991 (im Folgenden: *CW*) in Band X, 203-259. Ich zitiere den Text, der leichteren Zugänglichkeit halber, nach der deutsch-englischen Ausgabe John Stuart Mill, *Utilitarianism – Der Utilitarismus*, Stuttgart 2006; die deutsche Übersetzung von Dieter Birnbacher wird von mir leicht modifiziert.

[2] Dies vor allem in seinen Arbeiten zur Philosophie der Antike, abgedruckt in Bd. X der *CW*.

Theorie des Lebens beinhaltet ein Selbst- und Weltverständnis, das besagt, was dem menschlichen Leben Sinn verleiht, was es so qualifiziert, dass es wert ist, gelebt zu werden. Sie bietet, so Mill, der Theorie der Moralität die Grundlage; und die Theorie der Moralität errichtet bzw. klärt den „moralischen Maßstab" (*the moral standard*).

Mills *Prinzip der Moralität* besagt,

> dass Handlungen insoweit und in dem Maße moralisch richtig sind, als sie die Tendenz haben, Glück zu befördern, und insoweit moralisch falsch, als sie das Gegenteil von Glück hervorzubringen tendieren (*UR* 22/23).

Dabei sei mit „*Glück*" (*happiness*) „Vergnügen" [oder „Lust", engl. *pleasure*] und „die Abwesenheit von Schmerz", mit „*Unglück*" (*unhappiness*) „Schmerz und der Verlust von Vergnügen" gemeint.

Das *Prinzip der Theorie des Lebens* besagt,

> dass Vergnügen und Freisein von Schmerz die einzigen Dinge sind, die als Ziele erstrebenswert sind; und dass alle erstrebenswerten Dinge [...] entweder erstrebenswert sind des Vergnügens wegen, das ihnen inhäriert, oder als Mittel zur Beförderung von Vergnügen und der Verhinderung von Schmerz (*UR* 24/25).

Man muss nicht puritanisch denken, um Mills Prinzip der Theorie des Lebens *prima facie* etwas befremdlich zu finden. Die antiken Gegner warfen dem Epikureismus vor, dass im Lebensziel der Lust bzw. des Vergnügens der Mensch sich vom Tier nicht unterscheide, und dass die Verabsolutierung dieses Ziels den menschlichen Sinn für Moralität vernichte und den Einsatz für die Ideale sittlicher und kultureller Größe schwäche. Zeitgenössische Gegner Mills und des Utilitarismus, etwa ein Thomas Carlyle, dachten ähnlich. Mills Verteidigung des Utilitarismus musste deren Angriffe parieren. Sie trug zweifellos den Gedanken der Gegner nachhaltig Rechnung. Wenn sie gleichwohl nicht voll überzeugt, dann deshalb, weil er die Position des Hedonismus nicht genau genug analysiert und diese Position letztendlich nicht aufzugeben bereit ist, obgleich er gewichtige Gesichtspunkte seiner Gegner übernimmt, die geeignet sind, seinen Hedonismus von innen her aufzubrechen.

2.4. Verschiedene Modelle und Arten von Vergnügen

Eine wesentliche Crux des Hedonismus ist darin zu sehen, dass, was er als Ziel des menschlichen Lebens ansetzt – Lust und Freisein von Schmerz –, in der Regel nach einem Modell verstanden wird, das den Phänomenen in höchst unzureichendem Maße gerecht wird. Ich meine das *Kausalmodell*, das Lust als Qualität der Selbstempfindung eines Lebewesens im Sinne einer *Wirkung* versteht, der bestimmte *Ursachen* zugeordnet werden können, die diese Wirkung (nach einer Regel) hervorbringen. Diesem Modell ist wesentlich, dass Ursache und Wirkung *per definitionem* voneinander isolierbare Phänomene sind. Wir haben das ganz und gar subjektive innerlich-private Wirkungsphänomen der Lust/Unlustqualität der Empfindung, des Gefühls, des Erlebens von etwas einerseits; und wir haben die verschiedensten, nicht in ihrer Eigenart und objektiven

Seinsweise, sondern nur in ihrer kausalen Rolle der Lusterzeugung und Unlustbehebung bedeutsamen Ursachenfaktoren andererseits. Man sieht, dass dieses *kausale* Modell des Verstehens von Lust der Struktur und Art nur sehr weniger Vergnügen, und wohl auch den Hauptvergnügen nur weniger Menschen gerecht wird. Es ist offensichtlich an der möglichen leiblich-sinnlichen Lust des Tast-, Geschmacks- oder Geruchssinns ausgerichtet, der aus dem intentionalen Lebens- und Erlebniszusammenhang herausisoliert ist.

Im allgemeinen trifft und erklärt ein *intentionales* Modell, das zwischen *Ursache* und *Gegenstand* eines Vergnügens unterscheidet und das Objekt des Vergnügens als für dieses selbst konstitutiv erachtet, ungleich besser, was höhere Tiere, was jedenfalls wir Menschen als Lust erfahren und mit Vergnügen tun und erleben. Unser Streben und Tun, unser Empfinden und Fühlen erhält über die Gegenstände seine Bestimmtheit und meist auch Wesentliches seiner Erlebnisqualität. Und in diesem Ausgerichtetsein auf ein Objekt unterscheiden sich Mensch und Tier auf eine essentielle Weise. Sie unterscheiden sich durch den Umstand, dass nur der Mensch sprachfähig ist und damit Sachverhalte erfassen kann. Die Sprachfähigkeit eröffnet dem Menschen und nur ihm den Horizont der Geschichte, der Moralität, des Rechts, der Wissenschaft, der Religion, des ästhetisch Schönen und der schönen Künste. Tun und Erleiden, Vergnügen und Leiden haben in diesem Horizont eine andere Dimension und eine andere Qualität als auf der Ebene bloß sinnlichen Lebens und Erlebens des Lebens.

Nun spricht Mill selbst in schillernd-metaphorischer, gegenüber dem Unterschied einer kausalen oder intentionalen Interpretation neutraler Weise von verschiedenen *„Quellen der Lust"* (*sources of pleasure*, UR 26/27). Doch dass er sich dieses Unterschieds sehr wohl bewusst ist, zeigt sich daran, dass er die Differenz der Vergnügen an den in ihrer Aktualisierung involvierten Vermögen festmacht und die Fixierung des Benthamschen Utilitarismus auf die Lust „bloßer sinnlicher Empfindung" und den Rahmen einer unterscheidenden Bewertung nach rein ‚äußeren' Gesichtspunkten durchbricht. Bentham wollte die ‚Dimensionen' des Wertes von Lust und Schmerz nur nach den ‚Umständen' von Lust und Schmerz gemessen und beurteilt wissen: nach ihrer Dauer, ihrer Intensität, nach ihrer Gewissheit und Ungewissheit, Nähe und Ferne in Erwartung und Erinnerung, nach dem Umstand, ob sie folgenlos sind oder ihrerseits Vergnügen oder Schmerzen nach sich ziehen, nach dem Maß ihrer Verbreitung bzw. Wirkung auf verschiedene Personen oder empfindende Wesen (vgl. Bentham, *An Introduction to the Principles of Morals and Legislation,* 38-41).[3] Mill dagegen will *„Arten von Lust"* (*kinds of pleasure*) gemäß ihrer „inneren Beschaffenheit" (*intrinsic nature*) unterschieden sehen. Und die innere Beschaffenheit eines Vergnügens bemißt sich für Mill klarerweise an der Fähigkeit, die das Vergnügen aktualisiert, und an dem, woran man Vergnügen hat, also am intentionalen Objekt des Aktes dieser Fähigkeit. Ja, Mill nähert sich mit seiner Verwendung des Begriffs des Vergnügens vielfach einer aristotelischen Identifikation von Vergnügen mit unbehinderter artspezifischer Tätigkeit, die man gerne und um ihrer selbst willen vollzieht.

---

[3] Vgl. das bekannte Wort Benthams: *quantity of pleasure being the same, pushpin is as good as poetry,* zitiert in: J.S. Mill, „Bentham", in: *CW* X, 113. Das findet sich zwar nicht wörtlich, aber in annähernd gleicher Formulierung so auch bei Bentham.

Mill spricht ganz in der Tradition antiker Stufung des Seelischen von höheren und niederen Fähigkeiten und entsprechend von „Vergnügen des Geistes" (*mental pleasures*) und „Vergnügen des Leibes" (*bodily pleasures*). Die Stufung der Fähigkeiten, die aus dem Erfahrungsbereich der Biologie ihre Selbstverständlichkeit bezieht, ist zunächst rein deskriptiv gemeint. Eine wertende Stufung kommt erst ins Spiel durch eine traditionsreiche Argumentationsfigur, die Mill nicht ausführt, sondern nur in ihrem Ergebnis verwertet:

> Die Menschen haben höhere Fähigkeiten als die tierlichen Bestrebungen, und wenn sie mit diesen einmal vertraut gemacht sind (*when once made conscious of them*), betrachten sie nichts als Glück, was nicht deren erfüllende Betätigung (*gratification*) einschließt (*UR* 26/27).

Diesen Satz könnte bis in die Formulierung hinein ein Stoiker geschrieben und als Motto über seine Oikeiosislehre gestellt haben (vgl. dazu ausführlich Forschner [2]1995, 142-159). Nach dieser Lehre terminiert die natürliche Selbstliebe des reifen Menschen in der bedingungslosen Liebe zum eigenen (und ineins damit auch zum fremden) Vernünftigsein und seinen Akten und in einer nur noch bedingten, vorbehalthaften Liebe zu all dem, was das vernünftige Selbst gut oder schlecht gebrauchen kann und was ihm nicht absolut eigen ist. Wenn Mill davon sprechen wird, dass Menschen, die ihrer höheren Fähigkeiten innewerden, nur noch glücklich sein können in einem Leben, das die erfüllende Betätigung dieser Fähigkeiten einschließt, dann ist dies ein Gedanke, dem in der Antike gerade der stoische Gegner des Epikureismus adäquaten Ausdruck und eine solide Begründung gegeben hat.

2.5. Bedingungen für den Wert und die Wahl eines Vergnügens

Platonischer und aristotelischer Tradition ist Mills Argument verpflichtet, dass

> von zwei Vergnügen dasjenige wünschenswerter ist, das von allen oder nahezu allen, die Erfahrung in beiden haben, [...] entschieden bevorzugt wird (*UR* 28/29).

Mill ist Empirist. Als solcher muss er die Entscheidung darüber, welches Vergnügen das wertvollere ist, an die tatsächlichen Wünsche und Präferenzen der Menschen binden. Doch diese Wünsche und Präferenzen divergieren. Und viele haben den Eindruck, dass die Wünsche mancher Menschen, und manchmal die Wünsche vieler Menschen unvernünftig sind. Die faktische unqualifizierte Mehrheit kann kein plausibler Maßstab der Treffsicherheit in dieser Sache sein. Mill muss also Bedingungen formulieren für eine kompetente Entscheidung darüber, welches Vergnügen wertvoller ist als andere. Er orientiert sich hier an Platon und Aristoteles. Platons Auskunft im 9. Buch der *Politeia* (vgl. 581e-582a) geht dahin, dass nur der Philosoph die richtige Antwort auf die Frage nach dem erstrebenswerteren Vergnügen kennt, und zwar nicht etwa deshalb, weil er die Arten der Lust über seine Kenntnis der Ideen richtig zu bestimmen und zu schätzen vermag, sondern deshalb, weil er und nur er in all diesen Arten von Vergnügen erfahren ist (vgl. 582d). Und für Aristoteles ist das Gute das, was die Guten bevorzugen (vgl. *Rhetorik* I 7, 1364b21).

Mill formuliert, den Gedanken dieser Tradition entsprechend, die Bedingungen einer idealisierten Wahlsituation, die eine verlässliche Gewähr des Treffens des Richtigen ergeben soll:

> Wenn es von zwei Vergnügen eines gibt, dem alle oder fast alle, die Erfahrung in beiden haben, entschieden den Vorzug geben, unabhängig von irgendeinem Gefühl der moralischen Verpflichtung zu dieser Präferenz, dann ist dieses das wünschenswertere (*UR* 28/29).

Er fügt noch hinzu, dass sie außerdem den „Habitus guter Selbstreflexion und Selbstbeobachtung" (*the habits of self-consciousness and self-observation*) besitzen müssen, um am besten zum Vergleich gerüstet zu sein (*UR* 38/39). Der kompetente Beurteiler von Vergnügen muss in seiner Beurteilung eines Vergnügens Distanz zu seiner moralischen Einstellung üben und selbst das mit dem Bewusstsein der Moralität verbundene Vergnügen aus dieser Distanz heraus als eines neben anderen zu schätzen vermögen. Die Präferenz muss schließlich „entschieden" sein (*a decided preference*). Was darunter zu verstehen ist, erläutert ein Zusatz, der für sich selbst spricht:

> Wenn eines von den beiden von jenen, die auf kompetente Weise mit beiden vertraut sind, so weit über das andere platziert wird, dass sie es bevorzugen, selbst wenn sie wissen, dass es mit einem größeren Betrag an Unzufriedenheit (*discontent*) verbunden ist, und auf es nicht verzichten möchten zugunsten irgend eines Quantums des anderen Vergnügens, zu dem ihre Natur fähig ist, dann sind wir berechtigt, dem vorgezogenen Vergnügen eine Überlegenheit in der Qualität zuzuschreiben, die so sehr die Quantität übertrifft, dass sie diese im Vergleich zu ihr unbedeutend macht (*UR* 28/29).

Mill hält es nun für eine fraglose Tatsache, dass jene, die mit beiden Arten von Vergnügen in gleicher Weise vertraut sind, und die in gleicher Weise fähig sind, beide einzuschätzen und zu genießen, jener Art von Existenz entschieden den Vorzug geben, die eine Betätigung ihrer höheren Fähigkeiten einschließt. Vergnügen, in denen Geist und Vernunft im Spiel sind, sind gegenüber Vergnügen der bloßen Sinnlichkeit entschieden erstrebenswerter.

2.6. Die Wahl einer höheren Lebensweise und das Gefühl der Würde

Nun weiß Mill natürlich auch um die hedonistische Ambivalenz, die mit den höheren Fähigkeiten des Menschen verbunden ist. Die Sprachfähigkeit überhöht nicht nur, sie untergräbt auch die Unmittelbarkeit des Lebens. Der mit der Vernunft gegebene Ausgriff nach Totalität scheint zudem menschlichem Streben unerfüllbar, die Sorge und Angst unstillbar und die Unzufriedenheit als Signatur seines Daseins unausweichlich zu machen. Dass Wesen mit höheren Fähigkeiten mehr zu ihrem Glück fordern als solche mit niederen ist trivial; dass der Mensch bedrohter, verletzbarer und der Gefahr stärkerer Schmerzen ausgesetzt ist als niedere Lebewesen, ist ähnlich augenfällig; dass der Mensch mit wachem Verstand in einer Welt, wie sie ist, überhaupt noch des Glückes fähig sein soll, ist weit weniger trivial. Solange und insofern sein Totalitätsverlangen nicht gestillt ist, wird es jedenfalls ein begrenztes und beeinträchtigtes Glück sein, das in aller Regel mit Angst, Sorge und Unzufriedenheit durchsetzt ist. Wenn ein mit den verschiedenen Lebensstufen Vertrauter, der die Bedingungen einer kompetenten Wahl erfüllt, gleichwohl niemals ernsthaft wünscht, mit einer niederen zu tauschen, so ist dies ebenso selbstverständlich wie erstaunlich.

Mill versucht deshalb, eine Erklärung zu geben für diese bemerkenswerte Tatsache. Als mögliche Motive, die den Menschen trotz seiner vernunftbedingten Gefährdungen unter nahezu allen Umständen seine höhere Daseinsstufe bevorzugen lassen, nennt er den „Stolz" (*pride*), die „Liebe zur Freiheit und zur persönlichen Unabhängigkeit" (*love of liberty and personal independence*), die „Machtliebe" (*love of power*) und die „Liebe zur Erregung" (*love of excitement*). Bis auf das letzte mögliche Motiv, das Mill wohl der (Sturm- und Drang-) Tradition seiner eigenen Zeit entnimmt, sind alle hier genannten Motive Aspekte der Selbstliebe und Selbstachtung der Vernunft, wie sie die Stoa in ihrer Oikeiosislehre namhaft gemacht hat. Sie konvergieren in dem gewichtigsten und für Mill tatsächlich entscheidenden Motiv, dem erhebenden „*Gefühl der Würde"* (*sense of dignity*),

> das alle Menschen in der einen oder anderen Form besitzen und in einer gewissen, wenngleich nicht in genauer Proportion zu ihren höheren Fähigkeiten, und das für die, bei denen es besonders stark ausgeprägt ist, einen so entscheidenden Teil ihres Glücks ausmacht, dass sie nichts, was mit ihm unvereinbar ist, länger als nur einen Augenblick lang zu begehren imstande sind (*UR* 30/31).

Man darf unterstellen, dass Mill aufgrund seiner eminenten Bildungslektüre nicht nur mit Ciceros Reden und Briefen (vgl. *Autobiography*, 15), sondern auch mit dessen philosophischen Texten einigermaßen vertraut ist. Er weiß dann um die herausragende Bedeutung, die dem Begriff der „Würde" (*dignitas*) in Ciceros Texten eignet. Und er weiß dann auch sehr genau, dass Cicero die Auseinandersetzung mit Epikurs Ethik gerade im (stoischen) Namen der Würde des Menschen führt (vgl. *De finibus bonorum et malorum* III, 1; *De officiis* I, 106).

Menschliche Würde manifestiert sich für Cicero ethisch in einem Selbstverständnis und einer Lebenshaltung, die eine strenge Grenze zieht zu bloß tierischem Dasein und dessen Zielen der Selbst- und Arterhaltung, der Leidvermeidung und des Lustgewinns. In seiner Fähigkeit zur Realisierung von zeitlos Gültigem im philosophisch-wissenschaftlichen Forschen und Erkennen, im ästhetischen und politischen Gestalten und im sittlichen Handeln liegt für Cicero eine Zielbestimmung des Menschen beschlossen, der gegenüber ein Leben, das sich auf die bloß animalischen Ziele der Selbst- bzw. Arterhaltung und der Lusterhöhung bzw. Unlustvermeidung zentriert, als des Menschen unwürdig erscheint.

Den rechtlich-sozialen Aspekt des (allgemeinen) Würdebegriffs liefert ihm die stoische Lehre von der göttlichen Abkunft und Verwandtschaft des ganzen Menschengeschlechts, die für Cicero dem Gedanken Raum gibt, dass man den anderen nicht als etwas Fremdes, sondern allein aufgrund des Umstands, dass er Mensch ist, als seines-

gleichen und zu sich gehörig anzusehen habe.[4] Mill wird im Kapitel 3 der Utilitarismusschrift anstelle dieser theologischen Begründung einen naturalen *sense of unity*, einen
natürlichen, bildungsfähigen und bildungsbedürftigen Sinn für die Nähe und Einheit
aller Menschen in Ansatz bringen.

Sieht man genau hin, dann zeigt sich, dass Mill sämtliche praxisrelevanten Gedanken
Ciceros zur Würdevorstellung teilt und in seiner *Utilitarismus*-Schrift zur Rechtfertigung
der Wahl einer höheren, die Ziele und Belange der bloßen Sinnlichkeit übersteigenden
Lebensweise des Menschen verwendet: Menschliches Glück besteht, wenn es denn überhaupt realisierbar ist, wesentlich in der Aktualisierung von Gutem, das ihm durch seine
höheren Fähigkeiten eröffnet wird. Und dieses Gute überwiegt und kompensiert physi-
schen Schmerz und jene Unzufriedenheit mit sich selbst und der Welt, die durch ein von
Verstand und Vernunft geprägtes Begehren hervorgerufen wird.

2.7. Glück und Zufriedenheit

Doch Mill hängt nicht kritiklos hellenistischen Gedanken nach. Er teilt mit der christlichen Tradition die Auffassung, dass zwischen den Vollkommenheitsausgriffen menschlicher Vernunft und der Verfassung unserer Lebenswelt eine unüberbrückbare Kluft
besteht. Die epikureische und stoische Botschaft, dass der Mensch trotz seiner Gebrechlichkeit und Gefährdung über Bildungs- und Selbstbildungsprozesse sich selbst zu einem sterblichen Gott erheben und vollendet glücklich machen könne, überzeugt ihn
keineswegs. Er glaubt darum zu wissen, und alle Erfahrung und aller gesunde Men-
schenverstand geben ihm da Recht, dass nicht jeder menschliche Schmerz kompensier-
bar, nicht alles Elend behebbar und nicht jedes Leid für den Menschen erträglich ist.

Die Antwort des Christentums ist seine Eschatologie; sie relativiert alle Schmerzen und
Vergnügen des Diesseits. Mills Ethik hat keine Jenseitsperspektive. Sie muss, wenn sie
dem Menschen ein mögliches Glück in ,diesem' Leben zusprechen will, die Kritik der
christlich-philosophischen Tradition auch am Glück der ,höheren' irdischen Vergnügen
wieder zurücknehmen. Sie muss andererseits der berechtigten Kritik des Christentums an
der Selbstüberhebung der epikureischen und stoischen Philosophie Rechnung tragen.

Mills ,säkularer' Kompromiss zwischen Hellenismus und Christentum kommt zum
Ausdruck in seiner Unterscheidung von „*Glück*" (*happiness*) und „*Zufriedenheit*" (*con-
tent*) und der These, dass das eine nicht mit dem anderen verbunden sein muss. Solange
jemand in Krankheit oder Elend lebt, und solange es in der Welt Unzulänglichkeit,
Unrecht und Unglück gibt, könne kein Denkender und Fühlender mit sich und der Welt
zufrieden sein. Doch diese Unzufriedenheit trübe nicht grundsätzlich den Blick für den
Wert des Guten, das ihrer Bekämpfung und Beseitigung dient. Und sie beeinträchtige
zwar, aber sie entwerte in keiner Weise die Vergnügen, die mit der Aktualisierung unse-

---

[4] Vgl. *De finibus bonorum et malorum* III, 63: *Ex hoc nascitur ut etiam communis hominum inter homi-
nes naturalis sit commendatio, ut oporteat hominem ab homine ob id ipsum, quod homo sit, non alienum
videri.* – „Daher rührt auch ein natürliches Gefühl der Zusammengehörigkeit, das die Menschen miteinander verbindet, so dass ein Mensch dem anderen schon deshalb, weil er ein Mensch ist, nicht fremd erscheinen darf."

rer höheren Fähigkeiten verbunden sind. Menschenmögliches Glück, so Mill, ist unaufhebbar ein Glück im Bewusstsein seiner Endlichkeit und Unvollkommenheit; und es geht unweigerlich mit Formen und Graden der „Unzufriedenheit" (*discontent*) mit sich und der Welt einher. Gleichwohl ist es ein Glück, das ungleich wertvoller und erstrebenswerter ist als die „Zufriedenheit" eines bloßen Sinnenwesens, dessen Bedürfnisse ihre angemessene Erfüllung finden.

> Es ist besser, ein unzufriedener Mensch zu sein als ein zufriedenes Schwein; besser ein unzufriedener Sokrates als ein zufriedener Dummkopf. Und wenn der Tor oder das Schwein anderer Meinung ist, dann deshalb, weil sie nur ihre Seite der Angelegenheit kennen. Die andere Partei kennt beide Seiten (*UR* 30/31f.).

Das übereinstimmende Urteil der Kompetenten besagt, dass es gerade die Betätigung der höheren Fähigkeiten ist, die den Menschen glücklich macht. Zu diesen gehört auch die Fähigkeit zur Moralität. Was immer Mill unter einem „edlen Charakter" (*noble character*) näherhin versteht, die Respektierung der Rechte der Anderen, die Disposition zur Unparteilichkeit, ja auch zum selbstlosen Einsatz für Andere gehören jedenfalls dazu.

2.8. Das Prinzip des größten Glücks

Mills Entwicklung des Begriffs des Glücks hat unter anderem die Funktion, dem Einzelnen zu zeigen, dass der eigene Edelmut für ihn *unmittelbar* einen beglückenden Aspekt hat, dass altruistische Handlungen nicht *eo ipso* eine Einbuße an Glück für den Handelnden bedeuten. Diese Argumentation, so Mill, sei wohl zu unterscheiden von einer möglichen anderen Argumentation für die Annahme des utilitaristischen Maßstabs der Moral, der nicht das eigene Glück zum Inhalt hat, sondern ganz unparteilich „das größte Glück der größten Zahl"[5]. Dieser grundlegend altruistische Charakter utilitarischer Ethik ist dabei eigens zu betonen: Der Utilitarismus betrachtet die Sittlichkeit einer Handlung keineswegs individualistisch, sondern als Funktion einer Optimierungsstrategie, deren Bezugsgröße die Gemeinschaft als ganze („die größte Zahl") ist. Demnach ist eine Handlung sittlich gut, wenn sie die Welt besser macht als jede mögliche alternative Handlung – indem sie die Glückssumme der Menschheit bzw. die aller empfindenden Wesen maximiert (vgl. etwa Bentham, *Introduction* c. 7; Mill, *UR* 38).

Mill selbst spricht nicht von „der größten Zahl". Er spricht vom *„ Prinzip der Nützlichkeit"* (*principle of utility*) bzw., im expliziten Anschluss an Bentham in Kurzform von *„ Prinzip des größten Glücks"* (*the greatest happiness principle, UR* 12f.; 22). Er erläutert diese Formel dann dahingehend, dass mit ihr „nicht das eigene Glück des Handelnden, sondern der größtmögliche Betrag von Glück insgesamt" (*not the agent's own greatest happiness, but the greatest amount of happiness altogether, UR* 36) gemeint sei. Und was den Begriff des „größtmöglichen Betrags an Glück" als Wirkung der sittlich gebotenen Handlungsmöglichkeit betrifft, so beinhaltet er das Glück „aller von der

---

[5] Der Begriff selbst stammt ursprünglich von Francis Hutcheson und fand durch die systematischen Ausführungen Benthams zu Popularität: vgl. *Introduction* c. 6.

Handlung Betroffenen" (*that of all concerned, UR* 52), und zwar nach „gleicher, unpar-
teilicher Berücksichtigung der Interessen aller" (*the interests of all are to be consulted;
all are to be regarded equally, UR* 96; 52). Dabei kommen als Träger des Glücks primär
„alle Menschen" bzw. „alle Personen" (*all mankind, UR* 38, *the aggregate of all per-
sons, UR* 106) in Betracht; allerdings sind, wenn dies die Lage des Handelnden erlaubt,
die Auswirkungen der Handlung auf „die gesamte empfindungsfähige Schöpfung" (*the
whole sentient creation, UR* 38) in die praktische Überlegung einzubeziehen.

Nach Mill müsste man nun beim Werben für die Annahme des utilitaristischen Maßstabs der Moral dem Einzelnen zeigen, dass dieses größte Glück auch sein eigenes
größtmögliches Glück einschließt. Nun ist das größte Glück der größten Zahl ganz ersichtlich nicht möglich ohne eine Ausbildung und Kultur möglichst vieler nobler Charaktere. Von ihrem (nötigenfalls auch) selbstlosen Einsatz für die Beseitigung von Leid
und die Beförderung von Glück profitieren auf jeden Fall die Anderen. Je mehr Menschen in einer Gesellschaft zu selbstlosem Einsatz bereit und geneigt sind, umso mehr
profitieren sie als Einzelne von der Selbstlosigkeit Anderer, auch wenn die eigenen
selbstlosen Handlungen eine Einbuße an eigenem Glück bedeuten. Ihr eigenes Glück
wäre demzufolge ein Ergebnis lediglich der Selbstlosigkeit der vielen Anderen.

So hatten in der Tat Jeremy Bentham, James Mill und auch der junge John Stuart Mill
argumentiert. Jetzt hält John Stuart Mill diesen Gedanken, der (ausschließlich) unter ego-
zentrischer Prämisse für eine allgemeine Kultur der Rechtlichkeit, der Unparteilichkeit,
der Großzügigkeit und Selbstlosigkeit argumentiert, für absurd (vgl. *UR* 36/37). Absurd ist
das Argument für ihn jedoch nicht nur aufgrund seiner logischen Struktur (aus Selbstinte-
resse selbstlos sein), sondern auch im Blick auf die Prämisse, die den *unmittelbar* selbst-
beglückenden Aspekt nobler Handlungen für den Handelnden leugnet.

Gleichwohl bleiben hier Fragen offen, Fragen, die vor allem den Extremfall betreffen,
den Fall, in dem Moralität, um mit Kant zu sprechen, von uns den „vollständigen Abbruch aller Neigungen" fordert. Wenn moralisches Handeln für Mill auf das möglichst
große Glück der möglichst großen Zahl zielt, so muss es doch auch das Glück des Handelnden selbst im Gefolge haben, wenn es überhaupt eine rationale Option des Handelnden sein und die moralische Person nicht, wie Kant einmal sagt, zum Trottel der
Vernunft machen soll.

Wie jede rationale Ethik muss auch Mill eine Verbindung von Moralität und Selbstin-
teresse suchen. Er folgt hier nicht der christlichen Eschatologie und er folgt auch nicht
deren säkularisierter Variante, der Kantischen Postulatenlehre. Er glaubt, diese Verbindung vielmehr über stoisches Gedankengut zu finden. Er plädiert für eine Selbstkorrek-
tur der Vernunftansprüche auf das Maß des Menschenmöglichen; er wirbt für eine Bildung der sozialen Tendenzen der menschlichen Natur; er hält die naturale Sensibilität
für die beglückenden Aspekte des diesbezüglichen Engagements und Edelmuts für
eminent kultivierbar.

Mill plädiert dafür, eine Grundhaltung menschlichen Verlangens einzuüben, „nicht
mehr vom Leben zu erwarten, als es geben kann" (*UR* 40/41). Es geht ihm um einen
Abbruch unserer Totalitätsaspirationen, die besonders von der neuplatonischen Tradition genährt wurden.

Ferner sind für Mill zwei miteinander verwobene Dinge für ein diesseitiges Glück des Menschen von entscheidender Bedeutung: (1) die Überwindung der „Egozentrik" (*selfishness*) über die Pflege persönlicher Gefühlsbindungen und des Interesses am Gemeinwohl und (2) die Entwicklung einer „Kultur des Geistes" (*mental cultivation*) mit den entsprechenden Fähigkeiten, Leistungen und Vergnügen.

Mill restituiert schließlich den in der Antike vertrauten Gedanken, dass der persönliche Einsatz für die Gemeinschaft, der mit einem Verzicht auf „privaten Lebensgenuss" (*the personal enjoyment of life*) verbunden sein kann, mit einer vorzüglichen moralischen Befriedigung einhergeht.

Und neben diesem „edlen Vergnügen" des Kampfes gegen Armut, Krankheit und Unrecht bemüht Mill schließlich einen im Hellenismus forcierten Gedanken, der die Selbstlosigkeit im Einsatz für andere mit dem Glück des derart seinen persönlichen Lebensgenuss Opfernden verbindet. Es ist dies der Gedanke, dass menschliches Glück im Vollsinn sich nur demjenigen erschließt, der sich von sich (d.h. von seinem Lebenstrieb und den diesem Trieb entsprechenden Gütern) so weit zu distanzieren vermag, dass er in Freiheit und Gelassenheit auch auf das Glück des Lebens verzichten kann:

> Denn nichts als dieses Bewusstsein kann einen Menschen über die Wechselfälle des Lebens erheben und ihm das Gefühl geben, dass *fatum* und *fortuna*, mögen sie ihm auch das Schlimmste antun, am Ende doch keine Macht haben, ihn zu unterwerfen; ein Gefühl, das ihn vor übermäßiger Angst vor den Übeln des Lebens befreit und ihn – wie manchen Stoiker in den schlimmsten Zeiten des Römischen Reiches – dazu befähigt, die ihm zugänglichen Quellen des Vergnügens in Ruhe zu pflegen, ohne sich um die Ungewissheit ihrer Dauer und die Unausweichlichkeit ihres Endes Sorgen zu machen (*UR* 50/51).

3. Ausblick

John Stuart Mill gilt als einer der Klassiker des Utilitarismus. Die utilitaristische Ethik steht in Deutschland seit ihrer neuzeitlichen Gründungsgeschichte durch Jeremy Bentham, James Mill und John Stuart Mill nicht in sonderlich hoher Reputation. Die Gründe der Zurückhaltung, der Kritik und der Ablehnung, die ihr hier entgegengebracht werden, sind vielfältig (vgl. hierzu exemplarisch Ross, 1930, Kap. 2; Williams 1979; Nida-Rümelin 1993):

(1) Die älteren Einwände konzentrierten sich auf Bedenken gegenüber den naturalistischen und szientistischen Tendenzen dieser Ethik, und nicht zuletzt gegenüber dem etwas banalen Hedonismus, den Jeremy Bentham und James Mill vertraten. Für gläubige Christen kam hinzu, dass diese Gründerväter einer deutlich areligiösen Auffassung von Moralität das Wort redeten.

(2) Die neueren Einwände, etwa von John Rawls beispielhaft formuliert[6], sehen die Defizite vor allem in den Schwierigkeiten, das utilitaristische Kriterium richtigen moralischen Verhaltens, das möglichst große Glück der möglichst großen Zahl, mit Gerech-

---

[6] Vgl. dazu unten den Beitrag von M. Stepanians, v.a. S. 147ff.

tigkeitsvorstellungen in Einklang zu bringen. Hier ist es neben offenen Problemen der Verteilungsgerechtigkeit vor allem die Sorge, dass der Utilitarismus keine hinreichende theoretische Gewähr biete für die unantastbare Würde der Person, dass das alles beherrschende Prinzip des kollektiven Gesamtnutzens in Not- und Konfliktsituationen so etwas wie Grundrechtsgarantien außer Kraft zu setzten geeignet sei, oder anders gesagt: dass im Utilitarismus das Tor für eine Totalinstrumentalisierung von Menschen zugunsten eines Kollektivs nicht völlig verschlossen sei.

Nun haben wir es heute mit einer fast unübersehbaren Vielfalt von Formen des Utilitarismus zu tun, die in beständiger Auseinandersetzung mit ihren Gegnern weiterentwickelt, ausdifferenziert und ‚verfeinert' wurden, so dass von einer „weit verzweigte[n] ‚Familie' verwandter Ansätze mit einem gemeinsamen Kern" (Birnbacher [2]2006, 95) gesprochen werden kann.

(1) Als wichtigste Präzisierungen etablierte bereits Henry Sigdwick (*The Methods of Ethics*, 1874) in Anknüpfung an die Themen Mills die bis heute üblichen Unterscheidungen zwischen *Handlungs-* und *Regelutilitarismus* (vgl. hierzu Brandt 1959) sowie zwischen *Durchschnittsnutzen-* und *Nutzensummenutilitarismus*.

Während der *Handlungsutilitarismus* in seiner radikalsten Form das Prinzip des größten Nutzens lediglich auf die *einzelne* Handlung und ihre Folgen bezieht, ist für den *Regelutilitarismus* eine Handlungs*weise* und die mit ihr verbundene *Regel* (z.B.: „Versprechen soll man halten") Gegenstand der Beurteilung. Erst in einem zweiten Schritt wird die Differenz von guten und schlechten Regeln damit begründet, dass gute Regeln die Glücksbilanz steigern und Leid mindern. Auf diese Weise entsteht eine Differenz zwischen dem utilitaristischen Primärprinzip des Nutzens und weiteren Sekundärprinzipien, die entweder als bloße „Faustregeln" (vgl. Smart 1961) oder aber auch – in normativ stärkerer Lesart – als der individuellen Folgenabwägung entzogene Gehalte (vgl. Hare 1981) verstanden werden. Als „ein ethischer Zwitter" (Birnbacher [2]2006, 100) nähert sich der Regelutilitarismus damit jedenfalls tendenziell einer deontologischen Ethikbegründung an. – Gegenüber dem progressiven Ideal einer maximalen Steigerung des Gesamtnutzens (*Nutzensummenutilitarismus*), wie er durch die Formel vom „größten Glück der größten Zahl" nahegelegt wird, bezieht darüber hinaus der *Durchschnittsnutzenutilitarismus* in einer statischeren Weise die Nutzenmaximierung auf dessen Steigerung pro Kopf. Nicht zuletzt bedingt durch die Problematik der Überbevölkerung der Welt hat diese Variante des Utilitarismus gerade im 20. Jahrhundert eine Weiterentwicklung erfahren.

(2) Deutet sich ferner bereits bei Mill und Sidgwick eine nicht-hedonistische Interpretation des Nutzenkriteriums an, so hat die Tendenz zu dessen objektiverer Definition zur Ausformung eines *Präferenzutilitarismus* geführt (vgl. u.a. Harsanyi 1982, Singer 1984). Während die ‚klassischen' Vertreter des Utilitarismus im Ganzen einer Orientierung an der Maximierung von *pleasure* verhaftet blieben, ist der Präferenzutilitarismus an der maximalen Erfüllung von Wünschen und Interessen von Personen und damit an einem entscheidungstheoretischen Nutzenbegriff ausgerichtet. Nicht mehr die Herstellung bestimmter subjektiver Zustände, sondern die Herstellung bestimmter Weltzustände wird demnach zum Ziel der Ethik. Durch die Objektivierung

von Wünschen und Strebungen bzw. ihrer Erfüllung werden Nutzenmessung und -vergleich leichter überprüfbar und verlässlicher, so dass sich der Präferenzutilitarismus leichter mit den Standardmodellen der Ökonomik verbinden lässt. Freilich erscheint die damit gegebene Aufgabe die „‚wahren' Präferenzen eines Menschen herauszufinden, [...] nicht weniger schwierig als herauszufinden, was ihn glücklich macht" (Birnbacher [2]2006, 102).

Es ist nicht zu leugnen, dass manche Bedenken gegenüber bestimmten Formen des Utilitarismus durchaus berechtigt sind; gegenüber dem hochgebildeten und differenziert argumentierenden John Stuart Mill dagegen sind sie weitgehend unberechtigt; man kann ihm allenfalls vorwerfen, dass er sich von manchen Schwächen des Benthamschen Utilitarismus und der väterlichen Assoziationspsychologie nicht konsequent genug gelöst hat.

Der im Kontext der jüngeren Diskussionen als neuralgisch vermerkten Frage einer Verhältnisbestimmung von Vorstellungen des *allgemeinen Nutzens* zu Vorstellungen des *Rechts* und der *Gerechtigkeit* ist das Kapitel 5 der *Utilitarismusschrift* Mills gewidmet. These und Ergebnis der komplexen Diskussion ist der Gedanke, dass – entgegen dem Anschein landläufiger Intuitionen – die Forderungen des Rechts und der Gerechtigkeit mit einem Teilbereich des allgemeinen Nutzens zusammenfallen.

Mill ist kein Rechtspositivist: Er unterscheidet geltendes Recht von moralischen Rechten und Pflichten. Mills Analyse ist vielschichtig: Sie verbindet Fragen nach dem Ursprung und dem Inhalt, der Entstehung und der Geltung, dem Wesen und der Funktion von Gerechtigkeitsvorstellungen und Gerechtigkeitsgefühlen.

Rechte im Rahmen geltenden Rechts sind bekanntlich Ansprüche natürlicher und ‚künstlicher' Personen gegenüber anderen natürlichen und ‚künstlichen' Personen, deren Erfüllung von der politisch organisierten Gesellschaft garantiert und erzwungen und deren Nichterfüllung bzw. Verletzung bestraft wird. Mit dem Begriff der Gerechtigkeit verbinden wir entsprechend, so Mill, die Vorstellung von wohlbegründeten Rechten und ihnen korrespondierenden Pflichten. Von diesen moralischen Rechten und Pflichten meinen wir, dass ihre Wahrung bzw. Erfüllung erzwungen, ihre Verletzung bestraft werden sollte. Dabei kämen als geeignete Instanzen von Zwang und Bestrafung je nach der Art des (gerechten) Anspruchs das Gesetz, die öffentliche Meinung bzw. die Vorhaltung der Anderen sowie das eigene Gewissen in Frage. Mill unterscheidet Ansprüche der Gerechtigkeit, d.h. moralische Rechte und Pflichten von sozial lobens- und bewundernswerten Handlungsweisen der Großmut, der Barmherzigkeit, der Wohltätigkeit, des Heroismus etc. Diese lassen sich nicht als moralisches Recht bzw. entsprechende Pflicht geltend machen; in Bezug auf sie sind, so gewichtig sie für den allgemeinen Nutzen sein mögen, Vorstellungen des Zwanges und Forderungen der Bestrafung abwegig. Es handelt sich hier in traditioneller Sprechweise um ‚unvollkommene Pflichten' bzw. um supererogatorische Handlungen.

Für Mill ist das Gerechtigkeitsgefühl ein besonders intensives Gefühl, das durch seine Intensität den Eindruck qualitativer Besonderheit und instinktartiger Naturwüchsigkeit erweckt. Tatsächlich, so Mill, besitzt das Gefühl eine naturale Basis, die durch den menschlichen Verstand gebildet und kultiviert, d.h. differenziert und universalisiert wird. Sichtbar werde diese Basis an Fällen willkürlicher Schädigung von Menschen durch andere Menschen. Im natürlichen Wunsch nach Bestrafung und Vergeltung solchen Tuns manifestierten sich (auf der Basis eines naturalen Gefühls der Einheit) zwei elementare Impulse: (1) das Gefühl der Sympathie mit dem Geschädigten und (2) der Trieb der Selbstverteidigung. Beide naturalen Impulse seien auf das Ziel der Sicherheit ausgerichtet, das neben dem Nahrungstrieb das wichtigste Lebensbedürfnis markiere. Der (kultivierte) menschliche Verstand dehne die Sympathie auf alle Menschen, ja in gewisser Weise auf alle empfindenden Wesen aus und erkenne die Gemeinschaft der Interessen zwischen sich und der menschlichen Gesellschaft im Ganzen. Dies habe zur Folge, dass unser Gerechtigkeitsgefühl unmittelbar auch auf unrechte Handlungen und Handlungsweisen ‚anspricht', die uns selbst nicht unmittelbar, sondern nur höchst mittelbar betreffen. In diesem Sinn sei das Gerechtigkeitsgefühl auch direkt auf die Vorstellung des allgemeinen Nutzens bezogen. Wir fühlten uns und seien betroffen nicht nur, wenn unser eigenes moralisches Recht oder das uns Nahestehender, sondern auch, wenn das moralische Recht uns fernstehender Menschen verletzt und seine Verletzung nicht bestraft wird.

Manche Formen des Utilitarismus stehen, wie gesagt, im Verdacht, durch ihre Interpretation des utilitaristischen Moralprinzips (des möglichst großen Glücks der möglichst großen Zahl) die Möglichkeit der Totalinstrumentalisierung von Einzelnen oder Gruppen zugunsten eines Kollektivs nicht völlig auszuschließen. In Bezug auf John Stuart Mill scheint mir dieser Verdacht im Blick auf das eben Gesagte nicht berechtigt zu sein. Im Rahmen seines Konzepts des unauflöslichen Zusammenhangs von Gerechtigkeit und allgemeinem Nutzen wäre durch die Verletzung elementarer moralischer Rechte eines Einzelnen die Sicherheit und das Sicherheitsgefühl aller auf eine niemals zu verantwortende Weise bedroht. Welche Rechte des Einzelnen Mill als elementar, als unantastbar und unveräußerlich betrachtet hat, wäre im Blick auf seine politischen Schriften, insbesondere aber über eine genaue Analyse seines Essays *On Liberty,* zu klären. Auf diese Weise ließe sich auch das Anknüpfungspotenzial beurteilen, das Mills Ansatz für gegenwärtige Verteidigungen (vgl. Gesang 2003) oder auch für gerechtigkeitsorientierte Weiterentwicklungen des Utilitarismus (vgl. Trapp 1988) *de facto* bietet.

4. Literatur

4.1. Quellentexte und Übersetzungen

Mill, J.S., 1963-1991: *The Collected Works of John Stuart Mill in 33 volumes,* ed. J.M. Robson, Toronto. – Darin:
  – *Autobiography,* I: 1-290.
  – *Utilitarianism*: X, 203-259.
–, 2006: *Utilitarianism – Der Utilitarismus,* ed. D. Birnbacher (= RUB, 18461), Stuttgart.
–, 2006: *Utilitarismus,* ed. M. Kühn (= Philosophische Bibliothek, 581), Hamburg.

4.2. Allgemeine Einführungen zu Leben und Werk John Stuart Mills

Anschutz, R.P., 1953: *The Philosophy of J. St. Mill*, Oxford.
Birnbacher, D., 2008: „John Stuart Mill", in: O. Höffe (ed.), *Klassiker der Philosophie*, Bd. 2, München, 99-111.
Capaldi, N., 2004: *John Stuart Mill: A Biography*, Cambridge.
Gaulke, J., 1996: *John Stuart Mill in Selbstzeugnissen und Bilddokumenten* (= rm, 546), Reinbek b. Hamburg.
Packe, M.S.J., 1954: *The Life of J. St. Mill*, London.
Rinderle, P., 2000: *John Stuart Mill* (= Beck'sche Reihe Denker, 557), München.
Ryan, A., 1974: *J. St. Mill*, London.
Schumacher, R., 1994: *John Stuart Mill*, Frankfurt/M. u.a.
Skorupski, J., 1989: *John Stuart Mill*, London.
– (ed.), 1998: *The Cambridge Companion to Mill*, Cambridge.
Stafford, W., 1998: *John Stuart Mill*, London.

4.3. Sekundärliteratur zur Ethik John Stuart Mills

Birnbacher, D., [2]2006: „Utilitarismus/Ethischer Egoismus", in: M. Düwell u.a. (eds.), *Handbuch Ethik*, Stuttgart, 95-107.
Crisp, R., 1997: *Mill on Utilitarianism*, London.
Donner, W., 1991: *The Liberal Self. John Stuart Mill's Moral and Political Philosophy*, Ithaca.
Forschner, M., 2008: „Stoisches in John Stuart Mills ‚Utilitarismus'", in: *Zeitschrift für philosophische Forschung* 62, 1-30.
Gähde, U./Schrader, H. (eds.), 1992: *Der klassische Utilitarismus. Einflüsse – Entwicklungen – Folgen*, Berlin.
Gräfrath, B., 1992: *John Stuart Mill, „Über die Freiheit". Ein einführender Kommentar*, Paderborn.
Gray, J., [2]1996: *Mill on Liberty: A Defence*, London.
Hare, R.M., 1981: *Moral Thinking. Its Levels, Method and Point*, Oxford. – Deutsch: *Moralisches Denken: seine Ebenen, seine Methoden, sein Witz*, Frankfurt/M. 1992.
Höffe, O., [3]2003 (1975): *Einführung in die utilitaristische Ethik*, Tübingen.
Hoerster, N., 1971: *Utilitaristische Ethik und Verallgemeinerung*, Freiburg/Br. – München.
Holthoon, F.L. v., 1971: *The Road to Utopia. A Study of John Stuart Mill's Social Thought*, Assen.
Jakobs, H., 1965: *Rechtsphilosophie und politische Philosophie bei John Stuart Mill*, Bonn.
Ludwig, M., 1963: *Die Sozialethik des John Stuart Mill: Utilitarismus*, Zürich.
Lyons, D., 1994: *Rights, Welfare and Mill's Moral Theory*, Oxford.
– (ed.), 1997: *Mill's Utilitarianism. Critical Essays*, Lanham.
Popkin, R.H., 1950: „A Note on the 'Proof' of Utility in J. St. Mill", in: *Ethics* 61, 66-88.
Pyle, A. (ed.), 1998: *Utilitarianism*, 4 Bde., London.
Quinton, A., 1973: *Utilitarian Ethics*, London.

Raphael, D.D., 1955: „Fallacies in and about Mill's Utilitarianism", in: *Philosophy* 30, 344-357.

Rees, J.C., 1985: *John Stuart Mill's 'On Liberty'*, Oxford.

Sosoe, L.K., 1988: *Naturalismuskritik und Autonomie der Ethik. Studien zu G.E. Moore und J.St. Mill*, Freiburg/Br. – München.

Ten, C.L., 1980: *Mill on Liberty*, Oxford.

Wolf, J.-C., 1992: *John Stuart Mills „Utilitarismus". Ein kritischer Kommentar*, Freiburg/Br. – München.

4.4. Sonstige zitierte Literatur

Bentham, J., 1970: *An Introduction to the Principles of Morals and Legislation* (1789), ed. J.H Burns/H.L.A. Hart, London. – Kapitel 1-5 deutsch in: Höffe [2]1992, 55-83.

Brandt, R.B., 1979: *A Theory of the Good and the Right*, Oxford.

– ,1992: *Morality, Utilitarianism, and Rights*, Cambridge.

Cicero, M. T., 1989: *De finibus bonorum et malorum/Über das höchste Gut und das größte Übel*, ed. H. Merklin (= RUB, 8593), Stuttgart.

–, 1992: *De officiis/ Vom pflichtgemäßen Handeln*, ed. H. Gunermann (= RUB, 1889), Stuttgart.

Forschner, M., [2]1995: *Die stoische Ethik*, Darmstadt.

Gesang, B., 2003: *Eine Verteidigung des Utilitarismus*, Stuttgart.

Harsanyi, J.C., 1982: „Morality and the Theory of Rational Behaviour", in: A. Sen/B. Williams (eds.), *Utilitarianism and Beyond*, Cambridge – Paris, 39-62.

Nida-Rümelin, J., 1993: *Kritik des Konsequentialismus*, München.

Ross, W.D., 1930: *The Right and the Good*, Oxford.

Sidgwick, H., [7]1907: *The Methods of Ethics*, London.

Singer, P., 1984: *Practical Ethics*, Cambridge. – Deutsch: *Praktische Ethik*, Stuttgart 1994.

Smart, J.J.C., 1961: *An Outline of a System of Utilitarian Ethics*, Melbourne.

–/Williams, B., 1973: *Utilitarianism – For and Against*, Cambridge.

Trapp, R.W., 1988: *,Nicht-klassischer' Utilitarismus. Eine Theorie der Gerechtigkeit*, Frankfurt/M.

Williams, B., 1979: *Kritik des Utilitarismus*, Frankfurt/M.

BERTHOLD WALD

Güter und Werte
Die materiale Wertethik Max Schelers

1. Leben und Schriften

Max Ferdinand Scheler, geboren am 22.8.1874 in München, beginnt 1894/95 das Studium der Medizin in München und studiert zugleich Philosophie bei Theodor Litt. Im folgenden Wintersemester studiert er in Berlin Philosophie bei Wilhelm Dilthey und bei Georg Simmel Sozialphilosophie. Von Berlin wechselt er wieder ein Jahr später 1896/97 nach Jena, wo er 1897 bei Rudolf Eucken mit einer erkenntnistheoretischen Arbeit über die Grundlagen der Ethik promoviert und sich 1900 habilitiert mit der Schrift *Die transzendentale und die psychologische Methode*. Seit 1902 steht er in Kontakt mit Edmund Husserl und lehrt von 1906 bis 1910 als Privatdozent in München.

Seine Heirat 1899 war Anlass seiner Konversion vom Judentum zum Katholizismus, dem er innerlich schon früh nahe gestanden hatte. Ein von seiner Frau in München inszenierter Skandal um eine angebliche Beziehung zu einer Studentin führt 1910 zum Verlust der Lehrbefugnis. Nach der Scheidung 1912 heiratet Scheler erneut und lebt in den Jahren 1910-1919 als freier Schriftsteller vor allem von den Erträgen seiner publizistischen Tätigkeit. Es entsteht der Großteil seiner Schriften zur Phänomenologie und Ethik. Er wird Mitherausgeber (1913-1928) des von Edmund Husserl begründeten *Jahrbuchs für Philosophie und phänomenologische Forschung*, in welchem beide Teile seines ethischen Hauptwerks *Der Formalismus in der Ethik und die materiale Wertethik* zuerst erscheinen (1913, 1916, im Folgenden: *MW*).

In dieser Zeit kommt es auch zu einer entschiedenen Belebung seiner kirchlichen Einstellung mit intensiven Kontakten zu führenden Zentren und Organen des katholischen Glaubens (Kloster Beuron, Zeitschrift *Hochland*). Nicht zuletzt das Interesse katholischer Kreise wird den Kölner Bürgermeister Konrad Adenauer dazu bewogen haben, Max Scheler als Direktor der Abteilung Soziologie an das neu errichtete Forschungsinstitut für Sozialwissenschaften in Köln zu berufen. Doch bald schon folgt eine weitere Krise. Mit der Scheidung von seiner Frau Märit (1923) und seiner dritten Ehe (1924) mit Maria Scheu (1892-1969) vollzieht sich auch äußerlich der Bruch mit dem Katholizismus. Seine katholischen Schüler und Freunde (vor allem Dietrich von Hildebrand), die teils unter seinem Einfluss konvertiert waren, distanzieren sich öffentlich von ihm. Scheler lässt sich immer öfter von seinen Lehrveranstaltungen beurlauben und versucht, Köln zu verlassen. Als er 1928 aufgrund bahnbrechender Schriften zur Wissenssoziologie, Anthropologie und Metaphysik einen Ruf nach Frankfurt auf eine Professur für Soziologie und Philosophie erhält, stirbt er vor Aufnahme seiner Lehrtätigkeit am 19.5.1928 im Alter von nur 53 Jahren.

Schelers philosophisches Interesse galt von Anfang an den Erkenntnisfortschritten der positiven Wissenschaften, insbesondere in den Biowissenschaften. Die Einordnung des Menschen in den Prozess der Evolution (Charles Darwin), der vergleichende Blick auf die Umwelten von Mensch und Tier (Johann Jakob von Uexküll), der wissenschaftliche Konsens bezüglich der Kontinuität aller Lebensphänomene also, war philosophisch insofern von Bedeutung, als sich das Unterscheidende des Menschen und des menschlichen Weltverhältnisses für Scheler nur aus der Beziehung zu einer daraus nicht mehr ableitbaren, eigenständigen Sphäre der Realität erweisen lässt, welche die Mensch und Tier gemeinsame „Vitalsphäre" übersteigt. Auf dem Umweg über den Neoidealismus Rudolf Euckens findet Scheler nach der Lektüre der *Logischen Untersuchungen* Edmund Husserls Anschluss an die phänomenologische Bewegung. Deren Forschungsmaxime „Zurück zu den Sachen!" war bezogen auf eine strikte Unterscheidung zwischen der daseinsrelativen (lebensweltlichen) Gegebenheitsweise aller Dinge und davon unabhängigen, objektiv gültigen Sachgehalten, welche das Moment des Wesenhaften an den Dingen begründen, und die insofern grundlegender sind als die wirklich existierenden Dinge selbst. Scheler wendet diese Unterscheidung auf die Ethik an, indem er zwischen *„Gütern"* als den variablen Trägern und dem objektiven Gehalt der *„Werte"* unterscheidet (vgl. unten Anschnitt 2.3). Zur selben Zeit sucht er auch auf dem Gebiet der Religionsphänomenologie über das Phänomen des Heiligen die Sonderstellung des Menschen zu bestimmen. In seinen späteren Arbeiten tritt das Moment der Geschichtlichkeit und der menschlichen Wissensformen in den Vordergrund. Wissenssoziologie und Anthropologie werden zum Fundament für eine Metaphysik (*Metanthropologie*), die dem Menschen die Rolle eines „Mitwirkers Gottes" zuweist als „der erst *mit* dem Weltprozess sich verwirklichenden ,Deitas'" (*Philosophische Weltanschauung*, IX, 84, im Folgenden: *PW*).

Man hat daher im Blick auf den Wechsel der Themen und ihrer Behandlungsweise verschiedene Phasen in Schelers philosophischer Entwicklung unterschieden, die allerdings durchlässige Grenzen besitzen. So wird je nach Betrachtungsweise (1) die durch den Neoidealismus seines Lehrers Rudolf Eucken stärker erkenntnistheoretisch orientierte *Frühphase* (bis ca. 1900) entweder einschlussweise der darauf folgenden phänomenologischen Periode (bis ca. 1921) von (2) einer durch wissenssoziologische Probleme und der Ausarbeitung einer Anthropologie und Metaphysik dominierten *Spätphase* (bis zu seinem Tod 1928) unterschieden. Oder aber die *phänomenologische* Periode wird als eine eigenständige Phase (2) in der Mitte zwischen (1) *Neoidealismus* und (3) *Wissenssoziologie* gesehen (vgl. Sander 2001). In dieser mittleren Phase liegt der Schwerpunkt auf dem Versuch einer Neubegründung der Ethik mit den Mitteln der Phänomenologie. Die wichtigsten Schriften aus dieser Zeit sind: *Über Ressentiment und moralisches Werturteil* (1912, später unter dem Titel *Das Ressentiment im Aufbau der Moralen*, im Folgenden: *RM*); *Zur Phänomenologie und Theorie der Sympathiegefühle und von Liebe und Haß* (1913); *Der Formalismus in der Ethik und die materiale Wertethik* (Teil I 1913, Teil II 1916, als Monographie 1916, ²1921, ³1923/24); *Vom Umsturz der Werte* (1919).[1]

---

[1] Die weiteren Werke Schelers werden mit folgenden Abkürzungen zitiert: *Eine kritische Übersicht der Ethik der Gegenwart* = EB, *Vom Ewigen im Menschen* = EM, *Lehre von den Drei Tatsachen* = DT, *Faith und Absolutsphäre* = FA, *Ordo Amoris* = OA, *Phänomenologie und Erkenntnis* = PE, *Zur Rehabilitierung*

Phasen übergreifend wird jedoch eine tiefer reichende Kontinuität seines Denkens erkennbar, das um fünf Hauptthemen kreist: Liebe, Wert, Person, Welt, Gott.[2]

2. Grundbegriffe und Argumente

2.1. Subjektives und objektives Wertdenken

Der *Wertbegriff* ist erst seit dem späten 19. Jahrhundert zu einem Grundbegriff der Ethik geworden. Er übernimmt die ethische Begründungsfunktion, die der Naturbegriff im Kontext der neuzeitlichen Wissenschaften verloren hatte. Einer radikal vergegenständlichten Natur sind keinerlei Maßstäbe des sittlichen Verhaltens zu entnehmen. Damit verliert die naturrechtlich begründete Ableitung eines Sollens aus dem Sein der Dinge ihre Plausibilität. Es kommt zur Trennung von Sein und Sollen, die auch in der Wertethik vorausgesetzt bleibt und nicht revidiert wird. Sollen kann evidentermaßen nicht aus dem Sein des bloß Faktischen herausgelesen werden, sondern wird als ein Phänomen der Wertantwort erlebt. Doch ist auch der Wertbegriff noch einmal in sich zwiespältig, je nachdem, ob Werte auf Setzungen beruhen (und damit selber nur ein Faktum sind) oder auf Einsicht. „Die Einführung des Wertbegriffs in die Philosophie war von Anfang an mit einer Zweideutigkeit behaftet. Sie kann nämlich verstanden werden als Kompensation eines Defizits, [...] oder aber als eine gedankliche und begriffliche Ausdifferenzierung mit theoretisch bedeutendem Gewinn" (Spaemann 2000, 29).

Es gibt daher zwei Spielarten des Wertdenkens.

(1) Für die eine Auffassung beruhen Werte auf gemeinsamen Überzeugungen, die gewissermaßen das Defizit einer wertfrei gedachten Wirklichkeit kompensieren sollen. Als Korrelate der kulturellen Selbstverständigung aufgefasst, ist ihre objektive Geltung bloßer Schein, da ihre Geltung nur relativ auf die jeweilige geschichtliche Ausprägung einer Kultur besteht. Friedrich Nietzsche und ihm folgend Wilhelm Dilthey haben auf diesen Zusammenhang von Wert und Wertsetzung hingewiesen. Für diese und andere Vertreter einer *subjektiven Wertethik* beruhen Werte auf Setzungen und gelten solange, wie sie durch die Angehörigen einer Kultur anerkannt sind. Mit dem Verlust der Anerkennung kommt es zum „Umsturz der Werte" und damit zu einem Wertewandel (d.h. zu neuen Setzungen), nicht etwa zu einem Werteverlust (vgl. Böckenförde 1991, 72f. mit Verweis auf Max Weber, Gustav Radbruch und Hermann Broch).

(2) Demgegenüber bestreitet das *objektive Wertdenken* nicht das subjektive Moment in der Ausprägung kulturell verschiedener Wertordnungen, wohl aber die These, dass die Geltung der Werte auf subjektiven Wertungen beruht. Werte sind Entitäten eigener Art, deren Geltung unabhängig vom Sein der Dinge wie vom Willen des Menschen ist,

---

der Tugend = RT, Wesen und Formen der Sympathie = WFS. – Die Angaben dahinter beziehen sich auf die Bandnummern und Seitenzahlen der Werkausgabe. Hervorhebungen in den Zitaten – soweit nicht anders vermerkt – im Original.

[2] Henckmann 1998 hat denn auch die Philosophie Schelers entlang ihrer Hauptthemen dargestellt und sie nicht in das Schema einer mehr oder weniger willkürlichen Phaseneinteilung gepresst.

und die nach einer angemessenen Verwirklichung in der Güterordnung und der sittlichen Handlungsweise verlangen. Damit sind eine Reihe grundlegender Fragen verbunden: nach der Erkenntnisweise, der Seinsweise, der Rangordnung und den Verwirklichungsbedingungen der Werte. Begründer des objektiven Wertdenkens ist Max Scheler. Dessen *„materiale"* Wertethik beansprucht, mit den Mitteln der Phänomenologie das Phänomen des Sittlichen objektiv und unverkürzt zu erfassen, was zugleich bedeutet, mit zentralen Vorgaben der „formalistischen" Ethik Kants und der bereits von Kant kritisierten Güter- und Zweckethik zu brechen.

2.2. Erfahrungsart und Erkenntniseinstellung:
Dinge und „reine Tatsachen"

Schelers Ausgangspunkt für eine neue Grundlegung der Ethik ist die *Phänomenologie*. Dabei steht der Name „Phänomenologie" weder für eine „neue Wissenschaft", noch ist er ein „Ersatzwort für Philosophie". Er steht vielmehr für eine veränderte Einstellung in der Philosophie, die *„zurück zu den Sachen"* führen und die neuzeitliche Spaltung von Geist und Welt als Scheinproblem erweisen soll. Alle Erkenntnis von Wirklichkeit gründet in der Intentionalität des Erkennens. Geistige Akte ohne Gegenstandsbezug gibt es so wenig, wie es Wahrnehmungsakte ohne Wahrgenommenes gibt. Und *„Wahrnehmen"* wie *„Erkennen"* bedeuten nicht, den Gegenstand aus einem gegebenen Material sinnlicher Reize zu konstruieren oder zu abstrahieren, sondern ihn zu erfassen in dem, als was er sich jeweils zeigt.[3] „Das Erste", was daher von einer „auf Phänomenologie gegründeten Philosophie" zu fordern ist, „ist der lebendigste, intensivste und *unmittelbarste Erlebnisverkehr mit der Welt selbst"* (*PE*, X, 380).

Mit der Wiederaneignung des Begriffs der *intentio* als eines zentralen Begriffs der mittelalterlichen Philosophie geht die phänomenologische Einstellung zwar prinzipiell über den neuzeitlichen Solipsismus und Konstruktivismus hinaus. Dafür stellen sich aber ganz neue Fragen nach dem Charakter der erkannten „Sachen", die in der „Korrelation" von Geist und Welt erscheinen. Ob ein Sachverhalt „sich zeigt" und wie er dies tut, ist nicht unabhängig von der Erkenntniseinstellung, in welcher uns die Welt begegnet.

Es gibt verschiedene *„Erfahrungsarten"* und dementsprechend verschiedene Arten von „Sachen", die sich darin erschließen. Die Grundarten der Erfahrung resultieren für Scheler aus den Unterschieden der natürlichen, wissenschaftlichen und phänomenologischen *„Einstellung"* zur Welt.

(1) In der *„natürlichen Einstellung"* zur Welt begegnen uns „Tatsachen" nicht unabhängig von Bedürfnissen und Interessen. Eine Tatsache ist „sozusagen die Antwort, welche die Welt erteilt auf Anfragen, die unsere leiblichen Zustände und ihre Einheiten, unsere Bedürfnisse an das Universum stellen". Tatsachen in der „natürlichen Weltanschauung" bilden „sozusagen ein *Zwischenreich* zwischen den Dingen selbst und unseren Zuständen bei ihrer Erfahrung" (*DT*, X, 436).

---

[3] „Der Fehler ist, dass man, anstatt schlicht zu fragen, *was in einer meinenden Intention gegeben ist,* *außer*intentionale, objektive, ja kausale Theorien in die Frage hineinmischt" (*DT*, X, 433).

(2) Aber auch in der „*wissenschaftlichen Einstellung*", und in ihr am allerwenigsten, begegnen uns nicht die „Dinge selbst"; hier sind „Dinge und Ereignisse" überhaupt nicht „,gegeben', sondern *konstruiert* und *unmittelbar gedacht*" (*DT*, X, 453). Das Gegebene, die Welt der Farben, Töne, Dinge und erlebbaren Vorgänge wird durch das nicht Erlebbare ersetzt und kausal erklärt: die Farben durch Wellenlängen, die Töne durch Schwingungen, Dinge durch Atome und molekulare Verbindungen, Ereignisse durch gesetzmäßige Beziehungen zwischen Kräften. Die Gegenstände der Wissenschaft werden also überhaupt nicht erfahren, sondern sind „erst *durch* ihre Definition ‚gegeben'" (*DT*, X, 462). – In beiden Einstellungen ist die erschlossene Welt eine phänomenal reduzierte Welt: Was „in den Inhalt der *natürlichen Weltanschauung* eingeht", steht „in den Schranken des Milieus der Gattung *Mensch*"; was als Inhalt der wissenschaftlichen Weltanschauung gegeben ist, steht bereits unter der Herrschaft eines selektiv wirksamen Prinzips, „das mit der *Kenntnis* der Welt überhaupt nichts mehr zu tun hat, und das wir das ‚*Prinzip einer möglichen technischen Zielsetzung*' nennen dürfen" (*PE*, X, 428f.).[4]

(3) Neben den Gegenständen der natürlichen und der wissenschaftlichen Einstellung bilden Gegenstände, die erst durch die „*phänomenologische Einstellung*" zur Gegebenheit kommen, „ein Reich von ‚Tatsachen' eigentümlicher Art" (*PE*, X, 380). Es sind solche Gegenstände, die nur in Akten des „geistigen Schauens" gegeben sind. Das heißt zunächst, dass das Geschaute, wie schon die Gegenstände der natürlichen und wissenschaftlichen Erkenntniseinstellung, nur innerhalb einer Korrelation gegeben ist. Es ist „*gegeben* nur in dem *er-lebenden und er-schauenden Akt selbst*, in seinem Vollzug: es erscheint *in* ihm, und nur in ihm" (*PE*, X, 380). Diese Abhängigkeit vom Vollzug des Aktes ist jedoch nicht so zu verstehen, als sei das Gegebene in seinem Gehalt relativ auf ein erkennendes Subjekt (wie im Falle der natürlichen Einstellung) oder relativ auf einen Zweck (wie bei der wissenschaftlichen Einstellung).[5] Das gegenständliche Korrelat des Aktes ist vielmehr „die ‚*Selbstgegebenheit*' eines Gemeinten in unmittelbarer Anschauungsevidenz" (*PE*, X, 382). Als ein ursprünglich selbstevident Gegebenes ist es unableitbar aus etwas Anderem und kann insofern auch nicht durch Anderes beurteilt werden als wahr oder falsch. Es kann nur in einem Akt intuitiver Erkenntnis erfasst oder verfehlt werden, gesehen oder nicht gesehen werden. Von solcher Art sind nun allein die „puren Washeiten" (*PE*, X, 388) oder „reinen Tatsachen", die als „die erschauten Wesenheiten und Wesenzusammenhänge [...] *vor* aller induktiven Erfahrung ‚gegeben' (apriori)" sind.

Weil die Dinge als Träger verschiedener Qualitäten wie ‚rot', ‚süß' und ‚rund' nur Zeichen oder Symbole der reinen Sachgehalte sind, bezeichnet Scheler die Erkenntnisleistung der „phänomenologischen Philosophie" auch als eine „fortwährende *Entsymbolisie-*

---

[4] Als weiterer bedeutsamen Unterschied verweist Scheler auf den jeweils eigentümlichen Träger der Anschauungen. Im Falle der natürlichen und der wissenschaftlichen Einstellung sind das Kollektive, „die natürliche Lebensgemeinschaft des Volkes" bzw. wissenschaftliche Institutionen (*DT*, X, 463); im Falle der phänomenologischen Anschauung ist es der Einzelne, der nur je selbst zu dieser Anschauung gelangen kann.

[5] „Gerade die Phänomenologie bricht mit allem Ichidealismus nach der Art der Lehren von Descartes, Berkeley, Fichte, Schopenhauer, die allesamt die phänomenologische Unmittelbarkeit mit psychischer Gegebenheit oder auch nur mit Ichbezogenheit verwechseln. Beides weist sie zurück" (*PE*, X, 388).

rung der Welt" (*PE*, X, 384).[6] Phänomenologische Erfahrung ist daher „asymbolische Erfahrung" (*DT*, X, 433). Wenn die phänomenologische Beschreibung von „puren Tatsachen" ein philosophisch sinnvolles Unternehmen sein soll, dann „steht und fällt" die Phänomenologie mit der Behauptung, „es *gebe* solche Tatsachen – und *sie* seien es recht eigentlich, die allen anderen Tatsachen, den Tatsachen der natürlichen und der wissenschaftlichen Weltanschauung, zugrunde lägen, und deren Zusammenhänge allen andern Zusammenhängen zugrunde lägen" (*DT*, X, 448).[7] Der Rückgang der phänomenologischen Erkenntnis auf diese alle Wirklichkeit und alle Erfahrung fundierenden „reinen Tatsachen" eröffnet denn auch die Möglichkeit für „ein ganzes System *material apriorischer* Sätze – auf Wesenseinsicht beruhend –, die den Apriorismus gewaltig erweitern" (*PE*, X, 383)[8]; und es eröffnet sich die Möglichkeit eines neuen Typs von Ethik, die von Scheler (allerdings nur dem Grundriss nach, vgl. *MW*, II, 9) als *„materiale Wertethik"* konzipiert worden ist.

2.3. Ethisch bedeutsame Gegenstandsarten:
Dinge – Güter – Werte

Wie reine Tatsachen oder Sachgehalte erst durch die „reduktive Reinigung der Inhalte von allem Empirischen" (*MW*, II, 78) erkannt werden, so „wird sich phänomenologische Philosophie [genauso wie gegenüber der Farbe ,rot'] einem religiösen Gegenstand oder einem sittlichen Werte gegenüber verhalten" (*PE*, X, 386). Die Analogie zwischen Tatsachenerkenntnis und Werterkenntnis gilt sowohl für die von der Sache her geforderte Erkenntniseinstellung (vgl. unten Abschnitt 2.5) wie für die Unterscheidung der korrelierenden Gegenstandsarten.

Hier soll es zunächst um die Unterscheidung von *„Gütern"* und *„Werten"* als ethisch bedeutsamen Gegenstandsarten gehen, die der Unterscheidung von Dingen und Tatsachen entspricht. Scheler formuliert die Analogie gleich mehrfach im ersten Kapitel des Formalismusbuchs. Eine dieser Stellen lautet im Zusammenhang so:

> Sowenig uns in der Wahrnehmung der natürlichen Lebenswelt ,zunächst' Inhalte von Empfindungen ,gegeben' sind, sondern vielmehr Dinge, diese ,Inhalte' aber nur, soweit und sofern, als sie das Ding als solches als Träger dieser Bedeutung [...] kenntlich machen, sowenig ist uns in der natürlichen Werterfahrung ,zunächst' die pure Wertqualität gegeben, sondern diese auch nur sofern und soweit, als sie das *Gut* als ein Gut dieser bestimmten Art kenntlich macht (*MW*, II, 42; vgl. auch 35).

---

[6] „Wenn alles Transzendente und nur Gemeinte einem Erleben und Anschauen ,*immanent*' geworden ist, hat – in irgendeiner Frage – Phänomenologie ihr Ziel erreicht: da wo keine Transzendenz und kein Symbol mehr ist. Alles dort noch Formale wird hier noch zu einer *Materie der Anschauung*" (*PE*, X, 386).

[7] Erkenntnistheoretisch gewendet formuliert Scheler diesen Zusammenhang auch so: „Keine Erkenntnis ohne vorhergehende Kenntnis; keine Kenntnis ohne vorhergehendes *Selbstdasein* und *Selbstgegebensein von Sachen*" (*PE*, X, 397).

[8] Scheler weist ausdrücklich darauf hin, dass „der Apriorismus der Phänomenologie [...] das Richtige, das im Apriorismus Platons und Kants steckt, durchaus in sich aufzunehmen vermag" (*PE*, X, 383).

Es muss also zwischen Gütern und Werten in derselben Weise unterschieden werden, weil Güter auf Werten fundiert sind, deren Träger sie sind. „Erst in Gütern werden Werte wirklich" (*MW*, II, 43). Dennoch hängt ihr Wirklichsein nicht an der Verwirklichungs*weise* durch irgendein Gut. Auch darin gleichen sie dem Verhältnis von Dingen und reinen Tatsachen. „Sowenig die Farbe Blau rot wird, wenn sich eine blaue Kugel rot färbt, so wenig werden die Werte und ihre Ordnung dadurch tangiert, daß sich der Träger im Wert ändert" (*MW*, II, 41). So ändern sich ja nicht die Werte ‚Gerechtigkeit' und ‚Tapferkeit' und ihre Beziehung aufeinander, wenn durch Feigheit aus einem gerechten ein ungerechter Mensch wird. Wegen dieser Selbständigkeit gegenüber den wertrealisierenden Gütern und deren Veränderlichkeit sind Werte auch dann „prinzipiell zugänglich, ohne daß ich sie mir hierbei als Eigenschaften von Dingen oder Menschen vorstelle" (*MW*, II, 35).

Allerdings ist die Analogie von Dingen und Gütern zu reinen Sachgehalten und Werten in mehrfacher Hinsicht begrenzt.[9] Zwar repräsentiert auch jedes Ding eine Vielzahl von Sachgehalten, wie auch jedes Gut „eine kleine ‚Hierarchie' von Werten" (*MW*, II, 42) darstellt, welche in verschiedenen Epochen aufgrund seiner unterschiedlichen Wertaspekte verschieden aufgefasst werden kann. Und es gilt auch, dass jedes Gut ein „Wertding" ist (*MW*, II, 43). Dennoch kann ein Gut nicht einfachhin gleichgesetzt werden mit einem wertvollen Ding der natürlichen Lebenswelt. Dinge können zwar bereits Träger von irgendwelchen Werten sein, was sie aber noch nicht dazu qualifiziert, Güter zu sein. Erst dadurch, dass seine Einheit als Ding durch die Einheit einer Wertqualität (z.B. seine Nützlichkeit) konstituiert ist, wird das Ding zum Gut. So werden etwa Dinge wie Blumen als Träger ästhetischer Werte zu einem Gut, sofern sie als Geschenk den Wert der Dankbarkeit realisieren.

Die Unterschiedenheit von Werten, Gütern und Dingen zeigt sich für Scheler auch daran, dass eine multiple Realisierung der gleichen Wertqualitäten in verschiedenen Dingen vorstellbar ist, ohne dass darum die wertrealisierenden Güter verschieden sein müssten. Nicht überall in der Welt muss der Wert der Dankbarkeit die dingliche Gestalt eines Blumenstraußes haben; es könnten auch, sagen wir, Glasperlen oder edle Pferde sein, die ebenfalls Träger ästhetischer Werte sind. „Niemals und auf keinem Gebiete von Gütern ist daher die natürliche Dingwelt für die Gestaltung der Güterwelt irgendwie bestimmend oder auch nur beschränkend" (*MW*, II, 44). Die Bildung der Güterwelt ist vielmehr primär von der „Rangordnung der Werte" geleitet, die ihrerseits einen „*Spielraum von Möglichkeiten* [absteckt], außerhalb dessen die Bildung von Gütern nicht erfolgen kann" (*MW*, II, 44).

---

[9] Vgl. zum Folgenden *MW*, II, 42-45. Eine grundlegende, von Scheler nicht genannte Differenz scheint mir schon darin gelegen, dass es die Ethik nicht mit der Beschreibung von wie auch immer Gegebenem zu tun hat, sondern mit der Beurteilung erst noch zu realisierender Möglichkeiten. Die Erkenntnisbewegung geht hier vom Wert zu einem möglichen Gut, und nicht vom Ding zum Sachgehalt, dessen Träger es ist.

2.4. Der besondere Sinn des Wertes ‚gut': Wertrealisierung

Dies hat nun eine wichtige Konsequenz für das Verständnis des zentralen Wertprädikats ‚gut'. Die Bezugnahme auf ein Gut kann offensichtlich nicht den Sinn von ‚gut' erfüllen, da Güter ja nicht bloß abhängig von Werten sind, sondern überdies auch veränderlich. Veränderlichkeit heißt soviel wie Kontingenz und Partikularität. Wäre es anders, d.h. wäre ‚gut' gleichzusetzen mit einem Gut, und sei es noch so bedeutend, so würde sich „mit der Veränderung dieser Güterwelt [...] Sinn und Bedeutung von gut und böse ändern", und eine „Vernichtung dieser Güterwelt würde die Idee des sittlichen Wertes selbst aufheben" (*MW*, II, 32). Dasselbe gilt auch für die Gleichsetzung von ‚gut' und ‚böse' mit der Realisierung von guten bzw. schlechten Zwecken. „Jede Ethik, die so verfährt, würdigt die Werte gut und böse notwendig zu bloßen *technischen* Werten für diesen Zweck herab" (*MW*, II, 33).[10] Die Frage ist also, „welche Besonderheit, die Werte ‚*gut*' und ‚*böse*' gegenüber den übrigen Werten haben, und wie sie mit diesen wesenhaft verknüpft sind" (*MW*, II, 46).

An den Wertungsprädikaten ‚gut' und ‚böse' zeigt sich mit besonderer Deutlichkeit, was bereits für alle reinen Sachgehalte gilt: als reine Qualitäten sind sie undefinierbar; sie können weder durch andere Qualitäten noch durch Bezugnahme auf Gegenstände definiert werden, an denen sie vorkommen. Gleiches gilt für alle materialen Werte. „Definierbar ist natürlich hier nichts, wie bei allen letzten Wertphänomenen. Wir können hier nur auffordern, genau hinzusehen, was wir im Fühlen eines Bösen und Guten erleben" (*MW*, II, 47). Gut und Böse im sittlichen Sinn sind nicht Merkmale von Gütern (oder Personen), sondern an *Akte* der Realisierung von Werten gebunden – gut „im absoluten Sinn" verstanden, wenn es sich dabei um einen höchsten Wert handelt (z.B. die liebende Selbsthingabe der Person), gut im relativen Sinn, wenn in der Ordnung der Werte der sittliche Akt einen möglichen (aber nicht den höchsten) Wert realisiert.

Die Bedeutung des Wertungsprädikats ‚gut' lässt sich also nur mit Hilfe einer Korrelation beschreiben, aber nicht in der Bezugnahme (worauf auch immer) durch eine andere Bedeutung (z.B. ‚Lust', ‚Glück', ‚gelungenes Leben') ersetzen. Mit sittlich ‚gut' meinen wir die Beziehung zwischen der „Existenz eines positiven Wertes", die selbst bereits „ein positiver Wert" ist, und der „Realisierung eines positiven Wertes [...]. Gut ist der Wert, der in der Sphäre des Wollens an der Realisierung eines höheren (höchsten) Wertes haftet" (*MW*, II, 48). *In* der *Realisierung bzw. Nichtrealisierung* eines Wertes erfüllt sich der Sinn von ‚gut', und dies auf die gerade geforderte Weise. Das sittlich Gute liegt nicht in der „formalen Gesetzesförmigkeit des sittlichen Willens" (wie bei Kant), sondern in der willentlichen Bezugnahme auf die zu realisierende konkrete Wertmaterie. Treffen wir diese „ganz bestimmte und *einzigartige Stelle*", die mit der „Stufenleiter der Liebeswürdigkeiten" der Dinge (d.h. ihrer Werte) gegeben ist, „so

---

[10] G.E. Moore (1977, 41), auf den Scheler sich im Vorwort des Formalismusbuches ausdrücklich beruft (vgl. *MW*, II, 13), hat die Definition des Wertungsprädikats ‚gut' durch Bezugnahme auf die Qualität von Gütern den ‚naturalistischen Fehlschluss' genannt. Scheler spricht – existenzbezogen – von „Pharisäismus", wo „der mögliche Träger des ‚Guten'" (die Person) sich und seine Merkmale „für die betreffenden Werte *selbst* nahm" (*MW*, II, 37), und folgt in seiner Kritik der Güter- und Zweckethik sowohl Kant wie Moore (vgl. unten Abschnitt 2.8.2).

lieben wir *richtig* und geordnet; wenn unter dem Einfluß der Leidenschaften und Triebe die abgestufte Rangordnung umgestürzt wird, so ist unsere Liebe *unrichtig* und unge-ordnet" (*OA*, X, 367).

2.5. Erkenntnis der Werte: Vernunft und Gefühl

Wie wir bereits gesehen haben, werden mögliche Gegenstände der Erkenntnis nicht unabhängig von der jeweils leitenden Einstellung erkannt. Unterschiedlichen Erkennt-niseinstellungen korrespondieren unterschiedliche Gegenstandsarten. Die grundlegende Behauptung einer notwendigen Korrelativität von Erkenntniseinstellung und Gegeben-heitsweise bedarf nach Scheler für den Bereich der Werterkenntnis einer Konkretisie-rung. Bislang konnte es so scheinen, als seien die Erkenntniseinstellungen ausschließ-lich Formen der theoretischen Vernunft. Die Erkenntnisbeziehung auf das Gute und Böse, Nützliche und Schädliche, Angenehme und Unangenehme ist aber nicht rein fest-stellend-theoretisch. Sie geschieht vor allem im Modus von *„Zustimmung"* und *„Ableh-nung"*: das Gute soll sein, das Böse soll nicht sein.

Diese Asymmetrie von Gut und Böse besteht für die theoretische Vernunft nicht, weil die bloß erkennende Feststellung ja beides gleichermaßen als gegeben erfasst und sich insofern gegenüber der Differenz von Gut und Böse noch indifferent verhält. Die Asym-metrie erschließt sich für Scheler auch nicht schon dadurch, dass die theoretische Vernunft sich zur praktischen Vernunft erweitert durch Bezugnahme auf ein Moralgesetz als Norm sittlicher Handlungen. Sie erschließt sich erst in solchen Akten, die unmittelbar auf den Wert- bzw. Unwertwertcharakter von Gut und Böse bezogen sind. Und das sind die Akte des *„Vorziehens"* und des *„Nachsetzens"*, vor allem aber die Akte des *„Liebens"* und *„Hassens"*, ohne welche das Gute nicht als Gutes und das Böse nicht als Böses erfahren werden kann. Liebe und Hass sind Akte des *„geistigen Wertfühlens"*, die gegenüber den feststellenden Akten von ,wahr' und ,falsch' eine eigene Aktart bilden, und die nach dem Gesetz der Korrelation die eigentlich werterschließenden Akte sind (vgl. *WFS*, VII, 150ff.).

Der ethische Intuitionismus der phänomenlogischen Ethik muss daher für Scheler auf einem *„Apriorismus des Emotionalen"* (*MW*, II, 84) beruhen, wenn die materiale Wert-ethik ihren Anspruch rechtfertigen soll, die Sphäre kontingenter Güter- und Zweckord-nungen zu übersteigen, um zu gültiger Werteinsicht zu gelangen.

> Das Fühlen, das Vorziehen und Nachsetzen, das Lieben und Hassen des Geistes hat seinen eigenen *apriorischen* Gehalt, der von der induktiven Erfahrung so un-abhängig ist wie die reinen Denkgesetze. Und hier wie dort *gibt es eine Wesens-schau* der Akte und ihrer Materien, ihrer Fundierung und ihrer Zusammenhänge. Und hier wie dort gibt es ,Evidenz' und strengste Exaktheit der phänomenologi-schen Forschung (*MW*, II, 84; vgl. auch *OA*, X, 361).

Um diesen Anspruch zu untermauern und die Behauptung einer gegenüber der Ver-nunfterkenntnis eigenständigen Aktart emotionaler Einsicht zu rechtfertigen, gründet Scheler seine Ethik auf eine *Anthropologie*, für die er geschichtliche Vorbilder und Anknüpfungspunkte sucht.

Er findet sie vor allem bei Blaise Pascal (1623-1662), der wiederum in seinen Ansichten vom Menschen stark vom (jansenistischen) Augustinismus bestimmt ist. Pascal hatte gegen Descartes auf der notwendigen Unterscheidung von zwei unabhängigen Erkenntnisquellen bestanden. Der Zweifel an der Realität des im Erkenntnisvollzug Gegebenen mag zwar nicht von der Vernunft zu überwinden sein; das „Herz hat jedoch seine Gründe, die die Vernunft nicht kennt" (Pascal, *Pensées* 149/277, vgl. dazu Zwierlein 2001, 95-132).[11] Scheler beruft sich auf Pascal allerdings nicht zur Abwehr des Skeptizismus, sondern zur Begründung einer eigenständigen Quelle sittlicher Einsicht:

> Es gibt eine Erfahrungsart, deren Gegenstände dem ‚Verstande' völlig verschlossen sind; für die dieser so blind ist, wie Ohr und Hören für die Farbe – eine Erfahrungsart aber, die uns echte objektive Gegenstände, und eine ewige Ordnung zwischen ihnen, zuführt, eben die *Werte*. [...] An diese Idee Pascals knüpfen wir hier an (*MW*, II, 261).[12]

Scheler hat das „emotionale Apriori" oder den Primat des Herzens gegenüber der Vernunft auf die oft zitierte Formel gebracht, der Mensch sei,

> ehe er ein ens cogitans ist oder ein volens, ein *ens amans* (*OA*, X, 356).[13]

Trotz der auch den Wandlungen von Schelers Denken geschuldeten Mehrdeutigkeit (vgl. Henckmann, 2003, 17f.) lassen sich für die materiale Wertethik einige Konstanten angeben, die der These vom *Primat des Fühlens* gegenüber Denken und Wollen eine konkretere nachvollziehbare Form verleihen. Die für den Aufweis möglicher Werteinsichten notwendige Konkretisierung folgt aus einer speziellen Fassung der Anthropologie, die insbesondere im Umkreis der Phänomenologie herrschende Lehre war.

Das Sein des Menschen wird hier als Einheit von gegeneinander relativ selbständigen *„Schichten"* des vitalen, seelischen und geistigen Lebens aufgefasst.[14] Erst dieses so

---

[11] Die Zählung der *Pensées* Pascals erfolgt nach Lafuma und Brunschvicg. – Die Bedeutung Pascals für die materiale Wertethik hat Scheler an verschiedenen Stellen deutlich gemacht (vgl. vor allem *OA*, X, 361f.; MW, II, 15, 260f.).

[12] Sicher geht Schelers Berufung auf Pascal über die Intention der zitierten Texte hinaus. Pascal hatte mit seiner Berufung auf das „Herz" als eigenständige Erkenntnisquelle nicht die Erschließung einer Werteordnung im Sinn. Für die wertethische Ausbuchstabierung von Pascals „logique du cœur" nennt Scheler selbst andere Anknüpfungspunkte, vor allem Franz Brentano (vgl. *EB*, I, 385; *MW*, II, 100).

[13] Dass Gefühlen (Scheler) oder Stimmungen (Heidegger) eine zentrale Rolle bei der Erschließung und Festlegung des menschlichen Weltverhältnisses zukommt, ist auch der Ansatzpunkt von Heideggers Phänomenologie des „In-der-Welt-Seins". Für Heidegger ist, im Unterschied zu Scheler, nicht die Liebe daseins- und welterschließend, sondern die Angst (vgl. *Sein und Zeit* § 40 wie das ganze 6. Kapitel „Die Sorge als Sein des Daseins"). Allerdings führt diese allgemeine existenzial-anthropologische Aussage noch nicht zum konkreten Aufweis von Werten und Wertzusammenhängen. Schließlich soll den materialen Werteinsichten der phänomenologischen Ethik die gleiche „Evidenz und strengste Exaktheit" zukommen, wie den reinen Tatsachen der phänomenologischen Anschauung. Gerade wenn das Herz „ein strenges Analogon der Logik in seinem *eigenen* Bereiche [besitzt], das es gleichwohl nicht von der Logik des Verstandes borgt" (*OA*, X, 362), muss gezeigt werden können, wie materiale Werteinsichten *a priori* gegeben sind und worin sie bestehen.

genannte „Schichtenmodell" des Menschen stellt den Interpretationsrahmen für eine nähere Spezifizierung der Gefühlsarten bereit, die jeweils werterschließend sind. Das Kapitel „Zur Schichtung des emotionalen Lebens" des Formalismusbuches (vgl. *MW*, II, 331-345) beschreibt in detaillierter Weise eine *vierfache* Stufung, in welcher die Wertbezogenheit auf das Ich bzw. die Person erlebt wird.[15]

(1) Die unterste Stufe bildet das *„sinnliche Gefühl"*, das leibgebunden lokalisierbar ist. „Es ist wesensnotwendig als *Zustand* gegeben und nie als Funktion oder Akt. Schon die primitivste Form der Intentionalität, das ‚Lust auf etwas haben', fehlt daher den rein sinnlichen Gefühlen" (*MW*, II, 335). Die höherstufigen Gefühlsarten sind dagegen nicht einfach Gefühlszustände, sondern intentional auf etwas gerichtet.

(2) Die nächst höhere Schicht, die *„Lebens- oder Vitalgefühle"*, sind zwar noch leibgebunden, aber nicht lokalisierbar in einem Organ (als Lust- oder Schmerzzustände). Vielmehr „fühlen wir im Lebensgefühl unser *Leben selbst*, d.h. es ist *in* diesem Fühlen etwas gegeben, sein ‚Aufstieg', sein ‚Niedergang', seine Krankheit und Gesundheit, seine ‚Gefahr' und seine ‚Zukunft'" (*MW*, II, 342).

(3) Darauf aufbauend, aber „aufs schärfste" davon abgehoben, folgen die *„rein seelischen Gefühle"* des emotionalen Ich- und Weltbezuges. Freude oder Trauer als seelische Gefühle sind *„von Hause aus* eine Ichqualität" (*MW*, II, 344) und nicht durch die Leibgebundenheit motiviert.

(4) Den obersten Rang nehmen die *„geistigen Gefühle"* ein, die weder zuständlich sein können noch ichbezogen sind (wie die seelischen Gefühle). „Seligkeit" wie „Verzweiflung" sind immer total und darum grenzenlos. Nicht allein alles „Ichzuständliche" scheint darin wie ausgelöscht; auch der Gegenstand erscheint nicht als solcher. „Wo das Etwas noch gegeben und angebbar ist, ‚über das' wir selig und verzweifelt sind, da sind wir sicher noch nicht selig und verzweifelt" (*MW*, II, 345).

Zum Verständnis des werterschließenden Charakters des Fühlens sind *„Gefühlszustände"* und *„intentionales Fühlen"* streng zu unterscheiden. Alle spezifisch sinnlichen Gefühle gehören zur Klasse der *„zuständlichen (wertblinden) Gefühle"* (*OA*, X, 170). Sie sind kausal erklärbar und manipulierbar, d.h. man kann sie herbeiführen und konstatieren, aber sie machen nichts verständlich (vgl. *MW*, II, 263, Anm. 1). Hingegen besitzen die intentionalen Gefühle spezifische Korrelate, wodurch sie hervorgerufen werden, und verhalten sich so wie die Vorstellung zu ihrem Gegenstand. Allein die intentionalen Gefühle können durch ihren Gegenstandsbezug (die Wertsachverhalte) werterschließend sein. Was sich „im Verlaufe des intentionalen Fühlens ‚erschließt'", ist „die Welt der Gegenstände selbst, nur eben von ihrer Wertseite her" (*MW*, II, 265).

---

[14] Scheler wird bereits während des Studiums in München bei Hans Lipps das Schichtenmodell kennen gelernt haben, das unter anderem auch von Hans Driesch, Dietrich von Hildebrand und Edith Stein vertreten wurde (vgl. seine Hinweise im Vorwort zur 2. Auflage von *MW*, II, 13).

[15] Vor wie nach dem Formalismusbuch hat Scheler jedoch auch andere, nicht so eng an der biologischen *scala vitae* orientierte Unterscheidungen vertreten (vgl. Henckmann, 2003, 20ff.).

„Die eigentlich entdeckerische Rolle in unserem Werterfassen" (*MW*, II, 267) fällt den Akten des Liebens und Hassens zu.[16] Erst „*im* Vorziehen und Nachsetzen, *im* Lieben und Hassen, d.h. in der Linie des Vollzuges jener intentionalen Funktionen und Akte blitzen die Werte und Ordnungen auf" (*MW*, II, 87; vgl. auch 261, 267).[17]

2.6. Rangordnung der Werte: *Ordo amoris*

Wie sich ein Wert nicht einfach konstatieren lässt, sondern nur in der Erlebnisart des Fühlens zur Einsicht gelangt, so folgt auch die Einsicht in die Rangordnung der Werte der Ordnung der Gefühle. Der von Augustinus entlehnte Gedanke des *ordo amoris* bildet so die Grundlage der Axiologie.[18] Sowenig jedoch Werte und Unwerte einander gleichzustellen sind, sowenig sind die werterschließenden Gefühle Liebe und Hass einander gleichwertig. Dem Primat des Wertes über den Unwert entspricht der Primat der Liebe über den Hass. Der Hass ist nur darum werterschließend, weil *„jeder Hassakt durch einen Liebesakt fundiert*" ist" (*OA*, X, 369). Gleiches gilt für den Egoismus, der (entgegen der neuzeitlichen *opinio communis*) „keine ursprüngliche Lebenstendenz ist", sondern „auf einer *Wegnahme* der allem Leben ursprünglich eigenen natürlichen Sympathiegefühle beruht" (*MW*, II, 283). Das „Gefühl des Ressentiments" als Verwirrung des *ordo amoris* entsteht aus enttäuschter Liebe; es ist gewissermaßen ein seitenverkehrtes Gegenstück der rechten Liebe, die das als liebenswert Erkannte wegen seiner Unerreichbarkeit „umwertet" und für wertlos erklärt (vgl. *MW*, II, 238; *RM*, III, 33-147).

Damit ist der Weg frei für die Formulierung des *Grundgesetzes der allgemeinen Axiomatik*, in welcher sich Scheler auf Brentano beruft. Das Verhältnis der positiven und negativen Werte ist durch den *Primat der positiven Werte* bestimmt, der sich in vier Sätzen vollständig ausdrücken lässt:

Existenz eines positiven Werts ist selbst ein positiver Wert,
Existenz eines negativen Werts ist selbst ein negativer Wert,
Nichtexistenz eines positiven Werts ist selbst ein negativer Wert,
Nichtexistenz eines negativen Wert ist selbst ein positiver Wert (*MW*, II, 100, 214).

---

[16] In der augustinischen Tradition stehend, hat Richard von St. Viktor dafür die auch bei Thomas von Aquin zustimmend zitierte Formel geprägt: *Ubi amor – ibi oculus*. Schelers Kritik des ethischen „Intellektualismus" wäre zumindest im Blick auf den stets mitgemeinten Thomas von Aquin zu differenzieren (vgl. Pieper 1996, 330; 1997, 294; 1999, 102; 2005, 229; 2008, 519 u. 582).

[17] Unter Hinweis auf Brentano sieht Scheler im Lieben und Hassen sogar „das letzte Fundament *alles* anderen Apriorismus", d.h. heißt das Fundament nicht allein der praktischen, sondern auch der theoretischen Vernunft (*MW*, II, 83). Damit kehrt sich das Begründungsverhältnis von Metaphysik und Ethik um: Ethik ist von Wichtigkeit als Begründung „für jede Metaphysik des absoluten Seins, nicht aber die Metaphysik für die Begründung der Ethik" (*MW*, II, 17).

[18] Bei Augustinus steht der Ausdruck *ordo amoris* allerdings für die rechte Ordnung der Tugenden, d.h. der sittlichen Handlungsdispositionen des Menschen. Neben der Grundlegung der Wertethik hat es Scheler als eine vordringliche Aufgabe angesehen, die vielfach missdeutete *Tugendlehre* zu rehabilitieren (vgl. *RT*, III, 13-37). Insofern kann der tugendethische Ansatz als Ergänzung zum wertethischen Ansatz gesehen werden, wie dies bei Nicolai Hartmann unter Berufung auf Scheler der Fall ist (vgl. Hartmann 1926).

Was jeweils als ein Wert erkannt wird, erschließt sich am Leitfaden der Gefühle. Entsprechend den vier konstitutiven Seinsschichten des Menschen gibt es *vier Stufen des Wertfühlens*, denen wiederum *vier Klassen von Werten oder „Wertmodalitäten"* entsprechen. So sollte es zumindest nach dem Schichtenmodell zu erwarten sein. Tatsächlich jedoch fallen die Stufen des vitalen und des seelischen Fühlens für die Bestimmung der korrespondierenden Werteinsicht zusammen, während die Stufe des Geistigen sich erschließend zu drei verschiedenen Wertarten verhält. Es ergibt sich also folgende Ordnung:

(1) Die Aufschließung der untersten Wertreihe des *„Angenehmen* und *Unangenehmen"* resultiert aus der Erkenntnisfunktion des sinnlichen Fühlens;

(2) die zweite Wertmodalität des *„Edlen"* und *„Gemeinen"* erschließt sich im *„vitalen Fühlen"*, denen die konsekutiven Werte des „Wohles" oder der „Wohlfahrt" zugeordnet sind.

(3) In den von der „Leibsphäre" unabhängigen Akten des geistigen Fühlens erschließen sich drei Hauptarten von Werten:

(3.1) die ästhetischen Werte *„schön"* und *„hässlich"*,

(3.2) die ethischen Werte des *„Rechten"* und *„Unrechten"*, und

(3.3) die Werte der *„reinen Wahrheitserkenntnis"*, denen als Konsekutivwerte alle *„Kulturwerte"* (Wissenschaften, Institutionen) zugeordnet sind.

(4) Schließlich erhebt sich über den Werten des geistigen Fühlens eine „letzte Wertmodalität": die des *„Heiligen"* und *„Unheiligen"*, die „scharf abgegrenzt" von den zuvor genannten Wertmodalitäten einer „absoluten Sphäre" angehören, und die sich an solchen Gegenständen zeigen, „die in der Intention als ‚absolute Gegenstände' gegeben sind" (Dinge, Kräfte, reale Personen, Institutionen; vgl. das Kapitel „Apriorische Rangbeziehungen zwischen den Wertmodalitäten", *MW*, II, 122-126).

Ein Kriterium für die *Rangordnung der Werte*, das sich unmittelbar im Erleben erschließt, ist die „Tiefe der Befriedigung". Hier gilt das Gesetz, dass die Tiefe umgekehrt proportional steigt zur Manipulierbarkeit des Erlebens. Das zuständliche Gefühl der Lust in der Wertmodalität des Angenehmen ist leicht herstellbar, während höchste Seligkeit im geistigen Fühlen an die Erfüllung der Intention gebunden ist. Dessen Korrelat, der beseligende Gegenstand, kann sich mir nicht bloß entziehen, sondern er wird in der Hinwendung der Aufmerksamkeit auf das damit verbundene Gefühl der Seligkeit alle Gefühlswirkung verlieren.

Ein weiteres Kriterium für die Rangordnung der Werte ist der Unterschied zwischen Person und Sache. *„Personwerte"* sind den Sachwerten übergeordnet. Unter die Personwerte rechnet Scheler die *„Person selbst"* und die *„Tugendwerte"*, unter die *„Sachwerte"* alle nutzenden Werte, seien sie nun materiell, vital oder geistig wertvoll (vgl. *MW*, II, 117). Der bloße Erhalt des Lebens selbst ist kein höchster Wert und hat zu allen Zeiten unterschiedlichen Abwägungen unterlegen wie verschiedene Praktiken erkennen lassen (Scheler nennt Menschenopfer, Tötung im Krieg, Witwenverbrennung, Abtreibung). Eine Grenze der Abwägung ist erst da gegeben, wo die Intention auf die Vernichtung der Person und der Personwerte gerichtet wäre (vgl. *MW*, II, 314ff.). Ausschließlich die Person ist „letzter Wertträger" (*MW*, II, 506), und zwar nicht die Person abstrakt genommen, sondern als Individuum, als „ein individuelles und darum von je-

dem anderen unterschiedenes einmaliges Sein, und analog sein Wert als ein individueller einmaliger Wert" (*MW*, II, 499).[19]

Analog zu der Unterscheidung von Person- und Sachwerten kann auch die Unterscheidung von „*Selbstwerten"* und „*Konsekutivwerten"* noch als eine grundlegende
Unterscheidung innerhalb der „apriorischen Wertbeziehungen" aufgefasst werden.

Vielleicht kann als Ordnungsprinzip der von Scheler kaum ausgeführten Wertetafel
die Unterscheidung von Gattung und Arten hilfreich sein. Der gesamte Wertbereich
zerfällt dann in zwei *Wertgattungen* (Person- und Sachwerte), die wiederum durch eine
Reihe unterschiedlicher *Wertarten* (z.B. Eigenwerte–Fremdwerte; Individualwerte–
Kollektivwerte; Intentionswerte–Zustandswerte) spezifiziert werden.

2.7. Objektivität und Individualität: Das Sein der Werte

Achtet man nur auf die Ausdrucksweise Schelers, kann es so scheinen, als seien Werte
aufgrund ihrer Unterschiedenheit real existierende Gegenstände eigener Art. So spricht
Scheler von der „Tatsache, *dass es Wert gibt"* (*MW*, II, 258) und wiederholt vom „Sein
der Werte" (*MW*, II, 40, 195, 271), von Werten als „echten Gegenständen" (*MW*, II, 41,
261) mit einer „ewigen Ordnung" (*MW*, II, 261); er spricht von der „Welt der Werte"
(*MW*, II, 275), sogar vom „*Sein* einer Welt von Werten" (*MW*, II, 294) als „einem
Reich", an dem der Mensch teilzunehmen berufen ist (*MW*, II, 279).

Es liegt daher nahe zu fragen, was für ein Sein den Werten denn nun zukommen soll,
wenn sie weder mit dem existentialen Sein der Dinge noch mit dem psychischen Sein
ihres Erkanntseins einfachhin zusammenfallen. Ein Hinweis sind hier negative Kenn-
zeichnungen, mit denen sich Scheler von anderen Auffassungen abzugrenzen sucht.

(1) Das Sein der Werte soll nicht als Seinsart des „Geltens" aufgefasst werden (*MW*,
II, 195), es ist kein idealer Gegenstand im platonischen Sinn wie die Objekte der Mathematik.

(2) Als genauso unzutreffend wird die gegenteilige Ansicht des (ethischen) Nomina-
lismus zurückgewiesen, für die es „keine sittlichen Tatsachen [gibt]" (*MW*, II, 181), nur
eben „Bedeutungen".

(3) Am entschiedensten wendet sich Scheler jedoch gegen den „allzu handgreiflichen
Realontologismus" Nicolai Hartmanns, dessen „Wertwesensobjektivismus" ihm „fast
mittelalterlich anmutet" (*MW*, II, 21; vgl. hierzu unten Abschnitt 3). Die Schärfe der
Zurückweisung und der spöttische Unterton (es gebe keinen „Ideen- und Wertehim-
mel") erklären sich wohl kaum aus dem Umstand, dass Hartmanns Scheler-Deutung

---

[19] Weil die Sinnspitze der materialen Wertethik von der Unvergleichbarkeit und Einzigartigkeit der Person her gedacht ist, hat Scheler seinen Entwurf der materialen Wertethik auch als einen „neuen Versuch
des Personalismus" verstanden (*MW*, II, 14, 497). Allerdings ist dieser neue Versuch unverkennbar dualis-
tisch, wenn Scheler für den Menschen einen „biologischen Wesensbegriff" bestreitet und die Wert- und
Wesensgrenze „*nicht* zwischen Mensch und Tier", sondern „zwischen *Person* und *Organismus*, zwischen
Geistwesen und *Lebewesen"* zieht (*MW*, II, 293f.). Dafür beruft er sich vor allem auf die „moderne Evolu-
tionstheorie" (*MW*, II, 275), der gegenüber er dann die Person-Perspektive als „*Tendenz"*, als „*Übergang*
zum *Göttlichen"*, als „Durchbruchspunkt des Reiches Gottes" geltend macht (*MW*, II, 293).

bestimmte Seiten des Wertbegriffs ausklammert (Individualität, Geschichtlichkeit, Ethosformen). Verständlich wird die Heftigkeit der Kritik nur, wenn es nahe liegt oder zumindest nicht ausgeschlossen ist, die impliziten ontologischen Annahmen in Schelers objektivistischer Kennzeichnung der Werte so zu explizieren.

Allerdings hat Scheler seine Auffassung von der Seinsart der Werte nicht bloß negativ formuliert. Von der „reinen Axiologie", welche die „Werte als Werte" behandelt, wird gesagt, „dass sie in gewissem Sinne der reinen Logik entspricht" (*MW*, II, 99). Und was sich „im Verlaufe des intentionalen Fühlens ,erschließt'", sei keine andere Welt; es sei „die Welt der Gegenstände selbst, nur eben von ihrer Wertseite her" gesehen (*MW*, II, 265).[20]
Spezifisch für Schelers Werttheorie sind jedoch andere Gesichtspunkte, die einem ontologisch fundierten wertethischen Intuitionismus enge Grenzen setzen. Beim wertgebundenen Handeln geht es nicht allein um die Realisierung des „*allgemeingültig* einsichtig Guten". Es gibt auch das „*individualgültig* einsichtig Gute", das im Gewissen des Einzelnen seine „*eigentümliche* Quelle" hat. Hier liegt die Grenze aller Autorität. „Jedes Eindringen ihrer Befehle in die Wertsphäre, die über die allgemeingültigen Werte hinausreicht, macht ihre Befehle unsittlich" (*MW*, II, 331).
Den Grund dafür sieht Scheler im „*Sein der Person*". Weil Individualität hier nicht bloß Vereinzelung eines Allgemeinen, sondern Einzigartigkeit bedeutet, darum „entspricht jeder individuellen Person auch eine individuelle Welt" (*MW*, II, 392). Es gibt „für jede Person [...] noch ein *individualgültiges*, aber nicht minder objektives und prinzipiell einsichtiges Gut" (*MW*, II, 499; vgl. auch *EM*, V, 18ff.), denn die „individuelle Bestimmung" der Person ist selbst eine „zeitlose Wertwesenheit in der Form der Personalität" (*OA*, X, 353). Sie ist Ausdruck für „seine besondere Aufgabe" und „drückt die Stelle aus, die im Heilsplan der Welt eben diesem Subjekt zukommt" (*OA*, X, 351).[21]

2.8. Kritisches Potenzial der Wertethik

2.8.1. Geschichtliches Ethos und moralisches Subjekt: Wahrnehmungsgrenzen

Keine Werteordnung, weder die einzelner Personen noch die einzelner Gemeinschaften und Völker, ist jemals endgültig. Der „sittliche Kosmos" liegt niemals vollständig vor und kann daher auch niemals abschließend bestimmt werden. Um überhaupt Vollkommenheit erlangen zu können, muss sich die Werteordnung „im Rahmen des allgemeingültig objektiv Guten [...] in einer nie abschließbaren Fülle *einmaliger* Wertbildungen, Person- und Güterbildungen" darstellen, worin allererst der „Forderung des Tages" und seiner „Stun-

---

[20] Auch diesen Aussagen fehlt allerdings die letzte Eindeutigkeit. Der zu Schelers Zeit kontrovers diskutierte Status der Logik bleibt ebenso unbestimmt wie der Gegenstandsbegriff; beides lässt also Raum für Interpretationen.
[21] Scheler leitet daraus eine auch pädagogisch wichtige Forderung ab: „Suchen wir ein Subjekt irgendwie moralisch vollständig zu beurteilen und zu messen, so müssen wir neben den allgemeingültigen Maßstäben stets die *ihm*, nicht uns oder einem anderen Subjekt zukommende Idee seiner individuellen Bestimmung mit vor dem Geiste haben" (*OA*, X, 351).

de" entsprochen werden kann. Nicht Gleichförmigkeit, sondern allein die Ungleichförmigkeit wird dem sittlich Seinsollenden gerecht. Eine ewige Ordnung der Werte gibt wohl den „Rahmen" ab, worin „auch alle individuellen Bestimmungen Platz finden" müssen (*OA*, X, 351).[22] – Scheler entfaltet diese allgemeine Bestimmung in zwei konkreten Hinsichten.

(1) Erstens, in seiner *Theorie der Ethosformen*, die eben darum nicht als Einschränkung des wertethischen Objektivismus, sondern als dessen notwendige Ergänzung zu verstehen ist (vgl. *MW*, II, 300-321). Diese Zusammengehörigkeit zu verkennen (wie dies ebenfalls kennzeichnend für die *Ethik* Nicolai Hartmanns ist), verdirbt den wertethischen Ansatz einer materialen Ethik ebenso wie ein „realontologisches" Verständnis vom Sein der Werte. „Der Mensch atmet auch als geistiges Wesen nur in Geschichte und Gesellschaft" (*MW*, II, 22). Zum einen wird daher alle Werterkenntnis durch einen partikularen „emotionalen Wert-Perspektivismus" eingeschränkt sein; zum anderen wird „ein volles Erleben des Kosmos der Werte" „wesenhaft an eine Kooperation verschiedener und sich eigengesetzlich historisch entfaltender Formen des Ethos" gebunden sein (*MW*, II, 307). Die Behauptung der „radikalsten Relativität" der Ethosformen ist daher für Scheler kein Eingeständnis des „Relativismus der sittlichen Werte und ihrer Rangordnung". Eine recht verstandene „absolute Ethik" wird gerade in der Absolutsetzung einer als einzig gültig behaupteten Werteordnung die Absolutsetzung des Relativismus sehen, weil hierin die „wesenhafte Geschichtlichkeit" (*MW*, II, 308) verkannt ist und ein partikulares Ethos zum Maßstab erhoben wird. Wertethik und ethischer Kulturalismus schließen sich nicht aus, sondern fordern einander (vgl. Spaemann 2000, 36ff.).

(2) Zweitens hat Scheler den Blick für die *Perspektivität* und die *Wahrnehmungsgrenzen des moralischen Subjekts* schärfen wollen. Die Vorzugsregeln des sittlichen Handelns werden nicht unabhängig von der „Umweltstruktur jedes Menschen" gebildet. Verschiedene „Milieus" oder „Umwelten" bedingen auch eine jeweils verschiedene „Milieuwertstruktur", welche gleichsam die „sittliche Grundformel" prägt, „nach der dieses Subjekt moralisch existiert und lebt". Alle Wertwahrnehmungen eines Menschen sind „durch den besonderen Auswahlmechanismus *seines* ordo amoris immer schon hindurchgegangen", weil dieser „schon das Material *möglichen* Bemerkens und Beachtens" bestimmt und begrenzt (*OA*, X, 348f.). Auch das individuelle sittliche Urteilen und Handeln geschieht also nicht unvermittelt. Wie die Ethik als Theorie immer eine durch das jeweilige Ethos vermittelte ist, so wird das sittliche Können der Person nicht unmittelbar durch Vernunfteinsichten, sondern vor allem durch „Dispositionen und Anlagen", also Tugenden bzw. Untugenden, bestimmt (vgl. *MW*, II, 50). Es ist daher nur konsequent, wenn Nicolai Hartmann in seiner *Ethik* diesen bei Scheler selbst nur angedeuteten Aspekt der Wertethik in einer komplementären Tugendethik entfaltet hat.[23]

---

[22] Scheler hat diesen Gedanken der Komplementarität von Allgemeinem und Besonderem später auch auf die Metaphysik angewandt (vgl. *EM*, V, 25).
[23] Scheler selbst hatte aber auch hier bereits die Richtung vorgegeben und eine Rehabilitierung der Tugend gefordert (vgl. *RT*, III, 13-37).

2.8.2. Kritik des ethischen Formalismus: Immanuel Kant

Auch wenn die Kritik der ethischen Lehren Kants erklärtermaßen für Scheler „nur ein Nebenziel" (*MW*, II, 9) war, so hat die kritische Abgrenzung von Kant immerhin den Titel von Schelers Ethikbuch mitbestimmt. Der Formalismus der Ethik Kants ist gewissermaßen das Gegenüber, an dem Scheler die Überlegenheit seiner materialen Wertethik demonstrieren will. Kritik meint hier allerdings nie ablehnende Zurückweisung, sondern Unterscheidung. Scheler erkennt die Leistung Kants auf ethischem Gebiet ausdrücklich an. Seine Ethik sei „bis heute das Vollkommenste", was „die Form strenger wissenschaftlicher Einsicht" angeht. Die Verdienste Kants betreffen aber nicht bloß die Form der Wissenschaftlichkeit; „das höchste Verdienst, ja streng genommen das einzige Verdienst" betrifft unmittelbar die Grundlegung der Ethik selbst. Es besteht in der „endgültigen Zurückweisung" all „jene[r] Formen materialer Ethik", die „gleichzeitig Formen der *Güter-* und *Zweckethik*" sind.[24] Damit habe Kant „freie Bahn geschaffen" (*MW*, II, 29) für die einzig mögliche Form einer materialen Ethik, die nur eine Wertethik sein kann. „Sie [die materiale Wertethik] setzt die *Zerstörung* dieser Formen der Ethik durch Kant *voraus*. Sie wünscht *nicht*, ‚antikantisch' zu sein oder hinter Kant zurückzugehen, sondern über Kant ‚hinauszugehen'" (*MW*, II, 20).

Schelers Kritik richtet sich zunächst auf „die irrige Gleichsetzung Kants von Gütern und Werten" (*MW*, II, 32) und die dahinter stehenden moralpsychologischen Annahmen Kants. Diese irrige Gleichsetzung wird gleich zu Beginn in acht Sätzen auseinandergelegt, welche unterschiedslos für alle Formen materialer Ethik einen notwendigen Zusammenhang mit Hedonismus (Eudaimonismus), Heteronomie und Legalität behaupten, während die Unableitbarkeit des sittlich Guten nur in einer formalen Ethik *a priori*, d.h. unabhängig von nicht-sittlichen Gütern und Triebkräften zu bestimmen sei. Demgegenüber stellt Scheler Verschiedenes klar:

(1) erstens, dass Güter keine Werte sind, sondern Wert*dinge* (vgl. *MW*, II, 32), und dass nicht das Streben nach den Wertdingen, sondern der Anerkennungsbezug auf die darin liegenden Werte den Sinn von ‚gut' bestimmt.

(2) Zweitens irrt Kant, wenn er das ‚*Apriori-Evidente*' mit dem ‚*Formalen*' und den Gegensatz von ‚*a priori*' und ‚*a posteriori*' mit dem Gegensatz ‚*formal*'–‚*material*' gleichsetzt; beides hat „nicht das mindeste" mit einander zu tun (vgl. *MW*, II, 72). Werte sind material bestimmt und liegen jeder Realisierung in Gütern wie Handlungen vorauf.

(3) Drittens basiert Kants Versuch, das Materiale aus dem Bereich des Apriorischen auszuschließen, auf falschen Annahmen bezüglich der Motivationsstruktur des Handelns. Weil er die intentionale Richtung auf das Materiale aus der „Rückwirkung" der Handlungsfolgen (allgemeine Wohlfahrt, individuelles Glück) erklärt, kann das Sittliche für Kant nur in der Form des Wollens, aber nicht in dem Bezug auf das Gewollte liegen (vgl. *MW*, II, 138; vgl. 79; 198).

---

[24] Insofern Schelers kritische Würdigung Kants immer auch den Bezug auf die bereits von Kant kritisierten Formen der Zweck- und Güterethik mit einbezieht, kann hier auf eine separate Darstellung seiner (auch von Moore) angeregten Kritik am Hedonismus und Eudaimonismus verzichtet werden (vgl. auch Schelers Bestimmung des Sinns von ‚gut': oben Abschnitt 2.4). Originell und weiterführend bei Scheler ist allein die Kritik an Kant.

(4) Viertens reduziert sich bei Kant alles Fühlen auf sinnliches Fühlen wegen der Exklusivität seiner Unterscheidung von Vernunft und Sinnlichkeit (vgl. *MW*, II, 247ff.; vgl. 85, 122, 171, 251). Außer dem „Gefühl der Achtung vor dem moralischen Gesetz" gibt es kein geistiges Gefühl, weil Kant alle Gefühle, auch das Lieben, mit sinnlichem Begehren gleichsetzt und damit ihre werterschließende Funktion verkennt.

(5) Fünftens kann der formalistische Ansatz bei der inhaltsleeren Gesetzesförmigkeit des sittlichen Wollens nicht zur Erkenntnis des sittlich Guten führen. „Ist kein bestimmter Inhalt der Intention böse, so kann auch jeder gut sein" (*MW*, II, 320; vgl. auch 322, 327). Der Verallgemeinerungsfähigkeit und -bereitschaft allein, also der bloßen Form des Wollens, ist kein Kriterium des Sittlichen zu entnehmen. Der kategorische Imperativ gebietet daher sowohl zu viel wie zu wenig, wenn es neben dem „allgemeingültig einsichtig Guten" auch das „individualgültig einsichtig Gute" zu bestimmen gilt.

2.8.3. Kritik des Relativismus: „Gewissenssubjektivität"

War die Kritik an Kant ein heuristisch fruchtbares Nebenziel, so ist das Hauptziel der ethischen Grundlegung der „prinzipielle Bruch" mit der „fast allgemein beherrschenden Lehre von der sog. Subjektivität und Relativität der Werte" (*EB*, I, 384). Scheler sieht die Wurzel des neuzeitlichen Relativismus in einer falschen Inanspruchnahme des *Prinzips der Gewissensfreiheit*. Die Berufung auf das Gewissen ist meist nichts anderes „als eine Überlassung des moralischen Urteils an die pure Willkür" (*OA*, X, 363f.; vgl. für das Folgende *MW*, II, 321-331).

Scheler erinnert daran, dass zunächst einmal „das ‚*Gewissen*' nicht gleichbedeutend mit *sittlicher Einsicht*, oder auch nur ‚*Fähigkeit*' zu solcher", ist. Es kann selbst „wertvoller oder weniger wertvoll" sein, und ist wohl „Träger, [doch] nicht letzte Quelle sittlicher Werte"; es „funktioniert" überdies „wesentlich negativ". Wird das Gewissen jedoch zum „Ersatz der sittlichen Einsicht", so verkommt das Prinzip der Gewissensfreiheit „zum Prinzip der Anarchie". Wo „gemeinsame sachgemäße Untersuchung und Erkenntnis" gefordert wären, wird nun „subjektives Belieben in Permanenz erklärt, indem man sich auf das ‚Gewissen' beruft". Seinen kaum angreifbaren Nimbus bezieht das Gewissen aber nur noch aus dem „Abendrot der untergegangenen Sonne eines religiösen Glaubens".

Erst vor diesem Hintergrund tritt nun deutlicher hervor, weshalb die Ethik auf der Fähigkeit und der Bereitschaft zu wirklicher Einsicht begründet sein muss. Das recht verstandene Prinzip der Gewissensfreiheit steht nie über oder gegen sittliche Einsicht und kann daher „niemals ausgespielt werden gegen eine streng objektive und verbindliche Erkenntnis *allgemeingültiger* und auch *materialer* Moralsätze". Insofern kann Schelers Wertethik auch von heute aus gesehen als eine immer noch aktuelle Kritik am Zustand der individuellen Gewissenskultur gelesen werden und den parallel dazu ebenso substanzlosen Forderungen nach einer Wertbegründung der öffentlichen Moral.

3. Ausblick

(1) *Zeitgenössische Wirkung.* – Unmittelbar nach Schelers Tod haben vor allem Martin Heidegger und Nicolai Hartmann die Bedeutung der Philosophie Schelers im Allgemeinen wie im Besonderen für die Grundlegung der Ethik hervorgehoben. Für Heidegger ist Scheler „die stärkste philosophische Kraft im heutigen Deutschland, nein im heutigen Europa und sogar in der gegenwärtigen Philosophie überhaupt. [...] Keiner unter den heute Philosophierenden, der ihm nicht wesentlich verpflichtet wäre" (1928/1978, 62ff.). Dies gilt auch für den frühen Heidegger selbst, der wie Scheler beanspruchte, die Sache der Philosophie aus den überlieferten Meinungen zu befreien und zu der jeweils ursprünglichen Frageintention vorzudringen.[25] Allerdings sind explizite Berufungen auf Scheler eher die Ausnahme. Die Wendungen seines Denkens standen einer Schulbildung im Wege. Auch gelangte Scheler nie zur vollständigen Ausarbeitung seiner Themen. Seine Stärke lag in der Eröffnung neuer Zugänge, die sich in der Folge als anregend und fruchtbar erwiesen. Eine gewisse Ausnahme bildet die Rezeption Schelers unter den katholischen Phänomenologen und im München-Göttinger Kreis der Phänomenologen, welche Husserls transzendentalphilosophische Wendung nicht mitvollziehen wollten (vgl. Henckmann 1998, 233).

Was die materiale Wertethik angeht, berichtet Scheler selbst im Vorwort zur dritten Auflage (1926) über das breite Echo seines Neuansatzes in der Ethik. Besonders hervorgehoben wird dabei die *Ethik* (1926) von Nicolai Hartmann, welcher in seiner Vorrede das Abhängigkeitsverhältnis zu Schelers Ethik klar benennt, „als der ‚bahnbrechenden Einsicht' der neueren Ethik seit Kant" (*MW*, II, 19). Allerdings haben in der weiteren Entwicklung – sieht man einmal von katholischen Wertethikern der Hildebrand-Schule ab[26] – andere Ethiktypen (Utilitarismus, Deontologie, Diskursethik, Neo-Aristotelismus) weitgehend das Feld besetzt. Das Fehlen einer ethischen Theorie bei Husserl und Heidegger und die Dominanz erkenntnistheoretischer, sprachphilosophisch-ontologischer bzw. existentialontologischer Fragestellungen haben weithin auch die Wirkung Schelers begrenzt. Auch seine Kritik am Formalismus der Ethik Kants hat, wie es im Vorwort zur zweiten Auflage des Formalismusbuches heißt, „auf die nur allzu sehr mit sich selbst beschäftigten Vertreter der kantischen Philosophie eine nennenswerte Wirkung *nicht* gehabt" (*MW*, II, 13). So blieb die Anwendung phänomenologischer Prinzipien in der Ethik ein zeitlich begrenzter Sonderfall und führte nicht dauerhaft „über Kant hinaus" (MW, II, 20). Schelers Ethik wurde Teil der Ethikgeschichte und „nahm mehr und mehr die Stellung eines Klassikers der neuzeitlichen Ethik ein" (Henckmann 1998, 236).

---

[25] Der Notwendigkeit einer „rekonstruktiven Phänomenologie" vor der „Wesensontologie" (vgl. *EM*, V, 13) entspricht bei Heidegger die Notwendigkeit der „Destruktion" zur Wiedergewinnung der ursprünglichen philosophischen Frage (vgl. 1992, 411-415).

[26] Ein Zentrum der phänomenologischen Ethik war in den vergangenen zwei Jahrzehnten unter der Leitung des Hildebrand-Schülers Josef Seifert die „Internationale Akademie für Philosophie" in Liechtenstein mit dem Jahrbuch *Aletheia* als zentralem Organ der Kommunikation.

(2) *Gegenwärtige Diskussion.* – Ein wesentlicher Anstoß zu einer neuen Beschäftigung mit Scheler ist mit der 1993 gegründeten zweiten Max-Scheler-Gesellschaft verbunden.[27] Doch hat es auch unabhängig von besonderen Forschungsinteressen in neuerer Zeit teils zustimmende, teils kritische Beschäftigungen mit Schelers wertethischer Position gegeben. Am meisten gilt das für den Bereich der *Rechtsphilosophie*, in dem allerdings das Verdikt Carl Schmitts über die „Tyrannei der Werte" (1967) eher zu einer bis heute kritischen Einstellung beigetragen hat (vgl. Böckenförde 1991). In der *ethischen* Diskussion ist es vor allem Robert Spaemann, dessen Beiträge maßgeblich von Einsichten Schelers bestimmt sind (vgl. Spaemann 2000). Auch in der *Soziologie* hat eine Beschäftigung mit Scheler begonnen, die vor allem am Moment der „Individualisierung der Werterfahrung" und dem damit verbundenen „wertschöpferischen Charakter" interessiert ist (Joas [2]1999, 153, 156; vgl. auch Sander 2001, 106).

Allerdings tritt in solchen Deutungen die bei Scheler selbst ungelöste Spannung zwischen dem wertethischen Objektivismus und seiner Orientierungsfunktion unter den Bedingungen öffentlicher Diskurse in den Hintergrund. Scheler selbst hat gleich zu Beginn seiner Ethik unmissverständlich auf den intuitionistischen Ansatz verwiesen, und sich dafür auf Spinozas Wort über die Wahrheit berufen, die „Kennzeichen ihrer selbst und des Falschen" sei (*MW*, II, 29). Auch später hat er den kritisch gemeinten Hinweis auf „andersartige Evidenzen" (*EM*, V, 17) zur Legitimierung divergierender Werteordnungen zurückgewiesen mit dem Argument, es liege in der Natur des „phänomenologischen Streits [...] *sozial* eben unschlichtbar" zu sein. Das Hermetische der phänomenologischen Einstellung kann aus prinzipiellen Gründen nicht hermeneutisch oder diskursethisch überwunden werden; es gibt hier nur ein Sehen oder Nicht-Sehen, aber keine gradweise Annäherung an die Wahrheit. So „kann man also den andern nur ,stehen' und seiner Wege gehen lassen" (*EM*, V, 18). Die materiale Wertethik steht damit selbst ihrer Rezeption im Wege.

4. Literatur[28]

4.1. Quellentexte

Scheler, M., 1954ff.: *Gesammelte Werke*, ed. M. Scheler/M.S. Frings, 16 Bde., Bern – München; Bonn 1986ff. – Darin:
  – *Eine kritische Übersicht der Ethik der Gegenwart*: I, 371- 409.
  – *Der Formalismus in der Ethik und die materiale Wertethik. Neuer Versuch einer Grundlegung des ethischen Personalismus*: II.
  – *Zur Rehabilitierung der Tugend*: III, 13-37.
  – *Das Ressentiment im Aufbau der Moralen*: III, 33-147.

---

[27] Vgl. die im Literaturverzeichnis angeführten Sammelbände von Pfafferott 1997 und Bermes u.a. 2000, 2003, die thematisch der Ethikkonzeption Schelers gewidmete Tagungen dokumentieren.
[28] Einen guten Überblick bietet Henckmann 1998, 254-264; dort finden sich weitere Angaben zu: I. Bibliographien, II. Briefe Schelers, III. Werke Schelers (mit Inhaltsübersicht und Erscheinungsjahr der Einzelschriften).

– *Vom Ewigen im Menschen*: V.
– *Wesen und Formen der Sympathie*: VII.
– *Philosophische Weltanschauung*: IX, 75-84.
– *Faith und Absolutsphäre*: X, 251-253.
– *Ordo Amoris*: X, 345-376.
– *Phänomenologie und Erkenntnis*: X, 379-430.
– *Lehre von den Drei Tatsachen*: X, 431-474.

4.2. Allgemeine Einführungen zu Leben und Werk Max Schelers

Frings, M.S., 1965: *Max Scheler, A Concise Introduction into the World of a Great Thinker*, Pittsburgh.

–, 1997 (^{2}2001): *The Mind of Max Scheler: The First Comprehensive Guide Based on the Complete Works*, Milwaukee.

Good, P., 1998: *Max Scheler. Eine Einführung*, Düsseldorf – Bonn.

Henckmann, W., 1998: *Max Scheler* (= Beck'sche Reihe Denker, 543), München.

Mader, W., 1980: *Max Scheler in Selbstzeugnissen und Bilddokumenten* (= rm, 290), Reinbek b. Hamburg.

Sander, A., 2001: *Max Scheler zur Einführung*, Hamburg.

4.3. Sekundärliteratur zur Ethik Max Schelers

Bermes, C./Henckmann, W./Leonardy, H. (eds.), 2000: *Person und Wert. Schelers „Formalismus" – Perspektiven und Wirkungen*, Freiburg/Br.

–, 2003: *Vernunft und Gefühl. Schelers Phänomenologie des emotionalen Lebens*, Würzburg.

Deeken, A., 1974: *Process and Permanence in Ethics: Max Scheler's Moral Philosophy*, New York.

Deutsche Gesellschaft für phänomenologische Forschung (ed.), 1978: *Husserl, Scheler, Heidegger. In der Sicht neuer Quellen*, Freiburg/Br. – München.

Frings, M.S., 1969: *Person und Dasein. Zur Frage der Ontologie des Wertseins*, Den Haag.

–, 1974: *Max Scheler (1874-1928). Centennial Essays*, Den Haag.

Good, P. (ed.), 1975: *Max Scheler im Gegenwartsgeschehen der Philosophie*, Bern.

Haecker, P., 1950: *Metaphysik des Fühlens*, München.

Hartmann, N., 1928: „Max Scheler †", in: *Kant Studien* 33, 9-16.

Heidegger, M., 1978: „In memoriam Max Scheler"; in: ders., *Gesamtausgabe*, Bd. 26, Frankfurt/M., 62-64.

Henckmann, W., 1992: „Materiale Wertethik", in: A. Pieper (ed.), *Geschichte der neueren Ethik*, Bd. 2, Tübingen – Basel, 82-102.

–, 2000: „Person und Wert. Zur Genesis einer Problemstellung", in: C. Bermes/W. Henckmann/H. Leonardy 2000, 11-28.

–, 2003: „Über Vernunft und Gefühl", in: C. Bermes/W. Henckmann/H. Leonardy 2003, 9-24.

Janssen, P., 1989: „Schelers Wesens- und Wertphänomenologie", in: ders./P. Ströker (eds.), *Phänomenologische Philosophie*, Freiburg/Br. – München, 161-202.

Pfafferott, G. (ed.), 1997: *Vom Umsturz der Werte in der modernen Gesellschaft. II. Internationales Kolloquium der Max-Scheler-Gesellschaft*, Bonn.

Pöggeler, O., 1994: „Ausgleich und anderer Anfang. Scheler und Heidegger"; in: *Phänomenologische Forschungen* 28/29, 166-203.

Sepp, H.R., 1996: „Werte und Variabilität. Denkt Scheler über den Gegensatz von Relativismus und Universalismus hinaus?", in: R.A.Mall/N. Schneider (eds.), *Ethik und Politik aus interkultureller Sicht* (= Studien zur interkulturellen Philosophie, 5), Amsterdam u.a., 95-104.

Spaemann, R., 2000: „Daseinsrelativität der Werte"; in: C. Bermes/W. Henckmann/H. Leonardy 2000, 29-46.

Vengell Ferran, I., 2008: *Die Emotionen. Gefühle in der realistischen Phänomenologie*, Berlin.

Wittmann, M., 1923: *Max Scheler als Ethiker. Ein Beitrag zur Geschichte der modernen Ethik*, Düsseldorf.

–, 1940: *Die moderne Wertethik. Historisch untersucht und kritisch geprüft. Ein Beitrag zur Geschichte und zur Würdigung der deutschen Philosophie seit Kant*, Münster.

Wojtyła, K., 1980: *Primat des Geistes. Philosophische Schriften*, Stuttgart.

4.4. Sonstige zitierte Literatur

Böckenförde, E.-W., 1991: „Zur Kritik der Wertbegründung des Rechts", in: ders., *Recht, Staat, Freiheit. Studien zur Rechtsphilosophie, Staatstheorie und Verfassungsgeschichte*, Frankfurt/M., 67-91.

Hartmann, N., 1926: *Ethik*, Berlin.

Heidegger, M., 1927 (1972): *Sein und Zeit*, Tübingen.

–, 1992: „Platon: Sophistes (WS 1924/25)", in: ders., *Gesamtausgabe*, Bd. 19, Frankfurt/M.

Joas, H., [2]1999: *Die Entstehung der Werte*, Frankfurt/M.

Pieper, J., 1995-2008: *Werke in acht Bänden*, ed. B. Wald, Hamburg.

Zwierlein, E., 2001: *Existenz und Vernunft. Studien zu Pascal, Descartes und Nietzsche*, Würzburg.

MARKUS STEPANIANS

Gerechtigkeit als Fairness
Die Theorie der Gerechtigkeit von John Rawls[*]

> Die Gerechtigkeitsgrundsätze sind diejenigen Grundsätze,
> die freie und rationale Menschen in ihrem eigenen Interesse
> in einer anfänglichen Situation der Gleichheit zur Bestimmung
> der Grundverhältnisse ihrer Gemeinschaft akzeptieren würden. [...]
> Diese Sicht der Gerechtigkeitsgrundsätze nenne ich
> Gerechtigkeit als Fairness. (Rawls 1975, 28)

1. Leben und Schriften

John Bordley Rawls wurde am 21. Februar 1921 in Baltimore, US-Bundesstaat Maryland, als zweiter von fünf Söhnen geboren. Sein Vater, William Lee Rawls war ein erfolgreicher und politisch engagierter Rechtsanwalt, der eng mit dem Gouverneur von Maryland befreundet war und nur aus gesundheitlichen Gründen eine Kandidatur für den US-Senat ablehnte. Rawls' Mutter, Anna Abell Rawls, engagierte sich in der Frauenbewegung und gehörte zum Wahlkampfteam von Wendell Willkie, der bei den Präsidentschaftswahlen von 1940 (erfolglos) gegen Franklin D. Roosevelt antrat. Rawls' Kindheit war offenbar die eines normalen weißen Jungen aus besserem Hause und verlief weitgehend unspektakulär. Getrübt wurde sie nur durch den tragischen Tod seiner jüngeren Brüder Bobby und Tommy. Rawls war im Alter von acht Jahren an Diphtherie erkrankt und hatte seinen 19 Monate jüngeren Bruder Bobby angesteckt, der bald dem Fieber erlag. Rawls selbst erholte sich von der Krankheit, zog sich kurz darauf jedoch eine schwere Lungenentzündung zu, mit der er seinen jüngsten Bruder Tommy infizierte. Die Tragödie wiederholte sich: Rawls überlebte, Tommy starb. Rawls hat später eingeräumt, dass diese traumatischen Ereignisse wahrscheinlich entscheidend dazu beigetragen haben, dass er sein Leben lang stotterte. Dieses Stottern erklärt zumindest zum Teil seine Scheu vor öffentlichen Auftritten und seine Abneigung gegenüber öffentlichen Ehrungen, mit denen er überhäuft wurde und die er fast alle ablehnte.

Rawls studierte ab 1939 zunächst am College in Princeton, meldete sich dann jedoch zur Marine und kämpfte 1943 im Pazifik gegen die Japaner. Nach Kriegsende kehrte er 1946 an die Princeton University zurück und schrieb sich dort für Philosophie ein. Im Juni 1949 heiratete Rawls Margaret Warfield Fox, mit der er vier Kinder haben sollte. 1950 schloss Rawls sein Studium mit einer moralphilosophischen Dissertation über die Bewertung von Charaktereigenschaften ab. Er unterrichtete zwei Jahre in Princeton, bevor ein

---

[*] Ich danke Wilfried Hinsch für viele wertvolle Hinweise und Korrekturen.

Fulbright Stipendium ihm einen Forschungsaufenthalt an der Oxford University in Großbritannien ermöglichte. Dort begegnete er Herbert L.A. Hart, Stuart Hampshire und Isaiah Berlin, deren Ideen ihn nachhaltig beeindruckten. Nach seiner Rückkehr 1953 in die USA lehrte Rawls zunächst an der Cornell University in Ithaca, New York und bald darauf am Massachussetts Institute of Technology in Cambridge, Massachussetts. 1961 erhielt er einen Ruf an die Harvard University, an der bis zu seiner Pensionierung im Jahre 1991 blieb. Harvard erhob ihn 1979 in den Rang eines „Harvard University Professors". Diese mit vielen Privilegien verbundene Ehrung wird nur wenigen zuteil, und Rawls erhielt sie als Nachfolger des Ökonomen und Nobelpreisträgers Kenneth Arrow.

Die Zeit nach seiner Pensionierung nutzte Rawls zur Vertiefung und kritischen Reformulierung seiner Gerechtigkeitstheorie in *Political Liberalism* (1993; dt. *Politischer Liberalismus*, 1998) und *Justice as Fairness – A Restatement* (2001; dt. *Gerechtigkeit als Fairness. Ein Neuentwurf*, 2007) sowie ihrer Ausweitung auf die internationale Ebene in *The Law of Peoples* (1999; dt. *Das Recht der Völker*, 2002). Nach mehreren Schlaganfällen starb Rawls am 24. November 2002 im Alter von 81 Jahren in Lexington, Massachussetts.

Schon zu Lebzeiten galt Rawls weithin als der bedeutendste politische Philosoph des 20. Jahrhunderts. Selbst seine Kritiker sind sich einig, dass sein 1971 erschienenes Hauptwerk *A Theory of Justice* (dt. *Eine Theorie der Gerechtigkeit*, 1975) eine neue Ära der politischen Philosophie einleitete, die immer noch andauert. Seinerzeit musste Rawls um Aufmerksamkeit für seine Gerechtigkeitstheorie – aus Gründen, auf die wir noch zurückkommen werden, bezeichnet er sie als „Gerechtigkeit als Fairness" – nicht lange werben. Das Buch war, was Amerikaner einen *instant classic* nennen, das heißt ein Werk, dessen bahnbrechende Bedeutung sofort erkannt wurde. Schon zu Rawls' Lebzeiten wurde *Eine Theorie der Gerechtigkeit* in 27 Sprachen übersetzt und allein in den USA über 300.000 Mal verkauft – nicht schlecht für einen über 600 Seiten langen, höchst abstrakten philosophischen Traktat über Gerechtigkeit. 1974, nur drei Jahre nach der Veröffentlichung von *Eine Theorie der Gerechtigkeit*, schrieb einer von Rawls schärfsten Kritikern, dass man als politischer Philosoph heutzutage entweder Rawls folgen oder rechtfertigen müsse, warum man es nicht tut (vgl. Nozick 1974). Tatsächlich skizzierte Rawls' Gerechtigkeitskonzeption den Rahmen und prägte die Begriffe, mit denen in den 1970er und 1980er Jahren eine ganze Generation von Philosophen über Gerechtigkeitsprobleme nachdachte. „Philosophen unter 60", schreibt der Oxford-Philosoph Alan Ryan in seinem Nachruf auf Rawls, „fällt die Erinnerung an die Zeit vor ‚Gerechtigkeit als Fairness' fast ebenso schwer wie die Erinnerung daran, wie sie ihre Muttersprache lernten."

Der Versuch, sich an die Zeit vor 1971 zu erinnern, ist dennoch hilfreich, weil die philosophische und politische Situation jener Zeit zumindest zum Teil erklärt, warum Rawls' Ideen seinerzeit so begierig aufgegriffen wurden. Nach dem Zweiten Weltkrieg genossen die USA einen lang anhaltenden Wirtschaftsboom, dessen Erträge jedoch in der durch Rassentrennung und Klassengegensätze geprägten US-Gesellschaft sehr ungleich verteilt waren. Innen- und außenpolitisch waren die 1950er und 1960er Jahre in den USA durch die auf Aufhebung der Rassentrennung zielende schwarze Bürgerrechtsbewegung, den Ost-West-Konflikt und den Vietnamkrieg geprägt. Die Kommunistenhatz der McCarthy-Ära, die Rassenunruhen, die Studentenproteste und die im Zuge des eskalierenden Vietnamkriegs eingeführte Zwangsrekrutierung warfen Fragen nach der Legitimität zivilen Ungehorsams, nach dem Gewaltmonopol des Staates, nach sozialer Gerechtigkeit und Toleranz in einer pluralistischen, durch vielfältige und miteinander unvereinbare Wertvorstellungen geprägten Gesellschaft auf. Aber von der politischen Philosophie jener Zeit konnte man die Beantwortung dieser Fragen kaum erwarten, denn diese befand sich in einer tiefen Krise. Oft zitiert wird in diesem Kontext der Abgesang des Philosophen Peter Laslett aus dem Jahr 1956. Trotz der Einschränkung auf sein Heimatland Großbritannien war Laslett und seinen Lesern klar, dass die Lage der politischen Philosophie andernorts keineswegs besser war: „Es gehört zu den Grundüberzeugungen des geistigen Lebens in unserem Land, dass es unter uns Menschen geben sollte, die wir als politische Philosophen betrachten. Als Philosophen, die auf politische Veränderungen reagieren, ist es ihre Aufgabe, sich mit politischen und sozialen Verhältnissen auf breitester Ebene und in höchster Allgemeinheit auseinanderzusetzen. Sie sollen die Methoden und Schlußfolgerungen zeitgenössischen Denkens auf die Zeugnisse der gegenwärtigen sozialen und politischen Situation anwenden. Dreihundert Jahre lang gab es solche Menschen in unserer Geschichte, die auf Englisch schrieben, angefangen mit dem frühen siebzehnten bis zum zwanzigsten Jahrhundert […]. Heute scheint es sie nicht mehr zu geben. Die Tradition ist abgebrochen, und unsere Grundüberzeugung ist deplaciert. Im Moment jedenfalls ist die politische Philosophie tot" (1956, vii).

Anlässe für nagende Selbstzweifel gab es genug. Zu ihnen gehörte zum einen das Versagen des Aufklärungsanspruchs der politischen Philosophie angesichts zweier Weltkriege und der ungebrochenen Attraktivität totalitärer Ideologien; zum anderen die bittere Einsicht, dass sich mit den (zumindest unter angelsächsischen Philosophen) nach wie vor dominierenden utilitaristischen Moralvorstellungen fast jede Abscheulichkeit rechtfertigen läßt. Der klassische, von Jeremy Bentham entwickelte Utilitarismus verlangt, dass wir bei allen Handlungen das Glück der größten Anzahl aller glücksfähigen Wesen maximieren. Angewendet auf die Organisation und die Politik von Staaten bedeutet dies, dass die Förderung des Allgemeinwohls über alles geht und Vorrang hat vor dem Wohl einzelner Individuen. Erlaubt und sogar geboten sind Maßnahmen, die das Durchschnittswohl aller erhöhen, gleichgültig, welche Opfer dieses Ziel einer Minderheit abverlangen mögen. Solange der utilitaristische Nutzenkalkül unterm Strich eine positive Gesamtbilanz ausweist, weil die Gewinne einiger höher ausfallen als die Verluste anderer, ist dem Prinzip der Maximierung des größten Glücks der größten Zahl genüge getan. Daher ist der klassische Utilitarismus prinzipiell mit der Einrichtung einer Sklavenhaltergesellschaft ebenso vereinbar wie mit Atombombenabwürfen auf unschuldige Zivilisten. Ich habe diese Beispiele mit Bedacht gewählt, weil die Gräuel der Sklaverei und die Vernichtung von Hiroshima und Nagasaki in Rawls' intellektueller Entwicklung womöglich eine besondere Rolle gespielt haben. Die Atombombenabwürfe erlebte er als Marineinfanterist im Pazifik gewissermaßen vor Ort, und als Südstaatler – Rawls' Heimatstaat Maryland liegt südlich der Mason-Dixon-Linie, die den Norden der USA vom Süden trennte – beschäftigten ihn die Sklaverei und der amerikanische Bürgerkrieg, der sie beendete, sein Leben lang.

2. Grundbegriffe und Argumente

2.1. Fairness als Korrektiv gegenüber dem Utilitarismus

Die moralphilosophischen Paradoxien des klassischen Utilitarismus waren allgemein bekannt, aber es mangelte an ausgearbeiteten und überzeugenden Alternativen. Vor *Eine Theorie der Gerechtigkeit* war man entweder Utilitarist oder man hatte gar keine Theorie. Es überrascht daher nicht, dass Rawls die Kernidee seiner Auffassung von Gerechtigkeit – das Element der „*Fairness*" – als Korrektiv gegenüber den seinerzeit dominierenden utilitaristischen Auffassungen präsentiert. Eine 1957 erstmals der Öffentlichkeit vorgestellte Skizze seiner Theorie mit dem Titel „Gerechtigkeit als Fairness" beginnt mit der programmatischen Bemerkung:

> Die Kernidee des Gerechtigkeitsbegriffs ist die der Fairness. Es ist dieser Aspekt, dem der Utilitarismus in seiner klassischen Form nicht Rechnung zu tragen vermag, den jedoch die [auf Hobbes, Locke, Rousseau und Kant zurückgehende] Idee eines Gesellschaftsvertrags, wenn auch in irreführender Form, enthält. Um diese Thesen zu erhärten, werde ich […] eine bestimmte Gerechtigkeitskonzeption in Form zweier Prinzipien entwickeln und ich werde diskutieren, wie man sich die Genese dieser Prinzipien vorstellen könnte (1957, 653).

Rawls fasst in dieser Passage aus dem Jahre 1957 sein Arbeitsprogramm für die nächsten Jahre zusammen.

Aber bevor wir es näher betrachten, sollten wir uns klar machen, welche Probleme Rawls mit seiner Gerechtigkeitstheorie zu lösen beabsichtigt. Sein Ziel ist die Formulierung und Begründung von Gerechtigkeitskriterien für ganze Gesellschaften, nicht für einzelne Personen oder Handlungen. Gesellschaften betrachtet Rawls als Zweckgemeinschaften von Personen zur Förderung des gegenseitigen Vorteils, deren Mitglieder bei der Verfolgung ihrer jeweiligen Lebenspläne miteinander kooperieren, aber auch konkurrieren (vgl. 1975, 20f.). Die Konkurrenz zwischen den Gesellschaftsmitgliedern ist eine Folge der mäßigen Knappheit der zur Realisierung ihrer Lebenspläne notwendigen Güter. Rawls geht davon aus, dass ernste Gerechtigkeitsprobleme nur auftreten, wenn keine lebensbedrohliche Ressourcenknappheit herrscht, aber auch kein Überfluss. Gerechtigkeitsfragen stellen sich weder in einem Zustand gesellschaftlichen Zerfalls, in dem jeder gegen jeden ums nackte Überleben kämpft, noch in einer Überflussgesellschaft, in der Milch und Honig fließen. Im ersten Fall wäre das Pochen auf Gerechtigkeitsprinzipien unrealistisch, weil Interessenkonflikte um lebensnotwendige Güter nicht mehr gewaltfrei zu lösen wären; und im zweiten Fall würden Gerechtigkeitsprobleme nicht aufkommen, weil jeder zu jedem Zeitpunkt alles hätte, was er braucht. Nur wenn die zur Verwirklichung der individuellen Lebenspläne notwendigen Güter irgendwo zwischen lebensbedrohlicher Knappheit und Überfluss liegen, so Rawls, sind die „Anwendungsbedingungen der Gerechtigkeit" gegeben. Sie „liegen vor, wenn Menschen konkurrierende Ansprüche an die Verteilung gesellschaftlicher Güter bei mäßiger Knappheit stellen" (1975, 150).

2.2. Fairness, Fairplay und die Goldene Regel

Eine Gesellschaft zwischen Knappheit und Überfluss, in der Personen bei der Realisierung ihrer Lebenspläne miteinander kooperieren und konkurrieren, ist nur gerecht, so Rawls, wenn sie fair ist. Was heißt *„Fairness"* in diesem Kontext? Und inwiefern berücksichtigt die philosophische Tradition des *Gesellschaftsvertrags*, auf die Rawls im Zitat oben anspielt, den Fairnessgedanken angemessener als der seinerzeit vorherrschende Utilitarismus?

Rawls' Fairnessverständnis orientiert sich an der Rede vom „Fairplay" bei Spielen oder Wettkämpfen. Das Verhalten der Spieler oder Wettkämpfer untereinander ist fair, wenn sie nicht nur die Regeln beachten, sondern ihr Umgang miteinander überdies von gegenseitiger Anerkennung und Respekt geprägt ist. Übertragen auf kollektive Unternehmungen im Allgemeinen ist Fairness die Art und Weise, mit der

> Teilnehmer einer kollektiven Praxis einander ihre gegenseitige Anerkennung als Personen zum Ausdruck bringen. […] Ohne diese Anerkennung würden sie einander nur als komplizierte Objekte in einer komplizierten Routine akzeptieren. Um den anderen als Person anzuerkennen, muss man auf ihn reagieren und ihn als solche behandeln; und diese Weisen des Handelns und des Reagierens schließt unter anderem die Anerkennung der Pflicht zum Fairplay ein (1957, 659).

Gerechtigkeit als Fairness, so können wir diese Überlegungen zusammenfassen, ist Gerechtigkeit im Lichte der Anerkennung des anderen als Person mit gleichen Rechten. Die Anerkennung gleicher Rechte wäre jedoch hohl, wenn sie nicht mit einer ernsthaften Berücksichtigung dieser Rechte in den eigenen Entscheidungen und Handlungen einher ginge. Die Forderung, in unseren praktischen Entscheidungen nicht nur unsere eigenen, sondern die berechtigten Ansprüche *aller* anderen Personen zu berücksichtigen, ist die Pointe der in allen Weltreligionen akzeptierten Forderung nach Unvoreingenommenheit und Überparteilichkeit gegenüber anderen Menschen. Im Deutschen wird diese als ‚Goldene Regel' bekannte Maxime meist durch Luthers Übersetzung von *Tobias* 4, 16 wiedergegeben: „Was du nicht willst, dass man dir tu', das füg' auch keinem andern zu." Rawls' Pflicht zum Fairplay fällt im Wesentlichen mit der Goldenen Regel zusammen.

Eine Gesellschaft ist gerecht, wenn ihre Mitglieder fair miteinander umgehen, und Fairness erfordert die Anerkennung des anderen als Person mit gleichen Rechten. Für Rawls bedeutet diese Anerkennung ferner, dass die gerechte Verteilung der Erträge und Lasten, der Vor- und Nachteile einer kollektiven Praxis nur durch Prinzipien geregelt werden darf, denen alle beteiligten Parteien freiwillig und nach reiflicher Überlegung zustimmen können:

> Die Fairnessfrage stellt sich, wenn freie Personen, die keine Autorität übereinander ausüben, sich an einer kollektiven Unternehmung beteiligen und untereinander die Regeln festlegen, die sie definieren und die jeweiligen Anteile der Erträge und Lasten festlegen. Eine Praxis wird den Beteiligten als fair erscheinen, wenn keiner das Gefühl hat, dass er oder irgendein anderer durch seine Teilnahme an ihr übervorteilt oder gewaltsam gezwungen wird, Ansprüchen zuzustimmen, die er nicht für legitim hält. […] Aufgrund dieser Möglichkeit gegenseitiger Anerkennung ist der Fairness-

begriff grundlegend für Gerechtigkeit. Nur wenn diese Anerkennung möglich ist, kommt es zu einer echten Gemeinschaft zwischen Personen in ihren gemeinsamen Unternehmungen; andernfalls werden ihre Beziehungen als in irgendeiner Weise auf Macht und Gewalt beruhend erscheinen (1957, 657).

Rawls spielt hier auf einen Gedanken an, den er später als *„das liberale Prinzip der Legitimität"* (*liberal principle of legitimacy*) bezeichnet: Alle grundlegenden Gerechtigkeitsfragen sind durch Grundsätze zu regeln, für die es plausibel erscheint anzunehmen, dass *alle* Betroffenen sie freiwillig und rationalerweise gutheißen würden (vgl. 1993, 137).

Nun wird auch klar, warum der klassische Utilitarismus gegen den im liberalen Legitimitätsprinzip ausgedrückten Fairnessgedanken verstößt. Denn eine utilitaristische Nutzenmaximierung kann nicht ausschließen, dass der Nutzen einer gesellschaftlichen Praxis für eine bestimmte Personengruppe so hoch ist, dass er die völlige Unterwerfung einer anderen Gruppe rechtfertigt. Ein *prinzipielles* Argument etwa gegen die Sklaverei ist auf dem Boden des Utilitarismus nicht möglich. Natürlich könnte ein utilitaristischer Gegner der Sklaverei zu zeigen versuchen, dass die Vorteile der Sklavenhalter die Leiden der Sklaven nie aufwiegen. Aber dass es sich so verhält, ist keineswegs offensichtlich, und für Rawls würde ein solches Argument nur die prinzipielle Fragwürdigkeit utilitaristischer Kriterien unterstreichen. Denn eine Sklavenhaltergesellschaft würde manche Personen, nämlich die Sklaven, „nur als komplizierte Objekte in einer komplizierten Routine" (*ebd.*) betrachten und bereit sein, sie auf dem Altar des Allgemeinwohls zu opfern. Aus Sicht einer Gerechtigkeitskonzeption, die Fairnessgesichtspunkte in den Mittelpunkt stellt, wäre eine moralische Rechtfertigung der Sklaverei von vornherein zum Scheitern verurteilt, weil Sklaverei niemals die ungezwungene und wohlerwogene Zustimmung *aller* Beteiligten – also auch der Sklaven – finden könnte. Unter Fairnessgesichtspunkten, so Rawls, „stellt sich die Frage gar nicht erst, ob die Vorteile des Sklavenhalters groß genug sind, um die Verluste des Sklaven aufzuwiegen" (1957, 661).

2.3. Die Idee eines Vertrages und der Urzustand

Mit der Betonung freiwilliger und rationaler Zustimmung zu den Kooperations- und Konkurrenzbedingungen einer gemeinsamen Praxis knüpft Rawls an die durch Hobbes, Locke, Rousseau und Kant repräsentierte Tradition eines hypothetischen Gesellschaftsvertrags an.

Wie alle Verträge ist auch der fiktive *Vertrag*, den Hobbes u.a. als Gründungsurkunde einer Gesellschaft ansehen, ein Rechte und Pflichten verteilendes Kooperationsabkommen, dessen Gültigkeit davon abhängt, dass es von gleichberechtigten Beteiligten freiwillig und nach reiflicher Überlegung geschlossen und akzeptiert wird. Darüber hinaus gehört es zum Wesen eines Vertrags und seiner Gültigkeitsbedingungen, dass sein Inhalt – einschließlich des Kleingedruckten – allen Vertragspartnern bekannt sein muss. Das ist die Öffentlichkeitsbedingung. Es gilt jedoch auch, dass ein „in Treu und Glauben" geschlossener Gesellschaftsvertrag für alle Zukunft bindend ist. Er kann nicht schon deshalb neu verhandelt werden, weil sich im Nachhinein herausstellt, dass einem oder mehreren Vertragspartnern daraus Nachteile entstehen. Die Lasten der Verbindlichkeit einer Vereinbarung, so Rawls, müssten in jedem Fall von allen getragen werden – *pacta sunt servanda*. Diese Bedingung der Endgültigkeit ist wesentlich für die Verlässlichkeit der gegenseitigen Erwartungen und die Stabilität dauerhafter Kooperationsverhältnisse.

Die anfängliche Situation der *„Gleichheit"* (*equality*), in der die Vertragsverhandlungen geführt werden, ist in der philosophischen Tradition des Gesellschaftsvertrags ein vorgesellschaftlicher „Naturzustand", der durch das erzielte Abkommen in einen gesellschaftlichen Zustand überführt wird. Rawls entnimmt dieser Tradition den Grundgedanken einer fiktiven Verhandlungssituation – er bezeichnet sie als den *„Urzustand"* (*original position*) – in der alle zukünftigen Gesellschaftsmitglieder zusammenkommen, um die Gerechtigkeitsgrundsätze für die Gesellschaft, in der sie ihr gesamtes Leben verbringen werden, auszuhandeln.

Der *Urzustand* steht im Zentrum eines Gedankenexperiments, dessen einzige Funktion für Rawls darin besteht, die Pflicht zum Fairplay bei den Entscheidungen über die Gerechtigkeitsgrundsätze zu konkretisieren und imaginativ auszugestalten. Das Gedankenexperiment des Urzustands fordert uns dazu auf, uns auszumalen, auf welche Gerechtigkeitsprinzipien freie und rationale Personen sich unter Bedingungen des Fairplay, einschließlich der Öffentlichkeits- und der Endgültigkeitsbedingung, einigen würden. Die Fairness des Urzustands überträgt sich, so die Idee, auf die Fairness der erzielten Verhandlungsresultate. Die Idee des Urzustands präsentiert die Fairness der gewählten Gerechtigkeitsgrundsätze als eine Funktion ihrer *Genese* durch ein faires Verfahren.

Gleichwohl darf die Rolle des Urzustands in Rawls' Theorie nicht überbewertet werden. Er ist nur ein darstellerisches Hilfsmittel, das die Genese und Begründung der Gerechtigkeitsprinzipien klar und nachvollziehbar machen soll. Wie die fiktive Gestalt eines „unparteiischen Betrachters" (Smith 1759) oder des „Blicks von Nirgendwo" (Nagel 1992) ist auch die Einführung des Urzustands nur der Versuch einer imaginativen Ausgestaltung von Restriktionen und Rationalitätsannahmen, denen jede Herleitung von Gerechtigkeitsprinzipien unterliegt, die für rationale Personen akzeptabel und legitim sein sollen. Eine abstrakte philosophische Begründung ohne Rückgriff auf dieses Hilfsmittel könnte prinzipiell dasselbe leisten – wenn auch auf weniger anschauliche Weise.

Ferner ist zu beachten, dass Rawls' Begründung seiner Gerechtigkeitsprinzipien im Rückgriff auf die Fiktion eines Urzustands von Annahmen über das tatsächliche Verhandlungsverhalten wirklicher Menschen unabhängig ist. Rawls' These, dass sich *fiktive* Parteien in einer bestimmten Restriktionen unterliegenden *fiktiven* Verhandlungssituation auf die von ihm favorisierten Gerechtigkeitsprinzipien einigen *würden*, könnte selbst dann richtig und erhellend sein, wenn solche Verhandlungen in einer Welt wie der unseren *faktisch* unmöglich wären. Der rein *hypothetische* Charakter dieses Gedankenexperiments ändert nichts an der Bedeutung des Ergebnisses für die Klärung und Beantwortung von Gerechtigkeitsfragen in der wirklichen Welt.

2.4. Überlegungsgleichgewicht und politische Stabilität

Die Fairness des Urzustands soll die Fairness der gewählten Gerechtigkeitsprinzipien gewährleisten und ihre Akzeptabilität bei denjenigen sichern, auf die sie Anwendung finden. Denn nur Gerechtigkeitsprinzipien, die für alle Betroffenen nach reiflicher Überlegung akzeptabel sind, können Grundlage einer stabilen Gesellschaftsordnung sein. Akzeptabel sind Gerechtigkeitsgrundsätze jedoch nur dann, wenn sie sich hinreichend zwanglos in das bestehende System normativer Überzeugungen derer einfügen, die ihnen folgen sollen.

Auf Spannungen, Unverträglichkeiten und offene Widersprüche zwischen den im Urzustand generierten Gerechtigkeitsprinzipien und unseren bisherigen normativen Überzeugungen können wir auf zwei Weisen reagieren: Entweder akzeptieren wir die im Urzustand gewählten Gerechtigkeitsprinzipien und nehmen sie als Beleg für die Falschheit einer oder mehrerer unserer bisherigen Überzeugungen. In diesem Fall werden die Gerechtigkeitsgrundsätze und ihre Konsequenzen durch Verwerfung und Modifizierung ‚alter' Überzeugungen integriert. Oder wir halten an unseren bisherigen normativen Überzeugungen fest und ziehen stattdessen die Korrektheit der gewählten Gerechtigkeitsprinzipien in Zweifel. Ihre Zurückweisung führt zu einer Revision der Bedingungen des Urzustands, der sie generiert hat. Wir müssen uns fragen, durch welche zusätzlichen Annahmen und Restriktionen die Genese von Prinzipien, die sich im Lichte unserer breiteren normativen Überzeugungen als inakzeptabel erweisen, vermieden werden kann.

Diesen Prozess des Nachjustierens des Urzustands oder der Angleichung unserer bisherigen Überzeugungen an die generierten Gerechtigkeitsprinzipien wiederholen wir solange, bis ein Zustand kognitiver Harmonie eintritt, den Rawls als *„Überlegungsgleichgewicht"* (*reflective equilibrium*) bezeichnet. Das Überlegungsgleichgewicht ist erreicht, wenn die im Urzustand generierten Gerechtigkeitsprinzipien sich kohärent in unser breiteres System normativer Überzeugungen einfügen. Erst mit diesem stabilen Ruhepunkt genießen die Gerechtigkeitsgrundsätze aus Rawls' Sicht jene breite Akzeptanz, die für ihre dauerhafte Beachtung – und damit für die Stabilität der Gesellschaft, der sie zugrunde liegen – unabdingbar ist. Für Rawls ist die erfolgreiche Herstellung eines Überlegungsgleichgewichts ein notwendiges, aber nicht hinreichendes Kriterium für die Korrektheit der Gerechtigkeitsprinzipien. Vor allem aber ist die Existenz eines Überlegungsgleichgewichts Voraussetzung für einen breiten und stabilen politischen Konsens, der die Befolgung der Gerechtigkeitsprinzipien in Wort und Tat wahrscheinlicher macht.

2.5. Der Schleier der Unwissenheit

Wir hatten gesehen, dass die Pflicht zum Fairplay für Rawls im Wesentlichen mit der Anerkennung anderer als gleichberechtigter Personen zusammenfällt. Fairplay bedeutet den Ausschluss aller Formen von Diskriminierung von anderen Individuen oder sozialen Gruppen durch Snobismus, Sexismus, Rassismus, Nepotismus etc., aber auch die

Vermeidung von Egoismen, d.h. der ungebührlichen Bevorzugung eigener Interessen. Aber wie lässt sich die dafür notwendige Unvoreingenommenheit und Überparteilichkeit jedes einzelnen Verhandlungspartners im Urzustand gewährleisten? Wie können wir sicherstellen, dass z.B. Vegetarier nicht auf Privilegien für Vegetarier bestehen oder Zirkusartisten auf Steuerfreiheit für Zirkusartisten?

Nach Rawls können wir die gewünschte faire Überparteilichkeit durch selektive *Unwissenheit* modellieren. Kein rationaler Mensch, so Rawls' Idee, würde beispielsweise einem Prinzip zustimmen, dass die Versklavung einer bestimmten ethnischen Gruppe vorsieht, wenn er sich im Ungewissen darüber befände, ob er selbst dieser Gruppe angehört. Die Verallgemeinerung der Idee der Überparteilichkeit durch Unkenntnis führt Rawls zum Gedanken eines *„Schleiers der Unwissenheit"* (*veil of ignorance*), der alle Informationen herausfiltert, die zu Egoismen und unfairen Diskriminierungen gegenüber anderen verleiten könnten.

Obwohl Rawls es nicht so formuliert, können wir uns vorstellen, dass die Verhandlungspartner beim Eintritt in den Urzustand ein Serum injiziert bekommen, das für die Dauer der Verhandlungen einen selektiven Gedächtnisverlust bewirkt. Nach Verabreichung des Amnesie-Serums verfügen die Parteien nicht mehr über bestimmte Informationen über sich selbst und die Gesellschaft, in der sie leben. Unter anderem haben sie vergessen, wer sie sind, welches Geschlecht sie haben, ob sie alt sind oder jung, welcher Religion und welcher Ethnie sie angehören. Ebenso wenig wissen sie, ob sie arm sind oder reich, welchen Beruf sie ausüben und auf welcher ökonomischen und kulturellen Entwicklungsstufe sich ihre Gesellschaft befindet. Mit Rawls' Worten:

> Vor allem kennt niemand seinen Platz in der Gesellschaft, seine Klasse oder seinen Status; ebenso wenig seine natürlichen Gaben, seine Intelligenz, Körperkraft usw. Ferner kennt niemand seine Vorstellung vom Guten, die Einzelheiten seines rationalen Lebensplanes, ja nicht einmal die Besonderheiten seiner Psyche wie seine Einstellung zum Risiko oder seine Neigung zu Optimismus oder Pessimismus. Darüber hinaus setze ich noch voraus, dass die Parteien die besonderen Verhältnisse in ihrer eigenen Gesellschaft nicht kennen, d.h. ihre wirtschaftliche und politische Lage, den Entwicklungsstand ihrer Zivilisation und Kultur. Die Menschen im Urzustand wissen auch nicht, zu welcher Generation sie gehören (1975, 160).

Der Grundgedanke eines solchen Schleiers der Unwissenheit ist klar. Indem er die Verhandlungspartner über ihre je eigenen Interessen im Dunkeln lässt, verhindert er Parteilichkeit. Sie sind zwar nach wie vor gehalten, bei der Auswahl der Gerechtigkeitsprinzipien allein ihr wohlverstandenes Eigeninteresse im Auge zu haben. Aber wegen des Schleiers der Unwissenheit besitzen sie nun keine Informationen mehr über das, was sie von anderen Personen unterscheidet. Dieses Informationsdefizit sorgt dafür, dass ihr Eigeninteresse ununterscheidbar geworden ist vom Eigeninteresse jedes anderen Gesellschaftsmitglieds. ,Verschleierte' Egoisten sind keine wirklichen, weil sie mangels Informationen rationalerweise nur das wollen können, was auch die anderen wollen. Auf diese Weise soll gewährleistet werden, dass rational entscheidende Personen nur solche Prinzipien akzeptieren, denen auch alle anderen zustimmen können.

2.6. Eine „dünne Theorie" der Grundgüter

Wir dürfen jedoch nicht über das Ziel hinauszuschießen und die Parteien jeglicher Motivation und jeder Entscheidungsgrundlage berauben. Auf welcher Basis, so könnte man einwenden, können sie über Gerechtigkeitsgrundsätze verhandeln, wenn sie nicht wissen, wer sie sind und was sie im Leben erreichen wollen? Wie kann jemand, der „seine Vorstellung vom Guten, die Einzelheiten seines rationalen Lebensplanes" nicht kennt, mit guten Gründen einige Gerechtigkeitsgrundsätze ablehnen und andere befürworten?

Rawls' Antwort auf diesen Einwand stellt zunächst klar, dass der Schleier des Unwissenheit (bzw. das Amnesie-Serum) nur *personenspezifische* Informationen zeitweise auslöscht. Die *allgemeinen* Tatsachen menschlichen Lebens in einer Gesellschaft, in der die Anwendungsbedingungen der Gerechtigkeit gegeben sind, bleiben erhalten. Die Personen im Urzustand verfügen weiterhin über ihr Allgemeinwissen über die menschliche Natur und menschlichen Neigungen, über die Erfordernisse und Zwänge menschlichen Zusammenlebens und die Grundprinzipien einer funktionierenden Ökonomie. Obwohl sie nicht wissen, *welche* konkreten Ziele sie im Leben verfolgen und welche konkreten Güter für deren Realisierung erforderlich sind, ist ihnen klar, *dass* sie langfristige Lebenspläne haben, die sie nur verwirklichen können, wenn sie über bestimmte Typen von Ressourcen verfügen. Rawls bezeichnet Ressourcen, die jeder braucht, gleich welche Lebensziele er verfolgt, als „*Grundgüter*" (basic goods).

Er nennt diese minimalistische Konzeption der Grundgüter eine „*dünne Theorie*" (*thin theory*), weil die Güter, die sie identifiziert, Allzweckmittel für die Verwirklichung beliebiger Lebenspläne sind. Egal, ob man eine Existenz als genusssüchtiger Dandy anstrebt, ein der Kontemplation gewidmetes Eremitendasein führen will oder sein Leben der Mafia zu verschreiben gedenkt, man braucht dazu Rawls' Grundgüter – um so mehr, desto besser. Grundgüter sind

> Dinge, von denen man annimmt, dass sie ein rationaler Mensch haben möchte, was auch immer er sonst noch haben möchte. Wie auch immer die rationalen Pläne eines Menschen im Einzelnen aussehen mögen, es wird angenommen, dass es Verschiedenes gibt, wovon er lieber mehr als weniger haben möchte. Wer mehr davon hat, kann sich allgemein mehr Erfolg bei der Ausführung seiner Absichten versprechen, welcher Art sie auch sein mögen. Die wichtigsten Arten der gesellschaftlichen Grundgüter sind Rechte, Freiheiten und Chancen sowie Einkommen und Vermögen (1975, 112f.).

Ein weiteres Grundgut, das Rawls erwähnt, sind die gesellschaftlichen Voraussetzungen der „*Selbstachtung*" (*self-respect*). Als Folge des Schleiers der Unwissenheit können sich die Parteien in ihren Verhandlungen für eine gerechte Grundordnung nur mehr an Kriterien orientieren, die für das Gelingen und die Realisierung aller nur denkbaren Lebensentwürfe gleichermaßen erfüllt sein müssen.

Rawls' „dünne" Theorie des Guten bildet einen wesentlichen Teil der Kerntheorie von „Gerechtigkeit als Fairness", weil erst die Orientierung an diesen Gütern den Parteien im Urzustand Kriterien und Motive für ihre Auswahl der Gerechtigkeitsprinzipien an die Hand gibt. Die mithilfe der „dünnen" Gütertheorie etablierten Gerechtigkeitsgrundsätze bilden später (in dem die Kerntheorie ergänzenden dritten und letzten Teil von *Eine Theorie der Gerechtigkeit*) die Prämissen für eine umfassendere, „volle" Theorie des Guten. Dieser dritte Teil tritt mit dem umfassenden Anspruch auf, anerkannte Konzeptionen des für Menschen Wertvollen, menschliche Tugenden, Ideale menschlichen Zusammenlebens und vieles mehr in die Theorie zu integrieren. (Dieser weit reichende Anspruch wird später Rawls' Selbstkritik herausfordern und zu einschneidenden Revisionen führen: vgl. unten Abschnitt 2.10.)

Im Unterschied zu den anspruchsvolleren („dicken") Gütertheorien der aristotelischen Tradition beanspruchen „dünne" Theorien des Guten nicht, die konstitutiven Elemente menschlichen Glücks zu identifizieren. Wer über Rawls' „dünnes" Grundgüterpaket verfügt (also über Rechte, Freiheiten und Chancen sowie Einkommen und Vermögen und die sozialen Voraussetzungen der Selbstachtung) besitzt zwar die notwendigen Mittel zur Realisierung seines Lebensplans, worin er auch immer bestehen mag. Im Unterschied zu den glücksbefördernden Gütern einer „vollen" Gütertheorie ist es mit dem Besitz „dünner" Güter jedoch vereinbar, dass dieser Lebensplan sich als Anleitung zum Unglücklichsein erweist.

2.7. Charakteristika der Verhandlungsparteien im Urzustand

Ungeachtet des Schleiers der Unwissenheit ist den Parteien im Urzustand klar, dass sie möglichst viele Rechte, Freiheiten und Chancen haben wollen sowie ein Einkommen und ein Vermögen, das gar nicht hoch genug ausfallen kann. Da sie auch die sozialen Grundlagen der Selbstachtung als Grundgut betrachten, werden sie keiner Regelung zustimmen, die ihr abträglich sein könnte.

Ein *zweiter* Charakterzug der Parteien im Urzustand ist ihre *„Rationalität"* (*rationality*), d.h. ihre Befähigung zu rationaler Planung und Überlegung. Alle Personen verfolgen eine rationale, auf Maximierung der Grundgüter angelegte Verhandlungsstrategie: „Ich habe durchweg vorausgesetzt, dass die Menschen im Urzustand rational sind. [...] Sie können eine rationale Entscheidung im üblichen Sinne treffen" (1975, 166).

Ein *dritter* Charakterzug jeder Verhandlungspartei ist ihr *„gegenseitiges Desinteresse"* (*mutual disinterest*), d.h. ihre Gleichgültigkeit gegenüber den Interessen anderer. Alle Parteien haben nur ihre eigenen Interessen im Sinn:

> Das bedeutet nicht, dass sie Egoisten wären, die also nur ganz bestimmte Interessen hätten, etwa an Reichtum, Ansehen oder Macht. Wir stellen sie uns aber so vor, dass sie kein Interesse an den Interessen anderer nehmen. [...] Die Beteiligten versuchen nicht, einander Gutes oder Schlechtes anzutun; sie sind nicht von Liebe oder Hass bewegt. Sie versuchen auch nicht, einander auszustechen; sie sind nicht neidisch (1975, 30 und 168).

Ihr gegenseitiges Desinteresse drückt sich auch darin aus, dass ihnen Neid und Missgunst fremd sind.

Eine *vierte* Charaktereigenschaft ist demnach die *„Neidlosigkeit"* (*freedom from envy*) der Parteien:

Meine Zusatzannahme ist, dass ein vernunftgeleiteter Mensch keinen Neid kennt. Er nimmt einen Verlust nicht nur dann hin, wenn auch die anderen weniger haben. Es ist ihm nicht unerträglich, dass andere ein größeres Maß an gesellschaftlichen Grundgütern haben. Jedenfalls ist das so, solange die Unterschiede zwischen ihm und den anderen gewisse Grenzen nicht überschreiten, und er nicht glaubt, dass die bestehenden Ungleichheiten auf Ungerechtigkeiten beruhen (1975, 167).

Und schließlich stattet Rawls alle Beteiligten mit einem „*Gerechtigkeitssinn*" (*sense of justice*) aus, der die spätere Einhaltung einmal getroffener Vereinbarungen auch unter ungünstigen Umständen gewährleisten soll. Jeder soll von jedem wissen, dass die im Urzustand getroffenen Abmachungen nicht nur für alle Zukunft gültig sind, sondern auch streng eingehalten werden. Der Gerechtigkeitssinn der Parteien soll verhindern, dass die Endgültigkeitsbedingung erfüllt wird. Der Gerechtigkeitssinn sorgt dafür,

> dass sich die Parteien darauf verlassen können, dass jeder die beschlossenen Grundsätze versteht und nach ihnen handelt, wie sie auch beschaffen sein mögen. Sind einmal die Grundsätze anerkannt, so können sich die Parteien darauf verlassen, dass jeder sie einhält. Wenn sie also zu einer Übereinkunft kommen, dann wissen sie, dass es nicht umsonst ist: Ihr Gerechtigkeitssinn sorgt dafür, dass die aufgestellten Grundsätze auch beachtet werden (1975, 169).

Wohlgemerkt, Rawls' behauptet nicht, dass diese fünf Charakterzüge für Menschen, wie wir sie in der wirklichen Welt vorfinden, typisch wären. Natürlich ist ihm klar, dass manche Menschen sich aus Einkommen und Vermögen nichts machen, dass viele irrational und neidisch sind und dass es Personen gibt, deren Gerechtigkeitssinn zu wünschen übrig lässt. Rawls will kein Charakterbild des Menschen, wie er wirklich ist, zeichnen, sondern im Rahmen eines Gedankenexperiments eine faire Verhandlungssituation konstruieren, in der „keiner das Gefühl hat, das er oder irgendein anderer durch seine Teilnahme an ihr übervorteilt oder gewaltsam gezwungen wird, Ansprüchen zuzustimmen, die er nicht für legitim hält" (1957, 657). Denn nur wenn die Bedingungen des Fairplay zwischen den verhandelnden Parteien erfüllt sind, können sie sich im Nachhinein nicht über die Ergebnisse – die Gerechtigkeitsgrundsätze für ihre Gesellschaft – mit guten Gründen beklagen. Der Trick mit dem Schleier der Unwissenheit und die charakterliche Ausstattung der Parteien dienen allein diesem Ziel.

2.8. Die Wahl der beiden Gerechtigkeitsprinzipien

Wie wirken sich der Schleier der Unwissenheit und der Charakter der Parteien auf die Verhandlungen im Urzustand aus? Und auf welche Gerechtigkeitsgrundsätze würden sie sich unter diesen Bedingungen einigen? Die im Urzustand gewählten „*Gerechtigkeitsprinzipien*" (*principles of justice*) bilden gewissermaßen die obersten Verfassungsgrundsätze einer wohlgeordneten, liberalen und gerechten Gesellschaft. Für die verhandelnden Parteien steht also sehr viel auf dem Spiel. Es geht um die endgültige und unwiderrufliche normative Ausgestaltung einer kollektiven Praxis, in der sie ihr gesamtes Leben verbringen werden. Entsprechend umsichtig müssen sie zu Werke gehen.

(1) *Das Freiheitsprinzip.* – Zunächst einmal sorgen die skizzierten Verhandlungsbedingungen für eine Gleichheit unter den Parteien, die über das Fairnessgebot einer Anerkennung gleicher Rechte weit hinausgeht. Denn die Urzustandsparteien sind auch hinsichtlich wichtiger Charakterzüge, ihrer Fähigkeit zum rationalen Überlegen und ihrer Kenntnis allgemeiner Tatsachen über die menschliche Natur und das gesellschaftliche Zusammenleben gleich. Folglich werden alle Argumente, die einer Partei akzeptabel erscheinen, auch alle anderen überzeugen, so dass bei der Wahl der Gerechtigkeitsprinzipien für Einstimmigkeit gesorgt ist.

Die konkreten Auswirkungen des Schleiers der Unwissenheit auf die Verhandlungen im Urzustand können wir anhand von Rawls' These studieren, dass die Parteien sich unter diesen Umständen auf diesen Gerechtigkeitsgrundsatz einigen würden:

> Jede Person hat ein gleiches Recht auf das umfangreichste Gesamtsystem gleicher Grundfreiheiten, das mit einem ähnlichen System von Freiheiten für alle vereinbar ist (1975, 336).

Es liegt nahe, diesen Grundsatz als das *„Freiheitsprinzip"* (*principle of freedom*) zu bezeichnen. Die Wahl eines anderen, weniger allgemeinen Grundsatzes zur Regulierung von Freiheit („Nur *manche* Personen haben ein gleiches Recht [...]") würde einige Personengruppen hinsichtlich ihrer Freiheiten schlechter stellen als andere. Aber wer würde einer solchen Regelung zustimmen, wenn er nicht wüsste, zu welcher Personengruppe er bei seiner Rückkehr in die Gesellschaft gehört? Wer würde nach reiflicher Überlegung eine bestimmte Gruppe hinsichtlich ihrer Freiheit einschränken wollen, wenn er seine eigene Gruppenzugehörigkeit nicht kennt? Es gibt aber auch keinen überzeugenden Grund, allen Personen und Gruppen ein System von Freiheiten zuzuweisen, das nicht „das umfangreichste" System ist. Warum sollte jemand dafür plädieren, weniger als das Optimum zu wählen?

(2) *Das Prinzip gerechtfertigter Ungleichheiten.* – Neben dem Freiheitsprinzip, so Rawls, würden die Parteien im Urzustand sich für ein zweites Gerechtigkeitsprinzip entscheiden, das den Umgang mit *Ungleichheiten* unter den Gesellschaftsmitgliedern regelt. Wir können es als das *„Kriterium gerechtfertigter Ungleichheiten"* (*principle of justified inequalities*) bezeichnen. In der oben erwähnten ersten Skizze seiner Gerechtigkeitstheorie aus dem Jahre 1957 formuliert Rawls es so:

> Ungleichheiten sind willkürlich, es sei denn, man könnte rationalerweise davon ausgehen, dass sie [a.] zum Vorteil aller ausfallen und [b.] dass die Ämter, mit denen sie verknüpft sind oder von denen sie sich ableiten, allen offen stehen (1957, 653f.).

Wie aus Rawls' Formulierung hervorgeht, sind mit Ungleichheiten vor allem Privilegien und Bürden gemeint, die mit Ämtern und gesellschaftlichen Positionen (z.B. Präsident, Senator, Richter etc.) im Allgemeinen verknüpft sind. Demnach ist eine Ungleichheit nur unter zwei Bedingungen legitim: (a) Wenn ausnahmslos *alle* Gesellschaftsmitglieder von ihr profitieren; und (b) wenn alle die gleiche Chance haben, ein privilegiertes Amt zu übernehmen. Diese Bedingungen könnten beispielsweise erfüllt sein, wenn die Privilegien und das Prestige eines für alle offenen Amtes – etwa das des Präsidenten – einen Wettbewerb provozieren würden, den nur besonders qualifizierte Bewerber gewinnen, deren kluge Amtsausübung dann zu mehr Sicherheit und Wohlstand für alle Gesellschaftsmitglieder führen würde. Allgemein gesprochen erscheinen Privilegien zulässig, wenn sie als Anreize dienen, von denen alle letztlich profitieren. Wenn eine Ungleichheit in ihren Auswirkungen niemandem schadet und alle besser stellt, was könnte gegen sie einzuwenden sein?

Die endgültige Fassung des Kriteriums gerechtfertigter Ungleichheiten in *Eine Theorie der Gerechtigkeit* präzisiert den Entwurf von 1957 dahingehend, dass eine Ungleichheit, soll sie zulässig sein, in ihren Auswirkungen zum größten Vorteil der am wenigsten begünstigten Gesellschaftsmitglieder ausfallen muss:

> *Zweiter Gerechtigkeitsgrundsatz*: Soziale und wirtschaftliche Ungleichheiten müssen so beschaffen sein, dass sie zugleich (a) zum größten Vorteil der am meisten Benachteiligten ausfallen [...]; und (b) an Ämter und Positionen geknüpft sind, die für alle unter Bedingungen fairer Chancengleichheit offen stehen (1975, 336).

Rawls' zweiter Gerechtigkeitsgrundsatz zerfällt in zwei Teile. Prinzip (a) bezeichnet er als das *„Differenzprinzip"* (*difference principle*), (b) heißt bei ihm *„Prinzip der Chancengleichheit"* (*principle of fair equality of opportunity*).

Es ist schwer zu sehen, welche berechtigten Einwände sich unter Gerechtigkeitsgesichtspunkten gegen das Prinzip der Chancengleichheit erheben ließen. Es erscheint plausibel, dass die Parteien im Urzustand sich schnell auf dieses Prinzip einigen würden. Aber beim Differenzprinzip sieht die Sache anders aus. Viele Kritiker haben bezweifelt, dass sie sich für den Grundsatz entscheiden würden, dass soziale und wirtschaftliche Ungleichheiten legitim seien, solange sie zum Vorteil der am wenigsten Begünstigten ausfallen.

Aber bevor wir uns Rawls' Begründung für das Differenzprinzip ansehen, sollten wir noch etwas zum *Verhältnis der beiden Gerechtigkeitsprinzipien* sagen. Nach Rawls hat das Freiheitsprinzip „lexikalischen Vorrang" vor dem Kriterium gerechtfertigter Ungleichheiten, und dasselbe gilt für das Prinzip der Chancengleichheit gegenüber dem Differenzprinzip. Mit der Vorrangthese ist gemeint, dass die Parteien des Urzustands Freiheitsfragen absolute Priorität gegenüber Gleichheitsfragen einräumen, und dass ihnen die Wahrung der Chancengleichheit immer wichtiger ist als die Befriedigung des Differenzprinzips. Demnach würde kein Mitglied des Urzustands rationalerweise Einschränkungen seiner Freiheit unter der Bedingung hinnehmen, dass es ihm dafür wirtschaftlich besser gehen würde.

Gegen die These vom Vorrang des Freiheitsprinzips haben manche Kritiker eingewendet, dass viele Menschen erfahrungsgemäß sehr wohl bereit sind, ihre Freiheit für materielle Vorteile einzutauschen – um so mehr, je größer ihre materielle Not ist. Aber *erstens* geht es nicht darum, wozu Menschen erfahrungsgemäß neigen, sondern um das, was Personen im Urzustand bei der endgültigen und unwiderruflichen Festlegung einer Gesellschaftsordnung, in der sie ihr gesamtes Leben verbringen werden, rationalerweise tun sollten. Und *zweitens* müssen wir uns daran erinnern, dass für Rawls die Anwendungsbedingungen der Gerechtigkeit in extremer Not nicht gegeben sind. Seine zwei Gerechtigkeitsprinzipien gelten nur in Gesellschaften mit mäßiger Ressourcenknappheit.

2.9. Die Begründung des Differenzprinzips

Betrachten wir nun Rawls' Begründung dafür, dass die Parteien im Urzustand sich auf das Differenzprinzip einigen würden. Es besagt, dass es keine Ungleichheiten geben sollte, es sei denn, sie fielen zum Vorteil der am wenigsten Begünstigten aus. Warum sollten die Parteien im Urzustand sich für dieses Prinzip entscheiden?

Um diese Frage zu beantworten, müssen wir uns zunächst klar machen, von welchen Prinzipien rationalen Entscheidens die Urzustandsparteien Gebrauch machen sollten. Nach Rawls werden sie versuchen, das eigene Risiko so weit wie möglich zu minimieren. Sie werden dafür sorgen wollen, dass die schlechteste nur denkbare gesellschaftliche Position so gut wie möglich ausfällt. Die Entscheidungsregel, die sie bei der Wahl der Gerechtigkeitsprinzipien anwenden werden, lautet: „Wähl' die beste der schlechtesten Möglichkeiten!" Ökonomen sprechen hier von der *„Maximin-Regel"* („*Max*imiere das *Min*imum!") rationalen Entscheidens.

Ein Beispiel ist an dieser Stelle vielleicht hilfreich. Angenommen, Sie wollten ausgehen und in ihrer Stadt gäbe es zwei Restaurants, R1 und R2, die beide gleich weit entfernt sind und sich weder im Preis noch im Service unterscheiden. Qualitativ bewerten sie das Essen in R1 mit +1 Stern, während das Essen in R2 aus ihrer Sicht +3 Sterne verdient – zumindest wenn alles gut geht. Denn aus leidiger Erfahrung wissen Sie, dass man Ihnen in R2 in 10% aller Fälle ein schlechtes Essen serviert, das Sie mit dem Negativwert –3 Sterne bewerten. Auf welches der beiden Restaurants sollte unter diesen Umständen Ihre Wahl fallen? Tabellarisch stellen sich die drei möglichen Resultate einer Entscheidung so dar:

R1: Sie erhalten ein mittelmäßiges +1-Stern-Essen (100% wahrscheinlich).
R2: Sie erhalten ein vorzügliches +3-Sterne-Essen (90% wahrscheinlich).
    Sie erhalten ein schlechtes –3-Sterne-Essen (10% wahrscheinlich).

Die von Rawls befürwortete Maximin-Regel verlangt die Maximierung der Minima. Wir sind gehalten, von den schlechtesten möglichen Resultaten – im Beispiel das mittelmäßige +1-Stern-Essen und das schlechte –3-Stern-Essen – das Beste zu wählen, also das +1-Stern-Essen. Wer seiner Entscheidung die Maximin-Regel zugrunde legt, will kein Risiko eingehen, selbst wenn es sehr unwahrscheinlich sein sollte, dass etwas schief geht. Er sagt sich, dass er mit dem +1-Sterne-Essen in jedem Fall auf der sicheren Seite steht.

Aber ist es wirklich rational, seinen Entscheidungen die risikoscheue Maximin-Regel zugrunde zu legen? Schließlich sind viele von uns im Alltag sehr wohl bereit, Risiken einzugehen, wenn es die Sache wert ist. Wir stellen eine Kosten-Nutzen-Rechnung an, bei der wir das Risiko gegen den zu erwartenden Nutzen abwägen. Wir wählen dann die Option, die den größten Nutzen verspricht. Wer so überlegt, verfährt nach der „Maxinutz-Regel": „*Maxi*miere den zu erwartenden *Nutzen*!" Angewandt auf das Restaurant-Beispiel bedeutet dies, dass wir den jeweils zu erwartenden Durchschnittsnutzen der zwei Restaurant-Optionen berechnen. Für R1 ist die Rechnung einfach, da wir mit 100%iger Sicherheit ein +1-Stern-Essen erhalten. Für R2 ist die Rechnung komplizierter, weil wir zwei mögliche Resultate haben, deren jeweils zu erwartender Durchschnittsnutzen für die Ermittlung des Gesamtdurchschnittsnutzens eines R2-Besuchs addiert werden muss. Der Durchschnittsnutzen eines +3-Sterne-Essens, das Ihnen mit 90% Wahrscheinlichkeit aufgetischt wird, beträgt +2,7 Sterne (= +3-Sterne x Wahrscheinlichkeit 0,9). Der Durchschnittsnutzen eines −3-Sterne-Essens, das mit 10% Wahrscheinlichkeit serviert wird, ist −0,3 Sterne (= −3 Sterne x Wahrscheinlichkeit 0,1). Der zu erwartende Gesamtdurchschnittsnutzen eines R2-Besuchs ist demnach +2,4 Sterne (= +2,7 Sterne + −0,3 Sterne). Mit anderen Worten: R2 ist durchschnittlich ein 2,4-Sterne-Restaurant, während R1 konstant immer nur 1 Stern erkocht. Zweifellos würden sich viele von uns angesichts dieser Werte trotz des Risikos für R2 entscheiden.

Rawls gibt jedoch zu bedenken, dass die Entscheidungssituation im Urzustand mit normalen Alltagsentscheidungen nicht vergleichbar sei. Es steht einfach zuviel auf dem Spiel. Alle Entscheidungen im Urzustand sind fundamentale Lebensentscheidungen: endgültig, unwiderruflich und nicht wiederholbar. Die Urzustandsmitglieder würden daher maximale Umsicht walten lassen und gewissermaßen die Sicherheit eines lebenslangen 1-Sterne-Essens der tristen Aussicht vorziehen, mit 10%iger Wahrscheinlichkeit für den Rest ihres Lebens ein schlechtes −3-Sterne-Essen vorgesetzt zu bekommen. Jeder würde sich sagen, dass sein ärgster Feind ihn genau dazu verdammen würde. Übertragen auf den Umgang mit gesellschaftlichen Ungleichheiten bedeutet dies, dass die Anwendung der Maximin-Regel die Urzustandsparteien von der Korrektheit des Differenzprinzips überzeugen würde, das Ungleichheiten nur zulässt, wenn es die am wenigsten Benachteiligten begünstigt.

2.10. Rawls' Selbstkritik in *Politischer Liberalismus*

Rawls' spätere Reformulierungen von „Gerechtigkeit als Fairness" in *Politischer Liberalismus* (1993, dt. 1998) enthalten wichtige Kritiken und Veränderungen. Vor allem überzeugte sich Rawls davon, dass die ursprüngliche Konzeption von „Gerechtigkeit als Fairness" von 1971 als stabile Grundlage für moderne Demokratien nicht taugt. Sie wird der Tatsache nicht gerecht, dass die Bürger moderner demokratischer Gesellschaften eine Vielzahl vernünftiger, aber miteinander unverträglicher religiöser, philosophischer und moralischer Lehren bejahen. Dieser Vielfalt, so die Selbstkritik des späten Rawls, fügt „Gerechtigkeit als Fairness" in der Version von 1971 nur eine weitere umfassende Morallehre hinzu. Denn auch „Gerechtigkeit als Fairness" ist eine Theorie der Moral, die eine Vielzahl anerkannter Werte und Tugenden in ein philosophisches Gesamtsystem zu integrieren beansprucht.

Der umfassende moralische Anspruch der Theorie tritt besonders deutlich im dritten Teil von *Eine Theorie der Gerechtigkeit* zutage, in dem Rawls sie als eine Naturrechtstheorie bezeichnet, die Rechte auf natürliche menschliche Eigenschaften gründe (vgl.

1975, 549 Anm.). Eine Theorie mit diesem Anspruch steht jedoch in direkter Konkurrenz zu allen anderen umfassenden Theorien einer vom Faktum des Pluralismus gekennzeichneten Gesellschaft und kann ebenso wenig wie jene auf allgemeine Zustimmung rechnen. Damit aber verfehlt sie das politische Ziel „einer politischen Gerechtigkeitskonzeption für eine konstitutionelle Demokratie [...], die von der Pluralität vernünftiger Lehren [...] bejaht werden kann" (1998, 15). Eine Gerechtigkeitskonzeption, die nicht die vernünftige Zustimmung aller findet, kann nicht die Basis eines ungezwungenen, dauerhaften und stabilen gesellschaftlichen Konsenses bilden.

Als Reaktion auf diese Selbstkritik lässt Rawls den in *Eine Theorie der Gerechtigkeit* erhobenen Anspruch, „Gerechtigkeit als Fairness" zu einer umfassenden Moraltheorie zu entwickeln, fallen. Die neue Konzeption von „Gerechtigkeit als Fairness" will keine Moraltheorie mit politischen Konsequenzen mehr sein, sondern von vornherein eine ‚freistehende', von allen umfassenden moralischen Lehren unabhängige, rein politische Konzeption. Die Gerechigkeitsprinzipien sollen nun allein im Rekurs auf die von allen Bürgern geteilte öffentliche politische Kultur einer Gesellschaft begründet werden.

Zur öffentlichen politischen Kultur einer Gesellschaft gehören deren politische Institutionen, Traditionen und historische Dokumente mitsamt der öffentlichen Praxis ihrer jeweiligen Ausgestaltung und Interpretation. Die öffentliche politische Kultur einer Gesellschaft, so der späte Rawls, bildet den einzigen gemeinsamen Nenner einer vom Faktum des Pluralismus gekennzeichneten demokratischen Gesellschaft. Daher können nur die implizit in den politischen Institutionen, Traditionen und historischen Dokumenten enthaltenden Ideen und Prinzipien eine allseits akzeptable Basis für die Begründung von Gerechtigkeitsgrundsätzen sein. Nur sie ermöglichen einen zwanglosen *„übergreifenden Konsens"* (*overlapping consensus*) aller Gesellschaftsmitglieder, der dauerhafte Grundlage einer stabilen sozialen Kooperation sein kann.

2.11. Gerechtigkeit als Fairness im Völkerrecht

In seinem letzten Werk, *Das Recht der Völker* (1999, dt. 2002), erweitert Rawls seine Theorie über die nationale Ebene hinaus auf das Völkerrecht. Die Erweiterung erfolgt in zwei Stufen, die jeweils in zwei Unterschritte zerfallen.

Die *erste* Stufe bezeichnet er als die *„‚ideale' Theorie des Völkerrechts"* (*ideal theory of the law of peoples*), weil die Gültigkeit und Verbindlichkeit ihrer Prinzipien von der ausdrücklichen Zustimmung aller Mitgliedsvölker abhängt. Rawls konstruiert sie in einem ersten Schritt exklusiv für *„wohlgeordnete"* (*well-ordered*) *liberale Gesellschaften*, bevor er ihre Prinzipien auf wohlgeordnete, aber nicht-liberale Gesellschaften ausdehnt, die er als *„achtbare ‚hierarchische'"* (*decent hierarchical*) *Gesellschaften* bezeichnet. Eine Gesellschaft ist nach Rawls wohlgeordnet, wenn sie „von einer öffentlichen politischen Gerechtigkeitskonzeption wirksam geordnet wird" (1998, 105).

Die *zweite*, nicht-ideale Stufe der Völkerrechtskonstruktion behandelt den Umgang der Völkergemeinschaft mit Gesellschaften, die entweder nicht willens oder nicht fähig sind, den Prinzipien eines vernünftigen Völkerrechts zuzustimmen. Im *ersten* Fall geht es um *„geächtete"* (*outlawed*) *Staaten*, die ein vernünftiges Völkerrecht ablehnen und auch die Maßnahmen, die die achtbaren Mitglieder der Völkergemeinschaft gerechtfertigt gegen sie ergreifen dürfen. Im *zweiten* Fall hat die Völkergemeinschaft es mit „*gescheiterten*" *(failed) Gesellschaften* zu tun, die aus historischen, sozialen oder ökonomischen Gründen nicht in der Lage sind, wohlgeordnete Institutionen zu bilden, um die Einhaltung völkerrechtlicher Prinzipien zu garantieren. Rawls bezeichnet sie als „*belastete*" *(burdened) Staaten*.

Aus Platzgründen kommt hier nur die ideale Theorie zur Darstellung. Wir beginnen mit Schritt 1 der idealen Theorie, der Konstruktion völkerrechtlich verbindlicher Prinzipien allein für liberale Demokratien, d.h. für Gesellschaften, in denen das Individuum mit seinen Rechten im Mittelpunkt steht und in denen die Wahrung und Ausübung individueller Rechte Vorrang hat gegenüber anderen politischen Werten.

Die Wahl der völkerrechtlichen Prinzipien für liberale Demokratien geschieht wie schon auf der nationalen Ebene in einem Urzustand hinter einem Schleier der Unwissenheit. Die Verhandlungspartner sind nun jedoch keine Bürger einer Kooperationsgemeinschaft, sondern gleichgestellte Repräsentanten verschiedener demokratischer Völker. Ihre Entscheidung für oder gegen die vorgeschlagenen Völkerrechtsprinzipien treffen die Repräsentanten allein im Lichte der nationalen Interessen der von ihnen vertretenen Völker und im Einklang mit deren liberalen inneren Verfassungen. Bei all dem sind sie einem Schleier der Unwissenheit unterworfen, der (wie schon bei der Wahl der Gerechtigkeitsprinzipien auf nationaler Ebene) die erforderliche Unparteilichkeit sicherstellen soll. Die Verhandlungspartner wissen zwar, dass sie eine liberale Demokratie repräsentieren. Aber sie kennen weder deren Größe noch die geografische Lage ihrer Völker; sie wissen auch nichts über deren Bevölkerungsstärke, ihre Bodenschätze oder ihren ökonomische Entwicklungsstand. Diese und andere Informationen sind ihnen nicht zugänglich.

Nach Rawls würden die Mitglieder eines so gestalteten Urzustands sich nicht auf die Gründung eines Weltstaats einigen, weil sie mit Recht fürchten müssten, dass ein solcher Weltstaat entweder despotisch oder instabil wäre. Stattdessen, so Rawls, würden sie an einem *Staatenpluralismus* festhalten, für den die folgenden acht „*Gerechtigkeitsgrundsätze*" *(principles of justice)* gelten würden:

(1) Die Völker sind frei und unabhängig, und ihre Freiheit und Unabhängigkeit ist von anderen Völkern zu achten.

(2) Die Völker haben Verträge und Abmachungen einzuhalten.

(3) Die Völker sind untereinander gleich und müssen an Übereinkünften, die sie binden sollen, beteiligt werden.

(4) Die Völker haben den Grundsatz der Nichteinmischung zu beachten.

(5) Die Völker haben das Recht auf Selbstverteidigung, aber kein Recht auf Kriegsführung im Allgemeinen.

(6) Die Völker haben die Menschenrechte zu achten.

(7) Bei der Führung von Kriegen unterliegen die Völker bestimmten Einschränkungen.

(8) Die Völker sind verpflichtet, anderen Völkern zu helfen, wenn diese unter ungünstigen Bedingungen leben, die verhindern, dass sich eine gerechte oder achtbare politische und soziale Ordnung bildet.

Damit haben wir den ersten Schritt der idealen Völkerrechtskonstruktion getan, nämlich die Skizzierung der Völkerrechtsgrundsätze zwischen liberalen Demokratien. Der schwierigere zweite Schritt der idealen Theorie besteht darin, die so skizzierte Völkerrechtskonzeption für nicht-liberale, aber dennoch wohlgeordnete, gerechte und daher achtbare Gesellschaften zu erweitern. Rawls spricht in diesem Zusammenhang von „hierarchischen" Gesellschaften, die oft, aber nicht notwendigerweise religiösen Charakter haben. Ihre Institutionen sind nicht tyrannisch, sondern bilden eine gerechte Konsultationshierarchie. Ihre Gerechtigkeitsvorstellungen orientieren sich nicht am liberalen Ideal der Wahrung individueller Rechte, sind aber gleichwohl fair, weil sie auf vernünftige Weise das Gemeinwohl fördern.

Eine vernünftige Völkerrechtskonzeption, so Rawls, muss auch für so oder ähnlich charakterisierte achtbare, aber hierarchische Völker akzeptabel sein. Er glaubt, zeigen zu können, dass achtbare hierarchische Gesellschaften unter bestimmten Bedingungen in einer idealisierten Verhandlungssituation wie dem Urzustand denselben Grundsätzen zustimmen würden wie liberale Völker. Nach Rawls gilt dies jedoch nur für hierarchische Gesellschaften, die zwei *„Hauptbedingungen der Achtbarkeit"* (*conditions of decency*) erfüllen, von denen die erste ihre Außenpolitik, also ihr Verhalten gegenüber anderen Staaten, die zweite ihre innere Ordnung, d.h. ihre Institutionen und ihr Verhältnis zur Bevölkerung, betrifft:

(1) Die Außenpolitik achtbarer Völker muss friedlich und nicht-expansionistisch sein. Sie dürfen ihre legitimen Ziele und Interessen nur durch Diplomatie, Handel und andere friedliche Mittel verfolgen. Dazu gehört, dass sie die Sozialordnung und Integrität anderer Gesellschaften uneingeschränkt respektieren.

(2) Die zweite Bedingung zerfällt in drei Teilbedingungen, die den Charakter der innerstaatlichen Institutionen betreffen.

(2.1) Erstens: Obwohl ihre Rechtsordnung ihrem Selbstverständnis nach nicht direkt an den individuellen Rechten ihrer Mitglieder, sondern am Gemeinwohl orientiert ist, beachten diese Gesellschaften *de facto* elementare Menschenrechte. Dazu gehört das Recht auf Leben, auf Freiheit, auf Privateigentum und auf formale Gleichheit, d.h. vor allem: Gleichheit vor dem Gesetz. Rawls betont, dass hier bestenfalls die verwendete Terminologie westlichen Ursprungs ist, nicht aber die Werte, von denen hier die Rede ist.

(2.2) Zweitens müssen wir von einer achtbaren hierarchischen Gesellschaft verlangen, dass sie ein vernünftiges System politischer und sozialer Kooperation bildet, das seine Mitglieder prinzipiell akzeptieren. Das heißt, ihre Mitglieder befolgen die Pflichten, die ihnen durch dieses System auferlegt werden, in der Regel freiwillig und aus moralischen Motiven heraus, und nicht etwa, weil sie Zwang und Sanktionen fürchten.

(2.3) Und drittens müssen die Beamten und Richter einer achtbaren hierarchischen Gesellschaft mit guten Gründen der aufrichtigen Überzeugung sein, dass die Anwendung der Gesetze dem Gemeinwohl dient und nicht allein auf Zwang und Gewalt gestützt ist.

Nur Gesellschaften, die diese Minimalbedingungen erfüllen, so Rawls, verdienen es, als ordentliche Mitglieder einer Völkerrechtsgemeinschaft toleriert zu werden. Sie formulieren normative Minimalstandards, die unter denen liberaler Demokratien liegen, aber dennoch von wohlgeordneten, gerechten und vernünftigen nicht-liberalen Regimen erfüllt werden können und müssen.

3. Ausblick

In *Politischer Liberalismus* nennt Rawls neben der gerade erläuterten Ausweitung von „Gerechtigkeit als Fairness" auf das Völkerrecht noch drei weitere Problembereiche, auf die seine Theorie anzuwenden wäre.

(1) Da ist erstens die Frage der Gerechtigkeit zwischen den Generationen: Welche Pflichten haben wir gegenüber anderen, insbesondere zukünftigen Generationen? Vor dem Hintergrund des Klimawandels und anderer ökologischer Probleme ist dieses Problem zu Beginn des 21. Jahrhunderts drängender denn je. Zwar hatte Rawls schon in *Eine Theorie der Gerechtigkeit* die Frage diskutiert, welche Maßnahmen wir künftigen Generationen fairerweise schulden, um ihnen angemessene Lebensbedingungen zu garantieren (vgl. 1971, § 44). Aber er hat die dort vorgeschlagene Lösung später verworfen, ohne die Thematik wieder aufzugreifen.

(2) Ein zweites bislang unbearbeitetes Problem, das Rawls nennt, betrifft den Umgang mit Personen, die aufgrund von Krankheit, Unfall oder Alter keine vollständig kooperierenden Gesellschaftsmitglieder mehr sind oder es nie waren. In seiner Theoriebildung war Rawls zunächst vom Ideal einer Person ausgegangen, die über ihr gesamtes gesellschaftliches Leben hinweg über die entsprechenden körperlichen und geistigen Fähigkeiten verfügt. Eine Theorie, die Anspruch auf realweltliche Anwendungen etwa auf das System der Gesundheitsfürsorge erheben will, kann es dabei offenbar nicht belassen.

(3) Und schließlich, so Rawls, muss eine vollständige Gerechtigkeitstheorie auch etwas über unsere Pflichten gegenüber nicht-menschlichen Lebewesen und der unbelebten Natur aussagen. Das ist der Bereich der Tier- und Umweltethik.

Rawls räumt ein, dass womöglich allein das Problem intergenerationeller Gerechtigkeit auf der Basis einer rein politischen Interpretation von „Gerechtigkeit als Fairness" (wie er sie in *Politischer Liberalismus* zur Lösung des Problems gesellschaftlicher Stabilität für unumgänglich hält) gelöst werden kann. Hingegen muss die Theorie für eine befriedigende Antwort auf Fragen nach dem gerechten Umgang mit nicht-idealen Personen und der Ausarbeitung einer Tier- und Umweltethik wieder zu einer umfassenden Morallehre ausgebaut werden. Es könnte sich jedoch auch herausstellen, dass „Gerechtigkeit als Fairness" zur Lösung dieser Probleme prinzipiell ungeeignet ist. Von keiner Gerechtigkeitstheorie, so Rawls, könne erwartet werden, dass sie alle moralischen Probleme löst: „Jedenfalls sollten wir nicht erwarten, dass „Gerechtigkeit als Fairness" oder irgendeine andere Gerechtigkeitskonzeption alle Fälle von Richtig oder Falsch abdeckt. Politische Gerechtigkeit muss stets durch andere Tugenden ergänzt werden." (Rawls 1998, 88)

Ich hatte am Anfang Peter Lasletts Klagelied über den Abbruch der großen Traditionslinie von Hobbes, Locke und Kant und den „Tod" der politischen Philosophie in der Mitte des 20. Jahrhunderts zitiert. Es ist vor allem Rawls' Theorie der Gerechtigkeit zu verdanken, dass diese Tradition und mit ihr die politische Philosophie insgesamt eine bemerkenswerte Renaissance erfahren hat. Auch zu Beginn des 21. Jahrhunderts setzt Rawls' Theorie die Maßstäbe, an denen andere Theorien gemessen werden.

4. Literatur

4.1. Quellentexte und Übersetzungen

Rawls, J., 1957: „Justice as Fairness", in: *Journal of Philosophy* 54, 653-662.

–, 1958: „Justice as Fairness", in: *Philosophical Review* 67, 164-194.

–, 1971: *A Theory of Justice*, Cambridge/Mass. – Deutsch: *Eine Theorie der Gerechtigkeit*, Frankfurt/M. 1975.

–, 1992: *Die Idee des politischen Liberalismus. Aufsätze 1978–1989*, ed. W. Hinsch, Frankfurt/M.

–, 1993: *Political Liberalism*, Cambridge/Mass. – Deutsch: *Politischer Liberalismus*, Frankfurt/M. 1998.

–, 1999a: *The Law of Peoples*, Cambridge/Mass. – Deutsch: *Das Recht der Völker*, Berlin – New York 2002.

–, 1999b: *Collected Papers*, ed. S. Freeman, Cambridge/Mass.

–, 2001: *Justice as Fairness – A Restatement*, Cambridge/Mass. – Deutsch: *Gerechtigkeit als Fairness. Ein Neuentwurf*, Frankfurt/M. 2007.

–, 2007: *Lectures on the History of Political Philosophy*, ed. S. Freeman, Cambridge/Mass.

4.2. Allgemeine Einführungen zu Leben und Werk von John Rawls

Audard, C., 2006: *John Rawls*, Stocksfield.

Freeman, S., 2003 (ed.): *The Cambridge Companion to John Rawls*, Cambridge.

–, 2007: *Rawls*, London.

Kersting, W., 1993 (^{2}2001): *John Rawls zur Einführung*, Hamburg.

Pogge, T.W., 1994: *John Rawls* (= Beck'sche Reihe Denker, 525), München.

–, 2007: *John Rawls: His Life and Theory of Justice*, Oxford.

4.3. Sekundärliteratur zur Ethik von John Rawls

Daniels, N. (ed.), 1989: *Reading Rawls: Critical Studies on John Rawls' A Theory of Justice*, New York.

Davion, V./Wolf, C. (eds.), 1999: *The Idea of a Political Liberalism: Essays on Rawls*, Lanham.

Fleming, J. (ed.), 2004: *Rawls and the Law* (= *Fordham Law Review*, 72 [special issue]).

Freeman, S., 2006: *Justice an the Social Contract. Essays on Rawlsian Political Philosophy*, Oxford.

Freyenhagen, F./Brooks, T. (eds.), 2005: *The Legacy of John Rawls*, Oxford.

Frühbauer, J. J., 2007: *John Rawls' „Theorie der Gerechtigkeit"*, Darmstadt.

Griffin, S./Solum, L. (eds.), 1994: *Symposium of John Rawls's Political Liberalism* (= *Chicago Kent Law Review* 69, 549-842).

Hinsch, W. (ed.), 1997: *Zur Idee des politischen Liberalismus. John Rawls in der Diskussion*, Frankfurt/M.

–, 2002: *Gerechtfertigte Ungleichheiten. Grundsätze sozialer Gerechtigkeit*, Berlin.

Höffe, O. (ed.), 1977: *Über John Rawls Theorie der Gerechtigkeit*, Frankfurt/M.

– (ed.), 2006: *John Rawls. Eine Theorie der Gerechtigkeit* (= Klassiker auslegen, 15), Berlin.

Kauffmann, C., 2000: *Strauss und Rawls. Das philosophische Dilemma der Politik*, Berlin.

Kersting, W., 1994: *Die politische Philosophie des Gesellschaftsvertrags*, Darmstadt.

–, 2006: *Gerechtigkeit und öffentliche Vernunft. Über John Rawls' politischen Liberalismus*, Paderborn.

Koller, P., 1987: *Neue Theorien des Sozialkontrakts*, Berlin.

Kukathas, C. (ed.), 2003: *John Rawls: Critical Assessments of Leading Political Philosophers*, 4 Bde., London.

Leschke, M./Pies, I. (ed.), 1995: *John Rawls' politischer Liberalismus*, Tübingen.

Lloyd, S. (ed.), 1994: *John Rawls's Political Liberalism* (= *Pacific Philosophical Quarterly*, 75 [Special double issue]).

Martin, R./Reidy, D. (eds.), 2006: *Rawls's Law of Peoples: A Realistic Utopia?*, Oxford.

Pogge, T., 1989: *Realizing Rawls*, Ithaca, NY.

Reath, A./Herman, B./Korsgaard, C. (eds.), 1997: *Reclaiming the History of Ethics: Essays for John Rawls*, Cambridge.

Richardson, H./Weithman, P. (eds.), 1999: *The Philosophy of Rawls: A Collection of Essays*, 5 Bde., New York.

4.4. Sonstige zitierte Literatur

Laslett, P. (ed.), 1956: *Philosophy, Politics and Society*, Oxford.

Nagel, T., 1992: *Der Blick von Nirgendwo*, Frankfurt/M.

Nozick, R., 1974: *Anarchy, State and Utopia*, New York.

Smith, A., 1759: *The Theory of Moral Sentiments*, Edinburgh.

PETRA KOLMER

Kommunikatives Handeln
Die Diskursethik von Jürgen Habermas

1. Leben und Schriften

Jürgen Habermas gilt neben Karl-Otto Apel als prominentester Vertreter der so genannten ‚Diskursethik'. 1929 in Düsseldorf geboren und in einem bürgerlichen Elternhaus aufgewachsen, studierte Habermas von 1949 an Philosophie, Geschichte, Psychologie und Ökonomie in Göttingen, Zürich und Bonn, wo er mit einer Arbeit über *Das Absolute und die Geschichte. Von der Zwiespältigkeit in Schellings Denken* 1954 promoviert wurde. Von 1956 bis 1959 war Habermas Assistent von Theodor W. Adorno am Institut für Sozialforschung in Frankfurt/M. und nahm dort wesentliche Impulse der Frankfurter Schule (v.a. Herbert Marcuse) auf. 1961 habilitierte er sich in Marburg mit der Schrift *Strukturwandel der Öffentlichkeit. Untersuchungen zu einer Kategorie der bürgerlichen Gesellschaft.*

In die anschließende Zeit als außerordentlicher Professor in Heidelberg (1961-1964) fällt die Beschäftigung mit der Hermeneutik Hans-Georg Gadamers, der Analytischen Philosophie (u.a. der Spätphilosophie Wittgensteins) und dem amerikanischen Pragmatismus (Pierce, Mead, Dewey). 1964 zum Nachfolger Max Horkheimers auf den Lehrstuhl für Philosophie und Soziologie in Frankfurt/M. berufen, wurde Habermas zwischen 1964 und 1971 zu einem der geistigen Anreger der Studentenbewegung. Von 1971 bis 1981 war er gemeinsam mit Carl Friedrich von Weizsäcker Leiter des „Max-Planck-Instituts zur Erforschung der Lebensbedingungen der wissenschaftlich-technischen Welt" in Starnberg. 1981 veröffentlichte er sein Hauptwerk *Theorie des kommunikativen Handelns* (im Folgenden: *ThkH*[1]), in das neben gesellschaftstheoretische, sprachphilosophische und pragmatische Einsichten auch Erkenntnisse der Entwicklungspsychologie, der Psychoanalyse und der Sozialwissenschaften eingeflossen sind. Nach seiner Rückkehr nach Frankfurt/M. war Habermas Inhaber des Lehrstuhls für Philosophie mit dem Schwerpunkt Sozial- und Geschichtsphilosophie. Er wurde 1994 emeritiert.

Neben der wissenschaftlichen Arbeit hat sich Habermas an allen großen theoretischen Debatten der Bundesrepublik Deutschland beteiligt sowie zu gesellschaftspolitischen und historischen Ereignissen Stellung genommen (zum ‚Positivismusstreit' in den 60er Jahren, zum ‚Historikerstreit' in den 80er Jahren, zu Kosovokrieg, Eugenik, Hirnforschung oder zum Verhältnis von Religion und Moderne in der Zeit nach der Emeritierung).

---

[1] Der Ausdruck wird im Folgenden sowohl für das Buch als auch für das darin beschriebene Projekt verwendet.

Im Mittelpunkt seines umfangreichen und vielfach preisgekrönten wissenschaftlichen Werks stand mehr oder weniger von Anfang an das Bemühen um die Erneuerung der *„Kritischen Gesellschaftstheorie"*, wie sie (in einem durch G.W.F. Hegel vorgezeichneten konzeptuellen Rahmen) von Karl Marx und von der auf Marx aufbauenden so genannten ‚Kritischen Theorie' (Th.W. Adorno, M. Horkheimer) in *praktischer* (gesellschaftsverändernder) Absicht vertreten worden ist. Neubegründet wurde die Kritische Gesellschaftstheorie von Habermas in einem ersten Umriss 1981 mit der *ThkH*.

Fünf Phasen lassen sich in Habermas' Schaffen unterscheiden (zu den ersten vier vgl. Gripp 1984):
(1) Die Arbeiten in der ersten Hälfte der 60er Jahre beziehen sich auf das Problem des Verhältnisses von (Gesellschafts-)Theorie und (gesellschaftlicher) Praxis, sei es, dass einzelne Facetten dieses Problems behandelt werden (so in der Habilitationsschrift *Strukturwandel der Öffentlichkeit* von 1962), sei es, dass in Gestalt von problemgeschichtlichen Untersuchungen der Status einer an Marx anschließenden kritischen Theorie der Gesellschaft überhaupt, anderen Theorientypen gegenüber, zu klären versucht wird (so im Sammelband *Theorie und Praxis*, 1963).
(2) In der zweiten Hälfte der 60er Jahre nimmt Habermas das Theorie-Praxis-Problem aus *erkenntnistheoretischer*, sich auf alle Wissenschaftstypen beziehender, allerdings zunächst erneut problemgeschichtlicher (und noch nicht systematischer) Perspektive in den Blick (so vor allem in *Erkenntnis und Interesse*, 1965). In dieser Zeit entstehen aber auch bereits systematisch orientierte Schriften, die sich – in Auseinandersetzungen mit wirkmächtigen philosophischen Positionen (Kritischer Rationalismus, Philosophische Hermeneutik, Systemtheorie nach N. Luhmann) – mit methodologischen Fragen Kritischer Gesellschaftstheorie befassen (vgl. den Sammelband *Zur Logik der Sozialwissenschaften*, 1967).
(3) In der ersten Hälfte der 70er Jahre unternimmt Habermas den ersten Versuch einer *systematischen* Neubegründung der Kritischen Gesellschaftstheorie in Form einer „Theorie der kommunikativen Kompetenz". Hierzu gehören die Abhandlungen *Vorbereitende Bemerkungen zu einer Theorie der kommunikativen Kompetenz* (1971), *Wahrheitstheorien* (1972) und *Was heißt Universalpragmatik?* (1976).
(4) In der zweiten Hälfte der 70er Jahre wird der *kompetenztheoretische* Ansatz in einem *evolutionstheoretischen* Ansatz weitergeführt (vgl. den Sammelband *Zur Rekonstruktion des historischen Materialismus*, 1976). Zugleich arbeitet Habermas in den 70er Jahren (in Auseinandersetzung u.a. mit Piaget, Kohlberg, Chomsky, Searle und Austin) entscheidende Argumentationen für die spätere *ThkH* aus. Die *ThkH* stellt indes keine einfache Fortsetzung der vorhergehenden Arbeiten dar. Diese zeichnen sich dadurch aus, dass Habermas *Erkenntnistheorie* und *Methodologie* noch „als *via regia* für die Analyse der gesellschaftstheoretischen Grundlagen" versteht (1982, 11). Die *ThkH* negiert diesen „Primat der Erkenntnistheorie": Sie steht für eine Wendung vom Primat der theoretischen zu dem der praktischen Vernunft, d.h. „von der Erkenntnis- zur Kommunikationstheorie" (*ebd.*, 10) oder auch von der „erkenntnistheoretischen Rechtfertigung der Kritischen Gesellschaftstheorie" zum „Versuch einer direkten sprachpragmatischen Begründung" (1999, 13), mit der die von Habermas schon früher entwi-

ckelten Begriffe des „kommunikativen Handelns" und der „Lebenswelt" zentralen systematischen Status gewinnen.

(5) In den 90er Jahren stehen zunächst praktische Fragen im Vordergrund, vor allem nach dem Unterschied und dem Verhältnis von Moral, Ethos und Recht. Am Ende indes werden – unter pragmatischen Voraussetzungen des verständigungsorientierten Handelns – erkenntnistheoretische Fragestellungen wieder aufgenommen: Vor allem die Beiträge in *Wahrheit und Rechtfertigung* „sind Ausdruck des erneuerten Interesses an Fragen eines pragmatistischen Erkenntnisrealismus, der den Spuren des linguistischen Kantianismus folgt" (*ebd.*, 14).

2. Grundbegriffe und Argumente

Im Folgenden wird zunächst der Kontext umschrieben, von dem her das Konzept der Diskursethik verständlich wird, das ist: Habermas' Projekt einer Erneuerung der Kritischen Gesellschaftstheorie in Gestalt einer *ThkH* (vgl. Abschnitt 2.1). Der folgende Abschnitt 2.2 skizziert Grundzüge des Habermasschen Moralkonzepts, der Abschnitt 2.3 schließlich das Verhältnis von (positivem) Recht und Moral, das seit den 90er Jahren in seinem Œuvre eine immer größere Rolle spielt.

2.1. Die Theorie kommunikativen Handelns (*ThkH*)

2.1.1. Dimensionen der *ThkH*

Folgt man Habermas, so hat die Kritische Gesellschaftstheorie in der *ThkH* einen neuen „Anfang" – einen Anfang im Sinne eines entfaltbaren Grundes, auf den man sich „stützen" (1981, II, 583, 589) und durch den man in wenigstens zwei Hinsichten über die ältere „Kritische Theorie" (Horkheimer/Adorno) hinausgehen kann:

(1) Kritische Gesellschaftstheorie kann, so der Anspruch, nun nicht mehr nur dem intuitiven Eindruck Rechnung tragen, dass „etwas zutiefst schief ist" in der modernen Gesellschaft, sondern auch dem gegenläufigen Eindruck, dass auch „etwas besser geworden ist", wenigstens seit 1945 und insbesondere insofern im Zusammenhang mit der von der älteren Kritischen Theorie unterschätzten „demokratisch-rechtsstaatlichen Tradition" (1985, 171 und 203f.) und im gesellschaftlichen Lebenszusammenhang gleichsam so etwas wie „Vernunft" aufscheint. Demgegenüber haben Horkheimer und Adorno „alle gesellschaftlichen Institutionen und auch die Alltagspraxis vollkommen entleert gesehen von allen Spuren der Vernunft […]. Die Vernunft war für sie im wörtlichen Sinne utopisch geworden, hatte jeden Ort verloren" bzw. war ihnen nur in verkürzter Weise in ihren Blick geraten, nämlich reduziert auf kognitiv-instrumentelle Rationalität (Mittelrationalität oder theoretische Vernunft). Im Zusammenhang theoretischer Vernunft können zwar (auf der Basis erfahrungswissenschaftlichen Wissens) „technische" Empfehlungen gegeben werden, wie sich (zu Überlebens- und Selbstbehauptungszwecken) die Welt beherrschen lässt. Antworten auf genuin *moralisch-praktische* Fragen

aber, die ein humanes Miteinander betreffen – in ihm liegt nach Habermas die „einzige Alternative zur mehr oder minder gewaltsamen Einwirkung der Menschen aufeinander" (1983, 26) –, gibt es nicht.

(2) Auch die „Maßstäbe" ihrer Kritik kann die Kritische Gesellschaftstheorie jetzt ausweisen (vgl. 1981, I, 7), weil – so Habermas' Selbstverständnis – ein nichtspekulativer, der Erfahrung zugänglicher Begriff von Vernunft hat aufgefunden werden können, der der traditionellen „kognitiv-instrumentellen Verkürzung [...] der Vernunft widersteht" und der es erlaubt, die praktischen „Ideen der Versöhnung und Freiheit zu explizieren", die „Adorno, letztlich noch im Bannkreis des Hegelschen Denkens befangen, negativ-dialektisch bloß einkreis[en]" (1981, II, 10), nicht aber positiv reformulieren konnte. Ohne *praktische Vernunft* fehlte der älteren Kritische Theorie freilich der Maßstab, der es erst erlaubt, Gesellschaftstheorie kritisch und in praktischer Absicht und in dem von Horkheimer/Adorno intendierten Sinne zu betreiben: nämlich als *„Kritik der instrumentellen Vernunft"*, die nur das Werk der Vernunft selbst sein und nur aus praktischer Richtung erfolgen kann (vgl. 1992, v.a. 11). In der Rehabilitierung der praktischen Vernunftdimension und dem damit einhergehenden Gewinn eines Maßstabs der Kritik, der jedermann sollte zugänglich sein, geht die jüngere Kritische Theorie somit zum zweiten über die ältere hinaus.

Dabei hat die *ThkH* selbst mehrere Dimensionen. Drei sind zu nennen:

(1) Sie ist erstens eine Theorie der geschichtlichen Situation, in der sie formuliert wird, nach Habermas: eine *„Theorie der Moderne"*.

(2) Sie ist zweitens (und vor allem) eine *„Theorie der Vernunft"*, die in die Gesellschaft ‚eingebaut' ist, sowie eine *Theorie der Vernunftentwicklung* (Vernunftverwirklichung) in der Geschichte, nach Habermas: eine *„Theorie der Rationalität"* und der gesellschaftlichen *„Rationalisierung"*, die – im theoriegeschichtlichen Anschluss an Max Weber – als *„Modernisierung"* gewertet wird.

(3) Und sie ist drittens eine *„kritische Theorie"*: ein nichtspekulatives („nachmetaphysisches"), sprachpragmatisch begründetes „Rahmen"-Konzept, innerhalb dessen eine empirische und „interdisziplinär angelegte Erforschung des [...] Musters der [...] Modernisierung wieder aufgenommen werden kann" (1981, II, 583). Diese Erforschung wird (dem Anspruch nach) mit der *ThkH* in die Lage versetzt, die Welt, in der wir leben, als das Resultat eines *ambivalenten* (Fortschritte wie Rückschritte einschließenden) Geschichtsprozesses zur Geltung zu bringen, nämlich: als das Resultat einer „*deformierenden* Verwirklichung von Vernunft in der Geschichte" (1981, II, 218f.). An die *ThkH* knüpft sich dabei zugleich die *praktische* Absicht, einen Beitrag zur Aufhebung dieser Deformationen zu leisten.

Dass also, traditionell formuliert, die „sittliche Welt" einen immanenten Vernunftbezug hat – und dass sie damit auch einen *„Wahrheitsbezug"* hat (vgl. 1973, 137) – und dass es aufgrund dieses Vernunft- und/oder Wahrheitsbezugs die Chance zu einem humanen Umgang miteinander in ihr gibt, markiert eine bedeutsame Leitüberzeugung des Habermasschen Gesamtkonzepts.

2.1.2. Grundbegriffe der *ThkH*

Mit der *ThkH* erhalten die Begriffe des *„kommunikatives Handeln"* und der *„Lebens-welt"*, aber auch – und vor allem – der Begriff der *„kommunikativen Rationalität"* den Status von Grundbegriffen Kritischer Gesellschaftstheorie.

„Kommunikative Rationalität" ist eine empirisch rekonstruierbare „Potentialität" (H. Gripp), die in der menschlichen Fähigkeit, sich mit jemandem über etwas in einer Welt sprachlich verständigen zu können, angelegt ist. Er wurde bereits in *Technik und Wissen-schaft als ,Ideologie'* (1968) ausgearbeitet. In und mit der *ThkH* wird er nun für gesell-schaftstheoretische Zwecke fruchtbar gemacht. Damit intendiert Habermas zugleich, über die „angelsächsischen Diskussionen über Handlungs-, Sprach- und Bedeutungstheorie" hinauszugehen, die sich „als *l'art pour l'art* verselbständigt haben", so dass man zwar „wunderbare, pedantisch begriffsgeschneiderte Vorstellungen" davon gewinnt, „was so-ziale Interaktion ist, aber nicht mehr weiß, wozu" (1985, 179).

Der Begriff der *„Lebenswelt"* gehört zum „Grundbegriff des kommunikativen Han-delns" hinzu wie ein Inhalt zur Form. Er wurde schon 1967 in *Zur Logik der Sozialwis-senschaften* gesellschaftstheoretisch fruchtbar gemacht. 1981, in der *ThkH*, wurde er zu einem vierstufigen Konzept entwickelt, das aufbaut auf der Grundbestimmung: „sozia-ler Raum einer gemeinsam bewohnten Lebenswelt [...]", wie er sich in einem Gespräch eröffnet (1986, 332), dessen „Modell [...] am Ideal des Platonischen Streitgesprächs abgelesen ist" (*ebd.*, 331; vgl. dazu vor allem Matthiesen 1983, insbes. 43ff.). Seine Spezifikationen ergeben sich methodisch gemäß der Unterscheidung zwischen der „Teilnehmer-" und der (im sozialen Bereich reflexiv auf jene rückbezogenen) „Beob-achterperspektive", wobei beide Perspektiven jeweils noch einmal eine Reflexion in sich und also zwei Stufen zulassen.

Der Begriff des *„kommunikativen Handelns"* selbst stammt aus den 70er Jahren. „Schon bei Adorno" allerdings sollen die Ideen der Versöhnung und Freiheit auf ihn ver-weisen (vgl. 1981, II, 9). Habermas führt den Begriff gegen einen Relativismus „im Zei-chen eines fragwürdig erneuerten Nietzsche" ins Feld (1985, 178). Kommunikatives Han-deln – Habermas hält es für „anthropologisch fundamental" – indiziert einen komplexen Handlungstyp, der in sich die Komponenten des (miteinander) Sprechens und des zielge-richteten Eingriffs in die Welt vereinigt: Kommunikativ zu handeln heißt, selbstgesetzte Zwecke nur im Lichte der grundsätzlichen Bereitschaft zu realisieren, gegebenenfalls miteinander zu sprechen und die Handlungspläne aufeinander abzustimmen („Verständi-gung als Mechanismus der Handlungskoordinierung"). Im Unterschied zum rein erfolgs-orientierten, „teleologischen" Handeln geht man also hier nicht planhin vor.

Habermas macht plausibel, dass Äußerungen in Verständigungsprozessen mit genau *vier* *„Geltungsansprüchen"* verbunden sind: Wir kommen nicht umhin, für unsere Äußerun-gen in Anspruch zu nehmen:

(1) *„Verständlichkeit"* (Wohlgeformtheit oder Regelrichtigkeit) – für das symbo-lische Konstrukt der Form nach,

(2) *„Wahrheit"* – für den behaupteten propositionalen (d.h. in Form von Aussagen darstellbaren) Gehalt der Äußerung,

(3) (normative) *„Richtigkeit"* – für die mit dem Sprechakt angebotene oder hergestellte interpersonale Beziehung in dem Sinne, dass sie als ein legitimer Bestandteil
sozialer Welt Anerkennung verdient,

(4) *„Wahrhaftigkeit"* – für die von ihm mit dem Sprechakt gleichzeitig geäußerte
Intention (vgl. u.v.a. 1981, I, 45ff.).

Diese „Ideen" (1988, 183) bzw. die Bezugnahmen auf diese Ideen in den Geltungsansprüchen der Verständlichkeit, der Wahrheit, der Richtigkeit und der Wahrhaftigkeit kennzeichnen die verschiedenen Dimensionen einer *„ Vernunft"*, die nach Habermas in jeder
kommunikativen Alltagspraxis (kulturinvariant) verkörpert ist und diese Praxis „vor dem
Hintergrund einer Lebenswelt auf die Erzielung, Erhaltung und Erneuerung von Konsens
angelegt" sein lässt: „und zwar eines Konsenses, der auf der intersubjektiven Anerkennung kritisierbarer Geltungsansprüche beruht" (1981, I, 37). In diesem Sinne funktioniert
Verständigung – im Modus der „rational motivierten Ja/Nein-Stellungnahmen zu Geltungsansprüchen" – in der Gesellschaft als ein „Mechanismus" der Handlungskoordinierung, allerdings nur in den Bereichen, wo Gesellschaft „Lebenswelt" ist (und nicht „System", wie in den Zusammenhängen von Wirtschaft und Staat; vgl. dazu unten Abschnitt
2.1.3). – Es charakterisiert diese Geltungsansprüche wenigstens zweierlei:

(1) Erstens sind sie – im Konfliktfall – mit *„rationalen Begründungsverpflichtungen"*
verbunden, die bei den Geltungsansprüchen der (Aussagen-)Wahrheit und (normativen)
Richtigkeit argumentativ, einerseits im theoretischen, andererseits im praktischen Diskurs einzulösen sind.

(2) Zweitens haben sie *„universalistische Konnotationen"* (1981, I, 46f.), d.h. sie
bzw. die Ideen, auf die sie verweisen, „transzendieren" alle Kontexte auf „radikale"
Weise (jedoch nur „omnitemporal"), d.h. sie transzendieren nur alle Kontexte in Raum
und Zeit (alle „lokalen Schranken"), nicht (spekulativ-metaphysisch, „atemporal")
Raum und Zeit (d.h. die Sinnenwelt) überhaupt. Verständlichkeit, Wahrheit, normative
Richtigkeit und Wahrhaftigkeit haben einen (omnitemporal zu verstehenden) „unbe-
dingten" (1986, 359) und definitiven (*ebd.*, 351) Sinn, es sind Gedanken, die sich nach
der Subjektseite hin extensional auf die gesamte Menschheit (in Vergangenheit, Gegenwart und Zukunft) beziehen (1983, 40).[2]

---

[2] Darin unterscheidet sich diese Art der Geltungsansprüche von derjenigen, mit der z.B. „kulturelle
Werte auftreten": „*Kulturelle* Werte gelten nicht als universal"; ihre Geltung ist auf einen „Kontext einer
besonderen Lebensform" eingeschränkt oder, „wie der Name sagt, auf den Horizont [...] einer *bestimmten*
Kultur eingegrenzt", in dem diese Geltungsansprüche „auch nur [...] plausibel gemacht werden" können
(1981, I, 70f.). Werte indizieren nach Habermas *„ethische* Einsichten", die sich der „Explikation" eines
„Gebrauchswissens" verdanken, das sich lebensweltlich „bewährt" hat und von „kommunikativ vergesell-
schafteten Individuen" erworben wird, indem sie „in ihre Kultur hineinwachsen" (1996, 39). Dabei bilden
nach Habermas die besonderen Lebensformen „Totalitäten", die in ihren formalen und allgemeinen Strukturen, den Strukturen kommunikativer Rationalität, „übereinstimmen" und sich mit der Lebenswelt „über
das Medium verständigungsorientierten Handelns" reproduzieren („symbolische Reproduktion" der Lebenswelt), so dass „in der Mannigfaltigkeit konkreter Lebensformen zugleich die Allgemeinheit kommunikativer Rationalität zur Geltung" kommt (1986, 335), ohne aber, hegelisch, von ihr wie von „einer Su-
pertotalität überwölbt" zu werden (*ebd.*, 334).

Die universalen Geltungsansprüche dagegen, die verständigungsorientierte Individuen mit ihren Äußerungen verbinden, sind (als Verständlichkeit) auf das Sprechen überhaupt bzw. (als Wahrheit, Richtigkeit, Wahrhaftigkeit) auf die „*Welt*" überhaupt bezogen – auf die Welt jedoch auf differenzierte Weise: Kommunikationsteilnehmer unterscheiden (1) eine für alle Menschen identische „*objektive*", (2) eine alle Menschen einbeziehende „*soziale*" und (3) eine jedem Menschen eigene „*subjektive*" Welt. Weil auch normative Richtigkeit einen Weltbezug hat, ist es ein „wahrheitsanaloger" Geltungsanspruch (denn Wahrheit hat es nach allgemeiner traditioneller Auffassung zu tun mit einem Bezug von Sprache auf Welt).

(1) Die „*objektive Welt*" ist die „Gesamtheit aller Entitäten, über die wahre Aussagen möglich sind" (1981, I, 149), d.h. (nach P. Strawson, an dem Habermas sich orientiert) eine Gesamtheit der „unabhängig existierende[n] und raumzeitlich identifizierbare[n] Gegenstände" (1999, 44), von denen mit Anspruch auf Wahrheit Tatsachen ausgesagt werden können. „Unverfügbarkeit und Identität der Welt sind die beiden Bestimmungen von ,Objektivität'" (*ebd.*, 293; vgl. 1981, I, 31f.). Sie erklären sich aus der Erfahrung des Widerstands, den die Welt (Natur) uns entgegensetzt (vgl. 1999, 293). Dabei verdankt sich die Identität der Welt, ihre „Selbigkeit" für uns alle, „der Koordination der verschiedenen Beobachterperspektiven" (*ebd.*, 300). Wahre Aussagen sind möglich in erster Linie über „alles, was sprach- und handlungsfähige Subjekte ungeachtet ihrer Eingriffe und Erfindungen ,nicht selber machen' [können]", d.h. die physische Natur, wobei sich aus der Erfahrung des Widerstands, den die Welt (Natur) uns entgegensetzt (1999, 293), eine bedeutsame Bestimmungen von ,Objektivität' erklärt, nämlich die „Unverfügbarkeit […] der Welt" (*ebd.*, 293; vgl. 1981, I, 31f.). Eine zweite zentrale Bestimmung von ,Objektivität' ist die „Identität" der Welt, ihre „Selbigkeit" für uns alle. Sie verdankt sich einer „Koordination der verschiedenen Beobachterperspektiven" (*ebd.*, 300).

(2) „*Soziale Welt*" ist die Gesamtheit aller legitim geregelten interpersonalen Beziehungen (vgl. 1981, I, 149); auf sie wird in Abschnitt 2.2.2 zurückzukommen sein.

(3) „*Subjektive Welt*" ist die Gesamtheit der privilegiert zugänglichen Erlebnisse des Sprechers (*ebd.*), wobei Wahrhaftigkeit oder Authentizität bedeutet, dass die Äußerung als Kundgabe eines solchen Erlebnisses anerkennungswürdig ist.

Den formalen Weltkonzepten wiederum korrespondieren verschiedene „*Grundeinstellungen*" (nach J. Searle), aus denen heraus die Geltungsansprüche erhoben werden: Es sind die Einstellungen

(1) der „*Dritten Person*" oder der „*objektivierenden Einstellung*",

(2) der „*Zweiten Person*" oder der „*regelkonformen Einstellung*" und

(3) der „*Ersten Person*" oder der „*expressiven Einstellung*", die, pragmatistisch, von den möglichen Arten her entwickelt sind, in denen der Mensch „mit […] Objekten wie mit sich selbst" umgehen kann (*ebd.*, 105).

Weltkonzepte und *Einstellungen* sind „rechtfertigungstranszendente Bezugspunkte" der Kommunikation; sie stellen mit den genannten *Geltungsansprüchen* „einen Zusammenhang dar […], den wir Vernünftigkeit nennen können" – und den wir „Wahrheit" nennen können, insofern dieses Wort in der philosophischen Tradition „oft gleichbedeutend mit ‚Vernünftigkeit' gebraucht worden" ist (1999, 52).

Von dieser *„Vernünftigkeit"* hat „jeder kompetente Sprecher" zwangsläufig eine „grundlegende Intuition" (1983, 40), so dass man (nach Habermas) auch sagen kann, dass es ein „zugrunde liegendes Einverständnis" gibt, „das uns" – alle jederzeit – „vorgängig verbindet", und an dem jedes in sprachlicher Verständigung „faktisch erzielte Einverständnis kritisiert werden kann" (1981, I, 193). – Allerdings musste diese Intuition, folgt man Habermas weiter, lange darauf warten, Aktualität in Verständigungsprozessen sowie ihre angemessene theoretische Formulierung zu finden. Erst mit dem Übergang zur Moderne wird diese Vernunft gleichsam ergriffen (vgl. 1988, 59), wird der Verständigungsbedarf, der bei jeder neu eintretenden Situation entsteht (vgl. *ebd.*, 213) nicht mehr durch „Weltbilder" einer „substantiellen Vernunft" (zuerst mythischer, dann religiöser, dann metaphysischer Provenienz) „gedeckt" (1981, II, 481), sondern „den Interpretationsleistungen der Aktoren selber auf[ge]bürde[t]" (*ebd.*, 218f.; vgl. 1986, 336). Erst jetzt funktioniert Verständigung als „Mechanismus" der Handlungskoordinierung in der Gesellschaft dort, wo diese „Lebenswelt" ist (und nicht „System"). Erst jetzt wird das kommunikative Handeln (bzw. der Diskurs) in seiner Abstraktion – *„sans phrase"* – „praktisch wahr" (so Habermas in terminologischer Anspielung auf K. Marx), und erst jetzt finden wir uns in Lebensformen vor, deren sprachliche Strukturierung „fragiler [ist], als alles, was bisher die Geschichte an Kommunikationsstrukturen aus sich hervorgetrieben hat" (1985, 202). Dass diese „Verwirklichung von Vernunft in der Geschichte" aber eine „deformierende" Verwirklichung war – aufgrund von „Zwängen", die auf die „materielle Reproduktion" der Gesellschaft (auf der Seite des Systems) zurückgehen (vgl. 1981, II, 218f.) –, und dass deshalb von einer *„Dialektik der Rationalisierung"* gesprochen werden muss, ist eine Habermassche Überzeugung, auf die zurückzukommen sein wird.

Festzuhalten an dieser Stelle ist, dass nach Habermas „freilich [...] erst die linguistische Wende in der Philosophie die begrifflichen Mittel bereit gestellt" hat, „die im kommunikativen Handeln verkörperte Vernunft" zu analysieren (1988, 51f.), von der her sich dann wiederum „die Situationen beleuchten" (*ebd.*, 186) lassen und in der wir uns im Resultat der (von Habermas substantialistisch verstandenen) Geschichte, d.h. des „weltgeschichtlichen Aufklärungsprozesses" (1981, II, 232), vorfinden. Letzteres zu tun, d.h. in „einer systematischen Geschichte der Rationalität" oder „der Verständigungsformen" (*ebd.*), von der wir indes noch „weit entfernt sind" (1981, I, 194), „der Dezentrierung des Weltverständnisses zu folgen und zu begreifen, wie sich auf diesem Wege [...] Prozesse des Lernens und des Verlernens verschränkt haben" (*ebd.*), ist nach Habermas eine wichtige Aufgabe der Gesellschaftstheorie (vgl. 1981, II, 550).

2.1.3. Die *ThkH* als „Anfang" kritischer Gesellschaftstheorie

Von der Dezentrierung des Weltverständnisses zeugt nach Habermas die heutige Ausdifferenzierung der Gesellschaft als (kommunikativ strukturierter) Lebenswelt in die drei *Wissens-, Handlungs-* und/oder *Aufgabenbereiche:*

(1) *„Kultur"*, d.h. das „semantische Feld symbolischer Gehalte" mit Wissenschaft, Moral und Kunst,

(2) *„Gesellschaft"* im engsten und eigentlichen Sinne des Worts als öffentlicher Raum zwischenmenschlicher Beziehungen, in dem Verständigung als ein „Mechanismus" der Handlungskoordinierung fungiert, sowie

(3) (Bildung der) *„Persönlichkeit"* (d.h. der Sprach- und Handlungskompetenzen und mithin der Sozialisation nachwachsender Generationen).

Doch ist *„Gesellschaft"* (im weitesten Sinne) bei Habermas nicht nur kommunikativ strukturierte Lebenswelt, sondern (im Prinzip) immer auch noch (grenzerhaltendes) *„System"* (im Sinne Niklas Luhmanns), das heute ausdifferenziert ist in

(1) das „kapitalistisch verselbständigte *Wirtschafts[system]"* und

(2) das „bürokratisch verselbständigte *Herrschaftssystem"*, d.h. den *Staat*.[3]

In diesen Handlungszusammenhängen besitzt im Allgemeinen das positive Recht eine grundlegende Ordnungsfunktion und übernehmen „Steuerungsmedien", vor allem „Geld" und „administrative Macht", die Funktion der *„Handlungskoordinierung"* (anstelle der Verständigung) – derart, dass zielgerichtete Handlungen, denen in den genannten Zusammenhängen (nach Maßgabe der methodischen Einstellung der ‚Dritten Person' oder des unbeteiligten Beobachters) subjektiv unkoordinierte Einzelentscheidungen zugrunde liegen, (bloß) nach Maßgabe der Handlungs*folgen* koordiniert werden. Diese Koordination steht vom Ganzen her gesehen, für eine ‚systemische Integration der Gesellschaft' („Systemintegration"), die, als Realisat nicht-zweckorientierter kognitiv-instrumenteller Rationalität (als der, unter Systemgesichtspunkten, *funktionalistischen Vernunft*), gleichsam das Wesen einer Maschine hat. – Dagegen setzt *„Verständigung"* als ein Mechanismus der Handlungskoordinierung bei den „Handlungsorientierungen" an. Die aus ihr resultierende Integration, die „Sozialintegration", „läuft" über (kulturelle) Werte und (i.e.S. gesellschaftliche) Normen (statt über Geld und Macht) (vgl. 1981, II, 225f., auch 549). Dabei funktioniert Verständigung als ein solcher Mechanismus aber „nur in der Weise", dass sich die Interaktionsteilnehmer im Hinblick auf die beanspruchte Gültigkeit ihrer Äußerungen – die über lokale, zeitliche und kulturelle Grenzen hinausweist – einig sind, „d.h. Geltungsansprüche, die sie rezi-prok erheben, intersubjektiv anerkennen" (1981, I, 148). Er funktioniert nicht in der Weise, dass bestimmte kulturelle Werte und gesellschaftliche Normen tatsächlich anerkannt werden.

Wirtschaft und Staat dienen dem Überleben der Menschen (der „materiellen Reproduktion" der Gesellschaft). In ihnen besitzt die kognitiv-instrumentelle Rationalität (als „funktionalistische Vernunft") den Primat. Hier sind wir nicht Teilnehmer an Interakti-

---

[3] Von hier aus gesehen stellt die *ThkH* ein *integratives* Konzept dar: Sie verhält sich zu den „etablierten Forschungsrichtungen" in den Sozialwissenschaften – insbesondere zu der „Paradigmenkonkurrenz" zwischen handlungs- und systemtheoretischen Ansätzen (1985, 180) – „nicht als Konkurrent"; vielmehr versucht sie, „indem sie von ihrem Konzept der Entstehung moderner Gesellschaften ausgeht, [...] zu erklären, worin die spezifische Beschränkung und das relative Recht jener Ansätze besteht" (1981 II, 550). Auch finden in der *ThkH* die verschiedenen Ansätze zu einer Kritischen Gesellschaftstheorie, die Habermas selbst seit den 60er Jahren unternommen hat, einen (sie indes in wesentlichen Aspekten auch korrigierenden) Zusammenhang.

onsprozessen, sondern teilnahmslose Beobachter und Akteure, die mit dem zielgerichteten Eingriff in die Welt nur ihren eigenen Interessen – etwa, nach Thomas Hobbes, den Interessen des Überlebens und bequemen Lebens – nachzugehen suchen.

Gesellschaft (i.w.S.) ist also nach Habermas heute eine – im Resultat von Geschichte explizit – in *Lebenswelt* und *System* ausdifferenzierte Entität, die uns aktuell vor die Aufgabe stellt, dafür Sorge zu tragen, dass sich ihre beiden Bereiche angemessen ausbalancieren.

Auf Theorieebene sind bzw. waren nach Habermas entsprechend System- und Handlungstheorien zusammenzuführen – letzteres so, dass die Empirie, die an „interdisziplinär angelegter Erforschung des [...] Musters der [...] Modernisierung" beteiligt ist, in die Lage versetzt wird, die Ambivalenzen der geschichtlichen Entwicklungsprozesse, insbesondere sozialpathologische Phänomene bemerken und auf sie reagieren zu können, was nach Habermas nicht der „Hegel-Marxistischen Gesellschaftstheorie", sondern erst mit der *ThkH* gelang.

Unter „Ambivalenzen der geschichtlichen Entwicklungsprozesse" sind Phänomene zu verstehen, die sich dem Umstand verdanken, dass – wie vermutungsweise gerade heute – Geld und administrative Macht in der Lebenswelt Einfluss gewinnen, mithin zwischenmenschliche Beziehungen „konsumistisch" umgedeutet und Lebensverhältnisse nur noch bürokratisch interpretiert werden. Dort, wo z.B. unser Miteinander sich überwiegend nach dem ‚Marktwert' bemisst, den wir etwa in Abhängigkeit von unserer körperlichen Attraktivität vermeintlich ‚haben', oder wo Nachbarschaftsverhältnisse lediglich als Rechtsverhältnisse verstanden und durchgeführt werden, so dass wir im Konfliktfall, anstatt erst einmal miteinander zu sprechen, sofort vor Gericht ziehen – dort hat das System in die Lebenswelt übergegriffen. Übergriffe dieser Art sind, folgt man Habermas weiter, das Resultat des Erfolgs des Kapitalismus, der unter Gesichtspunkten der materiellen Reproduktion der Gesellschaft durchaus positiv zu bewerten ist, aber auch mit einem negativ zu bewertenden ungezügelten Wachstum des „monetärbürokratischen Komplexes" einhergeht, in dessen Folge die System-„Imperative" in die Lebenswelt eindringen und dort zur Deformierung der kommunikativen Strukturen führen. Eine (mögliche) „Pathologisierung der Lebenswelt" in diesem Sinne verlangt nach Habermas freilich nicht die Aufhebung von Wirtschaft und Staat. Erforderlich wird im gegebenen Fall vielmehr eine basis- oder radikaldemokratische Veränderung der Gesellschaft, durch die ihre Bereiche – deren Eigenständigkeit und Differenziertheit die „großartige" „Signatur der Moderne" ausmachen, allerdings auch „Probleme der Vermittlung" erzeugen – sich wieder ausbalancieren. Anzuzielen (freilich nicht technisch machbar) ist ein Gleichgewicht, in dem die „Produktivkraft Kommunikation" die „Übergriffe der Systemimperative auf lebensweltliche Bereiche" eingedämmt hat, sich „gegen die ‚Gewalten' der beiden anderen Steuerungsressourcen, Geld und administrative Macht", durchgesetzt hat und so „die [...] Forderungen der Lebenswelt zur Geltung bringen kann" (1962/1990, 36).

Eine Demokratisierung zu befördern, in deren Verlauf „ein immer dichter, immer feiner gesponnenes Netz" von sprachlich vermittelten und vernunftgegründeten, d.h. „humanen Formen" des Zusammenlebens entsteht, in denen Gegenseitigkeit und Distanz, Entfernung und gelingende, nicht verfehlte Nähe, „Autonomie und Abhängigkeit in ein befriedetes Verhältnis" treten und Konflikte, die sich zwischen Menschen nicht ausschließen lassen, überlebbar werden, ist die praktische Absicht, die sich an die *ThkH* knüpft (vgl. 1985, 202f.).

2.2. Die Diskursethik

2.2.1. Moral versus Ethos

Die in der *ThkH* zugleich grundgelegte *„Diskursethik"* (vgl. 1981, I, 15ff.) hat u.a. in den Schriften *Moralbewußtsein und kommunikatives Handeln* (1983, vgl. darin u.a.: „Diskursethik – Notizen zu einem Begründungsprogramm") und *Erläuterungen zur Diskursethik* (1991) sowie – in einer leichten Neukonzeption – in einigen Abhandlungen der Sammelbände *Einbeziehung des Anderen* (1996) und *Wahrheit und Rechtfertigung* (1999) ihre nähere Ausgestaltung bzw. Weiterentwicklung erfahren.

Stark akzentuiert wird in der späteren Konzeption als Ausgangspunkt die (pragmatische) Annahme, dass „vergesellschaftete Individuen im täglichen Umgang miteinander [...] auf ein naiv für gültig gehaltenes ,Wissen' von Werten angewiesen" sind (1999, 317) bzw. sich unsere eingewöhnten Praktiken „[...] auf mehr oder weniger implizite Meinungen [stützen], die wir vor einem breiten Hintergrund intersubjektiv geteilter oder sich hinreichend überlappender Überzeugungen" – zunächst einfach – „für wahr halten" (*ebd.*, 291), weil sie sich bewährt haben und „funktionieren" oder weil wir auf ihrer Basis „zurechtkommen mit der Welt" (*ebd.*, 294). – Dieses Wissen, das die Lebenswelt trägt, hat, so Habermas, eine im Sinne Platons „dogmatische" (*ebd.*, 292) Konnotation. D.h. wir nehmen alltagspraktisch stets an, wir operierten mit Sätzen, deren Wahrheitsbedingungen erfüllt seien (vgl. *ebd.*, 291), verfügten also für die Sätze, die wir formulieren, *„über zwingende Gründe"* (*ebd.*, 49) („Wahrheit" hier übrigens verstanden in dem weiten, alle weltbezogenen Geltungsansprüche umfassenden Sinn). Diese Annahme wird erschüttert, sobald die „Praktiken gestört" und die „Gewißheiten" in Argumentationen „problematisiert" werden; dann „erweist sich [...] die vermeintliche Verfügbarkeit [definitiv] ,zwingender' Gründe als Illusion" (*ebd.*) – auch und gerade, wie sich nun zeigen wird, im praktischen Diskurs.

Unter *„Diskurs"* im Allgemeinen ist eine „Art reflexiv gewordenes kommunikatives Handeln" (1991, 17) zu verstehen, das der Wiederherstellung der Handlungssicherheit dient: „Gewißheiten", die sich in „Fragwürdigkeiten" verwandeln, d.h. „ihren Halt im Korsett lebensweltlicher Selbstverständlichkeiten" verloren und den „Modus der Handlungsgewißheit" eingebüßt haben, erhalten nun den Status von Hypothesen, „deren Gültigkeit bis zum Ergebnis einer argumentativen Prüfung dahingestellt bleibt" (1999, 292).

Der *„praktische Diskurs"* speziell dient der unparteilichen Beilegung von Handlungskonflikten: Strittige Norminhalte, aber auch ethische Prinzipien, werden geprüft (vgl. *ebd.*, 568). Dabei versteht sich die Diskursethik als Rahmenethik, die die Grundzüge verschie-

dener ethischer Argumentationen beschreibt, wie sie, anwendungsbezogen und bereichs-
spezifisch etwa in den thematischen Zusammenhängen von Wirtschaft, Wissenschaft,
Technik, Umwelt, Biologie oder Medizin geführt werden können.

Bedeutsam ist, dass Habermas für diese Prüfung den Ausdruck „*Moral*" verwendet:
Er nimmt an, dass sich in Folge des beschriebenen Rationalisierungsprozesses „kognitive
ve Gehalte", die sich mit dem Anspruch verbinden, alle raumzeitlichen Grenzen zu
transzendieren, von kontextgebundenen, nicht-kognitiven Gehalten überhaupt abge-
trennt haben, dass sich speziell das „moralische Urteil" „von den lokalen Übereinkünften und der historischen Färbung einer partikularen Lebensform", mit denen es zunächst
verbunden war, gelöst hat (vgl. L. Kohlbergs *Theorie der Moralentwicklung* und J.
Piagets *Theorie der kognitiven Entwicklung*), dass mithin die Moral heute frei ist von
allen bestimmten Norminhalten und sich auf das „Verfahren rationaler Willensbildung"
reduziert hat. Moral ist heute, so die These, „rein prozeduraler Natur" (1992, 568), wobei es auch die Rationalität, d.h. die Geregeltheit der Verfahren ist, die die Gültigkeit
der verfahrensmäßig erzielten Resultate verbürgt. Nicht länger will und kann man sich,
so die These weiter, „auf die Geltung [eines] lebensweltlichen Kontextes berufen"
(1983, 119). „Rückwärtsgewandte substantielle Gemeinschaftlichkeit" ist eben „fragwürdig" geworden (1985, 202).

Die „*universalistische Moral*" hat nach Habermas eine kognitive und praktische Seite:
(1) Einerseits tritt das moralische Urteil als eine Art begründbares (Welt-),,*Wissen*"
auf. (Praktische Urteile können also nicht länger als willkürliche Wertungen von Individuen oder Gruppe abgetan werden – was noch zu beschreiben sein wird.)
(2) Andererseits scheidet diese Moral – aus Sicht der (insofern „*kognitivistischen*")
Habermasschen Ethik – „die Probleme des guten Lebens" aus und konzentriert sich nur
noch „auf die streng deontischen und verallgemeinerungsfähigen Aspekte, so daß vom
Guten nur das Gerechte übrigbleibt" (*ebd.*, 24f.; vgl. schon 1981, II, 584).
Folglich lässt sich das im *moralischen* Sinne Gute, d.h. das „*Gerechte*" der universalistischen Moral vom kontext- und gruppenspezifischen Ethos oder der *ethisch-evaluativen*
Idee des Guten bzw. „guten Lebens" unterscheiden: Im Rahmen *universalistischer Moral*
ist das „präskriptive ‚Muß'" einer Handlungsregel *deontologisch* auf die Sollgeltung eines
moralischen Gebots bezogen, unter dem alle Betroffenen ein gemeinsames Interesse sollten beschreiben und normieren können, so dass sich an diese Form der Nötigung der un-
persönliche (dekontextualisierte) Anspruch knüpft, dass die Regel (jenseits aller individuellen und partikularen Interessen) „zu Recht" besteht – und dass man gegebenenfalls auch
begründen kann, dass sie zu Recht besteht (vgl. 1983, 59). – Dagegen ist im Rahmen eines
Ethos das „präskriptive ‚Muß'" einer Handlungsregel *axiologisch* auf (bedürfnisinterpre-
tierende) *Werte* bezogen, unter denen nur „ein *Kreis* von Betroffenen [...] ein gemeinsames Interesse beschreiben und normieren kann", so dass „der Hof der intersubjektiven
Anerkennung", der sich um sie bildet, „noch keineswegs einen Anspruch auf kulturell
allgemeine oder gar universale Zustimmungsfähigkeit [bedeutet]" (1981, I, 41).
Doch nicht nur das Ethos hat seine Grenzen. Grenzen hat nach Habermas auch die
universalistische Moral. Mit den „fraglosen Evidenzen eines lebensweltlichen Hinter-
grundes" hat sie nämlich auch „die Schubkraft *empirisch* wirksamer Motive" verloren

(d.h. sie kann uns *allgemein* nicht dazu bewegen, die *rationaliter* gewonnen allgemeinen Einsichten zu befolgen) und ist daher „auf Lebensformen angewiesen, die […] soweit ‚rationalisiert' sind, daß sie die kluge Applikation allgemeiner moralischer Einsichten ermöglichen und Motivationen für die Umsetzung von Einsichten in moralisches Handeln fördern" (*ebd.*). Dass nicht zuletzt auch das positive Recht eine bedeutsame Funktion hat, die allgemeine Befolgung gültiger Moralnormen sicherzustellen (wenn auch auf nur äußerliche Weise, die die Handlungsorientierungen selbst nicht berührt), wird Abschnitt 2.3 zeigen.

Habermas' Konzept einer (nach L. Kohlberg) „postkonventionellen Stufe des moralischen Bewußtseins", die durch die „Abstraktionsleistungen der Dekontextualisierung und der Demotivierung" gekennzeichnet ist (*ebd.*), rekurriert theoriegeschichtlich sowohl auf Kant wie auf Hegel: Während es allgemein „die von Hegel diskreditierte Unterscheidung zwischen Form" (formalen Gehalten) „und Inhalt wieder zu Ehren" zu bringen sucht (1986, 336), knüpft es moralphilosophisch speziell „an eine Intuition an, die Kant im Kategorischen Imperativ ausgesprochen hat", nämlich dass moralische Gebote einen unpersönlichen oder allgemeinen Charakter haben und das Moralprinzip so zu fassen ist, dass alle Normen als ungültig ausgeschlossen werden, die nicht die qualifizierte Zustimmung *aller* möglicherweise Betroffenen finden könnten (vgl. 1983, 73).[4]

Dass sich für kognitivistische Ethiken die postkonventionelle Moral aber immer noch so darstellt, dass sie trotz ihres unpersönlichen Charakters „den moralischen Kerngehalt des entglittenen Traditionswissens aus eigener Kraft und Einsicht […] rekonstruier[t]" (1999, 317), etwa weil sie Gerechtigkeit (in kognitiver Hinsicht) als Unparteilichkeit und (in praktischer Hinsicht) in einem „egalitären Sinn", als „das Verbot der Ungleichbehandlung" (*ebd.*, 316), versteht, soll im Folgenden deutlich werden.

2.2.2. Der praktische Diskurs

Der praktische Diskurs setzt an in Alltagssituationen, in denen die *„Richtigkeit"* einer Handlung, d.h. der Maßstab der Bewertung, in Frage gestellt wird.

„Richtigkeit" bedeutet, „dass die hergestellte interpersonale Beziehung als ein legitimer Bestandteil der sozialen Welt Anerkennung verdient" (1981, I, 82). Was wir damit meinen (und im praktischen Diskurs auch „unterstellen"), ist, „dass sich die gültige Moral auf eine einzige, alle Ansprüche und Personen gleichmäßig einbeziehende soziale Welt erstreckt" (1999, 300). *„Soziale Welt"* ist ein Wirklichkeitsbereich, der für Habermas „wie Kants ‚Reich der Zwecke' weniger gegeben als vielmehr [zur Verwirklichung] ‚aufgegeben'" ist (1988, 225) und doch selbst im „Scheitern" moralischer Urteile als realisiert unterstellt ist: Praktische Urteile scheitern „an der Unlösbarkeit eines normativen Dissenses zwischen Parteien mit unterschiedlicher ethischer Orientierung", am „Widerspruch oder Aufschrei sozialer Gegenspieler mit dissonanten Wertorientierungen, am Fehlen einer normativen

---

[4] Zum Anschluss an die Moralphilosophie Kants vgl. auch die Kennzeichnung der Diskursethik als *deontologisch, kognitivistisch, formalistisch* und *universalistisch* (vgl. 1993, 11ff.).

Übereinstimmung mit anderen", von der aber doch ausgegangen worden ist; sie bewähren sich an der konsensuellen Lösung von Handlungskonflikten (vgl. 1999, 295). Das aber bedeutet auch: Moralische Urteile scheitern oder bewähren sich (anders als theoretische Überzeugungen vor allem der experimentellen Wissenschaften, die mit der „Resistenz" von Gegebenem zu kämpfen haben) nicht in einer Welt von Seiendem, sondern ausnahmslos im Medium sprachlicher Kommunikation (vgl. *ebd.*), was, wie sich gleich zeigen wird, den rein *epistemischen Charakter* der Moral (mit-)begründet.

Wie geschieht diese Bewährung oder Widerlegung im Diskurs? Positiver: Wie leistet der Diskurs die ihm zukommende „kooperative Aufgabe" einer Beilegung von Handlungskonflikten? Es charakterisiert den praktischen Diskurs (und nur ihn) vor allem: (1) die Forderung an die Beteiligten, eine unparteiliche Sicht (eine „Wir-Perspektive") zu gewinnen, (2) eine theoretisch-praktische Doppelfunktion, (3) ein konstruktiver sowie (4) ein rein epistemischer Charakter. Die Punkte sind kurz zu erläutern.

(1) *„Unparteilichkeit"* (vgl. zum Folgenden: 1999, 309ff.). – Im praktischen Diskurs sind die Beteiligten, wenn schon keinesfalls distanzierte Beobachter, so auch nicht einfach Teilnehmer mit bereits regelkonformer Einstellung. Im praktischen Diskurs – und nur hier – sind die Teilnehmer *Betroffene*, die zunächst eine akteurspezifisch-subjektive Einstellung an den Tag legen, die überwunden werden muss (wenn auch nur transitorisch überwunden werden kann, da man in die Lebenswelt zurückzukehren hat). D.h. „die Beteiligten [müssen] in der sozialen Dimension durch *gegenseitige* Perspektivenübernahme eine inklusive Wir-Perspektive" – durch fortschreitende „Dezentrierung" der je eigenen Perspektive (nach G.H. Mead, J. Piaget) – „erst zustande bringen". Dazu gehört, dass man zu Anfang das partikulare Interesse gleichsam rationalisiert: Jedes Interesse, das in moralischer Hinsicht zählen können soll, muss, bevor es dann in der „Diskursöffentlichkeit" Berücksichtigung finden kann, aus der Sicht der Betroffenen erst einmal überzeugend interpretiert und begründet sowie in einen relevanten Anspruch übersetzt werden.

(2) *„Doppelfunktionen"* (vgl. zum Folgenden: 1999, 310ff.). – Praktische Diskurse, die von Betroffenen (mit je eigenen Selbst- und Weltverständnissen) ausgehen und in denen Interessen auf dem Spiel stehen, haben eine Doppelfunktion: Sie dienen ebenso der Rechtfertigung von Handlungen wie der gegenseitigen Sensibilisierung der Teilnehmer für das Welt- und Selbstverständnis der jeweils Anderen. Entsprechend gliedern sich die – gleich noch zu beschreibenden – *„Kommunikationsbedingungen"*, denen in praktischen Diskursen unterliegt, die die Rationalität des Verfahrens garantierend,

(a) in solche, die den *„epistemischen Sinn"* sicherzustellen haben, so dass alle relevanten Beiträge ins Spiel kommen und durch die richtigen Argumentationskanäle geschleust werden (nachfolgend die Elemente a-c), und

(b) in solche mit der *„praktischen Funktion"*, die Beteiligten zur Abkehr von bloßer Selbstbehauptung anzuhalten (mit mittelbar epistemischen Sinn) (nachfolgend Element d).

Diskurse unterliegen nach Habermas vier Arten von *„Kommunikationsbedingungen"*, die wir als erfüllt unterstellen, obgleich es sich um „idealisierende Vorgriffe" handelt. Es sind (entsprechend und in der Reihenfolge der o.g. Geltungsansprüche Verständlichkeit, Wahrheit, Richtigkeit und Wahrhaftigkeit):

(i) die vollständige *„Inklusion"* aller Betroffenen oder die *„Offenheit"* der Kommunikationssituation;

(ii) die *gleichberechtigte* Teilnahme oder *gleichmäßige* Einbeziehung aller Betroffenen durch *„Gleichverteilung"* von Argumentationsrechten und -pflichten;

(iii) die *zwanglose* Teilnahme aller Betroffenen oder *„Zwanglosigkeit"* der Kommunikationssituation und schließlich

(iv) die *verständigungsorientierte* Teilnahme aller Betroffenen oder *„Durchsichtigkeit"* der Situation durch die verständigungsorientierte *„Einstellung"* jedes einzelnen Teilnehmers.

(a) Die Argumentationsvoraussetzungen (i) bis (iii) haben im praktischen Diskurs eine rein *epistemische Funktion:* Erst (unterstellte) Offenheit, Gleichberechtigung und Zwanglosigkeit lassen einen *Spielraum* entstehen, in dem mögliche Themen sortiert und relevante Beiträge mobilisiert werden können und relevante Gründe und Informationen frei „flottieren". Alle verfügbaren und einschlägigen Vorschläge, Informationen, Gründe, Evidenzen und Einwände sollen ins Spiel kommen, so dass die besten Argumente zum Zug gelangen und das jeweils bessere den Ausschlag geben kann. – Dabei ist der praktische Diskurs bereits hier („eigentümlich") zweistufig (zum Folgenden: 1999, 281f.): Diskurse sind zunächst *„Normenbegründungsdiskurse".* Indes können gut begründete Normen nur *prima facie* Geltung beanspruchen, da sich zum Zeitpunkt der Begründung nur die voraussagbaren Folgen und Nebenwirkungen *typischer* Fälle berücksichtigen lassen. Unvorhersehbar zeitlich spätere Konstellationen von Konfliktsituationen, die weiteren Interpretationsbedarf entstehen lassen, werden aus der *Ex-post*-Perspektive von *„Anwendungsdiskursen"* in den Blick genommen. In diesen Diskursen wird dann aus der Menge der begründeten Normen, die für einen gegebenen Fall kandidieren, die jeweils angemessene Norm ausgewählt.

(b) *Praktische Funktion* (vgl. zum Folgenden: 1999, 310ff.) hat der „idealisierende Vorgriff" (iv): Erst durch die (unterstellte) Bereitschaft bei jedem Teilnehmer, alle Beiträge aufrichtig und unvoreingenommen (wahrhaftig und unbefangen) zu prüfen, kann ein *Freiraum* für die (wie auch immer interimistische) Reinigung des Willens von Bestimmungen entstehen, die – gemessen an der „kooperativen Selbstgesetzgebung" (der „Autonomie"), für die (auf noch zu bezeichnende Weise) der Diskurs selbst auch steht – „Heteronomie" anzeigen. Zwar ist in jeder Art von Diskurs solche Unvoreingenommenheit verlangt. Doch in praktischen Diskursen – und nur hier – stehen eigene und fremde Interessen auf dem Spiel, verwandelt sich diese eigentlich „harmlose Voraussetzung" deshalb nach Habermas in die „härtere Zumutung", auch noch mit sich selbst aufrichtig zu sein (d.h. bereit zu sein, sich von sich distanzieren zu können, und die Kraft zur Kritik an Selbsttäuschungen zu finden). Im praktischen Diskurs ist eine „anspruchsvolle Art von Unparteilichkeit" verlangt: Jeder soll sich in die Lage aller anderen hineinversetzen und deren Selbst- und Weltverständnis ebenso ernst nehmen wie das eigene.

In diesem Sinn ist die diskursive Auseinandersetzung eine moralische *Praxis:* sie ist selbst orientiert an der „Idee der Gerechtigkeit" – Gerechtigkeit hier verstanden als „Begriff der Unparteilichkeit eines diskursiv erzielten Einverständnisses". Solche Praxis ist freilich kein Selbstzweck, sondern dient der Lösung von Handlungskonflikten, fördert und stabilisiert aber indirekt in der Gesellschaft auch „humane Formen des Zusammenlebens", in denen „Autonomie und Abhängigkeit in ein befriedetes Verhältnis treten".

(3) „*Konstruktiver Charakter*" (vgl. zum Folgenden: 1999, 295ff., 312f.) – Im Diskurs überwinden die streitenden Parteien, die unterschiedliche ethische Orientierungen (Wertorientierungen) haben, „den Widerstand" des jeweils „fremden [...] Geistes" dadurch, dass sie die jeweils eigene soziale Welt zu erweitern und sich gegenseitig in eine gemeinsam konstruierte Welt einzubeziehen suchen, so dass sie ihre Konflikte am Ende im Lichte übereinstimmender Bewertungsstandards beurteilen und konsensuell lösen können.

Die Erweiterung der Grenzen der sozialen Gemeinschaft und ihres Wertekonsenses erfolgt schrittweise und durch Orientierung am „*Projekt einer vollständig inklusiven*", d.h. einer die Ansprüche aller Personen gleichmäßig einbeziehenden (insofern universalen) *Welt* wohlgeordneter interpersonaler Beziehungen, d.h. der *sozialen Welt*, zu deren „Konstruktion" wir nach Habermas „mit der Erfüllung der Gültigkeitsbedingungen moralischer Urteile und Normen" (also der beschriebenen Argumentationsvoraussetzungen) selbst beitragen. Habermas' Auffassung ist es also, dass die soziale oder moralische Welt eine „regulative Idee" ist, die in den Kommunikationsvoraussetzungen rationaler Diskurse überhaupt verwurzelt ist. Das ist eine „konstruktivistische Auffassung" von praktischer Vernunft, die, wie er schreibt, „die Unbedingtheit moralischer Geltungsansprüche mit der Universalität eines *herzustellenden* Geltungsbereichs [zu] erklären" sucht. Dabei kann gerade der praktische Diskurs „dank seiner normativ gehaltvollen Kommunikationsvoraussetzungen, jene Beschränkungen, die der Rechtfertigungspraxis mit dem Entwurf eines moralischen Universums auferlegt werden, aus sich selbst heraus erzeugen", und das verleiht ihm den eigentümlichen Charakter der Autonomie.

(4) „*Epistemischer Charakter*" (vgl. zum Folgenden: 1999, 290ff., 285f.). – Eignet dem praktischen Diskurs in praktischer Hinsicht ein konstruktiver Charakter, so besitzt er in theoretischer Hinsicht die Eigenschaft, dass es kein Referenzobjekt für ihn gibt, das außerhalb der Sprache läge. Anders als „(propositionale) Wahrheit" ist „(normative) Richtigkeit" daher „ein rein epistemischer Begriff", d.h. ein Begriff, dessen Medium, auch hinsichtlich seiner Einlösbarkeit, nur das Wissen ist. Indes: Der diskursiv erzielte Konsens begründet eine *Norm*, deren Sinn – als *Norm*, also als Regel, die nicht sagt, was ist, sondern was sein soll – Habermas zufolge in nichts anderem besteht, als darin, *intersubjektive Anerkennung zu verdienen* (nicht anerkannt zu *sein*). Normative Richtigkeit geht – anders als propositionale Wahrheit – in „ideal gerechtfertigter Akzeptabilität" („ideal gerechtfertigter Behauptbarkeit", im Anschluss an R. Rorty: *warranted assertibility*) auf. Diese darf aufgrund der Antizipation einer vollkommen inklusiven moralischen Welt als *unbedingte Geltung* verstanden werden.

Das bedeutet freilich *nicht*, dass die Ergebnisse der diskursiven Auseinandersetzung nicht fallibel wären. Im Gegenteil: Kann man in Rechtfertigungsprozessen grundsätzlich nur nach „besseren" („triftigen"), „nicht nach unwiderruflichen" („zwingenden") Gründen für die anfänglichen „Gewißheiten" suchen, die sich in „Fragwürdigkeiten" verwandelt und die Form von Hypothesen angenommen haben, deren Gültigkeit zu prüfen ist, *so stehen die Ergebnisse praktischer Diskurse sogar unter einem doppelten „fallibilistischen Vorbehalt"*: Denn das Einverständnis wird ja in moralischen Begründungs- *und* Anwendungsdiskursen, also „zweistufig", erzielt. So können wir uns erstens über die angenommenen Argumentationsvoraussetzungen und zweitens über die relevanten, nicht vorhersehbaren Umstände täuschen. Weil dem so ist und man weder endlos argumentieren kann, noch Argumentation Selbstzweck ist, lässt sich immer nur gleichsam ein *begründetes Für-wahr-Halten* unserer Meinungsäußerungen erreichen: sozusagen „ideal gerechtfertigte Akzeptabilität" (ein ‚gerechtfertigt in jedem Kontext') lediglich *bis auf Weiteres*, mit der Betroffene allerdings auch zufrieden sind. Diskurse dienen, sagt Habermas ganz pragmatisch, in erster Linie „der ‚Entsorgung' von Handlungsunsicherheiten" (1999, 292).

Doch wie kann dann eine allgemeine Befolgung gültiger Moralnormen sichergestellt und damit auch aufgewiesen werden, dass diese allgemein *zumutbar* sind? Diese Aufgabe ist laut Habermas (vgl. 1992) *auch* an das Rechtssystem delegiert. Die Frage nach der Verhältnisbestimmung von Moral und Recht ist ein bestimmendes Thema der Arbeiten der 90er Jahre. Es lässt weitere Facetten der diskurstheoretisch verstandenen Moral deutlich werden.

2.3. Recht und Moral

2.3.1. Das Verhältnis von Recht und Moral im Allgemeinen

Vor allem *Faktizität und Geltung* (1992) sowie *Die Einbeziehung des Anderen* (1996), aber auch schon die *Tanner Lectures* (1986; unter dem Titel „Recht und Moral" in 1992, 541-599) nehmen dieses Thema auf. Sie machen deutlich, dass „humane Formen des Zusammenlebens", in denen „die [...] Forderungen der Lebenswelt zur Geltung" gebracht sind, ohne positives Recht nicht möglich sind, wenn anders das positive Recht (das „juridische Recht" des „Noth- und Rechtsstaates", wie es der Hegel-Schüler C.L. Michelet einmal genannt hat) vernunftlos wäre ohne die Moral bzw. die Idee der Gerechtigkeit, an der sie orientiert ist. Denn gehen wir nicht stets davon aus, dass es gerecht zugeht im rechtlich geregelten Miteinander?

In den alten Reichen, so entnehmen wir den *Tanner Lectures*, stand das sakrale (entweder natürliche oder göttliche) Recht für die (komplexe) Idee der Gerechtigkeit, später (in der Neuzeit) das Natur- oder Vernunftrecht. Dieses die Idee der Gerechtigkeit explizierende Recht stand den Herrschern nicht zur Disposition, sondern bestimmte den Rahmen, in dem diese positives, d.h. „bürokratisches Recht" setzen konnten. Es charakterisiert aber den modernen gewaltenteiligen Rechtsstaat, dass die Inhalte des Vernunftrechts zu Inhalten des Verfassungsrechts positiviert und damit selbst der Kontingenz überliefert worden sind (denn Verfassungen sind faktisch änderbar; vgl. 1992, 594f.). In modernen Gesellschaften ist somit das gesamte Recht positives Recht, das (als solches) dem souveränen Willen des Gesetzgebers entspringt. Zieht aber das positive Recht seine Legitimität aus der Idee der Gerechtigkeit, so stellt sich freilich die Frage, wie für diese Idee die Unverfügbarkeit und Unwandelbarkeit zurückgewonnen werden kann, die sie mit der Aufnahme in ein bestimmtes Verfassungsrecht verloren hat.

Diese Frage ist nach Habermas dahingehend zu beantworten, dass Moral „den normativen Kern der ‚Rechtsgemeinschaft‘" bilden muss (*ebd.*, 13) – und zwar „*Moral*" (auch „Moralität") im Sinne des (oben beschriebenen) auf Gerechtigkeit hin orientierten diskursiven Verfahrens. Allerdings ist nicht nur unter Moral, sondern, folgt man Habermas weiter, spätestens seit dem 19. Jahrhundert auch unter „*Recht*" in erster Linie ein *Verfahren* zu verstehen und erst in zweiter Linie das, was „der politische Gesetzgeber" in diesem Verfahren – in Veränderungsbeschleunigung – immer wieder neu „als Recht setzt" (*ebd.*, 541). Das Verfahrensrecht (vgl. *ebd.*, 598) ist aber aufgrund seiner Veränderlichkeit (und der Beschleunigung der Veränderung) mit einem radikalen Begründungsbedarf verbunden, den nach Habermas nur das moralische Verfahren der Normenbegründung, also der praktische Diskurs befriedigen kann. Um das verständlich machen zu können, sind zunächst einmal die wesentlichen Gemeinsamkeiten und Unterschiede zwischen Moral und Recht zu nennen.

2.3.2. Identität und Differenz von Recht und Moral

Recht und Moral kommen darin überein, dass beides Arten der Verhaltenssteuerung und näherhin der Regelung (oder Vermeidung) von Handlungskonflikten sind: Wie „die Moral […] für die unparteiliche Beilegung von Handlungskonflikten da [ist]" (*ebd.*, 567), so ist die Konfliktregelung auch die Kernfunktion des Rechts (vgl. *ebd.*, 584). Zudem wird in beiden Verfahren die Gültigkeit der verfahrensmäßig erzielten Resultate durch die rationale Geregeltheit der Verfahren verbürgt.

Doch trennt die Verfahren auch viel und lässt sie – nach Habermas: im Verhältnis der Ergänzung wie Verschränkung – aufeinander angewiesen sein. So sind „*rechtliche Verfahren*" (oder juristische Diskurse) positiv-rechtlich geregelt und institutionalisiert, d.h. es geht um eine staatlich institutionalisierte (nämlich eben die gerichtliche) Konfliktregelung; ferner suchen sie die Forderungen vollständiger, „perfekter" Verfahrensrationalität zu erfüllen, d.h. Unfehlbarkeit, Eindeutigkeit und fristgerechtes Zustandekommen des Resultats sind Ziel und Ideal (vgl. *ebd.*, 566). Zugleich sind sie mit unabhängigen (externen, vorgegebenen) Kriterien verbunden, anhand deren sich aus der Perspektive von Unbeteiligten gleichsam objektiv feststellen lässt, ob eine Entscheidung regelgerecht zustande gekommen ist oder nicht (vgl. *ebd.*, 565). Ihre Perspektive ist also die des unbeteiligten Beobachters. Dagegen verlangen moralische Diskurse, ernsthaft an ihnen teilzunehmen, wenn man kompetent urteilen können will.

„*Moralische Diskurse*" haben keinen bestimmten Ort im Staat. Sie entfalten sich in bzw. aus der Lebenswelt heraus. Es kennzeichnet sie, dass nicht nur Normen, sondern auch Prinzipien zur Debatte stehen und dass man sich, nimmt man „ernsthaft" an ihnen teil, auf „idealisierende Unterstellungen […] einlassen [muss]" (*ebd.*, 564), auf die oben eingegangen worden ist (vgl. Abschnitt 2.2.2). Diese idealisierenden Unterstellungen

(Präsuppositionen) umreißen formal die Idee der Gerechtigkeit, um die es in „moralischen Argumentationen" implizit immer geht und an der sich das Recht ausrichten muss. Dabei ist „hier [...] die Verfahrensrationalität unvollständig" (*ebd.*, 565), „imperfekt" (*ebd.*, 566), wie sich schon gezeigt hat: Denn es gibt keine externen Regeln und Kriterien der Beurteilung; zudem sind die Verfahren fehlbar und kognitiv unbestimmt (d.h. hochabstrakte Regeln müssen auf konkrete Situationen angewendet werden, was im Grunde eine vollständige Beschreibung dieser Situationen voraussetzte, die es nicht gibt).[5] Und schließlich können moralische Diskurse die Einsichten, die sie sich aus ihnen ergeben, nicht motivational verankern, d.h. sie erzeugen keinen Antrieb zum Handeln.[6]

2.3.3. Verschränkung von Recht und Moral

Diese Mängel vermag das Recht zu kompensieren: Es ist in der Lage, „die Unsicherheiten, die aufträten", wenn Konflikte alleine moralisch gelöst würden, zu absorbieren. Vor allem in den „Handlungsbereichen, wo Konflikte bestandswichtige Probleme" betreffen und „gesellschaftliche Materien überhaupt eine eindeutige, fristgerechte und bindende Regelung verlangen", kann auf das Recht nicht verzichtet werden (vgl. *ebd.*). Zudem müssen moralische Normen Rechtsverbindlichkeit erlangen, da sie nach Habermas „nur in dem Maße verantwortungsethisch zumutbar [sind], wie diejenigen, die ihre Praxis danach einrichten, erwarten dürfen, dass auch alle anderen sich normenkonform verhalten" (*ebd.*, 567). Moralische Normen, die Rechtsverbindlichkeit erlangen, sind Rechtsnormen. Und tatsächlich unterscheiden sich moralische von rechtlichen Normen nicht inhaltlich: Normen verkörpern stets moralische Einsichten, die mit dem „wahrheitsanalogen" Anspruch der normativen Richtigkeit auftreten. Normen sind *„Moralnormen"* dann, wenn nur der Zwang des besseren Arguments besteht. Es sind darüber hinaus dann noch *„Rechtsnormen"*, wenn zur Einsicht „die Kontingenz der Setzung und die Faktizität der Zwangsordnung hinzu[tritt]" (*ebd.*, 598), ein sich physisch auswirkender Zwang, den auszuüben der Staat befugt ist. So weist „der Geltungsmodus des Rechts [...] gleichzeitig auf [...] Fügsamkeit gegenüber Dezision und Zwang wie auf die [...] rational motivierte Anerkennung eines normativen Geltungsanspruchs [hin], der nur durch Argumentation eingelöst werden kann" (*ebd.*).

Deshalb stehen nun Recht und Moral nicht nur in Verhältnissen der Ergänzung zueinander, sondern auch der Verschränkung: Verschränkung bedeutet, dass in juristischen Diskursen selbst die argumentative Behandlung moralisch-praktischer Themen enthalten ist. Allerdings zähmen und limitieren juristische Diskurse die Argumentation auf dem Wege rechtlicher Institutionalisierung in wenigstens viererlei Hinsicht (entsprechend den

---

[5] Ein weiteres Merkmal der Unterscheidung zwischen Moral- von Rechtsnormen ist es, dass die letzteren auch als Mittel für politische Zwecke dienen können, also instrumentalisierbar sind, während Moralnormen stets Selbstzweck sind: Die Moral ist *allein* für die unparteiliche Beilegung von Handlungskonflikten da: vgl. *ebd.*, 567.
[6] Indes gilt auch: „Je mehr sich die Moral verinnerlicht und autonom wird, desto mehr zieht sie sich in private Bereiche zurück" (*ebd.*).

genannten Kommunikationsbedingungen oder auch den Geltungsansprüchen in der genannten Reihenfolge): (1) methodisch durch Bindung an das geltende Recht, (2) sachlich
im Hinblick auf die Themen und Beweislasten, (3) sozial im Hinblick auf die Teilnahme-
voraussetzungen, Immunitäten und Rollenverteilungen und (4) zeitlich im Hinblick auf
die Entscheidungsfristen (vgl. *ebd.,* 568). Ergänzung bedeutet, dass juristische Diskurse
„für [eigenständige] moralische Diskurse durchlässig" sind bzw. (kritisch gesehen) durchlässig werden müssen (vgl. *ebd.,* 565), ihre Eigenlogik anzuerkennen haben und ihre Ver-
nunftstrukturen nicht „verzerren" dürfen (vgl. *ebd.,* 569).

In diesem letzteren Sinne ist Moral die legitimierende Kraft des positiven Rechts
(vgl. *ebd.*). Sie bietet mit der Gerechtigkeit „jenes Moment Unverfügbarkeit, das auch
noch im modernen Recht ein unverzichtbares Gegengewicht bildet zur politischen In-
strumentalisierung des Rechtsmediums" (*ebd.,* 585). So kann die „Legalität [...] nur in
dem Maße Legitimität erzeugen", wie juristische Diskurse „institutionalisiert werden,
die für moralische Diskurse durchlässig" sind (*ebd.,* 565).

Mit diesem Konzept bietet Habermas eine Erklärung dafür, warum wir uns dem positiven
Recht beugen, das doch so wandelbar ist – eine Antwort, die von der Antwort, die Thomas
Hobbes einst gab oder demokratischen Machttheorien heute geben, signifikant abweicht:
Wir folgen ihm nicht, so lautet Habermas' Antwort, weil wir Furcht vor dem Staat hätten,
der das Recht setzt und durchzusetzen befugt ist. Wir folgen ihm aus Vernunft: weil wir
annehmen, dass es gerecht zugeht im rechtlich geregelten menschlichen Miteinander.

3. Ausblick

Wie befriedigend ist diese Antwort? Wie befriedigend ist das Konzept überhaupt in
seinem Anspruch, die „von Hegel diskreditierte Unterscheidung zwischen Form und
Inhalt wieder zu Ehren" zu bringen (1986, 336; vgl. oben Abschnitt 2.2.1)? Wie formal
und damit akzeptabel für jedermann kann es sein?

Zunächst finden wir bei Habermas eine von ihm selbst eingestandene problematische
Rezeption der Gedanken anderer, die sich erfahrbar dadurch auszeichnet, dass ausgelassen
wird, was anderem Denken gerade das (vor allem auch *intuitiv*) Wesentliche war.[7] Dagegen hat Habermas' selbst oft auf die „grundlegenden Intuitionen" hingewiesen, die seiner
Ethik mit der *ThkH* und die der *ThkH* selbst – zumal auf sehr individuelle, unverwechsel-
bare Weise – sinngebend im Rücken liegen und sie eigentlich verständlich werden lassen
(darauf weisen auch, je auf ihre Weise, heute Ch. Taylor, R. Spaemann oder V. Hösle

---

[7] „Ich glaube, daß ich mir die fremden Zungen, hermeneutisch gesehen, auf brutale Art und Weise zu
eigen mache. Auch wenn ich viel zitiere und andere Terminologie übernehme, weiß ich genau, daß
mein Gebrauch mit dem, was die Autoren gemeint haben, manchmal wenig zu tun hat. Was aber ist das
merkwürdigste Vergnügen, das man dabei hat? Obwohl ich schwitze über meiner Arbeit, dafür auch
viel an Lebensgeschichte verbrauche, macht es mir schon Spaß, wenn ich den Eindruck habe, da hast du
etwas gesehen, das kannst du argumentativ weiter verarbeiten" (1985, 206f.).

hin).[8] Nimmt man das Gesagte ernst, stellt sich freilich die Frage, ob es weltanschauliche Neutralität in der Theorie, vor allem auch in einer Kritischen Gesellschaftstheorie und in der zu ihr gehörenden Ethik geben kann. Trennen uns vielleicht persönlich existenzielle Selbst- und Weltsichten, zu denen sich die „Gedankenmotive und grundlegenden Intuitionen" zusammenfügen – Selbst- und Weltsichten, die ein Weltbild (eine Ontologie), einen obersten Wert (ein Ideal) und eine oberste Zweckbestimmung sowie (in der Konsequenz) auch ein (intuitives) Verständnis von Vernunft (Diskurs, Argumentation) umfassen –, um in ‚subsemantischer Semantisierung', d.h. noch bevor wir Worte haben, „jedes Feld der Sinne" schon „zu einem Feld von Sinn" gemacht zu haben (vgl. Hogrebe 1992, 155f.)? Wird uns das, was ist und sein soll, möglicherweise schon wortlos und äußerst vage erschlossen durch „begriffs- und zeichenlose Einsichten", die, auf (Sinn-)Verstehen hin angelegt, niemand anderer *so* mit uns teilt und die zwar „Zeichen, Sprache als Explikationsbedingungen" benötigen, nicht aber daraus entspringen (vgl. Baumgartner 1994, 477), noch ihrem Sinn nach – der aus Lebenserfahrung resultiert und sich im Letzten auf den Menschen in der Welt, auf seine prekäre Existenz in ihr, bezieht – durch unsere Explikationsbemühungen auf semantischem Niveau (in einer satzförmigen Sprache) voll ausgeschöpft werden können, ohne darum schon irrational zu sein (wovon vielmehr z.B. die Möglichkeit der Kunst und die Kunst selbst zehrt; vgl. Hogrebe 1992, 16)?

Gewiss: Wir argumentieren, wenn wir uns mit Theorien auseinandersetzen. Und in der Beschreibung der Argumentationsstruktur (mit ihren praktischen Implikationen) verdanken wir Habermas unzweifelhaft viel. Doch über derartige Beschreibungen wird philosophisch doch selbst noch diskutiert. Ebenso liegt auch der Sinn von Grundbegriffen, wie z.B. dem der ‚Wahrheit', auch per Geschichte nicht so einfach fest. Können wir denn z.B. Habermas so einfach folgen in seinem Wahrheitskonzept, das empirische Aussagen auszeichnet, aber z.B. historischen und mathematischen Aussagen, die mit einem temporalen bzw. atemporalen Wahrheitsbegriff verbunden sind, nicht Rechnung trägt (vgl. Kolmer 2005, 159ff.)? Habermas hat bestimmte „grundbegriffliche Entscheidungen" getroffen, über die wir sprechen sollten, die aber, so meine These, letztlich nur von seinen „Gedankenmotiven und grundlegenden Intuitionen" her verständlich werden – von Intuitionen, die uns selbst im „Diskurs" die Metapher noch „sehen" und ein an sich „trockenes" Verfahren mit einer „Gerechtigkeit" und „humanen Formen des Miteinanders" in Verbindung bringen lassen, deren Vorstellung „auf religiöse Traditionen" zurückgehen.

---

[8] „Ich habe ein Gedankenmotiv und eine grundlegende Intuition. Diese geht [...] auf religiöse Traditionen, etwa der protestantischen oder der jüdischen Mystiker zurück, auch auf Schelling. Der motivbildende Gedanke ist die Versöhnung der mit sich selber zerfallenen Moderne, die Vorstellung also, daß man ohne Preisgabe der Differenzierungen, die die Moderne sowohl im kulturellen wie im sozialen und ökonomischen Bereich möglich gemacht haben, Formen des Zusammenlebens findet, in de[nen] wirklich Autonomie und Abhängigkeit in ein befriedetes Verhältnis treten; daß man aufrecht gehen kann in einer Gemeinsamkeit, die nicht die Fragwürdigkeit rückwärtsgewandter substantieller Gemeinschaftlichkeiten an sich hat. Diese Intuition stammt aus dem Bereich des Umgangs mit anderen; sie zielt auf Erfahrungen einer unversehrten Intersubjektivität, fragiler als alles, was bisher die Geschichte an Kommunikationsstrukturen aus sich hervorgetrieben hat – ein immer dichter, immer feiner gesponnenes Netz von intersubjektiven Beziehungen, das gleichwohl ein Verhältnis zwischen Freiheit und Abhängigkeit ermöglicht, wie man es sich immer nur unter interaktiven Modellen vorstellen kann" (1985, 202).

Es fragt sich daher, inwieweit wir eine „Dezentrierung" der je eigenen Perspektive zustande bringen können, wenn der Theorie, die von der „Dezentrierung" spricht, selbst Intuitionen zugrunde liegen, die das Gesagte in eine Sinnrichtung lenken, die weder für jedermann zu jederzeit auf Anhieb schon verständlich, noch, wenn verständlich, vor dem Hintergrund seiner Lebenserfahrung schon akzeptabel ist. Habermas hat selbst betont, dass man die Gesellschaft nicht „von wichtigen Ressourcen der Sinnstiftung", etwa der jüdisch-christlichen Religion, abschneiden darf (vgl. 2001, 22), vielmehr zentrale Gehalte dieser Religion (die sich ‚nicht ersetzen', aber ‚vermissen' lassen) in das Medium aufgeklärter, nachmetaphysischer Philosophie ‚übersetzen' muss (vgl. *ebd.*, 25) (mag auch die Sprache der Theorie der „Artikulationskraft religiöser Sprachen" entbehren und nur „für ein fast schon Vergessenes, aber implizit Vermisstes eine rettende Formulierung finden" können, was selten genug gelingt; vgl. *ebd.*, 29). Doch die Ressourcen der Sinnstiftung leben (als solche) nicht in der Sprache der Philosophie, sondern (individuell gebrochen) in unseren Intuitionen fort: Nicht wie wir sie formulieren, sondern auf welche „Ressourcen" wir uns jeweils beziehen und wie wir sie verstehen, darauf kommt es, so scheint mir, an.

Es so zu sehen, d.h. nicht (diskursive) Vernunft, sondern eine Vielzahl von Intuitionen an den Anfang zu stellen, die in der Erfahrung wurzeln – in „Lebenserfahrung", die wir umständehalber in Grundzügen auch gemeinsam haben –, hat freilich auch Konsequenzen für ein Verständnis von Recht und Moral: Im gegebenen Fall gälte es, viel mehr, als Habermas es tut, jener (Lebens-)Erfahrung noch Rechnung zu tragen, die die Denker der Neuzeit (in jeweils individueller Konzeption) dazu geführt hat, Recht und Moral inhaltlich zu trennen: Es war die Erfahrung, dass es tödlich enden kann, wenn beim Recht nicht nur „Handlungs*folgen*", sondern auch „Handlungs*orientierungen*" noch auf dem Spiel stehen, eine Erfahrung, die in den konfessionellen Bürgerkriegen und auch am Ende der Französischen Revolution wieder zu machen war und im Blick auf die Hegel vom „Terror der Tugend" gesprochen hat.

Ich denke, es ist zweifelhaft, ob humane Formen des Miteinanders verlangen, dass eine basis-„demokratische Selbstorganisation" der Gesellschaft im beschriebenen Habermasschen Sinn auch „den normativen Kern der Rechtsgemeinschaft" bilden muss (*ebd.*, 13). Im Gegenteil: Recht und Moral wären anders zu charakterisieren, wenn der „Tödlichkeitserfahrung der konfessionellen Bürgerkriege" (vgl. dazu Marquard, u.v.a. 1986, 108) und aller anderen Kriege seither, die aus Überzeugungsgründen geführt worden sind und derzeit geführt werden, Rechnung getragen werden soll.

Freilich: Was hier nur angedeutet werden kann, wird philosophisch diskutiert.

4. Literatur

4.1. Quellentexte

Habermas, J., 1962 ([2]1990): *Strukturwandel der Öffentlichkeit. Untersuchungen zu einer Kategorie der bürgerlichen Gesellschaft*, Neuwied – Berlin.
–, 1963 ([2]1971): *Theorie und Praxis. Sozialphilosophische Studien*, Neuwied – Berlin.

–, 1968a (⁴1973): *Erkenntnis und Interesse*, Frankfurt/M.

–, 1968b: *Technik und Wissenschaft als ,Ideologie'*, Frankfurt/M.

–, 1970: *Zur Logik der Sozialwissenschaften*, Frankfurt/M.

–, 1971: „Vorbereitende Bemerkungen zu einer Theorie der kommunikativen Kompetenz", in: ders./ N. Luhmann, *Theorie der Gesellschaft oder Sozialtechnologie? – Was leistet die Systemforschung?*, Frankfurt/M., 101-141.

–, 1973: „Wahrheitstheorien", in: H. Fahrenbach (ed.), *Wirklichkeit und Reflexion*, Pfullingen, 211-266. – Eingegangen in: Habermas 1984, 27-183.

–, 1976a: „Was heißt Universalpragmatik", in: K.O. Apel (ed.), *Sprachpragmatik und Philosophie*, Frankfurt/M., 174-272. – Eingegangen in: Habermas 1984, 353-440.

–, 1976b: *Zur Rekonstruktion des historischen Materialismus*, Frankfurt/M.

–, 1981: *Theorie des kommunikativen Handelns, 2 Bde.: Bd. 1: Handlungsrationalität und gesellschaftliche Rationalisierung; Bd. 2: Zur Kritik der funktionalistischen Vernunft*, Frankfurt/M.

–, 1982: *Zur Logik der Sozialwissenschaften*, Frankfurt/M.

–, 1983: *Moralbewußtsein und kommunikatives Handeln*, Frankfurt/M.

–, 1984 (³1989): *Vorstudien und Ergänzungen zu einer Theorie des kommunikativen Handelns*, Frankfurt/M.

–, 1985: „Dialektik der Rationalisierung. Jürgen Habermas im Gespräch mit Axel Honneth, Eberhard Knödler-Bunte und Arno Widmann", in: ders., *Die Neue Unübersichtlichkeit. Kleine politische Schriften V*, Frankfurt/M., 167-208.

–, 1986: „Entgegnung", in: A. Honneth/H. Joas (eds.), *Kommunikatives Handeln. Beiträge zu Jürgen Habermas' ,Theorie des kommunikativen Handelns'*, Frankfurt/M., 327-396.

–, 1988: *Nachmetaphysisches Denken. Philosophische Aufsätze*, Frankfurt/M.

–, 1991: *Erläuterungen zur Diskursethik*, Frankfurt/M.

–, 1992: *Faktizität und Geltung. Beiträge zur Diskurstheorie des Rechts und des demokratischen Rechtsstaats*, Frankfurt/M.

–, 1996 (²1997): *Die Einbeziehung des Anderen. Studien zur politischen Theorie*, Frankfurt/M.

–, 1999: *Wahrheit und Rechtfertigung. Philosophische Aufsätze*, Frankfurt/M.

–, 2001: *Glauben und Wissen – Dankesrede zum Friedenspreis, vergeben vom Börsenverein des Deutschen Buchhandels am 14.10.2001*, Frankfurt/M.

–, 2006: *Zwischen Naturalismus und Religion*, Frankfurt/M.

4.2. Allgemeine Einführungen zu Leben und Werk von Jürgen Habermas

Brunkhorst, H., 2006: *Habermas*, Leipzig.

Gripp, H., 1984: *Jürgen Habermas*, Paderborn u.a.

Horster, D., ³2006: *Jürgen Habermas zur Einführung*, Hamburg.

Pinzani, A., 2007: *Jürgen Habermas* (= Beck'sche Reihe Denker, 576), München.

Reese-Schäfer. W., ³2001: *Jürgen Habermas* (= Campus Einführungen), Frankfurt/M.

White, S.K., 1995: *The Cambridge Companion to Habermas*, Cambridge.

Wiggershaus, R., 2004: *Jürgen Habermas in Selbstzeugnissen und Bilddokumenten* (= rm, 50644), Reinbek b. Hamburg.

4.3. Sekundärliteratur zur Ethik von Jürgen Habermas

Alexy, R., 1995: „Jürgen Habermas' Theorie des juristischen Diskurses", in: ders., *Recht, Vernunft, Diskurs. Studien zur Rechtsphilosophie*, Frankfurt/M., 165-174.

Apel, K.-O./Kettner, M. (eds.), 1992: *Zur Anwendung der Diskursethik in Politik, Recht und Wissenschaft*, Frankfurt/M.

Baumgartner, H.M., 1994: „Replik", in: P. Kolmer/H. Korten (eds.), *Grenzbestimmungen der Vernunft*, Freiburg/Br. – München, 469-493.

Chung-Cheng, H., 2007: *Das Verhältnis von moralischem Diskurs und rechtlichem Diskurs bei Jürgen Habermas*, Berlin.

Gottschalk, N., 2000: *Diskursethik: Theorien, Entwicklungen, Perspektiven*, Berlin.

Höffe, O., 1993: „Eine Konversion der kritischen Theorie? Zu Habermas' Rechts- und Staatstheorie", in: *Rechtshistorisches Journal* 12, 70-88.

Krawietz, W./Preyer, G. (eds.), 2004: *System der Rechte, demokratischer Rechtsstaat und Diskurstheorie des Rechts nach Jürgen Habermas* (= Rechtstheorie, Sonderhefte, 27/3), Berlin.

Matthiesen, U., 1983 (^{2}1985): *Das Dickicht der Lebenswelt und die Theorie des kommunikativen Handelns*, München.

Schomberg, R.v./Baynes, K. (eds.), 2002: *Discourse and Democracy: Essays on Habermas' Between Facts and Norms*, Albany.

Wellmer, A., 1986: *Ethik und Dialog. Elemente des moralischen Urteils bei Kant und in der Diskursethik*, Frankfurt/M.

Werner, M.H., 2003: *Diskursethik als Maximenethik. Von der Prinzipienbegründung zur Handlungsorientierung*, Würzburg.

4.4. Sonstige zitierte Literatur

Hogrebe, W., 1992: *Metaphysik und Mantik. Die Deutungsnatur des Menschen* (= Système orphique de Jéna), Frankfurt/M.

Kolmer, P., 2005: *Wahrheit und Zeit. Plädoyer für eine hermeneutische Wende in der Wahrheitstheorie*, Freiburg/Br. – München.

Marquard, O., 1986: *Apologie des Zufälligen. Philosophische Studien*, Stuttgart.

Verzeichnis der Autoren

Hanns-Gregor Nissing, geb. 1969, Studium der Philosophie, Katholischen Theologie, Germanistik und Pädagogik in Münster, München und Bonn, Promotion 2004 (Bonn), seit 2005 Wissenschaftlicher Referent für Philosophie und Theologie bei der Thomas-Morus-Akademie Bensberg, Katholische Akademie im Erzbistum Köln, Veröffentlichungen: *Sprache als Akt bei Thomas von Aquin* (2006), *Die Lüge. Ein Alltagsphänomen aus wissenschaftlicher Sicht* (co-ed., 2007), *Der Mensch als Weg zu Gott. Das Projekt Anthropo-Theologie bei Jörg Splett* (ed., 2007), *Grundvollzüge der Person. Dimensionen des Menschseins bei Robert Spaemann* (ed., 2008).

Jörn Müller, geb. 1969, Studium der Philosophie, Geschichte und Pädagogik in Bonn und Edinburgh, Promotion 2001 (Bonn), Habilitation 2008 (Bonn), seit 2007 Professor für Geschichte der Philosophie an der Universität Würzburg (Lehrstuhlvertretung), Veröffentlichungen: *Natürliche Moral und philosophische Ethik bei Albertus Magnus* (2001), *Physis und Ethos. Der Naturbegriff bei Aristoteles und seine Relevanz für die Ethik* (2006), *Antike Philosophie verstehen* (co-ed., 2006), *Das Problem der Willensschwäche in der mittelalterlichen Philosophie* (co-ed., 2006), *Die Lüge. Ein Alltagsphänomen aus wissenschaftlicher Sicht* (co-ed., 2007).

Jörg Splett, geb. 1936, Studium der Philosophie, Psychologie, Fundamentaltheologie und Pädagogik in Pullach, Köln und München. Promotion 1965 (München), Habilitation 1971 (München), seit 1971 Professor für Philosophische Anthropologie an der Philosophisch-Theologischen Hochschule SJ St. Georgen, Frankfurt/M. und an der Hochschule für Philosophie SJ, München, Veröffentlichungen (Auswahl): *Die Trinitätslehre G.W.F. Hegels* (1965, ³1984), *Die Rede vom Heiligen. Über ein religionsphilosophisches Grundwort* (1971, ²1985), *Gotteserfahrung im Denken. Zur philosophischen Rechtfertigung des Redens von Gott* (1973, ⁵2005), *Der Mensch ist Person. Zur christlichen Rechtfertigung des Menschseins* (1978, ²1986), *Freiheits-Erfahrung. Vergegenwärtigungen christlicher Anthropo-theologie* (1986, ³2006), *Denken vor Gott. Philosophie als Wahrheits-Liebe* (1996); *Gott-ergriffen. Grundkapitel einer Religionsanthropologie* (2002, ⁴2006).

Maximilian Forschner, geb. 1943, Studium der Katholischen Theologie, Philosophie, Pädagogik und Fundamentaltheologie in Dillingen a.d. Donau und München, Promotion 1972 (München), Habilitation 1980 (Erlangen), 1982-1985 Professor für Philosophie an der Universität Osnabrück/Abt. Vechta, seit 1985 Professor für Philosophie an der Universität Erlangen-Nürnberg, Veröffentlichungen (Auswahl): *Gesetz und Freiheit. Zum Problem der Autonomie bei Immanuel Kant* (1974), *Rousseau* (1977), *Lexikon der Ethik* (co-ed., 1977, ⁷2008), *Die stoische Ethik. Über den Zusammenhang von Natur-, Sprach- und Moralphilosophie im altstoischen System* (1981, ²1995), *Mensch und Gesellschaft. Grundbegriffe der Sozialphilosophie* (1989), *Über das Glück des Menschen* (1993,

[2]1994), *Über das Handeln im Einklang mit der Natur* (1998), *Dion von Prusa, Menschliche Gemeinschaft und göttliche Ordnung: Die Borysthenes-Rede* (2003), *Thomas von Aquin* (2006).

Berthold Wald, geb. 1952, Studium der Philosophie, Germanistik, Pädagogik und Katholischen Theologie in Freiburg/Br. und Münster, Promotion 1986 (Münster), Habilitation 2002 (Münster), seit 2002 Professor für Systematische Philosophie an der Theologischen Fakultät Paderborn, Veröffentlichungen: *Genitrix Virtutum. Zum Wandel des aristotelischen Begriffs praktischer Vernunft. Thomas von Aquin – Johannes Duns Scotus – Wilhelm von Ockham – Martin Luther* (1986), *Person und Handlung bei Martin Luther* (1993), *Philosophie im Studium der Theologie* (2001), *Substantialität und Personalität. Philosophie der Person in Antike und Mittelalter* (2005), *Josef Pieper, Werkausgabe* (ed., 1995-2008).

Markus Stepanians, geb. 1959, Studium der Philosophie, Linguistik und Literaturwissenschaft in Hamburg und Cambridge/Mass., Promotion 1994 (Hamburg), Habilitation 2005 (Saarbrücken), 2006-2008 Wissenschaftlicher Mitarbeiter für Praktische Philosophie an der RWTH Aachen, seit 2008 Gruppenleiter des „Law&Technology"-Programms des Human Technology Centre (HumTec) der RWTH Aachen, Veröffentlichungen: *Frege und Husserl über Urteilen und Denken* (1998), *Gottlob Frege – zur Einführung* (2001), *Individuelle Rechte* (ed., 2007).

Petra Kolmer, geb. 1957, Studium der Philosophie, Deutschen Sprachwissenschaft und Theologie in Gießen, Promotion 1995 (Gießen), Habilitation 2004 (Bonn), seit 2004 Privatdozentin am Institut für Philosophie der Universität Bonn, Veröffentlichungen: *Grenzbestimmungen der Vernunft. Philosophische Beiträge zur Rationalitätsdebatte* (co-ed., 1994), *Philosophiegeschichte als philosophisches Problem. Kritische Überlegungen namentlich zu Kant und Hegel* (1998), *Recht – Staat – Gesellschaft. Facetten der politischen Philosophie* (co-ed., 1999), *Wahrheit. Plädoyer für eine hermeneutische Wende in der Wahrheitstheorie* (2005), *Neues Handbuch philosophischer Grundbegriffe* (co-ed., 2008).